Helge V

George W. Peters

Missionarisches Handeln und biblischer Auftrag

Eine Theologie der Mission

VLM

Verlag der
Liebenzeller Mission
Bad Liebenzell

Susan
Mutter von Maryann
Arnold Eldon LoisGrace
fröhlicher Kamerad und treuer
Helfer im Leben und in der Arbeit
ist dieses Buch in Liebe gewidmet.

CIP-Kurztitelaufnahme der Deutschen Bibliothek

Peters, George W.
Missionarisches Handeln und biblischer Auftrag: Eine Theologie der Mission. – 1. Aufl. – Bad Liebenzell: Verlag der Liebenzeller Mission, 1977. (TELOS-Bücher; Nr. 1800: TELOS-Evangelikale Theologie)
Einheitssacht.: A biblical theology of missions (dt.)

ISBN 3 88002 033 7

Die amerikanische Originalausgabe erschien unter dem Titel „A Biblical Theology of Missions", © Copyright 1972 by The Moody Bible Institute of Chicago
© Copyright 1977 der deutschen Ausgabe
by Verlag der Liebenzeller Mission, 7263 Bad Liebenzell
Aus dem Englischen von Dr. Helmuth Egelkraut
Umschlag: Daniel Dolmetsch
Gesamtherstellung: Papierhaus Mack, Schönaich
Printed in Germany

Inhalt

Teil II – Biblische Entfaltung der Mission

Teil III – Biblische Mittel der Mission und ihre Kräfte

Zum Geleit

Hier begegnet uns ein Buch, das an alle für die Mission der Gegenwart bedeutsamen Fragen rührt. Wohl kaum eine andere der Mission insonderheit gewidmete Abhandlung bietet eine so grundlegende und umfassende Besprechung des Gegenstandes. Besondere Beachtung verdient dabei die Tatsache, daß der Autor sich vorbehaltlos als evangelikal im bewährten Sinn des Wortes versteht. Leider haben wir, die wir uns zu dieser theologischen Position bekennen, nur wenig ernst zu nehmende und substantielle Missionsliteratur hervorgebracht.

Viele der geläufigen Missionsschriften, einflußreich und wertvoll wie sie sind, leiden an theologischer Vieldeutigkeit und ausgesprochener Vorläufigkeit. Was hingegen mit klarer theologischer Linie auf den Markt kommt, dem fehlt meist die missionarische Leidenschaft. Dr. Peters legt ein breites und biblisches theologisches Fundament, dessen eigentliches Herz die Mission ist. Das Buch zeichnet sich dadurch aus, daß es eine Fülle theologischer Einsichten um das eine Thema – Mission – anordnet, sie darauf bezieht, ja damit integriert.

Stil und Inhalt werden das Interesse vieler fesseln. Die verschiedenen Aussagen werden eindrucksvoll durch eine Vielzahl von Bibelstellen beleuchtet und untermauert. Bei jedem Satz spürt man den vielbelesenen Wissenschaftler, der alles, was an Missionsliteratur irgendwie bedeutsam ist, überprüft hat. Anordnung und Aufbau des Buches sind zielstrebig und packend. Dem kann man sich beim Durchgehen des Bandes nicht entziehen. Unter Umständen könnte aber übersehen werden, wieviel der Mann, der hinter dem Buch steht, von sich selbst hineingelegt hat.

Am besten kann ich dem, der diese Seiten überfliegt, helfen, indem ich auf die enge Verbindung hinweise, die zwischen dem persönlichen Bekenntnis im Vorwort einerseits und der theologischen Darstellung im Rest des Buches andererseits besteht. George Peters legt sein eigenes Wesen in die Seiten hinein. Überall spiegelt sich sein kraftvoller und eindeutiger theologischer Standpunkt wider. Seine weitreichenden persönlichen Kontakte und die reiche Erfahrung des Weltbürgers, der in vielen Zivilisationen und Sprachen daheim ist, verleihen seinen Aussagen Glaubwürdigkeit. Das vom unermüdlichen und umfassenden Studium der gesamten Missionsliteratur geprägte Wissen ist immer wieder spürbar. Das mennonitische Erbe und die Verbundenheit mit dem Dallas Theological Seminary kommen bei den verschiedensten Gelegenheiten zum Durchbruch und verbinden sich hie und da in interessanter und hilfreicher Weise. Man begegnet einer Missionsschau mit authentisch-biblischer Ausrichtung, in theologisch gesunder Darstellung, im unnachahmlichen Stil von George Peters.

Wie es für Dr. Peters so charakteristisch ist, liegt über dem ganzen Buch etwas von betonter Finalität, ohne daß damit behauptet wird, er hätte auf jede Frage die letzte Antwort. Vielmehr findet man so etwas wie ein Register der verschiedensten Gebiete, von denen jedes einzelne nun weiterhin die gleiche fleißige Forscherarbeit verlangt, die dieses Buch hervorbrachte. Es bleibt nur zu hoffen, daß Dr. Peters und andere, die mit seiner Missionstheologie übereinstimmen, die großen und wichtigen Themen fortführen und weiter ausbauen, die hier zur Darstellung gelangten.

J.F. Shepherd
Referent für Schul- und Ausbildungsfragen
Christian & Missionary Alliance

Vorwort

Theologie der Mission – eine persönliche Stellungnahme

Diese Darstellung einer biblischen Theologie der Mission ist die Frucht jahrelangen Forschens und Lehrens, sowohl auf dem Gebiet der Dogmatik als auch auf dem Gebiet der Missionswissenschaft. Dabei stehe ich unter dem Eindruck, daß die Bibel nicht so sehr ein Buch über Theologie als solche sein will, sondern vielmehr ein Bericht von einer Theologie der Mission im Vollzug – d.h. sie zeigt uns Gott in Aktion mit dem Ziel der Rettung der Menschheit. Ich glaube, Georg Vicedom kommt dem biblischen Denken äußerst nahe, wenn er schreibt, daß „nach der Gesamtkonzeption der Schrift Gott nur eine Intention zugeschrieben wird: die Menschen zu retten“.[1] Dabei ist es von Anfang bis Ende der Heiligen Schrift klar, daß das Endresultat solcher *Missio Dei* nichts anderes als die Verherrlichung des Vaters, des Sohnes und des Heiligen Geistes sein wird. In der Darstellung des Gegenstandes habe ich Christus als Mittel- und als Anfangspunkt gewählt. Ich bin überzeugt, daß die Bibel christozentrisch ausgelegt werden muß, so wie Christus selbst die Schrift seinen Jüngern auslegte (Luk. 24, 25–27.44–49). Christus ist der Mittelpunkt der Offenbarung und gleichzeitig der Schlüssel zu ihrem Verständnis.

Ich entschuldige mich nicht dafür, daß ich die Bibel ohne vorgeschaltete Kritik als Autorität akzeptiere. Die Bibel ist die Grundlage und die Quelle des Glaubens, nicht das Ergebnis des Glaubens.

Es geht mir darum, alles unter das Urteil des göttlichen Wortes zu bringen. Ohne Zögern akzeptiere ich die Irrtumslosigkeit des biblischen Berichtes, die Historizität des Vorwortes der Bibel – 1. Mose 1–11 –, den mosaischen Ursprung des Pentateuchs und die historische, konservative, evangelikale Stellung zu allen Büchern der Bibel. Ich habe diese Stellung nicht blindlings bezogen. Die historisch-kritische Forschung ist mir nicht fremd. Die Auseinandersetzungen über Offenbarung und Inspiration, Authentizität und Integrität der Bibel sind mir wohl bekannt. Über Jahre hinweg verfolgte ich auf-

[1] Georg F. Vicedom, *Missio Dei – Einführung in eine Theologie der Mission* (München: Kaiser, 1958), S. 12.

merksam und nachdenklich die verschiedensten philosophischen und theologischen Strömungen und ihren Umgang mit der Bibel. Ich fand aber all diese Theorien mangelhaft. Sie scheinen mir weder offenbarungsgemäß, noch historisch, noch rational zu verfahren. Es fehlen ihnen die historischen Beweise für ihre Behauptungen und die klaren autoritativen Kriterien. Sie bauten weder meinen Glauben noch mein Leben auf. Es handelte sich bei ihnen um subjektive, unkritische Spekulationen. Sie mehrten weder missionarische Motivation noch schafften sie missionarische Dynamik. Diese Theorien nahmen weder mein Herz in Beschlag, noch spornten sie meinen Willen an. Deshalb bleibe ich bei der Bibel als meinem Führer, meiner Wegweisung und meiner Autorität.

Weiterhin soll nicht unerwähnt bleiben, daß mir die Veröffentlichungen der verschiedenen Konzilien und Konferenzen der Moderne als auch der verschiedenen Forscher wohlbekannt sind. Die Berichte der großen historischen Zusammenkünfte, die vom Internationalen Missionsrat einberufen wurden, habe ich gelesen und bedacht. *The International Review of Missions* gehört seit Jahren zu meinem Standardlesematerial. Auch die Schriften von Gerald Anderson, Max Warren, Douglas Webster, John V. Taylor, Stephen Neill, Lesslie Newbigin, Johannes Blauw, Hendric Kraemer, Wilhelm Andersen, R.K. Orchard, Daniel T. Niles und vielen anderen sind meiner Aufmerksamkeit nicht entgangen.

Wenn sich die Gedanken dieser Männer in diesem Buch nicht ausdrücklich finden, dann deshalb, weil ich mit vollem Bewußtsein und voller Absicht jeden Konflikt vermeiden wollte. Das Buch soll nicht der Polemik dienen. Vielmehr ist es eine Darstellung der missionarischen Absicht Gottes, wie ich sie beim Entfalten der Bibel finde, ungeachtet dessen, was andere gesagt haben oder sagen. Ich schreibe weder um zurückzuweisen noch um zu korrigieren, sondern um darzulegen; deshalb wurde die Kontroverse und der Streit unter allen Umständen gemieden. Ich hoffe, daß dadurch die Schrift an Wert gewinnt und nicht verliert.

Dank schulde ich einigen meiner Lehrer, die mein Denken in besonderer Weise prägten. In großer Dankbarkeit gedenke ich Dr. David Strathy Dix, des früheren Rektors von St. Andrew's College in Saskatoon, Saskatchewan, Kanada, der mein Verständnis für die „Königsherrschaft Gottes“ weckte, die die Offenbarung Gottes in der Bibel wie ein Regenbogen überspannt und dabei die Kluft zwischen Zeit und Ewigkeit, Erde und Himmel, Mensch und Gott überbrückt. In gleicher Dankbarkeit gedenke ich Pfarrer William Bestvaters, der mir als erster die Bibel lieb machte, mich mit dem

Grundsatz der fortschreitenden Offenbarung in der Bibel bekanntmachte und mir die Augen öffnete für die Herrlichkeit der Gemeinde Jesu Christi, für das ganze Programm und den ganzen Plan Gottes durch die Zeiten und für die zukünftige Herrlichkeit und Mission Israels. Dann muß ich hier Pfarrer Abraham Unruh nennen, der mich vor allen Dingen in die tiefen Wahrheiten des Wortes Gottes und das Wesen der Heilsgeschichte in eindrücklicher Weise einführte. Diese verschiedenen so empfangenen Gedanken stellen zusammen einen wesentlichen Beitrag für die Entwicklung meiner Missionstheologie dar.

Es ist unmöglich, all die zu nennen, die durch ihre Schriften mein Denken in irgendeiner Weise formten und prägten. Zwei Schriften muß ich allerdings noch erwähnen. Das ist einmal die *Theologie des Alten Testaments* von Edward König, Bonn, und zum andern die Kommentarreihe *Das lebendige Wort* von Jakob Kroeker, Werningrode im Harz, (insgesamt etwa 14 Bände über das Alte Testament). Beide bereicherten mein Verständnis des Alten Testaments wesentlich und zeigten mir vor allem, welche Bedeutung es für den Glauben hat und welche Stellung es im Rahmen der religiösen Weltliteratur einnimmt. Ich schulde ihnen mehr, als ich je in Worten ausdrücken kann.

Zusätzlich zu den schon erwähnten muß ich noch die Schriften von Dr. Robert E. Speer erwähnen, die mein Denken in Missionsfragen weitgehend geformt haben. Zugestandenerweise habe ich viele der Gedanken der eben erwähnten Männer so absorbiert, daß sie ein Teil meines eigenen Denkens wurden. Infolgedessen bin ich mir nicht immer bewußt, wenn ich ihre Gedanken und ihre Worte gebrauche.

Der Gebrauch der missionswissenschaftlichen Begriffe

Ich kann nicht umhin, den Gebrauch verschiedener Worte zu erläutern. Man hört heute viel über *Sendung* und *Mission*. Beide Worte werden auf diesen Seiten gebraucht. Aber sie sind nicht Synonyme. Das Wort *Sendung*, so wie ich es gebrauche, beschreibt die Summe des biblischen Auftrages der Gemeinde Jesu Christi. Es ist der allumfassende Begriff, der den nach oben, nach innen und nach außen gerichteten Dienst der Gemeinde umschreibt. Er bezieht sich auf die Gemeinde in ihrem „Gesandtsein" (als Pilger, Fremdling, Zeuge, Prophet, Diener, Salz, Licht usw.) in diese

Welt. Dieses Buch ist weder eine Beschreibung noch eine Skizze der Sendung der Gemeinde.

Mission ist ein äußerst spezialisierter Begriff. Er bedeutet für mich die Aussendung bevollmächtigter Personen über die Grenzen der neutestamentlichen Gemeinde und ihrem unmittelbaren Einflußbereich hinaus, um das Evangelium von Jesus Christus in Gebieten zu verkündigen, die das Evangelium nicht kennen, mit der Absicht, Menschen aus anderen Religionen oder Nichtreligionen zu Jesus Christus zu bekehren, lebendige, sich vermehrende örtliche Gemeinden zu gründen, die dann wiederum in ihrer Umgebung und ihrem Lande die Frucht des christlichen Glaubens zum Tragen bringen.

In ähnlicher Weise bedürfen die Begriffe *Evangelisation, Christianisierung, Sozialisierung* und *Zivilisierung* einer Erklärung und näheren Bestimmung. Sie stehen keineswegs für die gleiche Sache.

Das Wort *Evangelisation* bezieht sich auf die anfängliche Phase der christlichen Verkündigung. Es ist die vollmächtige Verkündigung des Evangeliums von Jesus Christus, wie es in der Bibel offenbart ist, relevant, verständlich und überzeugend mit der klaren Absicht, Menschen zu Christus zu bekehren. Es ist die Darbietung des Evangeliums, die Durchdringung und Konfrontation einer Gesellschaft mit dem Evangelium, so daß es nicht nur zur Entscheidung ruft, sondern eine Entscheidung verlangt. Evangelisation heißt das Evangelium von Jesus Christus als einen Gerichtsakt predigen. Evangelisation ist die effektive Darbietung des Evangeliums zum Zweck der Bekehrung des Ungläubigen oder Nichtgläubigen, die aus ihm einen an Jesus Christus Glaubenden macht.

Die *Christianisierung* ist organisch mit der Evangelisation verbunden und deren logische Folge. Es ist die lehrmäßige Gründung und Festigung des Gläubigen im Evangelium und in der christlichen Ethik, die Umformung dessen, der an Jesus Christus glaubt als Jünger Christi. Sein ganzes Leben soll von den Gedanken Christi durchdrungen werden, so daß er seinem Bild gleicht und ein effektiver Zeuge und brauchbarer Diener des Herrn wird. Aus ihm soll ein bewußter und hingegebener Nachfolger Christi werden, der sein ganzes Leben Christus übergeben und seiner Herrschaft unterstellt hat. In der vollen Bedeutung des Wortes handelt es sich dabei um einen lebenslangen Prozeß.

Sozialisierung ist kein biblischer Begriff, umschreibt aber ein biblisches Konzept. Handelt es sich bei der Christianisierung mehr um das Gleichförmigwerden des einzelnen Gläubigen mit Christus, so bezieht sich die Sozialisierung auf den Prozeß, durch den der einzelne Gläubige angeleitet wird, sich christlichen Idealen, Normen, Institutionen anzugleichen und dazu einen Lebensstil zu akzeptieren, wie er von einer Gruppe Gläubiger, einer Gemeinde oder einer christlichen Institution entwickelt wurde. Es handelt sich dabei um einen Formungsprozeß und idealerweise um einen Vorgang, der sich an die Bekehrung anschließt.

Zivilisation ist ein profaner Begriff, der eine gewisse Stufe kultureller Entwicklung umschreibt. Er wird kaum noch im Zusammenhang mit dem Auftrag des Christen gebraucht. Wenn immer er auftaucht, zeigen sich damit Spuren von Albrecht Ritschls Kulturchristentum, das er praktisch mit der westlichen Zivilisation in eins setzte.

Heute gibt man ohne weiteres zu, daß es nirgends eine wahrlich christliche Zivilisation gibt. Der Westen stirbt im Säkularismus – d.h. die Trennung der Kultur von Gott und Religion – und der Osten ertrinkt in einer pantheistischen Osmose, einer Symbiose aus Religion, Kultur, Gesellschaft, einer totalen Synthese bis zu dem Grad, wo Kultur und Religion identisch sind.

Ich darf wohl hoffen, daß die vorliegende *Biblische Theologie der Mission* eine Lücke im missionarischen Denken der Gegenwart füllt. Viel zu lange hat man für die Mission auf der Grundlage der Philanthropie, der christlichen Pflicht und Verantwortung, der Notwendigkeit des Evangeliums und der Ausdehnung der Gemeinden Propaganda getrieben. Das alles sind nicht absolut unwürdige Motive. Aber weder sind es die besten und tiefgehendsten, noch führen sie zu der tiefsten geistlichen Dynamik. Wir müssen in der Mission theologisch denken. Was sind denn die tiefsten Grundlagen für die Mission? Was sind die legitimsten Ziele und Mittel der Mission? Was ist das Wesen der christlichen Mission? In welchem Verhältnis stehen Mission und Kirche zueinander? Ist die Mission eine bleibende oder vorübergehende Erscheinung? Welches ist die echte Dynamik der Mission? In welchem Verhältnis stehen Evangelium und Eschatologie zueinander? Das sind nur einige der grundlegenden Fragen, auf die die Theologie Antwort geben muß. Ich darf hoffen, daß der Leser wenigstens die Antworten auf einige dieser Fragen beim Lesen des vorliegenden Buches findet.

Einführung

Missionstheologie in biblisch-historischer Perspektive

Die christliche Mission ist nur im Licht einer bestehenden Abnormalität oder Notlage und unter der Überzeugung sinnvoll, daß es auf diese notvolle Situation eine Antwort und Hilfe gibt. Deshalb muß zunächst etwas über die sich vorfindende Krankheit oder Kalamität gesagt werden, die, ob von historischer oder ewiger Perspektive her gesehen, nach Abhilfe schreit. Die Not besteht in dem Faktum der Sünde in dieser Welt, die das Menschengeschlecht angesteckt und überwunden hat und letztlich sogar die Existenz der Menschheit bedroht. Es gäbe keinerlei Bedürfnis für die christliche Mission, wenn die Sünde nicht eine äußerst ernstzunehmende Realität wäre. Für das Wort vom Heil läßt sich ohne die Realität und den Schrecken der Sünde kein Verständnis finden. Die Sünde machte die Erlösung notwendig, und die Sünde macht die christliche Mission erforderlich. Es gibt verschiedene gute Darstellungen über die Sünde. Von daher gesehen braucht hier keine erschöpfende exegetische und historische Darstellung der Lehre von der Sünde geboten zu werden. Es kann nur darum gehen, einige grundlegende Tatsachen zu unterstreichen.

Das Faktum der Sünde

Die Sünde findet sich in großen Buchstaben auf den Seiten der Bibel geschrieben. Es gibt nur vier Kapitel, in denen sich dieses Übel nicht findet. Das sind einmal 1. Mose 1 und 2, wonach Sünde nicht ein Teil der ursprünglichen menschlichen Geschichte war. Und das sind zum andern Offenbarung 21 und 22. Es gibt also eine sehr kurze vorsündliche (1. Mose 1 u. 2) und eine zukünftige, nachsündliche Geschichte (Offbg. 21 u. 22). Der Rest der Bibel (1. Mose 3 – Offbg. 20) ist ein Bericht, gezeichnet von menschlicher Sünde, göttlichem Einschreiten, der Vorbereitung, Durchführung und Anwendung des Heils.

Die Bibel spricht nicht definitiv über den Ursprung der Sünde als solchem. Daran aber läßt sie keinen Zweifel, daß Satan, der übernatürliche Agent, es ist, durch den die Sünde und das Böse in Gottes Schöpfung einschließlich des Menschen Eingang fand.

Die Bibel ist unmißverständlich klar, wenn es darum geht, gewisse Tatsachen über die Sünde und ihr Verhältnis zur Menschheit zum Ausdruck zu bringen:

Der Mensch ist ein einmaliges, geschaffenes Wesen.

Der Mensch ist ein besonderes Wesen, das sich von der ganzen anderen Schöpfung unterscheidet, ein Geschöpf im Ebenbilde Gottes, eine intelligente, mit Wille und Gefühl ausgestattete Persönlichkeit, vollkommen auf Gott hin ausgerichtet; es war ursprünglich mit Gaben und Vollmachten ausgestattet, die weit über dem liegen, was wir uns jetzt vorstellen, erklären oder tun können.

Der Mensch wurde in Sündlosigkeit für einen von Gott bestimmten Zweck und Auftrag und ein von Gott festgelegtes Ziel geschaffen.

Das ist der Mensch nach 1. Mose 1 und 2. Die Verwirklichung dieses Ideals wird in Offenbarung 21 und 22 berichtet bzw. vorausgesehen.

Das Eindringen der Sünde in die Geschichte der Menschheit

Mit Genesis 3 tritt im Menschen, was sein Wesen, seine Beziehung zu Gott, seine Geschichte, sein Auftrag und seine Bestimmung angeht, ein radikaler Wandel ein. Die Sünde begegnet dem Menschen in ihrer ganzen Realität, in ihrer satanischen Wirkung und mit all ihren Folgen, und der Mensch tritt bewußt und absichtlich gegen Gott und sein Gebot auf die Seite der Sünde. Zu gleicher Zeit dringt die Sünde in den Menschen ein, durchdringt und überwindet ihn. Aus dem Menschen wird ein willentlicher Sünder, der sich in Rebellion Gott entgegenstellt und ein Leben des Ungehorsams gegen Gottes Gebot wählt. Gleichzeitig wird er ein versklavter Sünder, der vor Gott schuldig ist, in seinem Wesen beschmutzt, in seiner Persönlichkeit erniedrigt, von Gott getrennt und seines göttlichen Zweckes, seiner Mission und seiner Bestimmung entfremdet. Der Mensch ist verloren. Das Leben ist sinnlos und leer geworden. Der Mensch befindet sich in Feindschaft mit Gott. Zu gleicher Zeit ist der Mensch dem Grauen des Todes als Prozeß und Bestimmung zum Opfer gefallen. Das ist das tragische Geschehen von 1. Mose 3. Und die Geschichte ist nichts anderes als eine Duplikation, eine Vervielfältigung, eine Ausdehnung, eine Intensivierung dessen, was der Mensch in diesem Kapitel erlebte.

Das Wesen und das Ausmaß der Sünde

Das oberflächliche Sündenverständnis, das man heute allerorts findet, ist der Bibel fremd. Es hat seinen Ursprung in einer Theologie, die sich mehr an einer humanistisch geprägten Psychologie und Soziologie orientiert, als an der Bibel.

Nach der biblischen Offenbarung besteht die Sündhaftigkeit der Sünde nicht in dem ihr innewohnenden Bösen oder in den sich ergebenden schrecklichen Konsequenzen für Zeit und Ewigkeit, die den Menschen so gut wie das Universum, das Gebiet der Natur, der Gesellschaft, der Moral und des Geistes treffen, sondern die Sünde ist in erster Linie sündig, weil sie sich gegen Gott richtet. Das Maß, an dem die Sünde gemessen wird, ist nichts anderes als Gott selbst. Sie erhält ihren ganzen Ernst vom Wesen und vom Sein des Gottes, gegen den sie sich richtet. Hierin liegt ihre ganze Schwere, ihre Ruchlosigkeit, ihre Abgründigkeit, ihr Verderben.

Die Sünde ist nicht nur Irrtum, natürliche Unvollkommenheit oder fehlendes Gute. Sie ist moralische Perversität, soziales Übel, falsche Ausrichtung des Verstandes, der Affektionen, unserer Verhältnisse und des Lebens. Die Sünde ist sowohl ethisch als auch erfahrungsgemäß existent, obwohl sie an sich kein eigenes metaphysisches Sein besitzt. Sie ist das lebendige und dynamische Prinzip eines entarteten geistlichen Lebens. „Die Sünde ist nicht das ursprüngliche Gesetz des menschlichen Willens, denn sie ist das gegen Gott gerichtete Streben, Wünschen und Handeln."[1] Sündigen heißt, daß der Mensch Gott in rationalem oder irrationalem Unglauben mit bewußtem Ungehorsam, mit unverschämter Selbstliebe, Selbstherrschaft, Selbsterlösung und Selbstanbetung konfrontiert. Deshalb sind der Rationalismus und seine zeitgenössische Ergänzung, die Wissenschaftsgläubigkeit, die Rebellion, die Religionsphilosophie und die verschiedenen Gottesdienstsysteme nichts anderes als eine voll ausgebaute Festung der Selbstverteidigung gegen Gott.

John B. Champion schildert in realistischen und lebendigen Worten, was Sünde ist:

[1] Albrecht Ritschl, *Rechtfertigung und Versöhnung* (1900), engl. Ausg. S. 329.

„Sünde ist in erster Linie ein Angriff auf Gott. Es handelt sich um einen furchtbaren Hochverrat, da man versucht, die vollkommene Güte und grenzenlose Liebe von ihrem Thron zu stoßen. Sie ist ein langer, nie endender Versuch, die Gottheit zu entthronen. Der Apostel Johannes beschreibt sie mit Recht als Gesetzlosigkeit und Anarchie. Sie verwandelt das Herz in eine Dunkelkammer, von der aus verräterische Anschläge gegen Gottes Herrschaft geplant werden. Sie ist ein endloser Versuch, die Herrschaft Gottes zu untergraben.
Jede Sünde fängt als Kampf gegen Gott und alles Gute an, ist ein Verbund mit dem Teufel und allem Bösen, eine potentielle Hölle, die den Himmel verdrängt. Sie ist nicht nur ein Angriff auf den Thron Gottes, sie ist ein wohlgezielter Schlag ins Gesicht des Vaters. Sünde ist das gezogene Schwert, der gezielte Stich ins Herz Gottes. Sie ist die Kreuzigung des Guten, die Hinrichtung der göttlichen Natur, der Mord des göttlichen Lebens. Die Sünde kann nicht stillstehen, bis sie die Unschuld mit Dornen gekrönt und den Speer in das Herz der ungetrübten Gerechtigkeit gestoßen hat."[2]

Das teuflische Wesen der Sünde ist unüberbietbar. Nur ein Narr lächelt dem zu, was die eigene Gesundheit zerstört, und verneint das, was einen zu zerstören droht und zu ewiger Verdammung führt.

Ein Studium der verschiedenen Begriffe, mit denen die Bibel die Sünde umschreibt, wird das oben über die Sünde Gesagte nur unterstreichen. Darüber hinaus verweise ich den Leser auf Stellen wie 1. Mose 6,5; Jer. 17,9; Röm. 1,18–32; 5,6; 8,10; 6,21; 2. Kor. 4,4; Eph. 2,1–3.

Die Einheit der menschlichen Rasse und die Universalität der Sünde werden in der Schrift vorausgesetzt und fortwährend behauptet. Sowohl in klaren Aussagen, als in biographischen Darstellungen und geschichtlichen Überblicken bezeugt die Bibel die Universalität und Ununterbrochenheit der Sünde. Die Geschichte der Menschheit ist ihre umfassendste Darstellung und überzeugendste Demonstration (siehe Röm. 3,23; 5, 12 ff; 1,18–3,20).

Über die Folgen der Sünden läßt die Bibel keinen Zweifel entstehen. Sünde ist in sich böse und demzufolge spaltet, verdirbt, beschmutzt, erniedrigt und trägt sie Zerstörung und Tod ihrem Wesen nach in sich. Dazu ruft sie Gottes Zorn auf den Menschen herab und führt zu einer ewigen Trennung von Gott, was die Bibel den

2 John B. Champion, *The Living Atonement* (Philadelphia: Griffiths and Rowland, 1910), S. 149 u. 150.

zweiten Tod nennt (Apg. 28,27; Eph. 2,2; 4,18; Matth. 13,15; Röm. 8,7; 5,12; 6,21; Luk. 16,19–31; Offbg. 20,11–15).

Das Heilmittel gegen die Sünde

Bei allem bleibt jedoch der Mensch ein Mensch. Damit bleibt ihm die Möglichkeit zur Rettung und das Bewußtsein für deren Notwendigkeit. Aber es fehlt ihm die Weisheit, einen Weg der Rettung zu finden und die Kraft und die Fähigkeit, sie herbeizuführen oder zu erreichen. Wie in seiner ursprünglichen Erschaffung, so ist auch, was seine Errettung angeht, der Mensch ganz von Gott abhängig. In sich selbst ist er hilflos und hoffnungslos. Der Wendepunkt und der Lichtstrahl liegen in den Worten: „. . . aber Gott!"

In seiner unendlichen Weisheit hat Gott eine Errettung gefunden. In unendlicher Gnade und unter unendlichen Kosten hat Gott Jesus Christus, seinen einzigen Sohn, für die Rettung bereitgestellt. Mit unbegrenzter Kraft hat Gott seinen Heiligen Geist ausgegossen, um die Errettung sowohl im Leben des einzelnen als auch in der Geschichte zur Tat werden zu lassen. In seiner unendlichen Barmherzigkeit hat Gott die Verkündigung und die Mission ins Leben gerufen – zunächst durch Israel und nun durch seine Gemeinde – damit eine hilflose und hoffnungslose Menschheit die gute Botschaft von der unbegrenzten Errettung, die Gott für die Menschheit bereitet hat, hören, um sie wissen und sie glauben kann. Das ist auch eine Seite der Geschichte von 1. Mose 3 bis Offenbarung 20.

Somit besteht zwischen Sünde und Errettung, wie es die Bibel darstellt, eine Parallele (1. Mose 3 – Offbg. 20). Auf der einen Seite steht der Bericht von der Faktizität und der Abgründigkeit der Sünde, wie sie sich in der Menschheit, in der Sündhaftigkeit des einzelnen und seiner Verderbtheit, mit der er sich bewußt und willentlich der Sünde hingibt, zeigt. Auf der anderen Seite steht die Gnade, Treue, Geduld, Liebe und Freundlichkeit Gottes zur Menschheit, indem er eine Errettung schafft, obwohl der Ernst von Gottes Heiligkeit und Gerechtigkeit, die sich in Gericht und Leiden auswirken, nicht fehlt.

Der göttliche Aspekt in dieser Parallele besteht in der Schaffung der Errettung in Christus Jesus und in der Verkündigung und Verwirklichung dieser Errettung, die Gott für die Menschheit bereitet hat. Das erste ist eine ausschließlich göttliche Intervention. Das zweite ist der Gemeinde Jesu Christi anvertraut – allerdings nur im relativen Sinn, wie wir später sehen werden –, die mit dem Heiligen Geist ausgerüstet ist, der ihr nun innewohnt.

Bedingt ist das alles durch die Schrecklichkeit der Sünde als das gegenwärtige Böse mit nachfolgenden Konsequenzen für Zeit und Ewigkeit.

Missionstheologie und biblische Universalität

Bevor wir der Universalität nachgehen, die der missionarischen Intention der Bibel unterliegt, sind einige Begriffe zu klären.

Die Bedeutung von Universalität

Ich habe bewußt den Begriff Universalität dem des Universalismus vorgezogen. Damit hoffe ich, einem allgemeinen Mißverständnis aus dem Wege zu gehen. An sich handelt es sich bei dem Wort Universalismus nicht um ein schlechtes Wort. Seine Brauchbarkeit wurde aber dadurch, wie es in einem Großteil der neueren Literatur verstanden wurde, weitgehend beschnitten. So definiert Webster's* Universalismus als „die theologische Lehre, daß alle Seelen am Ende durch die Gnade Gottes errettet werden". Das ist allerdings nur *eine* Definition, die nicht notwendigerweise normativ ist.

In der neueren philosophischen Theologie und im interreligiösen Dialog deutet das Wort meistens auf die Erkenntnis hin, daß Gott sich in der ganzen Geschichte der Menschheit offenbart hat, insonderheit in allen jetzt noch bestehenden Religionen. Man bezeichnet das als Offenbarungsuniversalismus. Diese Position verneint das christliche theologische Konzept der *Heilsgeschichte,* wie sie im Alten Testament im Gegensatz zur allgemeinen oder profanen Weltgeschichte aufgezeichnet ist. Dazu läßt diese Position eine Unterscheidung zwischen allgemeiner und besonderer Offenbarung nicht zu. Da sich Offenbarung überall findet, sagt man, daß alle Religionen den einen gleichen Gott bezeugen und schließlich auch an das gleiche Ziel führen. Man glaubt, daß alle Religionen hier eine Rettung anbieten und später zu einer Rettung im Himmel führen.

Liberale Theologen und Religionsphilosophen sind bereit, zu-

* Das gängigste amerikanische *Wörterbuch,* dem Duden vergleichbar.

zugeben, daß einige Religionen eine umfassendere Offenbarung haben und demzufolge einen Weg bieten, der sich leichter auffinden und befolgen läßt; sie bestehen jedoch darauf, daß es keine Religion gibt, die nicht in irgendeiner Weise den „Weg" zeigen würde. Dieser Offenbarungs- und Heilsuniversalismus findet weitgehende Zustimmung und strebt nach offizieller und populärer Annahme. Er stützt sich dabei auf eine alte „Logostheologie" und auf eine falsche Interpretation gewisser Bibelstellen.

Ich möchte mich an dieser Stelle nicht mit den oben angesprochenen Typen des Universalismus auseinandersetzen. Darauf wird in Kapitel 7 unter dem Thema „Evangelium und Mission" eingegangen. Es soll hier lediglich festgehalten werden, daß die Bibel mich zwingt, sowohl einen Offenbarungs- als auch einen Heilsuniversalismus kategorisch zu verwerfen.

Wegen des damit zusammenhängenden Verständnisses habe ich deshalb das Wort *Universalismus* gemieden und wählte stattdessen Worte wie *Universalität, Inklusivität, Allumfassung* u.ä. beschreibende Begriffe.

Im biblischen Sinne bedeutet Universalität, daß Gottes Absicht allumfassend ist und nicht partikularistisch, daß sie die ganze Menschheit einschließt und nicht nur auf eine Nation oder einzelne Individuen abzielt. Es geht darum, daß Gottes Heil, Verheißung und Heilsangebot an die ganze Menschheit ergeht und nicht etwa nur an einen „erwählten Rest". Braucht man das Wort so, dann wird damit gelehrt, daß Gott sein Heil für die ganze Menschheit geschaffen hat und daß sein Heilsangebot allen Ernstes jeden Menschen angeht. In diesem Sinne gebrauche ich das Wort *Universalität.* Es bietet sich als bequemer technischer Ausdruck an, um die missionarische Zielsetzung und die missionarischen Voraussetzungen der Bibel hervorzukehren, die sich damit an die ganze Menschheit wendet, sei es direkt oder indirekt – zunächst durch Israel und nun durch die Gemeinde. Theologisch ist es angebracht, die folgenden Unterscheidungen vorzunehmen:

Die *ideale Universalität* spricht von Gottes gnädiger Bereitstellung des Heils in Christus für alle Menschen. Sie ergibt sich aus der Tatsache, daß „Gott in Christus *die Welt* mit ihm selber versöhnte" (2. Kor. 5,19) und daß „Christus die Versöhnung für unsere Sünden ist, nicht allein aber für die unseren, sondern auch für die der *ganzen Welt*" (1. Joh. 2,2), daß „Gott seinen Sohn nicht in die Welt gesandt hat, daß er die Welt richte, sondern daß die *Welt* durch ihn gerettet werde" (Joh. 3,17) und daß Christus das Lamm Gottes ist, das hinwegnahm „die Sünden der *Welt*" (Joh. 1,29)! Gottes Errettung gilt der ganzen Menschheit. Sie gilt der ganzen Menschenrasse und ist nicht partikularistisch.

Praktische Universalität bedeutet, daß es der Wille Gottes ist, daß das Evangelium überall verkündigt werden soll, daß die ganze Menschheit und jedes Individuum die Möglichkeit haben soll, das Evangelium von der Erlösung zu hören.

Die ideale und praktische Universalität stellen die Grundthesen dieses Buches dar und werden im nachfolgenden herausgearbeitet. Beide werden im Missionsbefehl besonders betont.

Realisierte Universalität ist von dem Gedanken getragen, daß alle Menschen schon in Christus gerettet und deshalb des ewigen Heils sicher sind. Dabei wird gelehrt, daß alle Menschen, sei es im Raum der Geschichte, sei es im Sterben, sei es nach dem Sterben zu einer Heilserkenntnis und zu einer Heilserfahrung kommen. Es muß ganz klar herausgestellt werden, daß das eine unbiblische Theorie ist. Vergeblich durchsucht man die Bibel nach Beweisen für eine solche Lehre. Im Gegenteil, die Bibel läßt keinen Zweifel daran, daß nicht alle Menschen gerettet werden. Die Ungläubigen „werden Strafe leiden, das ewige Verderben, fern von dem Angesichte des Herrn und von seiner herrlichen Macht" (2. Thess. 1,8–10).

Die Methode der Universalität

Die Universalität darf nicht mit der *Mission,* so wie sie sich in der Gegenwart darstellt, verwechselt werden. Mission buchstäblich übersetzt heißt „Sendung". Universalität, besonders wie sie sich im Alten Testament darstellt, läuft nicht notwendigerweise auf Sendung hinaus. Es ist sogar so, daß nirgends im Alten Testament Israel zu den Nationen „gesandt" wird. Es hatte keinen Auftrag, zu den Völkern zu gehen, um ihnen die offenbarte Wahrheit zu verkündigen, die ihm als Gottes Volk anvertraut war. Die Universalität ist vielmehr ein biblisches Grundprinzip, das die Absicht und den Vorsatz Gottes herausstellt. Die Verwirklichung dieses Prinzips ist die Angelegenheit einer gewissen Methode und einer gewissen Zeit. Was die Methode angeht, zeigen sich in der Schrift zwei Wege: Der *zentrifugale* und der *zentripetale.* Es muß zugegeben werden, daß das Alte Testament in seiner Gesamtheit auf die letzte Methode hinausläuft, wohingegen das Neue Testament die erste vorschreibt (siehe Abbildung 1).

Im Alten Testament dominiert die zentripetale Methode, die man als heiligen Magnetismus beschreiben könnte, der alles zu sich

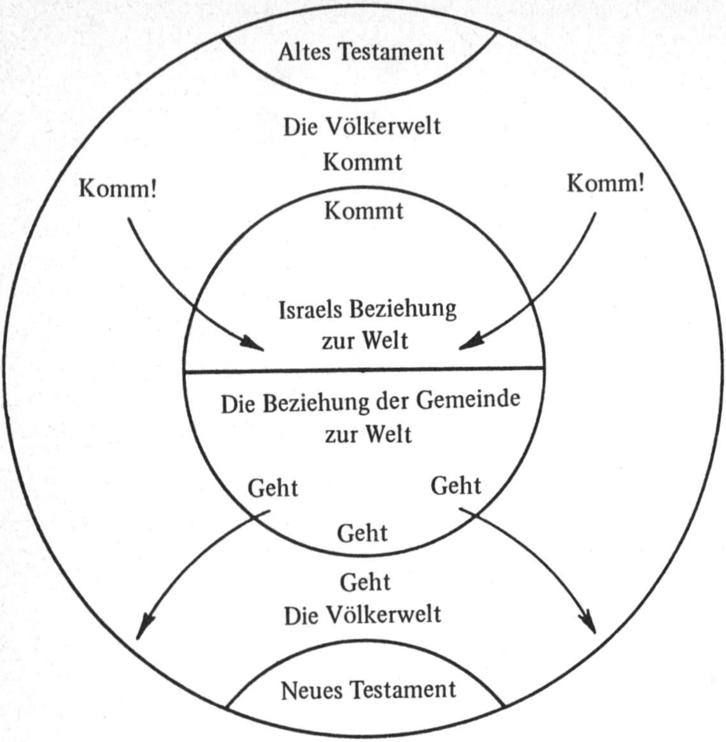

Abb. 1. Mission in der Bibel

hinzieht. Indem Israel in der Gegenwart und in der Furcht des Herrn lebte, sollte es die Fülle des göttlichen Segens erfahren. Auf diese Weise sollte es die Aufmerksamkeit der Nationen auf sich lenken, ihre Neugier erregen und sie wie ein Magnet nach Jerusalem und zum Herrn ziehen. Die Universalität sollte nicht durch die Aussendung von Boten mit einer Botschaft verwirklicht werden, sondern indem die Völker zum Herrn gezogen wurden. Die Königin von Saba illustriert diesen Grundsatz, die kam nach Jerusalem, um zu sehen und zu hören. Das gleiche tat der Kämmerer von Äthiopien, der auf der Suche nach der Wahrheit nach Jerusalem reiste. In diesem Rahmen und im Licht eines engen Nationalismus muß man auch die Weigerung Jonas, nach Ninive zu gehen, beurteilen. Aufgrund der alttestamentlichen Methode war es für die Jünger schwer, ihren Herrn und seinen Auftrag, hinzugehen in alle Welt, zu verstehen. Nach dem Alten Testament sollen die Völker der Welt nach Jerusalem kommen. Dort sollen die Völker den Weg des Herrn kennenlernen und ihn anbeten. Deshalb zögerten während der ersten Verfolgungszeit die Apostel, Jerusalem zu verlassen, um woanders das Evangelium zu verkündigen (Apg. 8,1). Sie fanden es zweifelsohne leicht, an Pfingsten den Leuten zu predigen, die *nach Jerusalem* gekommen waren. Warum sollten sie von Jerusalem *weggehen*? Das war doch eine totale Umkehr der Methode – allerdings nicht des dahinter liegenden Prinzips und der Absicht.

Die Verwirklichung der Universalität

Was die Zeit der Verwirklichung der Universalität angeht, gilt es bei der Auslegung alttestamentlicher Texte Vorsicht walten zu lassen. Eine sorgfältige Untersuchung wird zur Erkenntnis führen, daß die Bibel die Universalität in vierfacher Weise darstellt und sie ihren Höhepunkt und volle Verwirklichung im zweiten Kommen Christi finden läßt.

Erstens gibt es eine Offenbarungsuniversalität und -verwirklichung, die die ganze Menschheit umfaßt. Davon spricht 1. Mose 1–11, wo sich Gott der ganzen Menschheit offenbart und mit der ganzen Menschheit handelt. Alle Völker haben in gleicher Weise Anteil an der Gotteserkenntnis, denn hier geht es Gott um die ganze Menschheit. Es gibt kein besonderes Volk und kein Mittlervolk. Sem tritt als solches bis jetzt nur in der Prophetie auf.

Zweitens kennt das Alte Testament eine Universalität, bei der Israel zum Mittler zwischen Gott und den Völkern wird. Damit wird in keiner Weise Gottes ursprüngliche, allumfassende Absicht unterbrochen. Vielmehr hat Gott diese Methode gewählt, um sich der Welt mitzuteilen. Gott bleibt der Gott der Menschheit. Er ist der Gott aller Völker. Israels Aufgabe ist es jedoch, den Priesterdienst vor Gott unter den Nationen zu übernehmen, damit ihnen Gottes Offenbarung, Heil und Absicht kund würde. Die inklusive Zielsetzung wird überall in der alttestamentlichen Geschichte beibehalten, wie sich in den nachfolgenden Seiten weiter zeigen wird. Es gab nie eine Zeit, in der die Völker nicht Zutritt zu Gott gehabt hätten, obwohl Gott seine Offenbarung durch Israel vermitteln ließ. Es war die Verantwortung der Völker, Gott zu suchen und nach Gott zu fragen. Im Rahmen dieses Grundsatzes muß der Fluch über die Völker, den Paulus in Röm. 1,18–32 wiedergibt, gelesen werden. Statt die Wahrheit zu suchen, unterdrückten sie auch noch die Wahrheit, die sie besaßen. Somit versagten in der alttestamentlichen Heilszeit die Völker ebensogut wie Israel.

Drittens hat Gott Israel, nachdem es an seiner Aufgabe, das Licht der Welt, das Salz der Erde zu sein, versagte, als seinen erwählten Knecht vorübergehend auf die Seite gestellt. Er berief die Gemeinde Jesu Christi mit dem Auftrag, das auserwählte Geschlecht, das königliche Priestertum, das heilige Volk, das Volk des Eigentums zu sein, das verkündigen soll die Wohltaten des, der sie berufen hat von der Finsternis zu seinem wunderbaren Licht (1. Petr. 2,9). Die *Funktion* Israels ist vorübergehend auf die Gemeinde Jesu Christi übertragen worden, die der Zeuge, die Priesterschaft, der Knecht, das Licht, das Salz geworden ist. So ist in der Gegenwart die Gemeinde der Mittler Gottes, Mittler nicht des Heils, sondern der Botschaft von Gottes Heil in Christus Jesus. Ihr ist allen Ernstes die Verantwortung übergeben, den unübertrefflichen Reichtum Christi unter den Völkern zu verkündigen. Das Evangelium muß jeder Kreatur gepredigt werden. Sie hat einen ganz besonderen und einmaligen Auftrag, dem ihre Ausrüstung mit dem Heiligen Geist auch entspricht. Es gibt keinerlei Ungewißheit über Gottes Absicht und Programm und deshalb sollte es auch kein Zögern geben, sei es im Gehorsam, sei es in der Hingabe oder sei es in der Tat.

Viertens sieht die Schrift prophetisch ganz klar eine messianische Universalität des Evangeliums im Tausendjährigen Reich voraus, wenn die umfassende Absicht Gottes in Christi noch voller verwirklicht wird und die Gottes- und Heilserkenntnis universal sein werden (Hab. 2,14; Ps. 22,27; Jes. 11,9). Israel wird vom Herrn aufgerichtet, um sich Gott zuzuwenden und „der Knecht Jahwes“ zu werden. Dieses nationale Wunder, das in zahllosen Stellen des Alten Testamentes vorausgesagt ist, findet sich am lebendigsten bei Jesaja im zweiten Teil seiner großen Prophezeiungen (Kap. 40–66), unter dem Bild des Gottesknechtes dargestellt. Symbolisch hat es auch Hesekiel in seinen letzten großen Kapiteln herausgearbeitet. Er benutzt dazu das Bild der Totengebeine, die wieder lebendig gemacht werden, und des Tempels, in dem der Gottesdienst wieder eingerichtet wird, um dem Volk und den Völkern zu dienen (Kap. 37–48).

Nachdem Israel völkisch und geistlich wiederhergestellt ist, wird es die Völker zur Gotteserkenntnis führen, und die Völker werden Gott anbeten und ihm dienen (Sach. 14,9.16–19; Jes. 60–66). Damit ist der Gegensatz zur Gegenwart klar, in der Gott sich ein Volk, die Gemeinde, aus allen Völkern der Welt herausruft.

Ich gebe zu, daß es für uns schwer ist, im Rahmen von völkischen

Bekehrungen zu denken. Aber damit rechnet die Schrift. Diese Volksbekehrungen werden sicherlich kommen und die Sache Jesu Christi wird in einer nie dagewesenen Weise triumphieren.

Auf der neuen Erde, sei es im Tausendjährigen Reich oder danach, werden sich Nationen um das neue Jerusalem sammeln, im wahren Licht des Herrn wandeln, durch die Frucht des Lebensbaums Heilung finden, Gott dienen und den dreieinigen Gott anbeten. Der Sieg des Lammes wird die ganze Menschheit umfassen.

Gott hat einen wunderbaren Plan und ein Programm. Die Geschichte hat ein Ziel und einen Sinn. Es gibt eine Heilsgeschichte Gottes, die weder vereitelt noch zunichte gemacht werden kann. Gott ist in dieser Geschichte und bewegt sich triumphierend von einer Stufe zur anderen. An diesem Punkt stimmen alle Autoren und Propheten der Bibel überein. Die Bibel ist ein Buch der Hoffnung und des Sieges.

Viele treue und wahrhaftige Knechte Gottes können den letzten Punkt nicht in dieser Weise sehen. Sie vergeistlichen zahllose Stellen des Alten Testaments und wenden sie dann auf das Neue an. Ich kann solche Vergeistlichungen nicht akzeptieren, ungeachtet dessen, wie eifrig sie geprägt und verteidigt werden. Für mich gibt es zwischen einer Hermeneutik, die die Prophetie vergeistlicht, und einer Hermeneutik, die die Geschichte entmythologisiert, kaum einen Unterschied. Wenn überhaupt ein Unterschied besteht, dann nur der, daß das erste in positiver und das andere in negativer Absicht geschieht. Es scheint mir, daß man sich dabei grundsätzlich nahe verwandt ist, obwohl das natürlich nicht von der Motivation und von der Absicht her gesagt werden kann. Indem aber die letzte die Faktizität der Geschichte zerstört, löst die erste den Sinn der Geschichte auf. Die eine untergräbt die Historizität der Schrift, die andere ihre Philosophie. Aber der Heilige Geist will beides erhalten.

So gesehen ist *Universalität* ein weiter Begriff. Er umschreibt das ganze Missionsprogramm Gottes in der Welt und mit der Menschheit. Sie ist verwurzelt in der die ganze Menschheit umfassenden Absicht Gottes und in der Bereitstellung eines allgenügsamen Heils in Christus Jesus.

Missionarische Theologie als theologische Disziplin

Das Studium der christlichen Mission war jahrhundertelang eine isolierte Angelegenheit, die unter normalen Umständen für den

Theologen oder für den Pfarrer nicht in Frage kam. Die meisten Theologen und Pfarrer gingen an Vorlesungen über die Mission vorbei, ignorierten die Missionstheologie und kümmerten sich nicht um praktische Missionsfragen. Kirche, Pfarrerschaft und Theologen hielten auf Abstand, wenn es um Missionsforschung und Missionsbewegungen ging. In den meisten Ländern Europas und in England wurden deshalb besondere Missionsschulen eingerichtet, deren Aufgabe es war, Missionare auszubilden.

Die letzten Jahrzehnte brachten eine Annäherung bzw. einen Zusammenschluß von Kirche und Mission. Es läßt sich noch nicht voraussehen, wie sich das in der Praxis bewähren wird. Die Identifikation von Kirche und Mission ist genauso abnormal und wird möglicherweise genauso abträglich für die Sache werden, um die es geht, wie früher die Trennung von Gemeinde und Mission. Wie immer es auch weitergehen mag, Mission ist nun ein Teil der Ekklesiologie geworden und Missionsstudien sind in die praktische Theologie bzw. in die Kirchengeschichte mit einbezogen. In der Theorie ist das auf jeden Fall ein Schritt vorwärts.

Ich bleibe jedoch dabei, daß diese zeichenhafte Annäherung von der biblischen Sicht her ungenügend ist. Auch wenn wir theoretisch eine Unterscheidung zwischen Missionstheologie und Missionspraxis zulassen, muß es dabei bleiben, daß Missionstheologie ihren Platz in der Dogmatik selbst finden muß. Im Idealfall sollte sie sogar in die Lehre von der Dreieinigkeit integriert werden.

Douglas Webster beginnt sein Büchlein *Mission unveränderlich – biblisch und zeitgemäß* mit den Worten: „Wir fangen da an, wo die Mission selbst ihren Anfang nimmt, d.h. bei Gott.“[3] Nur auf diese Art und Weise wird man den berechtigten Anspruch Vicedoms gerecht, daß nämlich Mission „Missio Dei“ ist.[4]

Nur insoweit, wie die Mission ihre Quellen in Gott hat und ihr Wesen und ihre Autorität von dem dreieinigen Gott ableitet, kann sie eine dauernde starke Motivation hervorbringen und als echt sinnvoll und christlich betrachtet werden. Auf jeder anderen Ebene bleibt sie Humanismus, ungeachtet dessen, wie „religiös“ oder „christlich“ solcher Humanismus sein mag.

Das Versagen der Reformation und des Protestantismus, eine dynamische Mission hervorzubringen und später auch diese Dynamik im Rahmen der Weltevangelisation durchzuhalten, ist grund-

[3] Douglas Webster, *Unchanging Mission – Biblical and Contemporary* (Philadelphia: Fortress, 1965), S. 1.

[4] Georg S. Vicedom, *Missio Dei – Einführung in eine Theologie der Mission* (München: Chr. Kaiser Verlag, 1958), S. 11–16.

sätzlich ihrer unvollständigen und unausgeglichenen Theologie zuzuschreiben. Die protestantische Theologie befaßte sich fast ausschließlich mit dem „Sein" und „Wesen" Gottes, wie sie sich in seinen Eigenschaften manifestieren. Dazu kommt dann noch ein ausführliches Studium der „Werke" Gottes. Dies sind zwei äußerst wichtige Aspekte, die weitreichende Konsequenzen für die ganze Theologie haben.

Damit aber wird lediglich die „Andersartigkeit", Größe, Majestät und Herrlichkeit Gottes erfaßt und alle seine Werke in Abhängigkeit von ihm gebracht. Seltsamerweise ging diese Theologie in aller Stille an dem biblischen Konzept „des lebendigen Gottes", des Gottes, der einen Plan hat, des Gottes der Geschichte, der Tat, der lebendigen Beziehungen, des Gottes hier und jetzt, des Gottes, der in der Gegenwart seinen Plan und sein Programm durchführt, des Gottes, der aus sich herausgeht, des Gottes der Mission vorbei. Diese Theologie befaßte sich vielmehr mit dem Gott im Himmel und dem Gott der Schöpfung als mit dem Gott, der in seinem Heilswerk und in der Mission ewig gegenwärtig ist. Solche Unangemessenheit führt ganz natürlicherweise zu einer Trennung von Theologie und Mission.

Eine ähnliche Anschuldigung muß im Blick auf die Lehre von Jesus Christus, d.h. die Christologie, wie sie im Rahmen der Dogmatik gelehrt wurde, erhoben werden. Normalerweise unterteilt man sie in die *Person* Christi und das *Werk* Christi. Das ist an sich gut. Aber ist damit auch alles gesagt? Wird man damit der biblischen Darstellung Christi gerecht? Hatte er nicht auch einen Plan, ein Programm, das er hinausführen wollte, für das er kam, lebte und starb? Wurde er nicht mit aller Autorität ausgerüstet und mit bewußtem Auftrag von seinem Vater gesandt? Ist es nicht unser Auftrag, das Evangelium zu verkündigen und die Gemeinde zu versammeln „nach dem ewigen Ratschluß Gottes, den er ausgeführt hat in Christus Jesus unserem Herrn" (Eph. 3,11)? Kann eine Untersuchung seines *Werkes* abgeschlossen sein, wenn man seinen *Vorsatz* bezüglich der Ausführung dieses Werkes in der Geschichte ausklammert?

W.O.Carver definiert Mission wohl richtig als „die umfassende Verwirklichung von Gottes Erlösungsabsicht in Jesus Christus mittels menschlicher Boten."[5] Wird man wirklich der Person und dem Werk Christi gerecht, wenn man Missionsplan und Missionsprogramm Christi, für das er kam, lebte und starb, nicht umfassend

[5] W.O.Carver, *Missions in the Plan of the Ages* (Nashville: Broadman, 1951), S. 11.

berücksichtigt? Das missionarische Wollen und Wirken Gottes sind wesentliche Faktoren im Werk Christi; ihre Abtrennung ist unnatürlich. Die negativen Folgen machen sich in der Heimat und um den ganzen Erdball bemerkbar.

Nicht weniger wichtig ist eine wahrhaft biblische Darlegung der Lehre vom Heiligen Geist, des *Trösters* und des Vertreters des dreieinigen Gottes in dieser Welt. Seine vor- und außerpfingstlichen, sowie übermenschlichen Wirkungen und Dienste in Kultur und Gesellschaft werden kaum verstanden und kaum erwähnt. Während wir so wichtige Aspekte wie sein Innewohnen, die Versiegelung, Taufe und Ausrüstung mit dem Heiligen Geist diskutieren, ignorieren wir praktisch den umfassenderen und tieferen Dienst des Heiligen Geistes, der in seiner weisen Vorausschau um die ganze Erde herum hochpotentielle Gegenden schafft, wo das Evangelium zur Ehre Gottes und zum Segen der Menschen triumphieren kann. Die Theologie vernachlässigt eine äußerst wichtige Lehre der Bibel und begibt sich dabei der besten Gelegenheit, das zu werden, was sie sein sollte – eine *missionarische Theologie* von dynamischer Proportion, nicht nur einfach eine Darlegung des Dogmas oder eine Verteidigung des Glaubens zu sein. Das letztere ist zwar notwendig, aber ohne das erstere geht es einfach nicht.

Mission ist die progressive Verwirklichung des ewigen, wohlwollenden Ratschlusses Gottes, der in seinem innersten Sein und Wesen verwurzelt ist und alle Zeiten, Rassen und Generationen umfaßt.

Mission ist die historische Durchführung von Gottes Heil, das Jesus Christus für die ganze Menschheit in seiner Fleischwerdung, in seinem Tod und in seiner Auferstehung erworben hat. Sie bietet allen Vergebung der Sünden, neues Leben und Kraft, die an ihn als den ewigen Sohn Gottes und Retter der Menschheit glauben.

Mission ist die praktische Verwirklichung des Heiligen Geistes, der in dieser Welt für den ewigen Ratschluß Gottes am Wirken ist und für die Durchführung der Erlösung, die durch Jesus Christus erworben wurde, sich im Leben zahlloser Individuen, Familien, Stämme und Völker einsetzt. So steht Mission in engster Beziehung zum dreieinigen Gott.

Missionstheologie ist also nicht ein Anhang zur biblischen Theologie. Sie gehört ins Zentrum. Keine Lehre von Gott, Christus oder dem Heiligen Geist ist wirklich im Sinne der Bibel voll ausgeführt, wenn sie nicht gezeigt hat, daß der dreieinige Gott ein aus sich herausgehender Gott der Mission ist, der Gott, der retten und in Beziehung zur Menschheit treten will und der ein Programm für die fortschreitende Verwirklichung seines Ratschlusses hat.

Ich stimme mit W.O. Carver vollkommen überein, wenn er sagt: „Kein Gottesgedanke wird seiner Selbstoffenbarung gerecht, der nicht auf der Tatsache ruht, daß er ‚so die Welt geliebt hat, daß er seinen eingeborenen Sohn gab', daß, durch den Glauben an ihn, ‚die Welt durch ihn gerettet werden sollte'."[6]

Es muß einfach zugegeben werden, daß die evangelikale und nicht-ökumenische Christenheit in Amerika und auch in Deutschland sich äußerst wenig mit Missionstheologie befaßt hat. Die Bibel wurde geglaubt und gelehrt, aber zwischen Mission, Theologie und dem Ratschluß Gottes durch die Zeiten bestand kaum eine Verbindung. Die Folge ist, daß sich in unseren Bücherregalen über diese Fragen keine Literatur findet. Was unserem Anliegen am nächsten kommt, ist ein Band, der ursprünglich von Harold Lindsell unter dem Titel *A Philosophy of Christian Missions* veröffentlicht wurde. Vor kurzem wurde er unter dem Titel *An Evangelical Theology of Missions* neu aufgelegt.[7] 1966 hat in Wheaton der Kongress über „Die weltweite Mission der Kirche" ernstlich um einige Fragen der Missionstheologie gerungen, aber es gelang nicht, die Sache als solche in den Griff zu bekommen. Es muß einfach zugegeben werden, daß wir keine durchformulierte Missionstheologie von evangelikaler, nicht-ökumenischer Perspektive vorliegen haben. Es ist höchste Zeit, aufzuwachen, bevor die Grundlagen total weggeschwemmt sind.

Eine solche Dürre gibt es in der Ökumene nicht. In der offiziellen Dokumentation der Konferenz des Internationalen Missionsrates von 1910 in Edinburgh findet sich ansehnliches Material. In den vergangenen Jahren erschienen im Gefolge der verschiedenen Zusammenkünfte zahllose Bände über diesen Gegenstand. Es muß zwar festgestellt werden, daß die Ergebnisse dieser Konferenzen und Sitzungen so viel Auseinandersetzungen wie echte Gespräche, so viel interreligiösen Kompromiß wie christliche Konfrontation, so viel Ausflüchte wie Formulierungen, so viel Verwirrung wie Erleuchtung, so viel Hinderung als Hilfe nach sich zogen. Ein Großteil der Sprecher ließen sich zum Teil mehr von menschlicher Vernunft als von der Offenbarung, mehr von der Ästhetik als von der Wahrheit, mehr von Religion als von dem Christus Gottes und der Geschichte leiten. Die Folge war, daß der Relativismus und nicht Gewißheit die Oberhand gewann. Gerald H. Anderson hat diese Situation wohl erfaßt, wenn er schreibt: „Trotz erneuten Interesses und einer erneut

6 A.a.O., S. 12.

7 Harold Lindsell, *An Evangelical Theology of Missions* (Grand Rapids: Zondervan, o.J.).

angelaufenen Diskussion sind die grundlegenden Fragen nicht geklärt worden. Wenn sich irgendetwas ergab, dann nur das, daß sie noch drängender wurden."[8]

Trotz alledem hat sich aus der ökumenischen Richtung Literatur in einem erschreckendem Umfang ergossen. Es besteht absolut kein Mangel an spekulativem Material über Theologie und Philosophie der Mission. Vieles ist von beträchtlichem Wert, aber genausovieles wertlos und vieles ist definitiv der Sache Christi abträglich. Gesundes biblisches Material ist rar. Somit bleibt für den Theologen, der sich im Einklang findet mit dem Vorsatz und dem Programm Gottes, der Ansporn zu ernster und weiterer Arbeit.

Missionstheologie und der Anspruch des christlichen Glaubens

Der christliche Glaube beansprucht, die Religion der *absoluten Erfüllung* und Endgültigkeit zu sein. Im christlichen Glauben finden alle Verheißungen und Typen des Alten Testaments ihre Vervollständigung, und alle religiösen Bedürfnisse und geistlichen Hoffnungen der Menschheit werden erfüllt. Christus ist das Sehnen der Nationen.

Der christliche Glaube beansprucht für sich als religiöse *Autorität* Absolutheit und verlangt absolute Kontrolle über den Verstand des Menschen, sein Gewissen, sein Betragen und seine Beziehungen in allen Lebensgebieten. Er ist allumfassend, alles regulierend und absolut normativ. Solche totale Jurisdiktion ist nicht nur legalistisch, sondern auch existentiell. Es ist eine Sache subjektiver ethischer Überzeugung, geistiger Erneuerung und willentlicher Neuorientierung, die geistliche Wertschätzung, ethische Dynamik und freudigen Gehorsam hervorbringt. Der christliche Glaube ist sowohl im „Herzen" als auch in einem „Buch".

Der christliche Glaube beansprucht für sich weiterhin *Vollkommenheit und Endgültigkeit* als Offenbarung Gottes, seines Werkes und Vorsatzes. Diesbezüglich erwartet er weder Modifikationen noch Erweiterungen, noch Korrekturen, noch Ergänzungen. Gott hat sich hier so wahrhaftig und völlig, klar und absolut offenbart, wie es vom Menschen gefaßt werden kann oder wie es der Mensch

[8] Gerald H. Anderson (Hrsg.), *The Theology of the Christian Mission* (New York: McGraw-Hill, 1961), S. 13.

bedarf, um zur vollkommenen Zufriedenheit, Erfüllung und existentiellen Verwirklichung der ihm innewohnenden Möglichkeiten zu kommen. Nichts wird darüber hinausführen, weder eine andere Persönlichkeit, die etwa den Platz Jesu von Nazareth einnehmen würde, noch eine andere religiöse Offenbarung, noch irgendein Wertsystem, das ihr vergleichbar wäre.

Letztlich beansprucht der christliche Glaube *Universalität* seiner Herrschaft und seiner Ausbreitung. Ihm ist alleiniger und allumfassender Einfluß über alle Nationen verheißen, so daß er letztlich alle anderen religiösen und philosophischen Systeme verurteilen und verdrängen wird. Sein Anspruch auf Inklusivität und Exklusivität ist erschreckend. Sein Optimismus im Blick auf den endgültigen und totalen Triumpf höchst erstaunlich. Es überrascht nicht, daß solche Ansprüche der Wissenschaftsgläubigkeit zum Anstoß werden und für jeden philosophischen Positivismus ein Hindernis darstellen, einen Stein des Anstoßes für den Säkularismus und ein Ärgernis für den Agnostizismus. Anhängern nichtchristlicher Religionen muß es wie ein blühendes Beispiel des religiösen Imperialismus erscheinen.

Andererseits ist dieser Optimismus bezaubernd, die missionarische Glut hat einzigartige Inspirationskraft. Sie motiviert zu Opferbereitschaft und Dienst, zu einem das Leben verachtenden Heldentum. 1900 Jahre Geschichte christlichen Glaubens und besonders die letzten 150 Jahre strahlen tiefe Gewißheit aus. Unter den Religionen der Welt hat das Christentum die meisten Anhänger, trägt es die größten Institutionen barmherziger Liebe, unterstützt es die größte Schar von Missionaren in der ganzen Welt und kann einzig und allein wahre Ökumenizität in dem Sinn für sich beanspruchen, daß es unter jedem Volk der Welt zu finden ist. Schon allein das Phänomen des christlichen Glaubens und der Christenheit ist erstaunlich. Von daher rechtfertigt sich ein weiteres Nachfragen nach seinem Anspruch, seinem gegenwärtigen Erscheinungsbild und vor allem nach seinen eigentlichen Wurzeln und Grundlagen.

Worin liegt die Rechtfertigung für den Anspruch des christlichen Glaubens? Aus welchen Quellen fließt der spontane, fortwährende Ausdehnungsdrang? Was ist das Geheimnis des Heldentums seiner Anhänger, sei es in ihrem Opfer, in ihrem Leben oder in ihrem Martyrium? Wo liegen die Quellen des sich immer erneuernden und nie erschöpfenden Dranges nach weiterer missionarischer Ausdehnung? Was steht hinter dem Optimismus, der hoffnungsvollen Erwartung, triumphierender Vollendung?

Sind das in einer Welt des Pessimismus, der Verwirrung, der Verzweiflung nicht berechtigte Fragen? Liegen Hoffnung und Vertrauen des christlichen Glaubens in einer genialen Organisation, in dem Reichtum materieller Reserven oder im technologischen Vermögen? Ist Vertrauen und Gewißheit das Ergebnis eines überlegenen Idealismus oder kommen sie aus einer absoluten Abhängigkeit von der absoluten Macht des Universums? Die Christen behaupten, daß das letzte das Entscheidende sei.

Der christliche Glaube beansprucht für sich eine überlegene Ideologie und ein einzigartiges, unvergleichliches Wissen um die hinter allem stehende Kraft des Universums, die er Gott nennt. Gleichzeitig verlangt der christliche Glaube absolute Hingebung an und äußerste Abhängigkeit von Gott. Die Wahrheit über ihn ist jedoch nicht die Entdeckung eines Menschen. Sie ist gnädige und wunderbare Selbstoffenbarung – die Offenbarung Gottes selbst in der *Heilsgeschichte* (der Geschichte Israels im besonderen), mit klaren Worten und endlich vollständig und vollkommen in der Person seines Sohnes Jesus von Nazareth, der als fleischgewordener Sohn Gottes ihn völlig, allumfassend und letztgültig dem Menschen offenbart. In ihm waren Gott und Mensch gegenwärtig. In ihm vereinte sich Gott mit dem Menschen und zur gleichen Zeit zog Gott den Menschen in einzigartiger Weise hin zu sich. Geheimnis und Wirklichkeit stehen hier dem Menschen in gleicher Weise gegenüber. Wunder und Geschichte wenden sich in gleicher Weise an den Menschen. Der Gottmensch spricht zu uns: „Glaubet mir, daß ich im Vater und der Vater in mir ist; wo nicht, so glaubet mir doch um der Werke willen. Wer mich sieht, der sieht den Vater!" (Joh. 14,11.9). Und wiederum: „Niemand hat Gott je gesehen; der eingeborene Sohn, der in des Vaters Schoß ist, der hat ihn uns verkündigt" – offenbart, ans Licht gebracht, wo er gesehen, erklärt und bekannt gemacht werden kann (Joh. 1,18).

Im Sinne dieses Anspruches sagt Paulus, daß Christus das Ebenbild, die verläßliche Darstellung des unsichtbaren Gottes ist (Kol. 1,15; 2. Kor. 4,4). Der Hebräerbrief erläutert diesen Gedanken noch weiter: „Er ist der Abglanz seiner Herrlichkeit und das Ebenbild seines Wesens", d.h. der vollkommene Stempel und das wahrhaftige Abbild von Gottes Wesen (Hebr. 1,3).

Während der christliche Glaube also theozentrisch ist, ist der Gott, der im Mittelpunkt steht, immer der, den man in und durch *Jesus Christus* kennt. Von daher kann auch gesagt werden, daß der christliche Glaube christozentrisch ist. Der christliche Glaube ist theozentrisch in Orientierung und Ziel, christozentrisch in seiner Offenbarung und in seinem Heil. Christus ist für uns als der

Offenbarer und als der Mittler die Grundlage der christlichen Mission.

Diese Aussagen kommen aus der Überzeugung, daß es sich beim christlichen Glauben um offenbarte Wahrheit handelt. Die Apologetik hat uns einen guten Dienst getan, indem sie die Vernünftigkeit und Geschichtlichkeit des christlichen Glaubens nachwies, Authentizität und Integrität der Bibel verteidigte. Die vergleichende Religionswissenschaft versuchte die Überlegenheit und Einzigartigkeit des christlichen Glaubens unter allen Regionen der Welt nachzuweisen. Weder auf dem Gebiet der Apologetik noch auf dem Gebiet der vergleichenden Religionswissenschaften ist man allerdings in der Lage, Beweise vorzulegen, die so überwältigend sind, daß sie nicht irgendwie in Frage gestellt werden könnten. Deshalb muß sich letzten Endes ein Christ im Glauben auf die Offenbarung der Schrift gründen, die sich durch vernunftgemäße Beweise untermauern läßt und sich dann seinem ethischen Verständnis auch als letztgültige, absolute und abgeschlossene Wahrheit darstellen wird. Die Glaubenshaltung des Christen wird deshalb nie rein objektiv und nie rein subjektiv sein. Sie ist objektiv und subjektiv.

Teil I

Die biblische Grundlegung der Mission

Missionstheologie und Jesus Christus

Christlicher Glaube ist christozentrisch. Christus ist mit dem Vater und dem Heiligen Geist die Mitte des Glaubens und des Gottesdienstes. Christus ist das alles überragende Beispiel und Vorbild christlichen Wandels und Dienstes, christlicher Haltung und christlichen Lebensstils. Im Blick auf die anstehenden Fragen sollte sich deshalb auch eine Betrachtung seines Lebens als große Hilfe erweisen.

Hier befassen wir uns lediglich mit seiner Stellung zur Welt und zur weltweiten Mission. Was war seine Haltung gegenüber den nichtjüdischen Völkern? In welcher Beziehung steht sein Wirken zur Völkerwelt? War Christus ein Nationalist, ein Partikularist, eng und provinziell, oder war er Universalist? War er ein Internationalist mit weltweiter Sendung? Waren die Segenswirkungen seines Lebens und seines Sterbens nur für sein Volk gedacht? Oder war sein Leben und Wirken auf die Völker der Welt hin ausgerichtet? War Jesus in den Tagen seines Fleisches sich seiner Bedeutung für die ganze Menschheit bewußt und plante er somit eine allumfassende Sendung? War sein Horizont allumfassend und ging es ihm um mehr, als um Wiederherstellung des Judentums?

Der christliche Glaube kann die letzte Frage nur mit „Ja" beantworten, setzt sich doch die Christenheit heute aus Menschen vieler Nationalitäten zusammen. Schon von daher ist die Universalität Christi selbstverständlich vorauszusetzen. Nichtsdestoweniger hat an dieser Stelle eine beträchtliche Debatte eingesetzt. Dr. Samuel Zwemer nennt vier Standpunkte, die im Laufe der Geschichte vertreten wurden:

> „An erster Stelle steht die extreme Sicht eines Hegels, eines Tolstois und manch anderer, die behaupten, Jesus sei ein Antisemit gewesen und habe ein ausschließlich universales Sendungsbewußtsein gehabt. Dem genau entgegengesetzt ist die Meinung, daß Jesus im Herzen nur Jude war und daß sich sein Horizont und seine Botschaft auf das Haus Israel beschränkten. Reimarus, Strauß, Wellhausen und Harnack vertraten diese radikale Schau und hatten viele Anhänger. Eine dritte Schule vertritt die Meinung, Jesus dachte zunächst eng und jüdisch, wurde sich aber gegen Ende seines Lebens der Weltmission bewußt (Keim, Hausrath, Bertholet, Weiß).

Diesen radikalen Thesen steht die von gläubigen katholischen und protestantischen Gelehrten vertretene traditionelle gegenüber. Von Anfang seines Wirkens an habe Jesu Blick die Menschheit in ihrer Gesamtheit umfaßt. Er stand aber unter dem Eindruck, daß er in Sonderheit zu den verlorenen Schafen des Hauses Israel gesandt sei und daß sein irdisches Wirken in erster Linie dem Volke Israel gälte. Nichtsdestoweniger machte er seinen Aposteln unmißverständlich klar, daß er der Heiland aller Menschen ist und unterstellte sie schließlich seinem allumfassenden Missionsauftrag."[1]

Nachdem sein irdisches Wirken tatsächlich in erster Linie seinem Volk galt, stellt sich die Frage, ob diese Begrenzung von grundsätzlicher Bedeutung war oder ob es sich lediglich um eine gewisse Methode handelte.

Das Bild Christi

Die vier Evangelien geben einen authentischen Bericht über das Leben, die Worte und das Werk Christi. Aber sie wollen kein „Leben Jesu" sein. Dafür sind sie zu kurz und zu skizzenhaft. Vielmehr sind es vier Bilder, vier Darstellungen der einen Person Jesu Christi von vier verschiedenen Standpunkten aufgenommen. Jeder Evangelist gibt ein genaues Bild Christi, aber er ist geprägt von seiner Absicht und seiner Zielsetzung, es unterliegt seinem Verständnisrahmen und seinem Plan, ohne daß damit die Anordnung der Mitautoren zerstört oder gering geachtet wird.

Wer aus den Evangelienberichten eine Evangelienharmonie oder ein „Leben Christi" zusammenbauen will, stößt auf Grenzen und Schwierigkeiten. Aber es entsteht ein Bild auserlesener Schönheit, wenn man aus den vier Porträts eine Synthese macht, ohne freilich dadurch die Berichte zu harmonisieren. Erst durch das Porträt der Evangelien sieht man Christus in seiner Fülle und erhält einen immer tieferen Einblick in sein Wesen. Seine missionarische Kraft und sein Mitgefühl überwältigen. Er steht vor uns als der ideale Missionar und Apostel Gottes.

Geht man davon aus, daß Markus als erster seinen Bericht verfaßte, dann sticht seine historisch-existentielle Art ins Auge. Er hat Christus persönlich gekannt, begleitete Petrus auf seinen Rei-

[1] Samuel Zwemer, *Into All the World* (Harrisburg, Pa: Christian Pubns., 1943), S. 43 f.

sen und schreibt als ein von Christus erfüllter Jude. Er stellt Christus als den Propheten Gottes und Knecht Jahwes vor. Das ganze Bild ist das eines Propheten, der die Botschaft Gottes bringt und des Knechtes Jahwes, der immer aktiv ist, den Willen Gottes und seinen Ratschluß auszuführen. In seiner Gesamtheit ist es eine Verdeutlichung des einen Wortes Christi: „Des Menschen Sohn ist nicht gekommen, daß er sich dienen lasse, sondern daß er diene und gebe sein Leben zu einer Erlösung für viele" (Mark. 10,45).

Der Dringlichkeit seiner Mission entsprechen die immer wiederkehrenden Worte „und", „sofort", „alsbald", dem Weitblick der Auftrag, das Evangelium aller Kreatur zu verkündigen (16,15.16). Er ist der Prophet, dessen Botschaft in der ganzen Welt gehört werden muß (13,10).

Matthäus akzeptiert grundsätzlich Markus' Porträt, erweitert es aber und blendet den Zug der Königsherrschaft Christi ein. Diese vollmächtige Königsherrschaft Christi sticht bei Matthäus besonders hervor. Durch geschickte Verknüpfung verschiedener Lebenszüge Christi wird die Königsherrschaft Christi mit dem Alten Testament verbunden, von woher ihr dann die uneingeschränkte Vollmacht über Schöpfung und Geschichte zukommt. Er zeigt, daß Christus die Erfüllung der Gesichte und Weissagungen der Propheten ist, daß sich in ihm Sehnen und Verlangen der Menschheit erfüllt und daß sich in ihm die hinter allen alttestamentlichen Typen stehende Wirklichkeit findet. In Christus ist die geistliche Realität da. Die Schatten müssen fliehen.

Ergreifend zeigt Matthäus, wie der König, dem alle Vollmacht gegeben ist, das Gebot erläßt, daß alle Völker unter der Herrschaft des dreieinigen Gottes zu Jüngern gemacht und zu einem Leib vereinigt werden sollen.

Lukas fügt dem schon erweiterten Porträt den Zug des Priestertums und Heilandswerkes Christi hinzu. Implizite waren diese beiden Aspekte auch in den vorausgehenden Darstellungen zu finden, waren dort aber nicht zur vollen Entfaltung gelangt. Lukas zeigt damit wohl seine Abhängigkeit von Paulus; doch steht dahinter sicher auch seine eigene Lebenserfahrung. Schließlich bewegten ihn sorgfältigste Recherchen, diese Fakten und die damit einhergehende Theologie zu akzeptieren. Das Ganze ordnet er in den Rahmen der Universalgeschichte ein, die mit Adam beginnt und für ihn die Bühne von Gottes Wirken ist. Dabei werden die Grenzen zwischen Heilsgeschichte, wie sie in Israel Gestalt gewinnt, und der Allgemeingeschichte, wie sie unter den Völkern erscheint, nicht verwischt. Obwohl der umfassende Rahmen des Heilandswirkens Christi sich schon beim Geschlechtsregister zeigt, das mit Adam anfängt, wird der Höhepunkt in der allumfassenden Bedeutung des Todes und der Auferstehung Christi, in der an alle gerichteten Aufforderung zur Buße und dem Angebot der Sündenvergebung im Namen Christi im Missionsbefehl erreicht.

Das am weitesten reichende Porträt malt Johannes. Er widerspricht den anderen Autoren keineswegs noch will er deren Bilder übertrumpfen, ausradieren oder verändern. Obwohl es nirgends im Klartext erscheint, spürt der Leser, daß Johannes all das schätzt, was die früheren Evangelisten sagten. Gaben sie doch nicht nur ihre Ansichten, sondern auch die Eindrücke zahlloser Augenzeugen und die Zeugnisse eines Petrus (bei Markus) und Paulus (bei Lukas) wieder. Johannes aber steht über und jenseits von ihnen. Er zieht den Vorhang zurück. Jetzt haben wir Christus als ewigen Sohn Gottes, der in seiner metaphysischen Art und kosmischen Stellung dem Vater gleich ist, gleich in Art und gleich in Ewigkeit, vor Augen. Im Johannesevangelium ist Christus der *logos*, das Licht, das alle Menschen erleuchtet, das Leben, der Sohn. Diese Konzepte drücken direkt oder metaphorisch seine uneingeschränkte Gottheit aus.

In Christus nimmt Gott selbst direkte Verbindung mit der Welt auf, die *kosmos* genannt wird. Johannes benutzt diesen Begriff 79 mal und zeichnet die verschiedenen Linien nach, durch die Gott mit dem *kosmos* verbunden ist. Mit stärksten Ausdrücken umschreibt Johannes das allumfassende Tun Gottes. Gottes Liebe, sein Interesse, seine Verbundenheit sind nicht partikularistisch. Die Welt liegt ihm am Herzen und auf der Welt gilt sein Planen.

Im Johannesevangelium lesen wir: „Also hat Gott die Welt geliebt, daß er seinen eingeborenen Sohn hingab . . . " (3,16). „Gott hat seinen Sohn nicht gesandt in die Welt, daß er die Welt richte, sondern daß die Welt durch ihn gerettet werde" (3,17). Hier liest man, daß Christus ist „das Lamm Gottes, welches der Welt Sünde trägt" (1,29); „der Welt Heiland" (4,42); „Gottes Brot ist der, der vom Himmel kommt und gibt der Welt das Leben" (6,33); „das Licht der Welt" (8,12; 9,5; 12,46). Der Heilige Geist wird der Tröster genannt, der die Welt von der Sünde überführt und sie straft (16,8).

Was immer diese Stellen sonst noch aussagen mögen, das eine ist klar: Für Johannes steht Gott im heilsamen Kontakt mit der Welt. In Christus Jesus besteht eine erlösende Verbindung zwischen Himmel und *kosmos*. Der Heilige Geist ist in der Gegenwart am Erlösungswerk aktiv beteiligt. Es mag geheimnisvoll klingen, ist aber nichtsdestoweniger echt. Der Heilige Geist überführt die Menschen, wo immer sie sind (16,8), und zieht Menschen aus allen Völkern zu Christus hin (12,32).

Die Evangelien sind wie ein Kreis, der immer weiter und immer tiefer wird. Das Evangelium ist persönlich und kosmisch zugleich, ist äußerst individuell – „wer immer" – und umfaßt doch die ganze Menschheit.

Wir bewegten uns von der historisch-existentiellen Darstellung (Markus) zur schrift- und offenbarungsorientierten (Matthäus), dann zur allumfassend historischen (Lukas) und schließlich zur kosmisch-metaphysischen (Johannes). Zeit und Ewigkeit, Himmel und Erde werden von Christus umschlossen, und Gott und Mensch werden versöhnt. Wir haben die verschiedenen Porträts Christi, als Prophet Gottes und Knecht Jahwes bei Markus, als Messias Gottes, König aller Könige und Herr aller Herren bei Matthäus, als Priester Gottes und Heiland der Menschheit bei Lukas, als Sohn Gottes in Wahrheit und Wirklichkeit, der den Menschen Leben und Unsterblichkeit bringt bei Johannes. Somit wohnt in Christus die Fülle Gottes leibhaftig, eine Fülle, die allen gilt und für alle ausreicht, die daran glauben.

Die missionarische Bewegtheit und die diesen Darstellungen innewohnenden Implikationen sind deutlich genug und überwältigen den Beschauer. Schritt für Schritt, aber mit aller Gewißheit wird Christus auf allen Gebieten triumphieren, denn er ist tatsächlich der missionarische Christus, der Christus der ganzen Menschheit und der Herr des ganzen *Kosmos.*

Die wesentlichsten theologischen Gedanken Christi

Die Tiefe der missionarischen Kraft Christi wird noch klarer, wenn wir die grundlegenden theologischen Gedanken Christi näher betrachten. Sie enthalten alle eine missionarische Füllung und sind alle mit missionarischer Dynamik aufgeladen. Lediglich Pfingsten war abzuwarten, bevor sie sich mit ihrer ganzen Kraft und all ihrem Einfluß entladen konnte. Um die wesentlichsten theologischen Gedanken und Voraussetzungen Christi zu erfassen, weisen wir auf das Zentrum seiner Verkündigung, den Kern seiner Selbstoffenbarung, seine einzigartige Selbstbezeichnung, sein oberstes Ziel, seine Erklärung als oberster Richter und den Missionsauftrag hin.

Die Mitte der Verkündigung Christi: Die Königsherrschaft Gottes

Markus faßt die Verkündigung Christi in die Worte zusammen: „Jesus kam nach Galiläa und predigte das Evangelium Gottes und sprach: Die Zeit ist erfüllt und das Reich Gottes ist herbeigekommen. Tut Buße und glaubt an das Evangelium!" (1,14–15).

Auch der oberflächliche Leser der Evangelien kommt bald zu der Überzeugung, daß die Königsherrschaft Gottes einen Sonderplatz in der Verkündigung Jesu einnahm, ja der Mittelpunkt seiner Lehre war. Sie stand am Anfang seiner Verkündigung (Mark. 1,14–15) und am Ende seiner Unterweisung (Apg. 1,3). Dazwischen finden sich Hinweise über Hinweise, sei es in direkten Aussagen und Erklärungen, sei es in Gleichnissen, Christus war tatsächlich der Prediger der Königsherrschaft Gottes (siehe die über 60 Hinweise darauf in den Evangelien).

Ich weiß wohl darum, daß die einen darauf bestehen, zwischen der „Königsherrschaft der Himmel" (bei Matthäus) und der Königsherrschaft Gottes (in allen vier Evangelien und den Briefen) sei zu differenzieren, während andere sich dagegen wehren. Das sind Fragen, um die es hier nicht geht.

Uns geht es um die Bedeutung des Begriffs „Königsherrschaft Gottes". Reflektiert er den Partikularismus oder die Universalität Christi? Vom Alten Testament allein her läßt sich der Begriff nicht in seiner Bedeutungsfülle erfassen. Dort finden sich zwar die Wurzeln, die volle Ausformung hingegen erreicht er erst im Neuen Testament.

Im Alten Testament treten folgende Tatsachen zutage: Gott ist insonderheit der König Israels. Im allgemeinen Sinn ist er der König aller Völker. Dazu ist er der König der ganzen Schöpfung, da er sie erhält.

Das Neue Testament fügt als neue Dimension hinzu, daß Gott der König des inneren Menschen ist. Die Elemente der Innerlichkeit, Unmittelbarkeit und Aktualität gehören nun zur Königsherrschaft und zum Königreich Gottes. Sie ist damit persönlich, geistlich, ethisch und sozial zu verstehen. Das Reich Gottes ist in euch – Gott ist der König, dem in Ewigkeit Unsterblichkeit zugehört. Damit wird seine Andersartigkeit, ja seine Zugehörigkeit zu einer anderen Welt angezeigt. Das betrifft auch Wesen und Wertskala des Königreiches und der Königsherrschaft Gottes. Das Himmelreich wird durch das, was Ursprung und Endziel angeht, dem Gebiet von Raum und Zeit entnommen und nach seinem Wesen und seiner Dauer dem Übermenschlichen und Überirdischen zugeordnet.

Das Reich Gottes beinhaltet all diese verschiedenen Gesichtspunkte. Es ist sowohl individuell als auch national, menschheitsumfassend und kosmisch. Es ist persönlich, geistlich, ethisch und sozial. Es ist weltlich und zeitlich, und gleichzeitig überweltlich, übermenschlich und ewig. Es ist geschichtlich, doch es ist absolut. Es ist zeitlich und doch ist es ewig. Es ist ein Wesensbegriff und doch ist es räumlich.

Aus all dem ergibt sich, daß eine einfache Definition der Königsherrschaft nicht ausreicht. Das zeigen zur Genüge die darüber erschienene Literatur und die Tatsache, daß sich unter dem Begriff der Königsherrschaft Gottes drei hermeneutische Systeme, d.h. drei Systeme der Schriftauslegung entwickeln konnten: Das eine, bei dem man die Wiederkunft nach dem Tausendjährigen Reich erwartet, das andere, bei der man die Wiederkunft Christi vor dem Tausendjährigen Reich erwartet, und das dritte, bei dem man überhaupt nicht mit dem Tausendjährigen Reich rechnet.

Es ist wohl angebracht, von der Königsherrschaft Gottes sowohl wesensmäßig als auch raummäßig zu denken. Wesensmäßig sind drei Züge zu bedenken:

a) Die Herrschaft Gottes im Herzen der Menschen. Das Reich Gottes ist in euch, unmittelbar und gegenwärtig. Als solches ist es ethisch, nicht nationalistisch; geistlich, nicht materialistisch, doch aktuell und nicht ideell (d.h. es ist gegenwärtig und nicht nur zukünftig).

b) Die Herrschaft Gottes in seiner Gemeinde. Weder Gott noch Christus werden je König der Gemeinde genannt. Christus ist der Herr der Gemeinde; das ist aber lediglich eine römische Modifikation des Königs- und des Herrschaftskonzeptes. Als Herr steht er souverän über seiner Gemeinde. Somit konnte auch Paulus umherziehen und die Königsherrschaft Gottes verkündigen (Apg. 14,22; 19,8; 20,25; 28,23.31). In seinen Briefen benutzt er den Begriff des Königreiches oder der Königsherrschaft wenigstens 14 mal. Der Gedanke, daß die Gemeinde nicht in irgendeinem Bezug zu der Königsherrschaft Gottes stünde oder Teil derselben sei, ist für Paulus undenkbar. Eine Überprüfung der obigen Bibelstellen zeigt aber, daß sich für ihn die Königsherrschaft vor allem im Moralischen und Ethischen verwirklichte und nicht als Macht, Königtum oder Herrschaft.

Es bleibt die Tatsache, daß für Paulus Christus der Herr der Gemeinde ist. Er ist das Haupt und die Gemeinde sein Leib (Eph. 1,23; Röm. 12,5; Kol. 1,18). Alle Rechte, alle Autorität und alle Herrschaft der Gemeinde gehört Christus. Er gibt ihr seine Gaben und sendet seine Boten aus. Er ist der souveräne Herr der Gemeinde (Eph. 4,7.11; 2. Kor. 5,20).

c) Die Herrschaft Gottes in der Welt. Obwohl die Herrschaft Gottes auch hier personenbezogen ist, hat sie doch starke soziale Implikationen, sei es durch den Dienst des einzelnen Christen, sei es durch den allgemeinen Einfluß des Evangeliums auf das Gewissen der Gesellschaft. Die Gegenwart des Evangeliums in dieser Welt bedeutet Gericht, Veränderung und Bereicherung der jeweiligen Gesellschaftsordnung. In der Breite seines allgemeinen Einflusses haftet ihm eine starke soziale Komponente an, die alle Verhältnisse gemäß dem Willen und der Absicht Gottes ordnen wird. Obwohl örtlich auf den einzelnen Gläubigen und die Gemeinde Jesu Christi beschränkt, ist sie universal in dem Sinn, daß das Evangelium allen Völkern verkündigt werden, daß die Gemeinde sich aus Gläubigen aller Nationen zusammensetzen soll. Und obwohl sie jetzt im einzelnen Gläubigen und der Gemeinde Jesu Christi und im Rahmen des erhaltenden Wirkens Gottes in dieser Schöpfung wirksam ist, ist die volle Sichtbarmachung der Herrschaft Gottes eine Angelegenheit der Zukunft – zunächst in der tausendjährigen Herrschaft Christi über alle Nationen auf Erden und zuletzt am Ende der Zeiten, wenn der letzte Feind zerstört sein wird und der Sohn alles unterworfen haben wird, „alsdann wird auch der Sohn selbst untertan sein dem, der ihm alles untergetan hat, auf daß Gott sei alles in allem" (1. Kor. 15,28). Somit ist die Gottesherrschaft jetzt unmittelbar gegenwärtig, breitet sich aus und bricht einst als Gericht herein.

Räumlich impliziert der Begriff der Gottesherrschaft ein Gebiet und eine objektive Wirklichkeit. Verschiedentlich ruft Christus die Menschen auf, in „das Reich Gottes einzugehen", „das Reich Gottes zu empfangen", und er spricht davon, daß „man das Reich Gottes (jemanden) gibt", „im Reich Gottes sitzt", „im Reich Gottes ist". All diese Ausdrücke betonen in erster Linie ein Gebiet und eine objektive Realität und nicht eine Herrschaft, obwohl das letztere nicht ausgeschlossen ist.

Aus diesem kurzen Überblick ergibt sich, daß die zentrale Unterweisung Christi nichts Einengendes, nichts Partikularistisches in sich hat. Im Gegenteil, da Gott nicht nur der Gott der Juden ist, sondern auch der Völker Gott, ist auch das Reich Gottes nicht nur für die Juden, sondern auch für die Völker. Der Reichs-Gottes-Begriff ist, was sein Wesen und seine Implikationen angeht, definitiv universalistisch.

Die zentrale Offenbarung Christi – die Vaterschaft Gottes

Christus offenbarte den Reichtum der himmlischen Wahrheit. Ja, er selbst ist die Wahrheit, denn „die Gnade und Wahrheit ist (uns) in Jesus Christus geworden". Aber inmitten aller Herrlichkeit und Offenbarung, die mit und durch Christus kam, steht die Manifestation des *Vaters,* die alle andere Wahrheit überragt. „Der eingeborene Sohn, der in des Vaters Schoß ist, der hat ihn uns verkündigt" (Joh. 1,18).

Die Vaterschaft Gottes überragt alles andere, was Christus gelehrt hat. Sie ist das Herzstück der Botschaft des Sohnes Gottes. Das zeigt schon die Häufigkeit, mit der Christus davon spricht: Bei Matthäus 44mal, bei Markus 5mal, bei Lukas 16mal, bei Johannes 109mal – insgesamt 174mal.

Daß Gott Vater ist, hat nicht erst Christus verkündigt. Israel kannte Gott als seinen Vater (5. Mose 14,1–2; 32,6; Ps. 103,13; Spr. 3,12; Jes. 9,6; Mal. 2,10). Dazu sprach man von Gott als dem Vater des Königs und als dem Vater des kommenden Messias (2. Sam. 7,14; Ps. 2,7).

Aber im Gegensatz zum Alten Testament, wo Elohim und Jahwe die dominierenden Gottesnamen sind, ist es bei Christus der Vater, der über allem anderen steht. Er treibt die Offenbarung des Gottes der Bibel ein Stück weiter voran, macht sie vollkommen und führt uns hin zur tiefsten und innersten Beziehung, die zwischen Gott und Mensch bestehen kann. In der Bibel haben wir ein fortschreitendes Sich-offenbaren Gottes wie folgt:

a) Gott als Elohim ist die früheste Stufe der Offenbarung; sie zeigt Gott als Schöpfer in seinem Verhältnis zu den Menschen.

b) Als Jahwe zeigt sich Gott als Bundesgott, insonderheit als Bundesgott Israels, aber auch als Bundesgott aller Menschen.

c) Als Vater offenbart sich Gott wesentlich – wenn auch nicht ausschließlich – als der, zu dem der Mensch im Kindesverhältnis steht.

So sieht das Neue Testament den einzelnen Menschen als „Kind Gottes" oder „Sohn Gottes", weshalb auch nur im Neuen Testament die Menschen Gott als „Vater", „Abba" anreden.

Man tut wohl daran, diesen wunderbaren Abschluß der fortschreitenden Selbstoffenbarung Gottes zu beachten, denn es bleibt die Tatsache, daß der Gottesbegriff der regulative Begriff für die ganze Offenbarung und die sich daraus ergebenden Verhältnisse ist.

In der Offenbarung Gottes als Vater zeichnet Christus eine dreifache Unterscheidung. Er spricht von Gott als „meinem Vater“ und deutet damit seine wesensmäßige und metaphysische Beziehung zum Vater an. Er war in einzigartiger Weise der Sohn Gottes, und Gott war in einzigartiger Weise sein Vater. Vor seinen Jüngern und Nachfolgern spricht er von Gott als „ihrem Vater“ und legt damit den Grund für das Kindesverhältnis zu Gott, dem Vater. Letztlich aber spricht er von Gott als „dem Vater“ oder „Vater“ und setzt damit Gott als Vater in Beziehung zu der ganzen Menschheit, für die er als Erhalter der Schöpfung sorgt. Der Mensch als Geschöpf Gottes steht in einem bestimmten Verhältnis zu ihm als Vater.

Somit gibt es eine Vaterschaft Gottes aufgrund der Schöpfung, die universal ist und die ganze Menschheit umfaßt; eine Vaterschaft Gottes auf der Grundlage der Erlösung, die den einzelnen angeht und nur die Gläubigen umfaßt; und eine Vaterschaft Gottes dem Wesen nach, die einzigartig ist und nur den Sohn Gottes erfaßt.

Die erste ergibt sich aus dem Erhaltungswerk Gottes und umfaßt lediglich Raum und Zeit, die zweite bezieht sich auf ein besonderes Kindesverhältnis und umfaßt Zeit und Ewigkeit; die dritte ist metaphysisch und reicht von Ewigkeit zu Ewigkeit.

Aber in keiner Weise ist die Vaterschaft Gottes auf das jüdische Volk beschränkt. Im Herzen der Offenbarung Christi verschwindet jeglicher nationaler Partikularismus, und die Universalität bleibt als herrschendes Prinzip. In ganz besonderer Weise ist Gott der Vater all derer, die an ihn glauben, ungeachtet ihrer Nationalität oder Rasse.

Die einzigartige Selbstbezeichnung Christi – der Menschensohn

Obwohl sein menschlicher Name „Jesus“ war, war seine bevorzugte Selbstbezeichnung „Menschensohn“. In den Evangelien zählt man 84mal diesen Namen: 39mal bei Matthäus, 14mal bei Markus, 26 mal bei Lukas und 12mal bei Johannes. Dr. Wayland Hayd zeigt, daß Jesus diese Selbstbezeichnung in 16 verschiedenen Zusammenhängen benutzt.[2]

Man fragt sich, was Jesus mit dieser Selbstbezeichnung im Sinn hat.

Bei näherem Betrachten des Titels „Menschensohn“ fallen zunächst fünf Züge ins Auge, alle im Alten Testament verwurzelt:

[2] Wayland Hayd, *The Teaching of Jesus Concerning His Own Person* (New York: American Tract Society, 1907).

Die Echtheit seiner Menschheit. Menschensohn ist ein Hebraismus, der den Besitz einer wahren menschlichen Natur anzeigt. Nannte sich Jesus „Menschensohn", dann deutete er an, daß er das Los des Menschseins auf sich nahm, was seine Tiefe und was seine Höhe anging. Dazu gehört auch die Teilhabe an der Gefühlswelt des Menschen, an menschlichen Affektionen und Interessen. Er hatte erfahren, was es heißt, Mensch zu sein, der Versuchbarkeit wie jeder andere, dem Hunger, dem Durst, dem Leiden und dem Tod ausgesetzt zu sein.

Der ideale Mensch. Jesus Christus ist als der Menschensohn der ideale Mensch, in dem die Menschheit ihre Erfüllung, ihre Hoffnung und ihr Vorbild findet. Er ist „der Sohn . . . Adams, welcher der Sohn Gottes war" (Lk. 3,23–28). In direkter Erfüllung von Psalm 8, 5 u. 6 ist er in Wahrheit „Menschensohn" und nicht Sohn irgendeiner Nation oder irgendeiner Rasse. Er ist der Mensch, der mit der ganzen Menschheit verwandt ist. Menschensohn ist für ihn sowohl Gattungsname als auch Titel. In ihm ist die ganze Menschheit zusammengefaßt und die Fülle der gesamten Rasse wird in ihm sichtbar. Er ist Haupt und Stellvertreter nicht nur der Juden, sondern aller Nationen der Menschheit. Mit diesem Titel läßt Jesus das Judentum hinter sich und tritt in Beziehung zu der Menschheit in ihrer Gesamtheit, so daß ihre Feinde seine Feinde, ihre Sorgen, Bürden und Lasten die seinigen sind. Er verbindet sich mit ihrem Leiden und ihrem Schicksal. Und da die ganze Menschheit in ihm zusammengefaßt und von ihm vertreten wird, ist er, um die Sprache des Apostels Paulus zu gebrauchen, „der zweite Adam".

Der Nachfolger der Propheten. Als Menschensohn ist Jesus Christus der wahre Nachfolger der Propheten Israels. Ja, er ist „der Prophet". In der Prophetie Hesekiels findet sich die Bezeichnung „Menschensohn" bzw. „Menschenkind" 90mal. Jahwe spricht den Propheten immer wieder mit dieser Bezeichnung an. Der Titel wird somit zur Bezeichnung für den Mann, den Gott in einzigartiger Weise anspricht und der Gott dem Volk gegenüber vertritt.

Der verheißene Messias. Als der Menschensohn ist Jesus der Israel verheißene Messias. In Übereinstimmung mit Psalm 80,16; Daniel 7,13–14 und den jüdischen Schriften, die nach dem Abschluß des Alten Testamentes entstanden, wurde „Menschensohn" ein technischer Begriff, ein Titel, unter dem die gelehrten Juden den Messias erwarteten.

Man kann nicht darüber hinweggehen, daß in den drei synoptischen Evangelien die Bezeichnung „Menschensohn" in besonderer

Weise das Messiasbewußtsein Christi ausdrückt. Die vielen Stellen, an denen er erscheint, lassen sich grob in drei Gruppen einteilen:

Eschatalogische Bedeutung

Matthäus	Markus	Lukas
16,27	8,38	9,26
24,30	13,26	21,27
26,64	14,62	22,69

Soteriologische Bedeutung

Matthäus	Markus	Lukas
17,9.12.22	8,31	9,22
20,18	9,9.12.31	9,44
26,24	10,45	22,22
26,45	14,21.41	

Hinweise auf messianische Vollmacht und Mission

Matthäus	Markus	Lukas
9,6	2,10	5,24
12,8	2,28	6,5
13,37	3,28–30	19,10
12,32		12,10

Jesus wußte sich also als Gesalbter Gottes, der von Gott und durch Gott zu Gottes Volk gesandt war, um Gottes Auftrag in Gottes Vollmacht auszuführen.

Die einzigartige Stellung zu Gott und seiner Herrschaft. Als Menschensohn steht Jesus in einzigartiger Beziehung zu Gott und nimmt in der Aufrichtung der Gottesherrschaft eine besondere Stellung ein. Es zeigt sich besonders in Daniel 7, 13–14. Von dem weltweiten Blick dieser Stelle her wird klar, daß sich Jesus Christus als der Menschensohn nicht nur mit der Menschheit identifiziert, sondern daß er die Hoffnung Israels und der Welt und gleichzeitig die Garantie dafür ist, daß Gott seinen Plan und seine Absicht hinausführt. Er wird selbst die Erfüllung aller alttestamentlichen Erwartungen und Verheißungen.[3]

[3] Vgl. James Denny, *Jesus and the Gospel* (New York: Armstrong, 1909), S. 255–269.

Und auch hier muß festgestellt werden: dem Titel klebt kein enger Partikularismus an. Er setzt Christus in Beziehung zur ganzen Menschheit. Er ist wahrhaftig der Heiland der Welt.

Die eigentliche Absicht Christi – sein Versöhnungstod und seine Auferstehung

Kam Jesus in diese Welt, um der Menschheit als vollkommenes Vorbild für ihre Lebensgestaltung zu dienen? Lebte er, um den Menschen den Weg zu Gott zu zeigen? Kam Christus, um den Vater durch sein Leben sichtbar zu machen und ihn durch sein Lehren zu offenbaren? Auf all diese Fragen gibt es nur ein klares Ja. Jawohl, Christus ist uns Vorbild; er wies und ist der Weg; er ist das alles überragende, vollkommene und endgültige Abbild des Vaters, unter uns sichtbar gemacht. Aber in all dem würde er sich lediglich quantitativ von den Propheten des Alten Testamentes unterscheiden. Auch sie hatten gewisse Ideale, wußten um den Weg Gottes und offenbarten Gott den Menschen, sowohl was seine Person als auch was seinen Plan angeht. So schön und wichtig all das ist, was Christus da vollbracht hat, hier ist er nicht absolut und einzigartig und die große Tatsache der Inkarnation weder erklärt noch gerechtfertigt. Auch das Neue Testament sieht hierin nicht das Eigentliche seines Kommens.

Johannes der Täufer setzt den Schwerpunkt des Neuen Testaments, wenn er auf Christus deutet und erklärt: „Siehe, das ist Gottes Lamm, welches der Welt Sünde trägt." Das steht in Einklang mit Jesu Wort: „Des Menschensohn ist nicht gekommen, daß er sich dienen lasse, sondern, daß er diene und gebe sein Leben als ein Sühnopfer für viele." In aller Ausführlichkeit erklärt er, daß der gute Hirte sein Leben für seine Schafe dahingibt (Joh. 1,29; 10,11; Mark. 10,45).

Hier stehen wir vor dem eigentlichen Zweck des Kommens Christi. Hier begegnen wir dem letzten Sinn der Fleischwerdung. Jesus Christus kam, um ein für allemal mit der Sünde abzurechnen, um das Sühnopfer für die Sünde, das Lösegeld für die Schuld der Menschen, gleichzeitig der Überwinder und Vernichter der Sünde zu werden. Daß er das vollbrachte, zeigt in aller Objektivität seine Auferstehung und Thronbesteigung zur Rechten Gottes des Vaters. Subjektiv läßt sich das in der Sündenvergebung und in der Befreiung von der Macht der Sünde erfahren, die dem Gläubigen zugute kommt, der sich Christi Verdienst und Kraft aneignet.

Für den Glaubenden ist es fast unmöglich, den stellvertretenden Tod Christi zu leugnen. Er kennt ihn aus der Botschaft der Bibel und aus persönlicher Erfahrung. Es bleibt die Frage: Für wen starb Christus? Hier teilen sich die Meinungen evangelikaler Theologen.

Die einen bestehen darauf, daß mit Christi Tod nur die Versöhnung einer begrenzten Anzahl verwirklicht wurde. Die andern hingegen bestehen auf der inklusiven Versöhnung, d.h. auf der Allgenügsamkeit des Todes Christi für die ganze Menschheit. Aber wenige, ja vielleicht überhaupt niemand wollte jemals die Wirksamkeit des Todes Christi auf das jüdische Volk begrenzen. Nationaler Partikularismus wurde niemals mit dem Versöhnungswerk Christi in Zusammenhang gebracht. Der Frage der begrenzten bzw. der unbegrenzten Versöhnung werden wir uns später zuwenden. Hier soll es genügen festzuhalten, daß bei Christus grundsätzlich die Universalität über jeglichen nationalen Partikularismus dominiert. Die Absicht Christi ist die Rettung der ganzen Menschheit.

Christi Auftrag nach seiner Auferstehung

Wer die Evangelien liest, erkennt um ein Leichtes, welches Gewicht der Aussendung der Jünger nach der Auferstehung zukommt. Die missionarische Ausrichtung ist besonders ausgeprägt. Begriffe wie „alle Völker", „jedes Volk", „wer immer", „und die Enden der Erde" finden sich im Rahmen der Sendungsworte und lassen keinen Raum für irgendeinen Partikularismus. Christus sandte seine Apostel in die ganze Welt und gebot ihnen, Jünger aus allen Völkern zu machen. Jeglicher Partikularismus ist hier fehl am Platze.

Christus und das Endgericht

Paulus sagt, daß Gott die ganze Welt in Gerechtigkeit durch einen Mann richten wird, nämlich durch Christus (Apg. 17,31). Das ist nicht irgendeine spekulative Erfindung des Apostels. Schon Christus sagte: „Der Vater richtet niemand; sondern alles Gericht hat er dem Sohn gegeben, damit sie alle den Sohn ehren, wie sie den Vater ehren" (Joh. 5,22.23). In ähnliche Richtung geht das Wort: „Mir ist gegeben alle Gewalt im Himmel und auf Erden"; darin ist zweifelsohne auch das alle umfassende Gericht eingeschlossen. Äußerst lebendig steht diese Wahrheit in jener Gerichtsszene vor Augen, in der alle Nationen um seinen Thron versammelt werden, um sich von ihm richten zu lassen und aus seinem Munde das unwiderrufliche Urteil über Belohnung oder Strafe zu empfangen (vgl. Matth. 25, 31–46 mit Joh. 5,24–29; 3,17–19). Es gibt keinen Zweifel daran, daß die Welt durch den Sohn gerichtet wird und gerichtet werden wird.

Und hier wiederum ist es die missionarische Ausrichtung und nicht der Partikularismus, der die Lehre Christi bestimmt.

Zusammenfassung

In den grundlegenden theologischen Begrifflichkeiten und Ansätzen Christi tritt die implizierte Universalität des Heils und des Evangeliums klar zutage. Alle wesentlichen theologischen Begriffe – Reich Gottes, Vaterschaft Gottes, Menschensohn, Sünde, Heil und Erlösung, der Zweck seines Lebens, der Auftrag, alle Völker zu Jüngern zu machen und sie zu richten, stellen ihn über das eigene Volk, die eigene Kultur und Religion und bringen ihn in Verbindung mit der ganzen Menschheit, ja machen ihn zum Erlöser der ganzen Menschheit und der Welt. Christus hat wahrhaftig Weltbedeutung, nicht etwa, weil die Christenheit ihm dazu verholfen hätte, sondern weil der biblische Glaube dazu führt.

Wir tun gut daran, nicht zu vergessen, daß es sich nicht nur um grundlegende theologische Begriffe handelt. In erster Linie geht es dabei um lebendige, dynamische, missionarische Gedanken und Ideale, die Christus in aller Kühnheit verkündigte und im Verständnis und Gewissen seiner Jünger verankerte. Nach Pfingsten hat der Heilige Geist Schritt für Schritt die missionarische Dynamik dieser Gedanken entfaltet und dadurch die Jünger zu leuchtenden, unwiderstehbaren und unbesiegbaren Missionaren geprägt, die überall im Römischen Reich und darüber hinaus wirkten. Somit haben die zentripetalen Kräfte, die durch den Missionsgedanken Christi genährt wurden, die traditionellen, zentrifugalen Kräfte überwunden. Der christliche Glaube durchbrach die Grenzen des jüdischen Nationalismus und Partikularismus und wurde die wahre Missionsbewegung, wie es die der ganzen Menschheit geltenden Verheißung in 1. Mose 3, 15 und die das ganze Alte Testament beherrschende Vorstellung sieht.

Die explizite Universalität Christi

Die implizite Universalität Christi, wie sie eben dargestellt wurde, wird unmißverständlich durch explizite Aussagen Christi über seine Universalität untermauert. Wir können hier nur einen Überblick darüber bieten und konzentrieren uns auf die Evangelien:

Christi Universalität in der Ankündigung seiner Geburt

1. Durch die Engel, Lukas 2, 10–14: Die Freude gilt allen Völkern, der Friede der ganzen Erde und das Wohlgefallen Gottes allen Menschen.

2. Aus dem Mund Simeons, Lukas 2, 25–32: Er ist der Heiland Gottes von Gott für alle Völker bereitet; er ist ein Licht für die Erleuchtung der Völker und der Lobpreis für das Volk Israel.

3. Aus dem Munde Johannes des Täufers, Lukas 3, 3–6, Johannes 1, 29: In seiner Predigt verkündigt er, „alles Fleisch wird den Heiland Gottes sehen". Als er Jesus zu sich kommen sah, wies er auf ihn hin und verkündigte ihn als das Lamm Gottes, „welches der Welt Sünde trägt".

Christi Universalität in seinem Wirken

Nachfolgend nennen wir gewisse Begegnungen Jesu mit Menschen, die nicht zu seinem Volke gehörten:

Johannes 4, 1–42: Die Samariterin und die Samariter.

Matthäus 15, 21–28: Die syrophönizische Frau, die die Hilfe Jesu für ihre besessene Tochter erlangte.

Matthäus 8, 5–13: Der Hauptmann von Kapernaum, dessen Diener geheilt wurde.

Johannes 4, 43–54: Der königliche Knecht von Kapernaum, der um die Heilung seines Sohnes bat, welcher im Sterben lag.

Markus 5, 1–20: Der Gardarener, aus dem Christus eine Legion Dämonen austrieb.

Markus 7, 31–37: Der Taube aus dem Gebiet der zehn Städte, der von seiner Krankheit geheilt wurde.

Von besonderem Interesse ist in diesem Zusammenhang die Reinigung des Tempels wie sie in Johannes 2, 13–17 berichtet ist.

Dabei muß man bedenken, daß der Tempel aus mehreren Vorhöfen bestand, die zum eigentlichen Tempel und dem Heiligen hinführten. Der erste Hof galt den Nationen, der nächste war für die Frauen, und dann kam der Hof der israelitischen Männer. Der innerste Hof schließlich war nur für die Priester. Im Hof der Heiden konnte man kaufen und verkaufen und dadurch die Heiden von der eigentlichen Anbetung im Inneren des Tempels abhalten. Markus zeigt aber, was die eigentliche Bestimmung des Tempels war: „Mein Haus soll heißen ein Bethaus allen Völkern" (11,17). Indem Jesus den Tempel reinigte, schaffte er einen Gottesdienstplatz für die Völker, wie er dem eigentlichen Zweck des Tempels entsprach. Gleichzeitig machte er aufs neue die göttliche Ordnung für die universale Anbetung des lebendigen Gottes klar.

Diese Auslegung wird durch Jesaja 56,7 unterstrichen, den Markus in diesem Zusammenhang zitiert, und wo feststeht: „Mein Haus soll heißen ein Bethaus allen Heiden (allen Völkern)." Die Gleichgültigkeit und die Herzenshärtigkcit Israels im Blick auf das religiöse Elend der Völker, die absolute Vernachlässigung und Aufgabe seiner Sendung an die Völker der Welt werden zum alles verzehrenden Motiv in der scheinbar stürmischen Reaktion Christi gegen den religiösen Zeremonialismus und eine Praxis, der jede Verantwortung für das geistliche Wohl der anderen abgeht.

Christi Universalität in seiner Unterweisung

Wir fassen hier lediglich einige prominente Stellen der drei ersten Evangelien zusammen, die jenseits allen Zweifels die Universalität Christi herausstellen. Ihnen werden wir einige Gleichnisse an die Seite stellen, die das gleiche zum Tragen bringen.

Zunächst einige direkte Aussagen:

Matthäus 5, 13–16: „Ihr seid das Salz der Erde . . . ihr seid das Licht der Welt."

Matthäus 6, 10: „Dein Wille geschehe auf Erden."

Matthäus 21, 43: „Das Reich Gottes wird von euch genommen (den Juden) und einem Volk gegeben."

Lukas 13, 29.28: „Und sie werden kommen vom Osten und vom Westen, vom Norden und vom Süden, die zu Tische sitzen werden im Reiche Gottes . . . und ihr (die Juden) werdet hinausgestoßen sein."

Markus 14, 9: „Wo das Evangelium gepredigt wird in aller Welt . . ."

Unterweisung in Gleichnissen

Lukas 10, 29–37: Der gute Samariter.

Lukas 14, 10–24: Das große Abendmahl, zu dem unbeschränkte Einladung ergeht.

Lukas 15, 11–24: Die das Herz anrührende Geschichte von der unwandelbaren Gnade des Vaters, der sich des verlorenen Sohns in aller Freundlichkeit annimmt (ein Bild für die Völkerwelt) und auch den selbstgerechten älteren Sohn hereinbittet (ein Bild für die jüdische Nation) in der Hoffnung, daß beide sich der Heimat und dem Vater zuwenden werden, um sich für immer seiner segnenden Gemeinschaft zu freuen.

Matthäus 13, 36–43: Die Geschichte vom Unkraut und dem Weizen, wobei das Weizenfeld weder das jüdische Volk noch die christliche Kirche, sondern die Welt ist.

Matthäus 21, 28–32: Das Bild vom Hausvater und seinen beiden ungleichen Söhnen, die die beiden Teile der Menschheit repräsentieren, die jüdische Welt und die Völkerwelt.

Dem Zeugnis der ersten drei Evangelien fügen wir nun noch das des Johannes hinzu, in dem wir die folgenden wunderbaren Aussagen finden:

Bezüglich des Vaters

Johannes 3, 16: „Also hat Gott die Welt geliebt . . . "

Johannes 3, 17: „Gott sandte . . . seinen Sohn . . . daß die Welt durch ihn gerettet werde."

Johannes 3, 19: „Das Licht ist in die Welt gekommen."

Bezüglich des Sohnes

Johannes 1, 9: Christus ist „das Licht, welches alle Menschen erleuchtet, die in diese Welt kommen".

Johannes 1, 29: Christus ist „das Lamm Gottes, das die Sünde der Welt trägt".

Johannes 4, 42: Er ist „der Heiland der Welt".

Johannes 6, 33: Er ist „das Brot Gottes, . . . das der Welt Leben gibt" (vgl. V. 54).

Johannes 8, 12: Jesus sagt: „Ich bin das Licht der Welt" (vgl. ebenso 9, 5; 12, 46).

Johannes 12, 47: „Ich bin . . . gekommen, daß ich die Welt rette".

Johannes 17, 21: Er betet für die Einigkeit seines Volkes, „damit die Welt glaube, du habest mich gesandt".

Bezüglich des Heiligen Geistes

Johannes 16, 8: „Und wenn derselbe kommt, wird er der Welt die Augen auftun."

Somit ist die Welt das Gebiet, in dem der Vater, der Sohn und der Heilige Geist am Werke sind. Fügt man dem noch die „Wolke der Zeugen", das „Alle", „Jeder" und „alle Menschen" hinzu, dann sind die Hinweise auf die Universalität einfach überwältigend.

Mit dieser Vielzahl der Zeugen wird es schwer, die Zielsetzung Christi in seinem Leben, Wirken, Denken und seiner Lehre in Frage zu stellen. Er ist der Sohn der Menschheit, ihr Vertreter und Vorkämpfer, der Heiland der Welt.

Die Methode Christi

Trotz der direkt und indirekt erklärten Universalität Christi steht in seinem Wirken der Partikularismus unübersehbar vor unseren Augen.

1. Die Tatsache besteht (so stellen es wenigsten die Evangelien dar), daß Christus keine ausgedehnte Heidenmission veranstaltete und sich nie länger auf heidnischem Boden aufhielt. Der Schwerpunkt seines Wirkens konzentrierte sich auf Judäa und Galiläa.

2. Er sagt ausdrücklich, daß er zu den verlorenen Schafen des Hauses Israels gesandt sei (Matth. 15,24).

3. Er verbietet seinen Jüngern ausdrücklich, über die Grenzen Israels hinauszugehen, da sie wie er nicht zu den Völkern, sondern zu den verlorenen Schafen des Hauses Israels gesandt seien (Matth. 10,5–6; 15,24).

4. Verschiedentlich spricht Jesus von den nichtjüdischen Völkern und von nichtjüdischen Personen auffallend unfreundlich, wenn nicht sogar verächtlich: Ihre Gebete sind „leere Wiederholungen" (Matth. 6,7). Sie sind irdisch gesinnt und ihr ganzes Denken richtet sich auf dieses Leben (Matth. 6,32). Ein exkommunizierter Bruder ist als ein Heide oder als ein Zöllner anzusehen – abgetrennt, unrein und unwürdig (Matth. 18,17).

Die syrophönizische Frau wird mit einem Hund verglichen, die Israeliten mit Kindern (Mark. 7,27; Matth. 15,26). Und die Verkleinerungsform, die man dann als Hündlein übersetzt, nimmt den Stachel nicht weg.

Sie sind machthungrig und in der Anwendung ihrer Macht fehlt ihnen Weisheit und Barmherzigkeit (Mark. 10,42).

Das sind die Tatsachen, wie sie die Autoren der Evangelien zu Papier brachten. Anscheinend sahen sie keinen Widerspruch zwischen der klar zutage liegenden Universalität einerseits und dem scheinbaren Partikularismus andererseits.

Handelt es sich hier um einen Widerspruch? Haben wir es hier mit unauflösbaren, auseinander strebenden Aussagen der Schrift zu tun? Wie kann man dieses offen zutage liegende Paradox lösen?

Der Konflikt zwischen scheinbarem Partikularismus und offen zutage liegender Universalität des Lebens, des Wirkens und der Unterweisung Christi löst sich, wenn man ein Zweifaches bedenkt:

1. Man muß sich darüber klar sein, daß es vor Kreuz und Auferstehung Christi kein wirkliches Evangelium – im Sinn der guten Nachricht für die Heiden – gab. In den zentralen Erlösungstatsachen seiner Fleischwerdung – dem Auf-sich-nehmen der Sünde, dem Sterben und der Auferstehung –, identifizierte sich Christus mit der Menschheit. In seinem Leben, seiner Kultur und seinem irdischen Wirken identifizierte er sich mit Israel, wie es das Alte Testament vorhersagte.

2. Steht man vor dem Leben und Werk Christi, dann muß man zwischen seinen Sympathien, Gedanken und Idealen, seinen Grundsätzen und Plänen auf der einen Seite und der Methode für die Hinausführung dieser Absichten auf der anderen Seite unterscheiden. Das erstere ist zweifelsohne universal. Das zweite scheint zunächst partikularistisch und von der Methode des Alten Testamentes bestimmt zu sein. Man muß dabei bedenken, daß Universalität entweder zentrifugal oder zentripetal ausgerichtet sein kann. Es handelt sich um eine zentrifugale Universalität, wenn ein Bote des Evangeliums Grenzen überschreitet und die gute Nachricht den Völkern bringt, die bisher nicht glaubten. Die zentripetale Universalität, die oft als Partikularismus mißverstanden wird, wirkt wie eine magnetische Kraft, die fernstehende Völker und Personen auf ein Zentrum hinzieht. Bei der letzten handelt es sich um die Methode des Alten Testaments, in dem Israel und der Tempel als Mittelpunkt dazu bestimmt waren, die Völker hin zu sich zu ziehen und damit zu Gott.

In Übereinstimmung mit diesem Grundsatz wendet sich der Herr zunächst an Israel, um die Juden an ihren Platz, ihren Zweck und ihre Bestimmung zu erinnern. Israel sollte noch einmal vor das Angebot gestellt sein, der Knecht Jahwes zu werden, durch den er die Welt zu sich ziehen wollte und/oder durch die Dynamik von Pfingsten von einer zentripetalen in eine zentrifugale Kraft umgeformt werden.

Auf den ersten Blick scheint es, als ob es Christus nicht gelang, das Ohr seines eigenen Volkes zu gewinnen. Johannes sagt sogar, „er kam in sein Eigentum und die Seinen nahmen ihn nicht auf“ (Joh. 1,11). Angeleitet von seinen eigenen Oberen verwarf ihn das Volk und verlangte seine Kreuzigung.

Das darf allerdings nicht als totale Fehlentwicklung verstanden werden. Ein beträchtlicher Rest wandte sich trotz der Verwerfung Christus zu. Die Apostel einschließlich des Apostels Paulus waren alle Juden. Die erste christliche Gemeinde war eine jüdische Gemeinde in Jerusalem. In Judäa, Samarien und Galiläa gab es eine beträchtliche Anzahl Gemeinden, und Zehntausende von Juden waren gläubig geworden (Apg. 9,31; 21,20). Die ersten Missionare unter den Völkern waren Juden – Philippus ging hin nach Samarien, Petrus in das Haus des Kornelius, einige hellenistische Juden von Cypern und Cyrene gehen nach Antiochien und dann natürlich ist Paulus da, dessen Missionsfeld die Welt ist.

Somit gab uns das Judentum die Bibel, das Evangelium, die Missionare und die ersten Kirchen. Das sollte nie vergessen werden.

Der Sinn Christi

Nachdem wir einmal die missionarische Absicht Christi festgestellt haben, ergibt sich natürlich die Frage: Von wo empfing Jesus diese Missionsgedanken? Wie kam es, daß all sein Denken missionarisch geprägt war? Ist das Intuition oder war es der Einfluß der Heiligen Schrift? War er hier auch Schüler des Alten Testamentes? Oder war es eine besondere Erleuchtung?

Die Tatsache bleibt, daß Christus sagte, daß er gekommen sei, das Alte Testament zu erfüllen. Es war seine Bibel, sein Führer, sein Standpunkt. Er benutzte es reichlich, verkündigte es ausführlich und ohne Einengung, verehrte es in aller Demut und glaubte es mit aller Kraft. Das Alte Testament war für ihn das Schrift gewordene Wort Gottes. Während er selbst Herz und Inhalt des Alten Testamentes war und die ganze Schrift auf ihn hinwies, war er auch sein einzig wahrhaftiger Ausleger. Man kann sogar so sagen: Das Alte Testament offenbart Christus, indem er seinen Schleier lüftet. Christus ist sowohl sein Inhalt als auch seine Auslegung. Hier fand er nicht nur seine grundlegenden theologischen Konzepte, hier erkannte er auch die Weite von Gottes Erlösungsplan. Dieser war universalistisch und umfaßte die Menschheit in ihrer Gesamtheit – nicht nur eine Nation.

Diese These muß nun belegt werden, denn es ist doch zunächst unerhört, so etwas vom Alten Testament zu behaupten. Aber darüber hinaus muß man zugeben, daß nicht einmal das Alte Testament das Geheimnis von Christi Missionsverständnis und Missionsabsicht in seiner Fülle aufdeckt.

Jedem Leser der Evangelien wird klar, daß Christi Selbstbewußtsein von einem einzigartigen Gottesbewußtsein bestimmt war. Er wußte sich als der eingeborene Sohn Gottes, der aus des Vaters Schoß kam. Sein Leben und Werk sind durchdrungen von dem Bewußtsein, in diese Welt gesandt zu sein, ja in diesen irdischen Bereich aus einem höheren Bereich eingedrungen zu sein. Er kam auf diese Erde mit einer ganz spezifischen Sendung, eine Sendung, bei der es ganz wesentlich darum ging, den ewigen Vorsatz Gottes zu seiner Vollendung zu führen. Als ein Glied der ewigen Gottheit hat er von Ewigkeit her Anteil an ihren Gedanken, die ihren Grund wiederum im Wesen und Charakter des ewigen, dreieinigen Gottes haben.

Bevor wir uns deshalb der Bibel zuwenden, um den allumfassenden Vorsatz Gottes zu erkennen, der der ganzen missionarischen Ausrichtung der Bibel unterliegt, müssen wir in Kürze das Wesen und den Charakter des Gottes betrachten, in dem dieser missionarische Vorsatz seinen Grund hat.

Missionstheologie und das Wesen Gottes

„Der Missionsbefehl Christi ist nicht der tiefste und letzte Grund für die Missionsverpflichtung der Gemeinde“, erklärte Robert E. Speer 1910 in den Duff-Vorlesungen.

> „Diese Verpflichtung begegnet mit aller Vollmacht in den Worten des Missionsbefehls, und es ist von unabsehbarer Konsequenz, daß der Herr selbst sie so festgelegt hat. Aber auch wenn diese speziellen Worte niemals gesprochen worden wären oder wenn – nachdem er sie schon gesprochen hat – sie niemals aufbewahrt worden wären, wäre die Missionsverpflichtung der Gemeinde dadurch nicht im geringsten berührt worden. Denn der letzte Grund der Mission findet sich nicht in irgendeinem spezifischen Wort. Das Sein und Wesen Gottes selbst geben den tiefsten Grund für die Mission ab. Wir können von Gott nur so denken, daß man notwendigerweise auf die Mission hingeführt wird. Obwohl dieses Wort die unaufgebbare Missionsverpflichtung besonders ans Licht stellt, ist der Grund immer das Wesen und die Gedanken Gottes selbst, das Wesen des christlichen Glaubens, das Ziel und der Zweck der Gemeinde Christi und das Wesen der Menschheit, ihre Einheit und ihre Not.“[1]

Es ist eine Wohltat, inmitten der heutigen anthropozentrischen, kosmozentrischen und ekklesiozentrischen Ausrichtung auf solch eine theozentrische Verankerung der Mission zu stoßen. Die theozentrisch verankerte Mission findet ihre Quellen, ihre Dynamik und ihr Ziel jenseits von Raum und Zeit in der Ewigkeit. Damit geht sie nicht am Fluß der Geschichte vorbei. Die Zeit kann sie allerdings nicht hervorbringen, nicht erhalten und nicht erschöpfen.

Die Zeit kann sie allerdings nicht hervorbringen, nicht erhalten und nicht erschöpfen.

Die theozentrische Verwurzelung der Mission findet sich schon beim Apostel Paulus. In dem Kapitel, in dem er am tiefsten in das Geheimnis des ewigen Ratschlusses Gottes hineinführt, insonderheit im Blick auf das Heil der Welt, erklärt er dreimal, daß alles hinzielt auf das eine: „. . . das Lob seiner herrlichen Gnade“ . . . „auf daß wir etwas seien zum Lob seiner Herrlichkeit, die wir zuvor auf Christus gehofft haben“ (Eph. 1,3–14).

[1] Robert E. Speer, *Christianity and the Nations* (New York: Revell, 1910), S. 17–18.

Im gleichen Brief zeigt der Apostel, daß das ganze Drama der Erlösung nichts anderes ist, als die Entfaltung eines Planes, der mit dem ewigen Vorsatz Gottes übereinstimmt, den er sich in Christus Jesus, unserem Herrn, vorgesetzt hatte (Eph. 3,11).

In drei Kapiteln des Römerbriefes durchdenkt Paulus das große Missionsprogramm Gottes (Kap. 9–11). Er schließt den schwierigen, doch majestätischen Gedankengang über die Mission in allen Zeitaltern mit den Worten: „O welch eine Tiefe des Reichtums, beides, der Weisheit und der Erkenntnis Gottes! Wie gar unbegreiflich sind seine Gerichte und unerforschlich seine Wege! Denn wer hat des Herrn Sinn erkannt oder wer ist sein Ratgeber gewesen oder wer hat ihm etwas zuvor gegeben, daß ihm werde wieder vergolten? Denn von ihm und durch ihn und zu ihm sind alle Dinge. Ihm sei Ehre in Ewigkeit! Amen“ (Röm. 11,33–36).

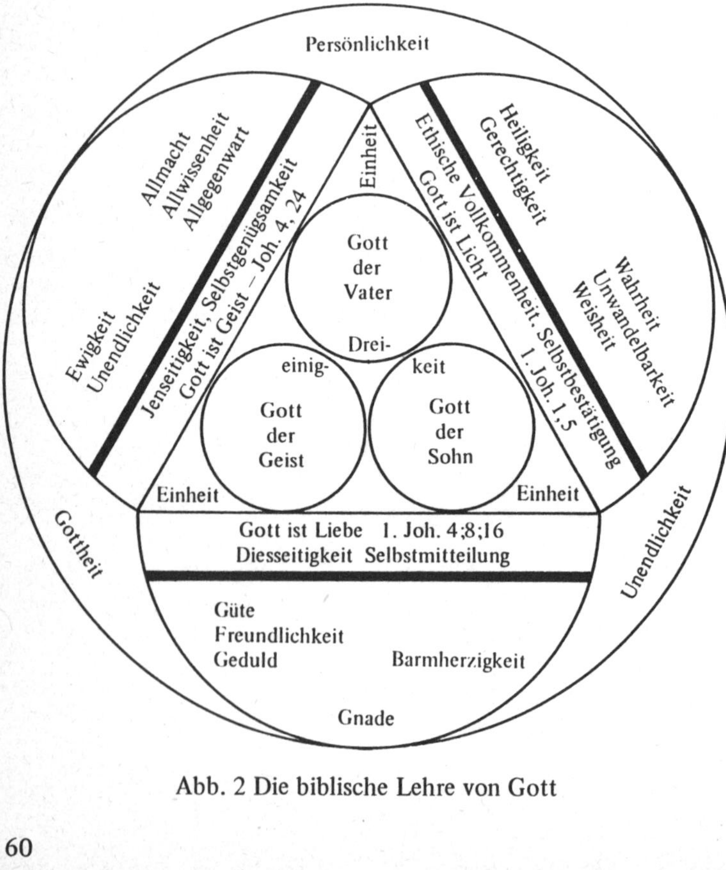

Abb. 2 Die biblische Lehre von Gott

Genauso theozentrisch ist die Taufformel Jesu. Jede Taufe muß im Namen des Vaters, des Sohnes und des Heiligen Geistes geschehen. Kein Mensch, keine Kirche, keine Institution trägt etwas zum Heil und zur Errettung bei. Alles hat seinen Ursprung und sein Ziel im dreieinigen Gott.

Die theozentrische Note mag sich für einen Deutschen seltsam anhören, hören wir doch Missionsberichte immer mit einem auf Pragmatismus und Erfolg gestimmten Ohr. Wir stehen aber vor der Tatsache, daß wir unsere ganze Missionsarbeit neu überdenken müssen. Nicht das Wohlergehen und die Herrlichkeit des Menschen, nicht das Wachstum und die Expansion der Kirche, sondern die Herrlichkeit Gottes sind das höchste Ziel der Mission, weil sein Sinn und Wesen nun einmal der letzte Grund der Mission sind, „denn von ihm und durch ihn und zu ihm sind alle Dinge. Ihm sei Ehre in Ewigkeit."

Im Licht des oben Gesagten wollen wir fragen, wer der Gott der Mission ist, der sich in der Heiligen Schrift offenbart. Wer ist der Gott der Bibel, der Gott der Mission? In einer einfachen Darstellung (s. Abb. 2) stellte ich die Hauptzüge der Offenbarung Gottes, des Vaters unseres Herrn Jesus Christus, des Gottes der Schöpfung, der Erlösung und der Vollendung dar.

Während die definitiven Aspekte von Gottes Sein – seine Persönlichkeit, seine Gottheit, seine Unendlichkeit, seine Einheit und die Dreieinigkeit – in der spekulativen Theologie und Religionsphilosophie große Debatten auslösen, konzentriert sich das Hauptinteresse der Missionstheologie auf die wesensmäßigen Aspekte der Gottesoffenbarung – Gott als Geist, Gott als Licht, Gott als Liebe (die entsprechenden alttestamentlichen Synonyme scheinen zu sein: „der lebendige Gott, der Heilige, der Herr der Heerscharen"). Es kann hier nicht zu einer ausführlichen Darstellung dieser bedeutenden Charakteristika kommen. Mir geht es im wesentlichen darum, einige Implikationen für die Mission aufzuzeigen und die Tatsache festzuhalten, daß die Mission letztlich im Sein Gottes verankert ist.

Gott, der Vater, als aus sich selbst herausgehend oder als Missionar

Am Jakobsbrunnen in Samaria erklärt Jesus, daß Gott Geist ist (Joh. 4,24). Später fügt Johannes dem durch die Offenbarung des Heiligen Geistes hinzu, daß Gott Licht und Liebe ist (1. Joh. 1,5;

4,8.16). Ungeachtet dessen, was diese tiefen und geheimnisvollen Umschreibungen sonst noch beinhalten, ist das eine gewiß, daß damit Gott als ein aus sich selbst herausgehender Gott beschrieben wird. Sein innerstes Wesen ist nicht das einer auf sich selbst begrenzten Abgeschlossenheit. Während die Bibel einerseits von der „Andersartigkeit“ Gottes spricht – er ist der Heilige – lehrt sie mit gleicher Betonung, daß er ein Gott der Beziehungen ist. Er ist der lebendige Gott, nicht der unpersönliche, absolute Gott Aristoteles' oder der isolierte Gott des späten Judentums. Er ist weder der neutrale Brahma des Hinduismus, noch der sich zurückziehende, abwesende Gott des Deismus. Er ist der Gott und Vater unseres Herrn Jesus Christus. Er ist der Gott Abrahams, der Gott Isaaks, der Gott Jakobs, der Gott Moses, der Gott Israels, er ist unser Vater. „Ich bin der Herr, dein Gott, der Heilige Israels, dein Heiland . . . der Herr, dein Erlöser, der Heilige . . . der Schöpfer Israels, dein König“ (Jes. 43,3–15). Solche Stellen lassen sich willkürlich vermehren, sowohl vom Alten als auch vom Neuen Testament her.

Gott ist nicht ein Gott der Isolation. Er ist nicht irgendwo draußen im Weltenraum, in aller Stille, ein Zuschauer, der seine Neutralität wahrt. Er ist nicht ein zurückgezogener Gott. Er ist zwar verborgen, aber nicht abwesend. Er schweigt zwar, ist aber nicht gleichgültig. Er ist nicht vordergründig sichtbar, das heißt aber nicht, daß er nicht Anteil nimmt. Die Tatsache, daß Gott Geist, Licht und Liebe ist, eliminiert den Gedanken, daß Gott ein in sich selbst abgeschlossener Gott ist. Er ist der Gott der Geschichte – der Gott der Beziehungen.

Gott ist Geist (Joh. 4,24). Diese schwerwiegenden Worte wurden durch den ewigen Sohn Gottes gesprochen, der aus dem Schoß des Vaters kam, um Gott den Menschen zu offenbaren. Es besteht kein Zweifel darüber, daß diese Worte der tiefen praktischen Absicht entsprungen sind, die Menschen zur Anbetung zu leiten und nicht etwa, um sie zu Spekulationen anzustacheln. Alle wahre Anbetung hat ihren Grund in Gott selbst. Somit sind diese zutiefst praktischen Worte ein neuer Schritt in der Selbstoffenbarung Gottes.

Das Wort, daß Gott Geist ist, offenbart ihn als absolute, von nichts ableitbare, aus sich selbst hervorgehende Wirklichkeit, die alle Quellen ihrer Existenz in sich selbst hat. Aber Gott ist Geist, d.h. er will in Beziehung treten und er sucht Anbeter. Er akzeptiert die Anbetung, die ihm im Geist und in der Wahrheit und in Wirklichkeit dargebracht wird.

Als Geist ist er weder durch einen Leib eingeschränkt, noch durch physische Grenzen zurückgehalten. Er ist Geist und kann deshalb alle

Grenzen überschreiten. Unermeßlichkeit, Unendlichkeit, Allmacht, Allwissenheit und Allgegenwart können ihn nicht ganz beschreiben. Er ist der Grenzenlose und der, der aus sich herausgeht. Er ist der Gott der Mission.

Gott ist Licht, erklärt die Bibel (1. Joh. 1,5). Diese Metapher ist äußerst bedeutungsvoll, besonders da sie sich auf den aus sich selbst herausgehenden Gott und somit auf die Mission bezieht.

Die Beschreibung: „Gott ist Licht“, deutet an, daß Gott unnahbar, unendlich, unwechselhaft, vollkommen heilig, vollkommen offen, vollkommen unverletzbar und vollkommen wahr ist. Er ist die Quelle allen Lichtes, alles Lebens, aller Güte, aller Gewißheit und aller Freude, sowie die Kraft zur Verklärung aller Dinge. Als Licht ist er jedoch auch verzehrendes Feuer und ernstes Gericht.

Die positive, missionarische Note, die diese Metapher ausdrückt, wird klar, wenn wir uns dessen erinnern, daß Licht sich ausbreitet, durchdringt, erforscht, jeden Raum ausfüllt und in jede Ecke, jeden Winkel eindringt. Es bedeckt die ganze Erde. Licht erquickt und belebt. Licht macht Leben und Wirken möglich. Es ist eine Quelle der Erleichterung und der Freude für alle, die in seinen hellen und freudevollen Strahlen wandeln.

Da Gott Licht ist, kann ihn die Dunkelheit nicht verbergen. Sie kann ihm auch keine Schranken setzen. Ja, er ist der Feind alles Dunklen und alles Übels. Es ist ja gerade das Wesen des Lichtes, die Dunkelheit zu vertreiben. Und keine Leuchte scheint für sich selbst. Vielmehr strahlt ihre Kraft auf die Pfade der anderen. Ihre Strahlen stellen eine selbstlose und segensreiche Verbindung mit andern dar, erleuchten alle, die sich ihnen aussetzen. Als das Licht durchdringt Gott die Welt („Ich bin das Licht der Welt“ Joh. 8,12), um alle Dunkelheit zu überwinden („Das Licht scheint in der Finsternis“ Joh. 1,5), um die Werke des Bösen zu zerstören (1. Joh. 3,8) und um alle Menschen zu erleuchten, die in diese Welt kommen (Joh. 1,9).

Die dogmatische und majestätische Aussage, daß Gott Licht ist, hat direkte Bedeutung für den Erlösungsplan, das Erlösungswerk und somit auch für die Missionstheologie. Schließlich heißt das doch, daß es das Wesen Gottes ist, Menschen in der Finsternis zu erleuchten und ihren Pfad hell zu machen, da er sonst gewiß zum Verderben führt. Wendet sich der Mensch dem Licht in Buße und Glauben zu, so teilt sich Gott ihm uneingeschränkt in der segensreichen Absicht mit, ihn zu erquicken, zu beleben, zu reinigen und zu verklären. Die Tatsache, daß Gott Licht ist, führt zu der Hoffnung, daß er gemäß seinem Vorsatz und Wesen irgend etwas für die Errettung des gefallenen und in Dunkelheit dahinlebenden Menschen unternehmen will. Er ist der aus sich heraus leuchtende Gott, der Gott der Mission.

Gott ist Liebe (1. Joh. 4,8.16). Diese Tatsache findet sich in der Geschichte und in der Bibel geschrieben. Die drei Worte „Gott ist Liebe“ sind von einzigartiger Bedeutung, sie sind die majestätischste Beschreibung des innersten Seins und Wesens Gottes. In den Heiligen Schriften aller Religionen der Welt findet sich keine Parallele dazu. Nach diesem Faktum sucht man vergeblich in den Heiligen Schriften der Weisen. Die Tatsache, daß Gott Liebe ist, erschließt sich nur in der Bibel.

Göttliche Liebe ist jene beschleunigende und dynamische Qualität, mit der sich Gott aus sich selbst herausbegibt und sich mit seinem ganzen Wohlwollen und mit seiner ganzen Fülle in Beziehung zu seiner Schöpfung setzt. Seine Liebe motiviert ihn von Ewigkeit her, sich dem Objekt dieser Beziehung aufzuschließen und mitzuteilen.

Edgar Young Mullins definiert Liebe so:

„(Liebe ist) das sich selbst mitteilende Wesen der göttlichen Natur, die Gott dazu bringt, das höchste Gut und den umfassendsten Besitz seiner Geschöpfe zu suchen. In ihrer höchsten Form ist die Liebe eine Beziehung zwischen intelligenten, ethischen und freien Wesen. Gottes Liebe zum Menschen strebt darauf hin, im Menschen die Liebe zu Gott zu wecken. In ihrer letzten Form bedeutet die Liebe zwischen Gott und den Menschen, daß sie sich vollkommen und ungeschränkt einander hingeben, die vollkommene gegenseitige Inbesitznahme.“[2]

Die Tatsache, daß Gott Liebe ist, wird von der Bibel immer wieder hervorgehoben. Es ist hier nicht meine Absicht, diese großartige Aussage in ihrer ganzen Breite und Tiefe auszuloten. Es muß genügen, auf die folgenden Aspekte hinzuweisen:

1. Liebe ist eine aus sich selbst herausgehende dynamische Beziehung. *Also hat Gott die Welt geliebt;* Gott erweist seine Liebe gegen uns. Paulus beschreibt Gott als den, „der mich geliebt hat“.

2. Liebe ist eine sich aufopfernde, aktive Beziehung. „Also hat Gott die Welt geliebt, daß er seinen eingeborenen Sohn gab.“ „Daran haben wir die Liebe erkannt, daß er sein Leben für uns gelassen hat.“ „. . . der mich geliebt hat und sich selbst für mich dargegeben.“ „Gott aber erweist seine Liebe gegen uns darin, daß Christus für uns gestorben ist.“

[2] Edgar Young Mullins, *The Christian Religion in Its Doctrinal Expression* (Nashville: S.S.B of the S.Bapt.Conv., 1917), S. 236.

3. Liebe ist eine umfassende Beziehung. „Also hat Gott die Welt geliebt." „Gott hat seinen Sohn nicht gesandt in die Welt, daß er die Welt richte, sondern daß die Welt durch ihn gerettet werde."

4. Liebe ist eine vielfältige Beziehung. Sie richtet sich nach Art, Zustand und Bedürfnis ihres Objektes (s.Abb. 2: „Die biblische Lehre von Gott" für die Offenbarung der Liebe Gottes).

Zusammenfassung: Wir schauen zurück über die wesensmäßigen Aussagen über das Sein Gottes: Geist, Licht, Liebe; die missionarischen Implikationen sind greifbar. Gott ist der Gott, der aus sich selbst herausgeht, weil er Licht und Liebe ist, das Wohlergehen der Menschheit will und fortgesetzt danach verlangt, sich selbst den Menschen mitzuteilen.

Gott, der Sohn, als aus sich selbst herausgehend oder als Missionar

Von der Missionstheologie unseres Herrn Jesus Christus wurde schon gesprochen. Diese Theologie war mehr als Theorie. Es war auch mehr als das Ausleben eines Auftrages. Es war mehr als das, was er sich durch Schriftstudium oder von den Bedürfnissen der Menschen her angeeignet hatte. Es war weder etwas, was man ihm aufgedrängt, noch etwas, was er sich angeeignet hatte. Es war ein Ausfluß seines innersten Wesens. Der Sohn hat mit dem Vater Teil an all den wesensmäßigen Zügen der Gottheit. Auch er ist „Licht und Liebe". Vom Vater *gesandt,* ist er doch freiwillig in diese Welt gekommen. Er sagt in aller Klarheit: „Des Menschen Sohn ist nicht *gekommen,* daß er sich dienen lasse, sondern, daß er diene und gebe sein Leben als ein Lösegeld für viele" (Mark. 10,45). Er bezeugt weiterhin, daß er freiwillig kam: „Darum liebt mich mein Vater, weil ich mein Leben lasse, auf daß ich's wieder nehme. Niemand nimmt es von mir, sondern ich *lasse es von mir selber.* Ich habe Macht, es zu lassen und habe Macht, es wieder zu nehmen. Solch Gebot habe ich empfangen von meinem Vater" (Joh. 10,17–18).

In ähnlicher Weise sieht Paulus das Kommen Christi als einen freiwilligen Akt: Er schreibt: „Ihr wisset die Gnade unseres Herrn Jesus Christus, daß, obwohl er doch reich ist, ward er doch arm um euretwillen, auf daß ihr durch seine Armut reich würdet" (2. Kor. 8,9). „Denn ob er wohl in göttlicher Gestalt war, nahm er es nicht als einen Raub, Gott gleich zu sein, sondern entäußerte sich selbst und nahm Knechtsgestalt an, ward gleich wie ein anderer Mensch und an

Gebärden als ein Mensch erfunden. Er erniedrigte sich selbst und ward gehorsam bis zum Tode, ja zum Tode am Kreuz" (Phil. 2,6–8).

Mit dem Vater hatte der Sohn den Gedanken, den Willen und den Vorsatz der Erlösung gemein. Schon sein Name „Jesus" beinhaltet, daß er der Retter ist. Sein siebenmaliges „Ich bin" setzt ihn in unübersehbarer Weise mit Jahwe, dem Gott des Alten Testamentes, dem Erlöser Israels, in eins. Das Heil fließt von seiner Person wie von seinem Amt und Werk. Sein Retteramt wird in aller Fülle und Vollkommenheit im Vollzug des Geschehens von Fleischwerdung – Kreuz – Auferstehung sichtbar.

Die Zentralität des Ereignisses von Fleischwerdung – Kreuz – Auferstehung

„Nach dem Neuen Testament ist das Kommen Christi, sein Sterben, seine Auferstehung und seine Himmelfahrt der entscheidende Moment in Gottes Erlösungsplan", schreibt Bischof Lesslie Newbigin.[3]

Fleischwerdung – Kreuz – Auferstehung ist das für die Interpretation der Geschichte wichtigste Geschehen. Es steht im Mittelpunkt der biblischen Offenbarung. Hier verbinden sich und hier trennen sich Altes und Neues Testament. Es steht im Zentrum der göttlichen Heilsgeschichte. Hier wird aus Verheißung Erfüllung, aus Schatten Wirklichkeit; die Sünde wird abgeurteilt – Vergebung wird angeboten. Hier ist der Zorn versöhnt, Gnade gekrönt, der Tod überwunden, Leben und Unsterblichkeit ans Licht gebracht.

An diesem Punkt wird Satan die tödliche Wunde geschlagen, so daß der endgültige, vollkommene und herrliche Sieg der Gerechtigkeit gesichert ist. Mit diesem Geschehen wird der Macht der Finsternis der Todesschlag versetzt und das Reich seines lieben Sohnes triumphiert. Das Ereignis von Fleischwerdung – Kreuz – Auferstehung ist die kosmische Wasserscheide, die Dunkel von Licht, Zeitliches von Ewigem, Fleischliches von Geistlichem, den Tod von der Unsterblichkeit, das Verderben vom Leben, den Fluch von der Gegenwart und die Hölle vom Himmel trennt.

Das Geschehen von Fleischwerdung – Kreuz – Auferstehung ist Quelle und Grundlage des Heils Gottes, die einzige Hoffnung für die

[3] Lesslie Newbigin, *The Finality of Christ*, S. 61.

Menschheit. Es ist der Höhepunkt der sich selbst hingebenden Liebe Christi für die Menschheit.

Es ist ein Schauspiel für die Welt, ein Ärgernis für die Juden, eine Torheit für die Griechen, ein Stein des Anstoßes für die Ungehorsamen und ein Geheimnis für die Engel. Es ist das Offenbarwerden der Heiligkeit und der Gerechtigkeit Gottes hinsichtlich der Sünde, das Wort der Liebe Gottes hinsichtlich der Schuld und der Verlorenheit des Sünders.

Im Geschehen von Fleischwerdung – Kreuz – Auferstehung verbinden sich Heiligkeit, Gerechtigkeit und Liebe in schönster Harmonie zur Ehre Gottes und zum Wohl der Menschen und bringen dadurch das Heil, machen Vergebung, Versöhnung, Erlösung, Wiederherstellung und Verherrlichung zu göttlichen Realitäten und garantieren deren endliche Verwirklichung.

Das Heil ist eine Wirklichkeit, weil Gott es gewollt hat. Er plante es, und er führte es herbei. Er verwirklicht es, weil er der von Ewigkeit aus sich herausgehende Gott der Mission ist.

Das Heil nahm mit Gottes ungebetenem Besuch bei Adam und Eva im Garten seinen Anfang. Dort wurde das Protevangelium* verkündigt (1. Mose 3,15). Von hier an entfaltete es sich wie eine Blüte, bis es sich am Kreuz von Golgatha konkretisierte. Gott betrat in wunderbarer Weise in Christus Jesus greifbar und heilbringend den Raum der Geschichte. Gott sandte seinen Sohn, geboren von einem Weibe und unter das Gesetz getan. Christus Jesus, die zweite Person des dreieinigen Gottes, wurde der große Apostel Gottes, der Prophet, der Priester, der König. Er war wahrhaftig der Gesandte und ist der Kommende.

Das Geheimnis der Verbindung von Gottheit und Menschheit ist wahrlich ein großes Mysterium. Nichtsdestoweniger ist es eine segensreiche Wirklichkeit. In der Fleischwerdung drängte die Ewigkeit in Raum und Zeit, und die Gottheit ward zur Menschheit. Gott war in Christus. Das Verwirklichen der ewigen Errettung wurde ein gewichtiges Geschehen in Zeit und Raum.

Es ist nicht meine Absicht, das Heil Gottes in vollem Umfang hier abzuhandeln. Es müssen aber gewisse Grundsätzlichkeiten betont werden, die dem biblischen Heilsverständnis unterliegen. Das führt zu einem Heilsverständnis, das wiederum zum einigenden Rahmen der biblischen Heilslehre wird. *Damit wird der missionarische Charakter des christlichen Glaubens herausgestellt, das Geschehen von Kreuz – Auferstehung zum Herzen jedes Missionsunternehmens ge-*

* Protevangelium kommt vom Griechischen *protos* und bedeutet das „erste Evangelium".

macht. Gleichzeitig wird für alle gezeigt, daß das Geschehen von Fleischwerdung – Kreuz – Auferstehung Gottes wichtigster missionarischer Akt ist.

Das Geschehen von Fleischwerdung – Kreuz – Auferstehung und das Heil

Nach dem ewigen Ratschluß Gottes kam Jesus Christus in die Geschichte, wurde von der Jungfrau Maria geboren, nahm wahre Menschlichkeit an und wurde wahrhaftiger Gott-Mensch, ja der Heiland der Menschheit. Nach der Schrift wurde er, der doch von keiner Sünde wußte, für uns zur Sünde und gleichzeitig von Gott uns zur Weisheit und zur Gerechtigkeit und zur Heiligung und zur Erlösung gemacht. Im Gehorsam „erniedrigte er sich selbst . . . und wurde gehorsam bis zum Tod, ja bis zum Tode am Kreuz“. Sein sündloses, vollkommenes Leben, sein stellvertretender Tod, seine siegreiche, leibliche Auferstehung und seine herrliche Erhöhung zur rechten Hand Gottes erwarben das Heil für die ganze Menschheit. So steht es um das ewige Heil Gottes in Christus, das von keinem Menschen vorhergesehen noch gesucht wurde. Es kommt allein von Gott, ist allein in Christus zu finden und ist allein durch den Heiligen Geist zu erlangen. Der Ruhm muß Gottes sein und nicht des Menschen.

Das Heil Gottes wurzelte in der Ewigkeit und verwirklichte sich in der Zeit. Die Ewigkeit mit ihrer geistlichen Herrlichkeit, ihrer Fülle und ihrem Segen bricht in die Zeit und Menschheit herein. Jetzt ist das Heil für die Menschen da. Gott schreitet in Christus Jesus und durch den Heiligen Geist hinein in das menschliche Leben. Er kommt zu mir.

Heil ist nicht nur eine objektive Wirklichkeit, die bestaunt werden will, ein theologischer Lehrsatz, den man debattieren, eine philosophische Theologie, über die man spekulieren kann – nicht einmal ein ergiebiger Gegenstand, über den man predigen kann. Es ist eine göttliche Realität, die in den Menschen eindringt, um ihn in seinem ganzen Wesen umzuformen, ihn von Sünde und Ungerechtigkeit zu reinigen, von Gefangenschaft und Verderben zu erlösen, teilhaben zu lassen am göttlichen Wesen und ihn in das Bild Christi umzuwandeln. Ein Kind Gottes und Glied des Haushaltes Gottes soll er werden. Durch die Gabe des Heiligen Geistes wird er zu einem Leben echter Jüngerschaft befähigt inmitten einer Welt, der fast jegliches Gottes- und Ewigkeitsbewußtsein abgeht.

Ohne Einschränkung gebe ich zu, daß ich keinerlei Schwierigkeiten mit dem paulinischen Grundsatz habe, daß alles Gnade und die Gnade für alle da ist, daß die Gnade uns mit Jesus Christus vereint hat, daß die Gnade ihrem Wesen und ihrer Absicht nach ethischer Natur ist und eine sich in unserer Erfahrung auswirkende Verwandlung herbeiführt. Somit legen wir die folgenden Grundsätze fest:

Das Heil ist seinem Wesen nach göttlichen Ursprungs.
Das Heil ist seinem Wesen nach christozentrisch.
Das Heil ist seinem Wesen nach auf Kreuz und Auferstehung hin ausgerichtet.
Das Heil ist seinem Wesen nach aus Gnaden.
Das Heil ist seinem Wesen nach eine organische Einheit.
Das Heil ist seinem Wesen nach in Inhalt und Absicht ethischer Natur.
Das Heil ist seinem Wesen nach an den Glauben gebunden.
Das Heil ist seiner Intention nach universal.
Das Heil ist potentiell kosmisch.

Das Heil ist seinem Wesen nach göttlichen Ursprungs

Die Bibel ist äußerst klar, wenn es darum geht, daß das Heil in Gott seinen Ursprung hat. In Gott liegen die Quellen, und bei Gott liegt die Initiative. Ohne Einladung betrat Gott den Garten Eden, nachdem der Mensch den Verlockungen Satans gefolgt war, sich von der göttlichen Gemeinschaft ausgeschlossen, sich erniedrigt und den Pfad der Sünde und Gottesferne betreten hatte. Gott übernahm die Initiative. Das Heil und die Erneuerung der Gemeinschaft haben ihren Ursprung in ihm.

Das gleiche gilt vom Leben und von der Geschichte Abrahams und später für Israel bei seiner Befreiung aus Ägypten. Die Initiative lag immer bei Gott. Das Heil hatte seinen Ursprung im Herzen und im Rat Gottes und wurde auch durch den mächtigen Arm Gottes hinausgeführt.

Dieser Grundsatz wird in einzigartiger Weise mit dem Kommen Christi in diese Welt sichtbar. Keinerlei Einladung, einen Erlöser zu senden, erhob sich zum Himmel. Ja, die Tatsachen liegen gerade umgekehrt. Johannes stellt fest: „Er war in der Welt und die Welt ist durch ihn gemacht; aber die Welt erkannte ihn nicht. Er kam in sein

Eigentum; und die Seinen nahmen ihn nicht auf" (Joh. 1,10–11). Dagegen lesen wir: „Also hat Gott die Welt geliebt, daß er seinen eingeborenen Sohn gab" (Joh. 3,16). Und wiederum: „Gott erweist seine Liebe gegen uns darin, daß Christus für uns gestorben ist, als wir noch Sünder waren" (Röm. 5,8). Solche neutestamentlichen Aussagen lassen sich unschwer vermehren.

Das Alte Testament kennt Gott als „Gott des Heils". Der Humanismus ist eine nichtbiblische Philosophie, für die in der biblischen Offenbarung kein Platz bleibt. Zahlreiche spezifische Aussagen und Beweise legen überzeugend dar, daß das Heil des Menschen seinen Ursprung in Gott und niemals beim Menschen nimmt. Somit ist aller Ruhm Gottes. Er ist der Gott unseres Heils und unserer Errettung.

Das Heil ist seinem Wesen nach christozentrisch

Christozentrizität ist mehr als ein Prinzip biblischer Auslegung. Vielmehr besteht zwischen der Zentralität Christi und der Heilserfahrung ein enger Zusammenhang. Das Heil ist nicht eine isolierte Gabe, die Gott herablassend und wunderbar den Menschen zugeeignet hätte. Das Heil ist Christus, – und das Heil erfahren, heißt Christus erfahren. Im Mittelpunkt des Heils steht eine Person. Es ist die Identifikation mit Christus. Es ist nicht das Auffinden einer *Sache,* sondern die Begegnung mit einer *Person.* Die Bibel sagt nicht, daß Christus das Heil *hat* und es verteilt, wie ein herablassender Herr seinen gehorsamen Knechten Gaben zukommen läßt. Christus *ist* unser Heil und gibt sich zu unserem Heil. Das Heil ist nicht eine Summe kostbarer Gaben, die der Herr großzügig verteilt und aus denen wir auslesen, was immer wir finden und was immer wir mögen. Es ist vielmehr das Erfahren der Person, in der die ganze Fülle der Gottheit wohnt. In Christus empfange ich die Fülle der Gottheit. *Er* ist unser Leben. *Er* ist unsere Kraft. *Er* ist unser Friede. *Er* ist unsere Freude. *Er* ist unsere Weisheit, Gerechtigkeit, Heiligung, Erlösung. Jesus Christus selbst ist der Inhalt unseres Heils. Alles, was er ist, wurde mein in dem Augenblick, als ich ihn im schlichten Glauben annahm. „Wieviele ihn aufnahmen, denen gab er Macht, Gottes Kinder zu werden." „Wer den Sohn hat, der hat das Leben; und wer den Sohn nicht hat, der hat das Leben nicht." „Welcher auch seines eigenen Sohnes nicht hat verschont, sondern hat ihn für uns alle dahingegeben; wie sollte er uns mit ihm nicht alles schenken?" (Joh. 1,12; 1. Joh. 5,12; Röm. 8,32).

Der christliche Glaube ist nicht in erster Linie eine Religionsphilosophie, ein Lebensstil oder eine Anzahl von Glaubensartikeln und Praktiken. Er ist eine Person, und Heilserfahrung ist nichts anderes als das Erfahren der Person Jesu Christi – nicht eine Gabe *von* ihm, nicht ein Teil *von* ihm. Er läßt sich nicht zerteilen, er läßt sich nicht von seinem Heil trennen.

Die Erkenntnis dieser Zentralwahrheit christlichen Glaubens ist höchst bedeutsam für gesunde biblische Lehre und für wahrhaftig christliches Leben. Sie wird uns vor mancher falscher Lehre bewahren. Sie wird unser Leben christusbezogen, christusidentifiziert, christusabhängig, christusausgerichtet, christusehrend machen. Christus wird alles in uns werden, unsere ganze Erfahrung und unser ganzes Leben bestimmen.

Das Geheimnis der Identifikation mit Christus durch den Glauben, die dann auch zur Erfahrung wird, wurde in der Christenheit zu sehr vernachlässigt. Das Ergebnis ist ein blutloser Glaube, dem Leben, Heiligkeit und Zweck fehlt.

Das Heil ist seinem Wesen nach auf Kreuz und Auferstehung hin ausgerichtet

Nach der Betonung der Christozentrizität des biblischen Heils müssen wir uns einem spezifischen Ereignis im Leben und Werk Christi zuwenden. Die moderne Theologie hat seit den Tagen Schleiermachers (1768–1843) die Christozentrizität stark herausgestellt. Trotzdem ist im theologischen Denken der Gegenwart der Hauptakzent weitgehend falsch gesetzt. Die Bibel stellt Kreuz und Auferstehung Christi in den Mittelpunkt der Christozentrizität, aber das geht nicht auf Kosten des Lebens und der Lehre Jesu. Der ernste Bibelleser sieht ohne viel Mühe, daß Kreuz und Auferstehung im Mittelpunkt des Heils stehen. Von ewigen Zeiten her war das Kreuz eine Realität im Ratschluß Gottes (1. Petr. 1,20; Offb. 13,8; Eph. 1,4; 3,11) und formte die Grundlage für den ganzen Umgang Gottes mit den sündigen Menschen (Röm. 3,25). Diese Erkenntnis muß festgehalten werden, wenn das Heil Gottes sich auf absolute Gerechtigkeit und Einheit gründen soll. Die Vorhersage des Kreuzes im Alten Testament war nichts anderes als der Schatten einer ewigen Wirklichkeit. Auf Golgatha kam es dann zur historischen Verwirklichung dessen, was im Rat Gottes vor allen Zeiten stattgefunden hatte. Nicht Gesetz oder Tieropfer, sondern das Kreuz war genauso der eigentliche Grund für das Heil der Menschen im Alten Bund wie für uns im Neuen Bund.

Wie zentral Kreuz und Auferstehung sind, läßt sich an vielen Opfergesetzen und Prophezeiungen des Alten Testamentes ablesen. Die Beschreibung des Geschehens von Kreuz und Auferstehung in den vier Evangelien unterstreicht diese Tatsache weiterhin. Man hat ausgerechnet, daß „wenn die ganzen dreieinhalb Jahre seines öffentlichen Wirkens in gleicher Ausführlichkeit dargestellt worden wären wie die letzten drei Tage, dann hätten wir ein Leben Christi, das etwa 8400 Seiten füllen würde. Es bleibt kein Zweifel daran, daß dem Tod und der Auferstehung unseres Herrn durch den Heiligen Geist die höchste Wichtigkeit zugeschrieben wurde." Und wiederum: „Torrey behauptet, daß das Sterben Christi auf den Seiten des Neuen Testamentes 175mal direkt erwähnt ist."

Für Christus selbst stand das Kreuz zweifelsohne im Mittelpunkt seines Wirkens und war der letzte Sinn seiner Fleischwerdung (Mark. 10,45). Für Paulus war es der eigentliche Gegenstand seiner Verkündigung und seines Ruhmes. Die Heiligen am Ufer der Ewigkeit betrachten es als ein Thema, das ihres vereinten Lobgesanges würdig ist. Das Lamm bleibt der Mittelpunkt der neuen Erde und des neuen Himmels. Kein Schriftsteller des Neuen Testamentes vernachlässigt es, abgesehen von Jakobus, dessen praktische Ermahnungen darauf aufbauen (Jak. 5,7–11).

Das also ist der Stellenwert der Ereignisse von Kreuz und Auferstehung in der Offenbarungs- und Heilsgeschichte. Kreuz und Auferstehung bleiben für immer das Herzstück des Evangeliums.

Das Kreuz ist der Ausgangspunkt und die Grundlage für Gottes ganzes Handeln mit dem Menschen in seiner Schuld und Sünde. Wenn man Christus vom Kreuz trennt, bleibt nichts als ein religiöser Idealismus oder ein christlicher Kult. Wer das Kreuz von der Person Christi trennt, führt in die tote Orthodoxie und zu einer leblosen Religion. Gott verbindet sich zum Heil mit der Menschheit in dem Christus, der lebte, der starb und auferstand. Vor jedem Handeln Gottes mit den Menschen steht das Kreuz. Das muß immer im Auge behalten werden. Jeder Aspekt der Errettung einschließlich der Erwählung muß irgendwie zu dem Geschehen von Kreuz und Auferstehung in Bezug gebracht werden. Heil und Errettung sind ihrem ganzen Wesen nach mit Kreuz und Auferstehung verbunden.

Das Heil ist seinem Wesen nach ganz aus Gnaden gegeben

Das Heil ist ganz aus Gnaden. Die Bibel gibt sich keiner Illusion über die Sündigkeit des Menschen, seine natürliche und totale Verderbtheit, seine verfinsterte, versklavte und entfremdete Situation hin. Die Bibel bezeugt klar die Erbsünde, Schuld und Verlorenheit des Menschen. Alle Ehre und Herrlichkeit schreibt sie Gott zu, der in seiner Barmherzigkeit das Heil gesetzt hat; dem Lamm, das geschlachtet wurde, um das Heil zu erwerben; dem Heiligen Geist, der durch sein gnadenreiches Wirken im Herzen der Menschen ihnen das Heil bringt und sie zur bewußten Heilsaneignung und Heilsverwirklichung führt. Die Bibel steht in starkem Gegensatz zu allem Humanismus und Synergismus und hält unnachgiebig an der Lehre der souveränen Gnade Gottes in Christus Jesus fest. Mit Freuden und Demut bekennen wir, daß das Heil von Anfang bis Ende Gottes, ja Gnadengabe Gottes ist, und daß deshalb alle Ehre Gott gelten muß. „Denn aus Gnade seid ihr gerettet durch den Glauben: Gottes Gabe ist es, nicht aus den Werken, auf daß sich nicht jemand rühme" (Eph. 2,8–9).

Das Heil ist seinem Wesen nach eine organische Einheit

Da Christus sowohl Quelle als Inhalt des Heils ist, wird das Heil im wesentlichen als organische Einheit erfahren, so, als ob sich Christus in seiner Fülle den Gläubigen potentiell mitteilte. In Christus haben wir Erwählung, Berufung, Weisheit, Gerechtigkeit, Heiligung und Erlösung. Nur um der Logik und der theologischen Überlegung willen unterscheidet man die verschiedenen Aspekte und Schritte der Heilserfahrung, wie etwa Bekehrung, Wiedergeburt, Rechtfertigung, Annahme an Sohnes statt, Vereinigung mit Christus und wie immer die Ausdrücke für die anfängliche Heilserfahrung lauten. In Wirklichkeit und in der eigenen Erfahrung lassen sie sich aber weder trennen noch chronologisch voneinander absetzen. Es ist ein umfassendes, wunderbares Erleben, durch das das Individuum zu einem Kind Gottes wird.

Das gesamte Erleben, durch das der Gläubige zu einem Kind Gottes wurde, läßt sich mit einem Rad vergleichen. Ein Rad ist eine Einheit, dennoch setzt es sich aus Nabe, Speichen und Felge zusammen. Die Nabe ist das Erleben an sich. Die Speichen lassen sich mit den verschiedenen Aspekten dieser Erfahrung vergleichen – Bekehrung, Wiedergeburt, Rechtfertigung, Annahme an Kindes Statt, Vereinigung mit Christus usw. Beginnt sich die Nabe zu drehen, drehen sich alle Speichen mit. Es gibt weder eine logische noch eine chronologische Priorität in der Bewegung der Speichen. So gibt es weder eine logische noch eine chronologische Ordnung in bezug auf die verschiedenen Aspekte der Erfahrung des Christen. Die Streitfrage, ob der juridische Aspekt oder der erfahrungsmäßige an erster Stelle steht, bringt nichts ein.

Die anfängliche Heilserfahrung und das gesamte Heil von Anfang bis zum Ende konstatieren eine organische Einheit. Heiligung, Absonderung von der Welt, Bewahrung, Jüngerschaft und Verherrlichung sind potientiell in Christus dem Gläubigen schon in der Annahme Christi zugesprochen. Mit dem Fortschreiten der Zeit werden sie Schritt für Schritt sichtbar gemacht. Christus läßt sich nicht aufteilen, und Christus kann man nicht in Abschnitten empfangen, obwohl die subjektive, erfahrungsmäßige und bewußte Aneignung Christi durch den Glauben bei den meisten stufenweise geschieht. Das ist aber Wachstum in der Gnade, Wachstum in Christo, wahrer christlicher Fortschritt und Verwirklichung all dessen, was uns von Anfang an mitgeteilt war. Das meint Petrus, wenn er schreibt: „So wendet allen euren Fleiß daran und beweist in eurem Glauben Tugend und in der Tugend Erkenntnis und in der Erkenntnis Mäßigkeit und in der Mäßigkeit Geduld und in der Geduld Gottesfurcht und in der Gottesfurcht brüderliche Liebe und in der brüderlichen Liebe die Liebe zu allen Menschen“ (2. Petr. 1,5–7).

Um der Untersuchung willen und in Übereinstimmung mit der allgemeinen Erfahrung läßt sich das, was eigentlich eine wesentliche, organische Einheit darstellt, in drei Hauptstufen unterteilen. Dabei hält man sich am besten an folgende Ordnung. Man muß sich aber immer vor Augen halten, daß jeder Abschnitt nichts anderes als eine Einheit des größeren Ganzen ist:

Das Heil im Ratschluß Gottes:
Die biblische Lehre von der Erwählung.

Die anfängliche Heilsmitteilung:
Die biblische Lehre von der Berufung, Bekehrung, Wiedergeburt, Rechtfertigung, Vereinigung mit Christus, Annahme an Kindes Statt.

Die fortschreitende Heilsentfaltung:
Die biblische Lehre von der Heiligung, Absonderung, Bewahrung, Jüngerschaft, Verherrlichung.

Die ganze Heilsfülle findet sich in Christus und ist potentiell jedem Gläubigen in dem Moment mitgeteilt worden, in dem er Christus angenommen hat. In der Reihenfolge jedoch, in der die einzelnen Stufen sich im Leben entfalten, müssen sie als göttliche Realitäten erkannt und im Glauben bewußt angeeignet werden. Während also die *Heilsmitteilung* in ihm schon alles beinhaltet, ist die *Entfaltung* durch den Glauben eine andauernde und das ganze Leben durchziehende Angelegenheit. Wer dieses biblische Heilsverständnis einmal begriffen hat, dem wird es in seinem Dienst und in seinem Auftrag, „Jünger zu machen", eine große Hilfe sein.

Das Heil ist nach Inhalt und Zweckbestimmung im wesentlichen ethisch

Die wunderbare Gnade Gottes ist nicht nur eine freie, sondern, wie Christus selbst, eine *göttliche* und *ethische* Gnade. Die *Gnade Gottes,* durch die man Anteil an seiner Heiligkeit und Liebe hat, ist wie Gott selbst Licht und Liebe. Sie ist genauso ethischer Natur, wie sie dem Menschen auf dem Gebiet des Ethischen entgegentritt. Sie drängt sich dem Menschen weder auf, noch gibt es sie ohne ethischen Inhalt und ohne ethische Zweckbestimmung.

Ohne mich auf eine detaillierte Diskussion über die verschiedenen theologischen und philosophischen Implikationen der Erwählungs- und Prädestinationslehre einzulassen, soll hier gesagt sein, daß ich eine gemäßigte Position vorziehe, d.h. daß Gott die Quelle allen Heils ist, daß aber Gott den Menschen als einem verantwortlichen und ethischen Wesen begegnet und ihn veranlaßt und befähigt, willentlich auf die Gnade Gottes zu antworten und somit bewußt, willentlich und verantwortungsvoll das Heil Gottes zu empfangen.

Die empfangene Gnade Gottes erleuchtet den Verstand des Menschen, gibt seinem Willen eine neue Richtung, formt die ethische Natur des Menschen um und gibt ihr neues Leben, läßt ihn Anteil haben an Gottes Wesen und dem ewigen Leben und gibt seinem Leben eine ethische Zielrichtung, die der Gottes entspricht. Nicht nur um der Rettung seiner Seele willen identifiziert sich der Mensch mit Christus, sondern auch um der Absicht willen, die Gott mit seinem Leben hat und die Paulus zusammenfassend in der Ermahnung zum Ausdruck bringt, daß wir „gleich sein sollten dem Ebenbilde seines Sohnes, auf daß derselbe der Erstgeborene sei unter vielen Brüdern" (Röm. 8,29). Das schließt ein Leben der wahren Jüngerschaft Christi gemäß der missionarischen Absicht Gottes ein.

Das Heil ist seinem Wesen nach an den Glauben gebunden

Die Bibel ist ein Buch des Glaubens, und zwar des Glaubens, der die menschliche Antwort auf die Gnade Gottes ist. Durch den Glauben erkennen und empfangen wir das Heil Gottes.

Die Bedeutung, die die Bibel dem Glauben zumißt, läßt sich kaum überschätzen. Fast auf jeder Seite der Bibel haben wir es mit dem Glauben zu tun. Die großen Männer der Bibel zeichneten sich durch den Glauben aus. Er beginnt da, wo die Gnade anfängt, sich dem Menschen zu zeigen. In der christlichen Erfahrung ist er die Antwort der menschlichen Seele auf Gottes gnädiges Sich-offenbaren und sein gnädiges Wirken. Vor allem Glauben steht Gott, der in seiner Gnade in Beziehung zum Menschen tritt und sich von sich aus zu erkennen gibt, „denn wer zu Gott kommen will, der muß glauben, daß er sei, und denen, die ihn suchen, ein Vergelter sein werde“ (Hebr. 11,6).

Es muß betont werden, daß Glauben mehr ist als „Führ-wahr-halten“, intellektuelle Zustimmung oder simple Annahme gewisser Dogmata. Glaube ist nicht das Ergebnis menschlicher Willensanstrengung, ein menschliches Verstandeswerk oder das Resultat menschlicher Erfahrung. Er ist die dynamische, allumfassende menschliche Antwort auf die Gnade Gottes, wie sie sich in Jesus Christus offenbart, die unter dem gnädigen Einfluß des lebendigen Gotteswortes und durch den Heiligen Geist ermöglicht wird. Um es in den Worten des Apostels Paulus zu sagen: „Der Glaube kommt durch das Hören, das Hören aber durch das Wort Christi“ (Röm. 10,17 – eigene Übersetzung).

Der Glaube, die subjektive Seite des Verhältnisses zwischen Mensch und Gott, teilt die Menschheit in zwei klar getrennte Gruppen: Gläubige und Ungläubige. Das mag wie eine Übervereinfachung erscheinen, doch handelt es sich hier um eine Unterscheidung von innen her und um die Unterteilung der Menschheit auf tiefstmöglicher Ebene. Die an Christus Jesus Gläubigen stehen in einem rettenden Verhältnis zu Gott. Die Ungläubigen haben diese Beziehung zu Gott nicht. Somit sind die Ungläubigen immer schon auf dem Pfad, der weiter und weiter weg in die Trennung von Gott führt. Das Ende dieses Pfades ist nichts anderes als ewige Trennung und Absonderung von der Gegenwart Gottes.

Nach der Bibel ist Glaube nicht nur eine Verstandeshaltung. Er stellt ein Verhältnis, eine Beziehung zwischen einem Subjekt und einem Objekt her. Rettender Glaube ist immer eine Verbindung zwischen dem Menschen und dem Gott-Menschen, Jesus Christus, der in dem Geschehen von Fleischwerdung – Tod – Auferstehung die Errettung und das Heil für die Menschheit erworben hat. Der Glaube ist niemals blind, noch ist er auf eine gewisse Lebenshaltung begrenzt. Er ist der Anker, der die Seele in dem Sohne Gottes verankert.

Das Heil ist seiner Intention nach universal

Johannes wies auf Christus hin und rief: „Siehe, das ist Gottes Lamm, welches der Welt Sünde trägt" (Joh. 1,29). Drei Begriffe sind hier von unermeßlicher Bedeutung: *trägt, Sünde, Lamm Gottes.* Sie weisen hin auf die Allgenügsamkeit, die Wirksamkeit und den Umfang des Opfers auf Golgatha.

Trägt. Johannes sagt uns, daß Christus die Sünde der ganzen Menschheit *trägt.* Keinerlei theologische Spekulationen dürfen diese Perspektive verdunkeln und ihren Umfang einengen. Christus nahm die Sünde der Welt auf sich. Zweifelsohne war das die Erfüllung dessen, was Gott für die ganze Menschheit angekündigt hatte (1. Mose 3,15). Seit jener Zeit wurde kein weiteres Opfer für die ganze Welt verheißen. 1. Mose 3,15 konnte nur erfüllt werden, indem Christus das Lamm Gottes wurde und die Sünde der ganzen Menschheit trug.

Unter der Leitung des Heiligen Geistes schrieb Paulus im ähnlichen Sinn: „Gott war in Christus und versöhnte die Welt mit ihm selber" (2. Kor. 5,19). Und gleichfalls betont Johannes: „Wir haben einen Fürsprecher bei dem Vater, Jesus Christus, der gerecht ist. Und derselbe ist die Versöhnung für unsere Sünden, und nicht allein aber für die unseren, sondern auch für die der ganzen Welt" (1. Joh. 2,1–2). Der Schreiber des Hebräerbriefes unterstreicht dieselbe Tatsache, indem er schreibt: „Daß er (Christus) aus Gottes Gnade für alle den Tod schmeckte" (2,9). In der Tat, „der Herr warf unser aller Sünde auf ihn" (Jes. 53,6). Deshalb erklärt Paulus: „Das ist gut und angenehm vor Gott, unserem Heiland, der will, daß allen Menschen geholfen werde und sie zur Erkenntnis der Wahrheit kommen" (1. Tim. 2,3–4). Unmißverständlich und klar lehrt das Neue Testament, daß Christus für alle Menschen starb. In Christus hat Gott die Grundlage für das Heil und die Errettung der ganzen Menschheit und jedes Menschen bereitgestellt. Die Reichweite des Versöhnungstodes Christi ist klar und ausdrücklich: Christus starb für die Gottlosen – ohne Ausnahme (Röm. 5,6).

Sünde. Es gibt aber einen zweiten und gleich gewichtigen Schwerpunkt in Johannes 1,29. Christus, das Lamm Gottes, trägt die *Sünde* der Welt. Es fällt auf, daß das Wort „Sünde" in der Einzahl steht. Christus brachte nicht nur die Versöhnung für die Schuld unserer *Sünden;* er befaßte sich mit der *Sünde* im weitesten Sinn, mit der Wurzel und dem Prinzip der Sünde. Deshalb heißt es, daß er, der von keiner Sünde wußte, für uns zur Sünde gemacht wurde. Der Sündlose wurde für die Menschheit zur Sünde gemacht. Hier befindet sich mehr als ein mathematisch auskalkulierter Ersatz. Die Tiefe dieser Stelle werden wir niemals ganz ausloten können. Sie führt in das Geheimnis hinein, daß Christus nicht nur der Sündensumme der ganzen Menschheit als Schuld und als Unreinheit begegnete und mit ihr identifiziert wurde, sondern daß das auch für das Prinzip der Sünde und des Todes selbst gilt. Um den Sieg zu erringen, mußte sich Christus mit der Sünde selbst identifizieren, zur Sünde werden und, um den Tod zu überwinden, den Bereich des Todes betreten. So hat er die Werke des Teufels zerstört (1. Joh. 3,8). Durch seinen Tod nahm er „die Macht dem, der des Todes Gewalt hatte, das ist dem Teufel" (Hebr. 2,14). Nur so konnte er der Heiland und Retter von Sünden, Angst und Tod werden.

Das Prinzip von Sünde und Tod ist eines. Als Einheit durchzieht es die ganze Menschheit und verbindet sie in gleicher Gefangenschaft und gleicher Schuld. Somit sind wir alle Sünder. Deshalb ist der Tod zu allen Menschen durchgedrungen, denn alle haben gesündigt. Das ist die niederdrückende Wirklichkeit. Die gute Botschaft aber ist, daß Christus in der Gegenoffensive mit seinem Tod das Sünde-Tod-Prinzip überwand und die Menschheit potentiell befreite. „Wie nun durch eines Sünde die Verdammnis über alle Menschen gekommen ist, so ist auch durch eines Gerechtigkeit die Rechtfertigung zum Leben für alle Menschen gekommen" (Röm. 5,18). So ist potentiell gesehen die Schuld bezahlt, die Unreinheit weggenommen, die Macht zerbrochen, das Sünde-Tod-Prinzip zerstört und Satan selbst liegt am Boden.

Lamm Gottes. Wenn wir noch einmal auf Johannes 1,29 zurückschauen, fällt ein Akzent auf. Johannes spricht von Jesus als dem *Lamm Gottes.* In der Person seines eigenen Sohnes hat Gott für sich ein Opferlamm bereitet. Diese Tatsache hat unfaßbare Konsequenzen. Das göttliche Heil und die göttliche Errettung richten sich nicht nach dem Ausmaß der vorhandenen Not, denn die Sünde kann nicht das Maß für die Erlösung abgeben. Vielmehr läßt sich die Größe des göttlichen Heils nur an dem zur Verfügung stehenden Opfer ablesen. Ein göttliches, unendlich großes Opfer erwirkt ein göttliches, unendlich großes Heil, unendlich groß im Blick auf Inhalt und Dauer, unendlich groß im Blick auf die Möglichkeiten für Mensch und Universum (vgl. Röm. 8,19–21, Kol. 1,9.20; Offb. 21,22). Höhe und Tiefe, Breite und Länge des göttlichen Heils lassen sich nur mit göttlichen Maßen erfassen. Somit ist uns ein Heil bereitet „nach dem Reichtum seiner Herrlichkeit".

Diese Tatsache allein schon verbürgt die Allgenügsamkeit des Heils Gottes für die ganze Menschheit und alle Zeiten. So spricht man davon als von einer „ewigen Erlösung“ (Hebr. 9,12), die ein „ewiges Erbe“ (9,15) bringt. Das Opfer des Lammes Gottes reicht genauso tief wie die Sünde Adams, die alle Menschheit berührte und ansteckte. Diesem Gedanken geht Paulus in Römer 5,12–21 nach. Wesentlich ist dabei das „wieviel mehr“ und das abschließende „ist die Gnade viel mächtiger geworden“. Der Schlußsatz faßt den ganzen Gedankengang treffend zusammen: „Wie nun durch eines Sünde die Verdammnis über alle Menschen gekommen ist, so ist auch durch eines Gerechtigkeit die Rechtfertigung zum Leben für alle Menschen gekommen“ (Röm. 5,18).

Die Größe des Opfers garantiert gleichzeitig seine Endgültigkeit. Darum geht es in der überaus heftigen, aber schriftgemäßen Polemik des Hebräerbriefes. Das „Ein-für-allemal“ dieses Buches zieht den Schlußstrich. Kein weiteres Opfer ist mehr nötig; kein anderes Opfer wird mehr angenommen werden. Die Endgültigkeit gilt absolut für alle Zeiten und jeden Raum (vgl. Hebr. 7,27; 9,12.26–28; 10,2.10).

Ein ewiges Heil wurde erworben, das ausreicht, alle zu retten, die im Rahmen der göttlich festgelegten Voraussetzungen rettbar sind. Das zur Verfügung stehende Heil entspricht dem, der es bereitet hat. (Die Theorie einer begrenzten Versöhnung ist mir wohlbekannt. Ich nehme im 7. Kapitel unter dem Thema „Das Evangelium Gottes“ dazu Stellung).

Das Heil ist potentiell kosmisch

Daß sich die Schöpfung noch nicht in erlöstem Zustand befindet, zeigt sich schon allein daran, daß ihr alles Gute durch schwere Arbeit abgerungen werden muß. Es zeigt sich weiter an all dem „natürlichen Bösen“, das diesem Kosmos widerfährt. Wir alle wissen um die von Katastrophen wie Erdbeben, Fluten, Taifunen, Wirbelstürmen, Vulkanausbrüchen usw. angerichteten Zerstörungen. Auf der Erde finden sich Fossilien über Fossilien, die bei solcherlei Katastrophen begraben wurden. Wir kennen den Hang zum Morden, der die Tierwelt auszeichnet, und die Zerstörungen, die eine Invasion von Insektenschwärmen zufolge haben können. Die Natur scheint gegen sich selbst und gegen den Menschen gerichtet.

Da muß man natürlich fragen: Warum ist das so, wo kommt das natürliche Böse in einer Welt her, die „gut“ war, als sie aus der Hand des Schöpfers kam? Ist das natürliche Böse das Ergebnis einer unabgeschlossenen Evolution, die dieses Universum auf seinem Reifeweg durchläuft? Oder ist es die Folge der Sünde und somit ein Fluch, der sich im Laufe der Geschichte über die Natur gelegt hat?

Die Bibel ist sehr spezifisch, wenn es darum geht, alles Böse auf die Sünde zurückzuführen. Ich will mich nicht näher auf die „Urfalltheorie" einlassen, die in 1. Mose 1,2 angedeutet sein könnte. Es genügt doch schon ein Blick auf 1. Mose 3, um zu sehen, daß der Fall des Menschen den „Fall der Schöpfung" nach sich zog. Der Fluch über den Menschen umfaßt auch die Erde, die er bewohnt.

Das wird in der ganzen Bibel vorausgesetzt. Angesichts der schmerzlichen Konsequenzen der Sünde erwartet Jesaja „einen neuen Himmel und eine neue Erde" (Jes. 65,17). Und der Herr selbst spricht von der „Wiedergeburt", wenn des Menschen Sohn auf dem Thron seiner Herrlichkeit sitzen wird (Matth. 19,28).

In Römer 8 ist die klassische Beschreibung dieses Zustandes. Inspiriert vom Heiligen Geist gibt Paulus eine geistliche Interpretation des natürlichen Bösen dieses Kosmos mit all seinen Wehen und Hoffnungen. Er sieht die Schöpfung der Vergänglichkeit unterworfen, weil sie ihrer ursprünglichen Herrlichkeit, ihres ursprünglichen Zieles und Zweckes verlustig ging. Er weiß weiter, daß sie nicht aufgrund eines der Schöpfung innewohnenden Fehlers der Vergänglichkeit unterworfen ist, sondern daß dahinter ein Akt Gottes steht. Deshalb befindet sich die Schöpfung heute in einem Stand der Unvollkommenheit und Unvollständigkeit, und deshalb stöhnt und zittert sie in Ausbrüchen und Beben und wartet und hofft auf das Offenbarwerden der Söhne Gottes, um dadurch selbst befreit und ihres Heils teilhaftig zu werden.

In einer beglückenden Vision sah Johannes den Abschluß all dieses Hoffens und beschrieb ihn in Offenbarung 21 und 22. Er sieht den neuen Himmel, die neue Erde, das neue Jerusalem und das Paradies, d.h. die Schöpfung in erneuerter, wiederhergestellter Form.

Aber im Zentrum des wiederhergestellten Kosmos ist das Lamm. Nicht weniger als 7mal ist Christus als das Lamm in diesen beiden Kapiteln erwähnt (21,9.14.22.23.27; 22,1.3), bzw. insgesamt 28mal im ganzen Buch, und zwar als der, der alles neu macht. Das allein schon weist darauf hin, daß die einstige kosmische Erneuerung im innigsten Verhältnis zu dem Lamm Gottes steht, das die Sünde des Kosmos getragen hat. Es weist weiter darauf hin, daß das Heil umfangmäßig wenigstens mit der ganzen Schöpfung deckungsgleich sein wird. Somit bleibt der Satz bestehen, daß das Heil dem entspricht, der es erwirkt hat. Das ist zweifelsohne die Bedeutung von Kolosser 1,20. Paulus wird hier ein Blick in das kosmische Heil gewährt, das die Versöhnung der ganzen Schöpfung mit einschließt. Ein ähnlicher Gedanke findet sich in Epheser 1,10, wo es allerdings weniger um das Heil der Schöpfung, als um ihre Vollendung geht.

Freilich liest man oft in diese großartigen Aussagen, die die kosmische Errettung ankünden, einen ernsten Fehler hinein. Man erklärt, daß dieses allumfassende Heil auch Satan, seine Engelsgefolgschaft und schließlich die ganze Menschheit umfassen müsse. Das lehren aber weder die Propheten noch die Apostel. Sie sehen Satan, seine Engelscharen und seine ungläubige Gefolgschaft ausgeschlossen aus der Gegenwart Gottes in Feuer und Schwefel von Ewigkeit zu Ewigkeit brennen und verderben (Offb. 19,20; 20,10.15; 2. Thess. 1,8–9).

Es besteht kein Zweifel an der Tatsache, daß Heil und Errettung eine kosmische Dimension haben. Das Heil wird am Ende den vollen Sieg davontragen. Gottes Wort versichert, daß die Zeit kommen wird, wenn das Wort: „Siehe, ich mache alles neu!" (Offb. 21,5), Wirklichkeit sein wird und „er das Reich Gott, dem Vater, überantworten wird, wenn er vernichtet haben wird alle Herrschaft, alle Obrigkeit und alle Gewalt . . . Wenn aber alles ihm untertan sein wird, also wird auch der Sohn selbst untertan sein dem, der ihm alles untergetan hat, auf daß Gott sei alles in allem" (1. Kor. 15,24. 28). Nur so entsprechen Heil und Errettung Gottes dem, der sie erworben hat und sie garantiert!

Die Grundstruktur des Heils und seine Theologie offenbart das Wesen des aus sich selbst herausgehenden dreieinigen Gottes, und sie manifestiert die missionarische Ausrichtung des Kreuz-Auferstehung-Ereignisses. Hier gibt es weder humanistische noch partikularistische Elemente. Hier bestehen keinerlei Einschränkungen, die es irgend jemandem unmöglich machen würden, daran Anteil zu haben. Das Heil offenbart den dreieinigen Gott, der in seinem Gericht über die Sünde und in seiner Erlösung der Menschheit aus sich herausgeht. Hier begegnet Gott, dessen ganzes Wirken Segen sein will und der deshalb das höchste Opfer bringt, motiviert von nichts anderem als von reiner Liebe zu seiner Schöpfung. Hier zeigt sich das innerste Wesen Gottes. In der Tat, Gott ist geradeso ein Gott des Heils und der Errettung, wie er ein Gott der Schöpfung ist. Weil er ist, wie er ist, kommt das Heil *von* ihm. Er ist der ewige „Ich bin", der für die Menschheit am Wirken ist. Weil er der „Ich bin" ist, sendet er seinen eingeborenen Sohn, damit die Welt durch ihn gerettet wird. Das ist die Sprache des Heils und der Errettung.

Gott, der Heilige Geist, als der aus sich Herausgehende oder der Missionar

Der Heilige Geist ist die Gegenwart Gottes in der Welt. Als eine Person der Dreieinigkeit ist er Gott, der aus sich selbst herausgeht. Mit dem Vater und mit dem Sohn hat er Anteil an den verschiedenen Aspekten des Personseins, der Gottheit, der Unendlichkeit, und er ist in gleicher Weise „Licht und Liebe". Allerdings hat man nur selten die Lehre vom Heiligen Geist in direkten Bezug mit der Weltmission gebracht, obwohl sie nach der Heiligen Schrift das Hauptgebiet für das Wirken des Heiligen Geistes ist. Das großartige Buch von Harry Boer, *Pentecost and Mission**, ist deshalb nicht nur höchst willkommen; es füllt eine große Lücke. Es bringt endlich einmal einen gewissen Ausgleich auf diesem Gebiet. Leider wird das Buch heute von den Theologen fast ganz übersehen.

Die beiden Hauptgeschehnisse, bei denen die Gottheit mit dem Ziel der Erlösung aus sich selbst herausging, sind einmal die Fleischwerdung des Herrn Jesus Christus und zum anderen das Herabkommen des Heiligen Geistes an Pfingsten.

Es gibt aber ein vorpfingstliches und ein nebenpfingstliches Wirken des Heiligen Geistes. Das vorpfingstliche Wirken des Geistes wird im Alten Testament und in den Evangelien umfassend dargestellt, während das nebenpfingstliche Wirken des Geistes in besonderer Beziehung zur Weltmission steht. Man könnte es auch das allgemeine oder universale Wirken des Heiligen Geistes nennen, bedenkt man, daß der Heilige Geist in Gott gegenwärtig ist, und Gott ist ja allgegenwärtig. Dergestalt ist er in der ganzen Welt und der Menschheit am Wirken.

Es genügt deshalb nicht, daß man zwischen vorpfingstlichem und nachpfingstlichem Wirken des Geistes unterscheidet, sondern man muß darüber hinaus das allgemeine, kosmische, humanitäre Wirken des Geistes von dem soteriologischen unterscheiden. Das allgemeine Wirken ist indirekt und der Allgegenwärtigkeit des Heiligen Geistes zuzuschreiben, der Gott ist und damit Licht und Liebe und deshalb aus sich selbst herausgeht. Das soteriologische Werk ist direkt wortgebunden und wird durch die Kommunikation und die Annahme des Evangeliums Gottes erfahren.

Die heutige Wirrnis zwischen geistlicher und profaner bzw. zwischen Heils- und Weltgeschichte ist darauf zurückzuführen, daß man gewisse bestehende Unterschiede vergessen hat. Deshalb bringt man

* Zu Deutsch *Pfingsten und Mission*

heute die Offenbarungs- und Erlösungsreligion, wie sie uns in der Bibel begegnet, und die ethisch-kulturellen Religionen der Welt durcheinander. Die letzteren sind eine Kombination der verschiedenen Antworten, die der Mensch auf seiner Suche nach Vernünftigkeit und Wirklichkeit gefunden hat, zu denen dann noch gewisse intuitive Einsichten und Ausdrücke des religiösen Bedürfnisses und der religiösen Hoffnung hinzukommen. Gleichzeitig stellen sie gewissermaßen einen Ausweg aus Schuld und dem zukünftigen Gericht dar, wie ihn das Gewissen des Menschen nun einmal verlangt.

Es ist deshalb äußerst wichtig, daß wir zwischen den allgemein menschlichen Wirkungen des Heiligen Geistes, die weltweit sind, und dem einzigartig soteriologischen Werk des Heiligen Geistes unterscheiden. Das letztere ist und geschieht nur im Rahmen der Kommunikation und Annahme des Evangeliums Gottes. Das erstere dagegen ist souverän und indirekt und hängt mit der göttlichen Vorsehung und mit der Erhaltung der Schöpfung zusammen. Es geht dabei grundsätzlich um das allgemeine Wohl der Menschheit und um die Erhaltung des Menschen in einem solchen Zustand, in dem er errettbar bleibt. Somit sind auch diese Wirkungen äußerst wichtig.

In diesem Abschnitt betrachten wir ausschließlich die allgemein menschlichen Wirkungen des Heiligen Geistes, wie sie in direkter Beziehung zur Weltmission stehen. Das soteriologische Werk wird später untersucht.

Der Heilige Geist in seinen weltweiten Wirkungen

In dem vierfachen Porträt des Herrn Jesus Christus, so wie es die vier Evangelien zeichnen, präsentiert Johannes das Bild des kosmischen Christus. Wir haben gesehen, wie Christus in seiner Beziehung zum Kosmos von Haus aus die ganze Menschheit umfaßt. In kosmischen wie in göttlichen Beziehungen sind wir nicht in der Lage, klare und unverschwommene Linien zu ziehen, denn sie liegen jenseits unseres begrenzten Blickfeldes und verdunkelten Verständnisses. Nichtsdestoweniger sind die kosmischen Aspekte in diesem Evangelium stärkstens ausgeprägt.

Gleichzeitig weist uns Johannes auf ein vierfaches Werk in der Welt hin, das nur im Bereich des Heiligen Geistes erfahrbar ist. Vier besondere Ausdrücke werden im Johannesevangelium festgehalten: 1,9; 6,45; 12,32; 16,7–8. Das sind vier universalistische Stellen, die mehr übersehen als ausgelegt werden – vielleicht mit Ausnahme der letzten. Hier werden zweifelsohne Wahrheiten ausgesagt, die nur von der Gesamtheit der Schrift her verstanden werden können. Das positive Handeln Gottes an der ganzen Menschheit in seiner vorauslaufenden Gnade wird angezeigt, durch das der Mensch in einem errettbaren Zustand bewahrt wird.

Der Zustand des gefallenen Menschen ist mitleiderregend. Sein verstümmelter, gelähmter, ekelerregender, verfinsterter, geblendeter, versklavter, angsterfüllter, bedrohter, haßerfüllter, flüchtender, trickreicher Zustand und die damit verbundene Einstellung machen den Menschen zur elendesten und zur gefährlichsten aller Kreaturen. Das ist der Grund, warum jeder Mensch Verbrechenspläne entwirft oder eine Untergrundmafia unterhält. Hier liegt der Grund, warum der Mensch im Klassen- und Rassenkampf lebt und sich dem Haß hingibt. Hier liegt der Grund dafür, daß nur der Mensch ein Alkoholiker mit dem sich daraus ergebenden Elend werden kann. Hier liegt auch der Grund dafür, daß sich ausschließlich beim Menschen Rauschgiftsucht und Drogengebundenheit finden. Das ist der Grund dafür, daß nur der Mensch die grausamsten und sorgfältigst vorgeplanten Verbrechen ausführt. Das ist der Grund dafür, daß nur der Mensch eine Kriegsmaschinerie in Gang setzt, die jeder Intelligenz Schrecken einflößt und das Verderben der ganzen Menschheit ist. Paulus führt diese Liste in Römer 1,18–32 noch weiter.

Die Menschheit hat diesen Zustand und diese Phänomene nicht herbeigewünscht. Und obwohl der Mensch all das unverstanden zur Kenntnis nimmt und darüber erschrickt, geht er doch diesen Weg unverändert weiter, als ob er von einer unkontrollierbaren Kraft getrieben auf ein unbekanntes schreckliches Ziel lossteuern würde. Der Mensch ist Gottes in den Abgrund der Sünde und der Selbstzerstörung gefallenes Geschöpf im Aufruhr gegen seinen Schöpfer.

Manchmal meint man, der Mensch könnte nicht noch tiefer sinken. Wer so denkt, zeigt, daß er nur ein oberflächliches Sündenverständnis hat und nicht die abgrundtiefe Bosheit der Sünde erkennt. Die Gesellschaft könnte noch undenkbar schlechter sein.

Das Böse, wie es uns entgegentritt, ist lediglich ein Ergebnis der verstümmelten, verunstalteten, verdorbenen, zerstörten, falsch geleiteten, beschmutzten und gefangenen Gottebenbildlichkeit des Menschen. Auch nach dem Fall bleibt der Mensch Mensch. Er ist weder Tier noch Dämon. Er ist Mensch – nicht idealer Mensch oder Mensch, wie er sein sollte, aber immer noch menschlich und immer noch zum Ebenbild Gottes geschaffen.

Es ist meine Überzeugung, daß der Fall trotz der gräßlichen zeitlichen und ewigen Konsequenzen für Satan eine Enttäuschung war. Er hat nicht alles erreicht, was er mit dem Fall erreichen wollte. Der

Mensch blieb Mensch und als solcher errettbares Geschöpf. Die Tiefe des Falles hat den innersten Kern menschlichen Wesens nicht erreicht. Er hat das Bild Gottes im Menschen nicht ganz auslöschen können.

Oft hat man „totale Verderbtheit" als totale Zerstörung der Gottebenbildlichkeit verstanden. Solch ein Verständnis ist nicht schriftgemäß. Totale Verderbtheit bedeutet, daß das ganze Wesen des Menschen einschließlich des Verstandes davon ergriffen und in Mitleidenschaft gezogen ist, daß sein ganzes Denken und Handeln einschließlich der Religion verkehrt ist. Aber der Fall hat die Gottebenbildlichkeit des Menschen nicht total ausgelöscht. Sonst hätte der Mensch aufgehört, Mensch zu sein. Dann gäbe es für den Menschen keine Hoffnung, keine Hilfe, kein Heil und keine Errettung mehr. Die „Überreste" der Gottebenbildlichkeit des Menschen nach dem Fall sind vom menschlichen Standpunkt aus gesehen unsere Hoffnung.

Der Mensch ist zwar der Gegenwart Gottes entfremdet, hat aber immer noch ein Gottesbewußtsein. Das zeigt sich sowohl in der Flucht des Menschen vor Gott als auch in seiner Suche nach Gott. Der Mensch verließ Eden mit einem tiefen Bewußtsein der Sünde, der Schuld und der Verunreinigung, ein Wissen, das zu einem bleibenden Bewußtsein seiner „Verkehrtheit" und Schuld wurde und sich in Angst und Schrecken manifestiert. Als der Mensch den Garten Eden verließ, waren Tod und Zerfall in ihm am Werk, und doch blieb ihm die Verheißung der Errettung, die in ihm ein Verlangen weckte, das ihn nie verließ. Das ist der Griff nach oben. Der Mensch, der seine ehemalige Heimstatt mit dem Urteil Gottes über sich verließ, weiß um das kommende Gericht. Infolgedessen erfindet er philosophische Systeme, um sich zu rechtfertigen, oder schafft religiöse Mäntel und Decken, um sich zu verbergen und zu decken. *Der Mensch im Widerspruch* (so Emil Brunner als Titel seiner Theologie der Sünde) ist eine schreckliche und doch nicht hoffnungslose Wirklichkeit.

All diese Elemente sind als lebendige Züge der menschlichen Seele vorhanden und lassen sich in allen Religionen aufspüren. Sie widersetzen sich sowohl der systematischen Erfassung als auch der Befriedung. Sie sind spontan, sporadisch und krampfhaft. Das sind die Wirklichkeiten im Leben der Menschheit.

Somit war der Mensch nicht ein total verlassenes, verfinstertes und totes (im Sinne einer abgeschlossenen Sache und nicht in dem eines ablaufenden Prozesses) Wesen, als er die Gegenwart Gottes hinter sich ließ. Allumfassende Verderbtheit, aber nicht totale Verlassenheit und absolute unumkehrbare Verlorenheit. Überschaue ich die Schrift in ihrer Gesamtheit, stehe ich jedes Mal unter dem Eindruck, daß in dieser Auseinandersetzung der Zeiten es nicht nur Satans Ziel ist, Sünde auf Sünde zu häufen, damit die Sünde vielleicht endlich über die Gnade siegen könnte. Es geht ihm nicht nur darum, daß sein Reich über das Reich Jesu, Gottes „lieben Sohnes" triumphieren könnte. Er ist vielmehr vollkommen von dem Gedanken besessen, die innere Zerstörung des Menschen so weit voranzutreiben, daß er ihn über die Grenze der Errettbarkeit hinausstößt. Sein Ziel ist es, im Menschen die letzten Überreste des Gottes- und Sündenbewußtseins, des Heilsverlangens, der Lebens-, Finsternis- und Todesangst, die alle auf das Gericht hinweisen, zu zerstören. Das ist Satans höchste und letzte Absicht. Jegliche Taktik dient diesem Ziel, denn das ist seine eigentliche Mission.

Man soll nicht meinen, die sogenannten finsteren Sünden und die tiefgehende moralische Entartung seien die Hauptfeinde des Menschen und die Haupttaktik Satans. Seine versteckten Angriffe mittels menschlicher Philosophie, Kunst und Religion sind viel tiefgehender und erfolgreicher, wenn es darum geht, den Menschen in die falsche Richtung zu führen und gefangenzunehmen. D.R. Davies geht den Gefahren, die dem Menschen in unserer Zeit drohen, nach und spricht von der „Sünde unserer Zeit". Im zweiten Kapitel seines Buches *Die Sünde unserer Zeit* findet sich eine Analyse über die „Wurzelsünde der westlichen Zivilisation". Er verfolgt den von der westlichen Philosophie seit der Renaissance zurückgelegten Weg und kommt zu dem Schluß:

„Das ist die radikale Sünde der westlichen Zivilisation, die große Sünde, die titanische, die Sünde des Prometheus. Es ist die Sünde, daß man sich einbildet, der Mensch wäre für sich selbst da, die Menschheit existierte um ihrer selbst willen, einzig und allein zum Zweck ihrer eigenen Herrlichkeit und Macht, und daß man sich auch entsprechend benimmt und verhält. Von dieser Quelle flossen die Schrecken, die dann über diese unglückliche Zivilisation hergefallen sind. Das kostbare Recht und die geheiligten Gebiete, die in der Welt sündiger Menschen immer gefährdet sind, werden in den Händen einer allmächtigen Menschheit zugrundegerichtet. ‚Wer Gott vergißt, geht seinem Verderben entgegen', sagt die Bibel. Das Zwanzigste Jahrhundert ist nichts anderes als ein blutiger Kommentar dazu. Aus dieser bösen Wurzel der Vergottung des Menschen erwuchsen drei furchtbare Früchte: (1) Die Jenseitsorientiertheit wurde mit Erfolg ausgelöscht – der Mensch wurde ein Gefangener von Zeit und Raum; (2) die Auflösung des Geistes und die Vorherrschaft der Materie; (3) die Erniedrigung des Menschen und die Umformung und Einordnung des einzelnen in das Kollektiv. Diese drei Übel, die notwendigen Folgen dessen, daß man den Menschen zum Mittelpunkt des Lebens und Denkens machte, bedrohen in ihrer Gesamtheit in nie dagewesenem Ausmaße die Menschheit; es geht um nichts weniger als um die Entmenschlichung des Menschen und der Menschheit."[4]

Sollte Satan mit seinen dämonischen Absichten tatsächlich Erfolg beschieden sein, dann wäre der Mensch nicht mehr Mensch und würde auf eine Stufe absinken, auf der er nicht mehr errettbar wäre. Satan hätte in zweiter Runde vollständig gesiegt. Wird ihm dieser Erfolg beschieden sein? Seine Chancen wären mehr als gut, wäre nicht der Heilige Geist in dieser Welt gnädig am Werk. Letzten Endes ist es eine Auseinandersetzung zwischen dem Heiligen Geist, der als der göttliche Paraklet die Verwirklichung der ursprünglichen Schöpfungsabsicht Gottes vorantreibt, und Satan, der sich dem widersetzt.

Eine nähere Untersuchung der vier oben erwähnten Stellen des Johannesevangeliums und ein Blick auf den existentiellen Zustand des Menschen, fern der Gegenwart Gottes und ausgestoßen aus dem Garten Eden, läßt erkennen, wie es sich mit den tödlichen Anschlägen Satans einerseits und dem gnädigen Wirken des Heiligen Geistes andererseits verhält.

Nicht eine detaillierte Auslegung der Stellen wird angestrebt; der damit verbundenen Schwierigkeiten, der Meinungsverschiedenheiten und der verschiedenen Überzeugungen betreffs ihrer Bedeutung bin ich mir wohl bewußt. Mir geht es hier schlicht und einfach um die vorfindlichen faktischen Aussagen und nicht um damit zusammenhängende theologische oder spekulative Erwägungen.

Aus Johannes 1,9 schließe ich, daß der dreieinige Gott es nicht zuläßt, daß der Mensch in absolute Finsternis und Dunkelheit absinkt. Er wird auch nicht zulassen, daß das Gottesbewußtsein vollständig aus der Seele des Menschen ausgelöscht wird. Aus Johannes 16,7–8 ersehe ich, daß die unbegrenzte, vorauslaufende Gnade es nicht zuläßt, daß die Menschheit auf eine Stufe absinkt, auf der Sünden- und Schuldbewußtsein total ausgetilgt oder soweit verringert und zurückgedrängt werden, daß sie nicht mehr geweckt werden können. Aus Johannes 12,32 erkenne ich, daß Gott es in seiner Gnade und Barmherzigkeit nicht zuläßt, daß die Menschheit sich in einem solchen Maße betrügt, daß ihr Heilsverlangen entweder durch falsche religiöse Praktiken absolut befriedigt oder die Seele des Menschen soweit degradiert wird, daß das Heilsverlangen nicht wiederum durch die Verkündigung des Evangeliums von Jesus Christus entzündet werden kann. Aus Johannes 6,45 lese ich heraus, daß der Mensch

4 D.R. Davies, *The Sin of Our Age* (New York: Mc Millan, 1947), S. 33.

aufgrund eines verborgenen und dennoch universalen Wirkens Gottes, dessen sich der Mensch nicht einmal bewußt ist, suchend bleibt.

Wir haben hier eine Wiederholung dessen vor uns, was 1. Mose 1,2 andeutet. Der Mensch stürzte in den Abgrund, in das Chaos, die Finsternis, die Leere und ist nun in sich selbst hoffnungslos und vollständig hilflos. Aber der Geist Gottes brütet über der Seele des Menschen.

Die Hoffnung, daß die Menschheit in rettbarem Zustand bleibt, gründet sich auf zwei Fakten. Einmal auf das Unvermögen des historischen Falles, die Gottebenbildlichkeit des Menschen ganz auszulöschen. Zweitens auf das gnädige, vorauslaufende und universale Wirken des Heiligen Geistes. Er vereitelt alle Versuche und Unternehmungen Satans, der alle Spuren des Gottes- und Sündenbewußtseins auslöschen, das Heilsverlangen des Menschen und sein Suchen nach Wirklichkeit unterbinden will.

Es muß festgehalten werden, daß dieses Wirken des Heiligen Geistes absolut souverän und unabhängig von allem menschlichen Tun und Mitteln vor sich geht. Dieses Wirken führt von selbst nicht zur Heilserfahrung. Es ist vorauslaufend und bewahrend.

Dieser Dienst des Heiligen Geistes in der Welt steht jedoch in einzigartigem Verhältnis zur Mission. Der Heilige Geist bewahrt nicht nur die Welt als ein Missionsfeld. Er schafft auch Zeiten und Völker, die besonders für das Evangelium offen sind und darauf eingehen. Eine Intensivierung des allgemeinen Wirkens des Heiligen Geistes, in obigem Sinn, weist immer auf hochpotentielle Gebiete hin. Man kann sogar sagen, daß die potentielle Aufgeschlossenheit eines Gebietes in erster Linie Ergebnis eines intensivierten Gnadenwirkens des Heiligen Geistes im religiösen Bereich der Menschen ist. Kulturelle Faktoren mögen das Ganze fördern und den ganzen Vorgang mitbeeinflussen. Aber ohne einen besonderen Vorstoß des Heiligen Geistes könnten weder kulturelle Umstände noch Bewegungen Zeiten und Völker so zubereiten, daß sie in besonderer Zeit für eine Bekehrung offen sind. Das gnadenreiche Wirken des Heiligen Geistes führte „die Fülle der Zeit“ herbei, in der der Sohn Gottes kam und in der er seine Apostel aussandte.

Schlußfolgerung

Aus der obigen Untersuchung läßt sich schließen, daß der dreieinige Gott nach seinem Wesen als Geist, Licht und Liebe ein aus sich selbst herausgehender Gott ist, ein missionarischer Gott, der sich immer wieder selbst in segensreiche Beziehung zur Menschheit bringt, der immer darauf aus ist, in seiner Liebe seinen Segen über die Menschheit auszugießen und der immer wieder große Opfer bringt, um Heil und Errettung des Menschen zu ermöglichen. Vater, Sohn und Heiliger Geist wirken zusammen, um den Menschen von seinem sündigen Weg zurückzubringen, ihn gemäß seinem ursprünglichen Zustand und Zweck, seiner ursprünglichen Bestimmung und Herrlichkeit wieder herzustellen. Unser Gott ist in der Tat der Gott unseres Heils und unserer Errettung.

Unsere Gotteserkenntnis erhalten wir selbstverständlich über die Offenbarung, die in der Bibel festgelegt ist. Wir wenden uns deshalb dem geschichtlichen Offenbarungsgeschehen Gottes zu, der Heilsgeschichte, um mehr über seine Person, sein Werk und seinen Vorsatz zu erfahren.

Missionstheologie und das Alte Testament

Die Offenbarung Gottes an die Menschheit

Jesus Christus setzte sich, seine Botschaft und seine Sendung immer in Beziehung zum Alten Testament. Weder widersprach er ihm, noch zerstörte er es, sondern er modifizierte, bereicherte, erweiterte, transformierte und verherrlichte das Alte Testament in vielfacher Weise.

Er erhob den Anspruch, die Erfüllung des Alten Testamentes zu sein. In ihm erreichte der Alte Bund seinen Höhepunkt und glorreichen Abschluß. Er setzte die alte Ordnung nicht außer Kraft, indem er sie etwa abschaffte, sondern indem er sie in der Erfüllung überbot.

Somit steht die Frage vor uns, ob er sich auch im Blick auf die Mission auf das Alte Testament gründete. Das ist höchst wichtig, denn das Alte Testament wird bezüglich der Mission oft falsch ausgelegt. Man las es entweder unter einem engen nationalistischen oder unter einem gesetzlichen Blickwinkel. Nur allzu selten sah man im Alten Testament den wunderbaren heilbringenden Vorstoß Gottes in diese Welt. Deshalb müssen wir uns nun einen Überblick über die alttestamentliche Offenbarung verschaffen. Zunächst untersuchen wir die missionarische Intention von 1. Mose 1–11, einem Abschnitt, der sich in einzigartiger Weise an die ganze Menschheit richtet. Hier wird das universale Protevangelium verkündigt, das dann zum Leitmotiv für das ganze Alte Testament wird, bis es viele Jahrhunderte später in dem Ereignis der Fleischwerdung – Tod – Auferstehung seinen Höhepunkt findet.

Das Protevangelium

Die Bibel ist ein überraschend einheitliches Buch. Die Hauptkonzepte bleiben konstant. Die grundlegende Theologie, Absicht und Botschaft ist schon im ersten Buch Mose eingebettet und wird nach und nach entfaltet, bis sie dann in Christus und im Neuen Testament in voller Blüte vor uns steht. Und das trotz der Tatsache, daß wir in der Bibel drei große Offenbarungsabschnitte haben.

Für mich ist der Bericht im ersten Buch Mose historisch. Ich bin überzeugt, daß die Offenbarung in 1. Mose 1–11 die ganze Menschheit erreichte, obwohl die Niederschrift erst später durch Moses erfolgte. Beginnend mit 1. Mose 12 offenbart sich Gott besonders für und durch Israel. Dennoch zielt auch diese Offenbarung auf die ganze Welt hin. Das Neue Testament kommt für und durch die Gemeinde Jesu Christi; die direkten Empfänger waren die Apostel. Damit haben wir drei große Offenbarungsabschnitte: Einmal die ganze Menschheit umfassend, dann national auf Israel ausgerichtet und schließlich für die Gemeinde.

Wir wenden uns zunächst den ersten 11 Kapiteln des ersten Buches Mose zu. Später werden wir noch den Offenbarungsinhalt eingehender untersuchen müssen. Jetzt geht es hauptsächlich um die Tatsache der Universalität und um die Missionsabsicht des Alten Testamentes. 1. Mose 1 und 2 berichten die Erschaffung von Adam und Eva und damit der ganzen Menschheit. Die Erschaffung von Adam ist von weitreichender Bedeutung. Adam ist mehr als ein Individuum. Er ist auch mehr als der legale Vertreter der ganzen Menschenrasse. Er ist die Erschaffung und die Fleischwerdung der ganzen Menschheit und ist sowohl ihr organisches als auch ihr legales Haupt. Dieser Gedanke unterliegt der ganzen Bibel in ihrem Menschen-, Sünden-, Heils- und Erlösungsverständnis. Darauf baut auch Paulus in Römer 5 seine Ausführungen auf, sowohl was die universale Sündhaftigkeit, die universale Schuld und den universalen Tod in und durch Adam angeht, als auch im Blick auf die Rechtfertigung zum Leben für alle in und durch Christus. Adam ist in der Tat in Keimform das Haupt der ganzen Menschheit.

Wegen der organischen Einheit der Rasse in Adam fiel mit Adam das ganze Menschengeschlecht in Sünde und Schuld, geriet in Trennung von Gott und sozialen Zerfall.

> „Die Gesamtheit aller natürlichen Menschen bildet eben einen rassisch gegliederten, ungeheuren Organismus, und jeder einzelne ist – schon durch seine bloße Geburt – unentrinnbar ein Glied desselben. Er ist ‚in‘ Adam (1. Kor. 15,22). Die Menschheit ist nicht eine bloße Zusammenzählungssumme vieler getrennter Einzelpersönlichkeiten, sondern ein einziger, ungeheurer ‚Leib‘, der, seinem Ursprung und Wesen nach, nur den einen, ins Milliardenfache vermehrten und differenzierten Stammvater Adam darstellt. Daher auch die Allumfassenheit des Falls und die Ausnahmslosigkeit der Sünde (Röm. 5,12; 3,10–12.23); daher auch die Notwendigkeit der Wiedergeburt jedes einzelnen (Joh. 3,3)

und der Menschwerdung Christi als des Heilandes und Erlösers (Röm. 5,12–21).“[1]

1. Mose 3,15

Wegen des Ernstes der ganzen Sache ist die erste Verheißung des kommenden Erlösers von unermeßlicher Wichtigkeit. Diese Verheißung wurde der ganzen menschlichen Rasse zuteil. 1. Mose 3,15, das Protevangelium, der Morgenstern inmitten der dunkelsten Nacht der Menschheit, ist eine Verheißung von universaler Bedeutung. Hier ist die Geburtsstätte der biblischen Universalität, denn hier wurde der ganzen Menschheit eine neue Hoffnung verkündigt. Diese Verheißung birgt in sich genausoviel Hoffnung für China, Indien, die Schwarzen und Indianer wie für Israel oder das gegenwärtige Europa. Die die ganze menschliche Rasse umfassende Weite darf nicht übersehen werden, denn nur wenn Christus der Retter der ganzen Menschheit ist, wird 1. Mose 3,15 wirklich erfüllt.

In 1. Mose 3,15 geht es um wenigstens sechs Tatsachen:

1. Das Heil ist Gottes Werk. Damit steht fest, daß es ganz aus Gnaden ist. Gott ist die Quelle, der Ursprung, der Initiator und der Bereiter des Heils. Das Heil ist Gottes. Er ist die einzige Hoffnung der Menschheit. Damit wird jeder Humanismus zurückgewiesen: die Selbsterlösung des Menschen und das Prinzip des unvermeidlichen Fortschritts, besonders der religiösen Aufwärtsentwicklung der Menschheit, wird verneint.

2. Das Heil wird Satan, den Feind, zerstören. Das Böse ist nicht eine permanente Plage der Menschheit und dieser Welt. Gott und das Gute werden am Ende triumphieren. Damit wird nicht nur der Dualismus, sondern auch die zyklische Geschichtsschau, die den meisten östlichen Religionen zugrunde liegt, zurückgewiesen.

3. Das Heil geht die gesamte Menschheit an. Es ist viel zu weit, als daß es sich auf Individuen oder eine Nation beschränken ließe. Damit wird jeder enge Versöhnungs- oder Erwählungspartikularismus zurückgewiesen. Das Heil wird die Nationen und schließlich die ganze Menschheit erreichen. Das heißt keineswegs, daß alle Menschen am Ende gerettet würden. Die Bibel berechtigt nicht zu solcher Hoffnung oder zu solcher Behauptung. Es bleibt aber die Tatsache, daß mit der Durchführung von Gottes Programm eine zahlenmäßige Um-

[1] Erich Sauer, *Das Morgenrot der Welterlösung* (Gütersloh: Evangelischer Verlag, Der Rufer, 1949), S. 61.

kehr stattfinden wird. Viele Individuen werden verlorengegangen, die Menschheit als solche wird gerettet sein.

4. Das Heil wird durch einen Mittler kommen, der organisch mit der Menschheit verbunden ist. Er ist der Same des Weibes. Das ist die einzige Stelle der Bibel, wo der Ausdruck „Weibessame" gebraucht wird. Der Erlöser wird also wahrhaftig Mensch sein, wie Christus in der Tat wahrhaftig Mensch war. Er war wirklich Mensch, obwohl er nicht nur Mensch war.

5. Das Heil ist an das Leiden des Erlösers gebunden, der Feind wird ihn in die Ferse stechen.

6. Das Heil wird sich in der Geschichte verwirklichen, so wie sich auch der Fall in der Geschichte abspielte. Es ist in gleichem Maße Wirklichkeit, wie der Fall Wirklichkeit war, und wird genauso gegenwärtig sein, wie der Fall gegenwärtig ist.

So wie das Heil in 1. Mose 3,15 sich darbietet, wendet es sich als Verheißung und Angebot und in seiner Zielsetzung potentiell an die ganze Menschheit.

Der Mensch verließ also das Paradies nicht nur mit einer schmerzlichen Erinnerung und wehem Schuldgefühl, sondern auch mit einem hoffnungsvollen Verlangen und einer gewissen Erwartung. So ging er in diese Welt jenseits des Paradieses ein. Seitdem lebt der Mensch immer im Konflikt und Widerspruch. Einerseits ist er voll Reue, Schuld und Selbstverurteilung, andererseits voll Verlangen, Streben, Hoffen und Erwarten. Hoffnung und Furcht, Erwartung und Verzweiflung, Liebe und Haß vermischen sich und gehen durcheinander. Der Mensch ist ein Bündel von Widersprüchlichkeiten.

Die Universalität des Protevangeliums ist grundlegend für die alttestamentliche Offenbarung. Sie ist das soteriologische Leitmotiv, das dominierende, alles vereinende und zusammenhaltende Ziel, die große Absicht und das hermeneutische Prinzip, das die Auslegung des Alten Testamentes bestimmen muß. Sie läßt sich weder zurücknehmen noch modifizieren, denn sie beruht auf dem unbedingten „Ich will" des ewigen Gottes, in dem kein Wechsel ist und keine Veränderung. Sie leuchtet als Leitstern durch die ganze Geschichte und Prophetie des Alten Testamentes hindurch, bis sie ihre Erfüllung in Christus findet, dem „Weibessamen".

Dieses Leitmotiv hält die Bibel zusammen und ist das integrierende Element. Es gibt ihr eine progressive Struktur, bestimmt Zielrichtung und Zweck insgesamt und klärt die Bedeutung der einzelnen Abschnitte und Teile. Nur wenn dieses Leitmotiv klar erfaßt und in aller Treue verfolgt wird, bringt das Alte Testament dem, der es liest, seine reiche und wahre Frucht.

Es mag wohl sein, daß der Begriff der Königsherrschaft Gottes das fundamentale Konzept ist, das die Bibel zusammenschließt. Ich glaube, daß die Königsherrschaft Gottes immer der Inhalt und das Ziel von Gottes Vorsatz war, ist und sein wird. In diesem Buch geht es aber nicht um Inhalt und Zweck, sondern um die Zielrichtung des Vorsatzes Gottes, des Gottes, der in der Geschichte diesen seinen Vorsatz verwirklicht. Das fundamentale Konzept und die fundamentale Zielsetzung formen, obwohl verschieden ausgedrückt, eine Einheit. Das eine ist der Weg – das andere ist das Ziel. Beide haben ihren Ursprung und ihre Vollendung in Gott.

Der Bundesschluß mit Noah

Die Universalität findet im Bundesschluß mit Noah und in den Aussagen Noahs über seine Söhne ihre Fortsetzung. Die Tatsache, daß Gott mit *Noah und seinen Söhnen* (1. Mose 9,1.8.9) einen Bund schloß, kann gar nicht überbetont werden. Es geht dabei gar nicht um Noah oder um Sem; Japhet und Ham sind definitiv mit eingeschlossen. Daß das Wort „Söhne“ dreimal im Plural vorkommt, darf nicht übersehen werden. Es ist ein Element von unermeßlicher Bedeutung. Die Universalität ist in diesen Bundesschluß hineingeschrieben.

Weil das so ist, berührt der Bundesschluß Gottes mit Noah und seinen Söhnen alle Völker. Es gibt keinen Stamm und kein Volk, das in diesen Bundesschluß Gottes mit Noah nicht mit eingeschlossen wäre.

Auch die späteren Worte Noahs über seine Söhne ändern nicht die zugrundeliegende universalistische Ausrichtung, der es besonders um das Heil geht. Ungeachtet der unterschiedlichen sozialen und kulturellen Entwicklung und der verschiedenen Offenbarungsmitteilungen und besonderen Mittlerstellungen bleibt die soteriologische Universalität erhalten. Eine sorgfältige Exegese des Textes wird das an den Tag bringen. Das zeigt sich an der Völkerliste in 1. Mose 10.

Der Bericht von Gottes Handeln mit der ganzen Menschheit schließt mit der Tragödie der Sprachenverwirrung, dem Zerbruch der Einheit der Menschheit und ihrer Zerstreuung und Entlassung aus der Gegenwart Gottes. Aber eine Tatsache bleibt. Die grundlegende soteriologische Universalität des göttlichen Vorsatzes und die frohe Botschaft, die Gott selbst an den Anfang gesetzt hat, steht unwiderrufen und unverändert da. Gott ist immer noch der Gott der Menschheit und die einzige Hoffnung ihres Heils und ihrer Errettung. Man tut wohl daran, zu bedenken, daß 1. Mose 1–11 das Vorwort zur ganzen Bibel ist und daß es das Fundament ist, auf das sich die restliche Offenbarung aufbaut.

Der universalistische Rahmen von Gottes Erlösungsplan liegt damit schon in der allerersten Offenbarung Gottes vor. Er faßt die nachfolgende Offenbarung und die Heilsgeschichte zusammen und verleiht ihr die eigentliche missionarische Ausrichtung und Bedeutung. Gott ist Gott der ganzen Menschheit und Mission, ist nichts anderes als Gott, wie er aus sich selbst herausgeht und in die Menschheit eingeht, um ihr Heil und Errettung zu bringen.

Die nationale Religion Israels

Offenbarungsreligion und ethnische Religionen

Religion ist ein universales Phänomen. Bisher wurde kein Volk entdeckt, das ohne Religion lebt. Man ist sich im allgemeinen darüber einig, daß sie den integrierendsten und dynamischen Faktor in den meisten Kulturen darstellt. Nur im Westen haben die Menschen versucht, die Religion abzustreifen.

Unter den primitiveren Völkern führt die Religion kaum je ein Sonderdasein. Das ganze Leben ist davon erfaßt und ist heilig. Religion durchdringt das Leben in seiner Gesamtheit und umschließt alle Ecken und Enden. Dabei herrscht das Prinzip des Kontinuums vor. Sollte irgendwo Leben und Religion auseinanderklaffen, so greift gleich wieder der Pantheismus der lebenden Religionen Asiens ein.

Um ein adäquates Verständnis der alttestamentlichen Offenbarungsreligion zu gewinnen, müssen wir sie in den weiteren Rahmen der allgemeinen Religionsgeschichte hineinstellen. Vom rein historischen Standpunkt her gesehen ist die Religion des Alten Testamentes lediglich eine unter vielen. Nur wenn wir uns das Werden der Weltreligionen vor Augen halten, können wir die Botschaft des Alten Testamentes in rechter Weise verstehen, einordnen und schätzen.

Qualitativ gesehen ist die alttestamentliche Religion einzigartig. Ihre Strukturen und Institutionen, ihre Nomenklatur, Psychologie und Erscheinungsweise sind es nicht. Äußerlich gesehen steht sie in gleichem Verhältnis zum Leben und zur Kultur wie die Religion im allgemeinen. Strukturell und institutionell gesehen scheint sie ein

Teil der allgemeinen Religionsgeschichte der Welt zu sein. Sie hat Tempel, Priester und Opfer. Qualitativ gesehen ist es aber eine besondere, da sie in einzigartiger Weise offenbarte Religion ist. Die Religion des Alten Testamentes hat Wurzeln, Inhalt und Nährboden nicht in Kultur, Psychologie oder menschlichem Glauben, noch ist sie von diesen Faktoren geprägt oder bestimmt. Ihr Inhalt kommt von oben her, von jenseits des Menschen. Der Inhalt der ethnischen Religionen kommt von Menschen her. Im ersten Fall handelt es sich um eine übernatürliche Offenbarung, im letzteren um eine Entfaltung menschlich- religiösen Bewußtseins, das auf intuitiver Einsicht, Tradition, Spekulation und mystischer Erfahrung basiert.

Von allen Religionen der Welt ist einzig die Offenbarungsreligion des Alten Testaments der missionarische Vorstoß Gottes in diese Welt. Das zeigt sich auf wenigstens vier Gebieten:

1. Es ist eine göttliche Bewegung, die ethnisch entwickelte, menschlich erfundene Religionen und heidnische Praktiken der Welt mißbilligt. Ihre Aufgabe ist es, die Welt vor dem abgrundtiefen ethischen und moralischen und religiösen Zerfall und vor totaler geistlicher Verfinsterung zu bewahren. Sie ist Gottes fortgesetztes Zeugnis in der Welt (Apg. 14,17).

2. Sie ist ein göttlich inspirierter, ethischer Monotheismus, der den Menschen vor dem grundlosen Verlorengehen in den Polytheismus, Götzendienst und Spiritismus bewahrt. Nur der ethische Monotheismus kann dem Universum, der Geschichte und insonderheit dem Kreuz einen Sinn und dem Evangelium der Gnade Tiefgang geben.

3. Als Schöpfung Gottes soll sie die von ihm stammende Hoffnung auf den verheißenen Erlöser (1. Mose 3,15) bewahren. Er soll die Menschheit vom Elend der Sünde und des Zerfalls erlösen und ihre ursprüngliche Herrlichkeit, ihren ursprünglichen Zweck und Sinn wiederherstellen.

4. Sie ist die Berufung einer auserlesenen Minorität für Gott. Ihre Aufgabe ist es, einen effektiven missionarischen Vorstoß auf die Menschheit durchzuführen mit der Absicht, der ganzen Menschheit Heil und Segen zu bringen.

Die Schaffung einer nationalen Religion führte, was die Methode angeht, zu einem Partikularismus. Der ursprüngliche Plan und der ursprüngliche Zweck werden davon nicht berührt. Gottes universaler Heilsplan bleibt durch die ganze Bibel hindurch erhalten und ein Wechsel der Methode zieht nicht einen Wechsel der Zielsetzung nach sich.

Der Entwurf einer nationalen Religion

Mit 1. Mose 12 wird eine neue Epoche der Heilsgeschichte eingeleitet – eine Geschichte, die, was die Methode angeht, partikularistisch ist, aber betreffs der Verheißung, des Ziels und der Wirkung universalistisch bleibt. Das muß klar herausgestellt werden, andernfalls wird der Gott des Alten Testamentes selbst ein Partikularist. Das kann niemals der Fall sein. Als ein Partikularist wäre er nicht mehr länger *Elohim,* der Gott der Schöpfung und der Gott der Nationen. Mission und Geschichte Israels sind unterschiedlich interpretiert worden. Dabei ging man vom natürlichen und übernatürlichen, vom nationalen und übernationalen, vom spezifischen und vom allgemeinen, vom religiösen und kulturellen Standpunkt aus. Ruf und Aufgabe Israels, wie sie in Abraham ihren Anfang haben, waren vielfachem Mißverstehen und mancher Kritik ausgesetzt. Sieht man sie nicht im Licht der Totalentwicklung der Religionsgeschichte der Welt, kann man ihre Bedeutung weder erfassen und noch viel weniger schätzen.

Nach meiner Überzeugung bietet Paulus in Römer 1, 18–32 eine theologische Interpretation der Religionsgeschichte der Völker, wie sie sich nach dem Turmbau zu Babel und der folgenden Zerstreuung entwickelte (siehe 1. Mose 11,1–9). Die Welt versank äußerst rasch in Götzendienst, Sinnlichkeit und geistigen Zerfall. Deshalb stehen Religion, Moral und Philosophie unter dem Urteil Gottes, und Gott verwarf die Nationen (Röm. 1,24.26.28). Gott bestraft die Sünde mit Sünde, indem er die göttlichen Schranken aufhob und den Nationen erlaubte, ihre eigenen Wege zu gehen und ihre eigenen Kulturen und Religionen zu entwerfen. Wir wissen nicht, wieviel Jahrhunderte dieser Prozeß der Degeneration freien Lauf hatte. Es fehlt eine volle Chronologie; die Zeitspanne ist ja auch für unseren Zweck unbedeutsam. Römer 1 läßt aber durchblicken, daß eine Zeit allgemeiner und tiefer religiöser Finsternis über die Menschheit kam. Obwohl einzelne nicht in den hoffnungslosen Abfall hineingezogen wurden, war die Dunkelheit allumfassend und wurde dichter und dichter.

Nur göttliches Einschreiten konnte die Welt vor dem totalen geistlichen Auslöschen bewahren. Es wurde klar, daß der Mensch in sich weder die Absicht, noch die Motivation, noch die Fähigkeit hat, Gott durch eigenes Suchen zu finden. In diese ernste Situation schrieb Gott mit kühnen Buchstaben sein *„Aber Gott!“* in die menschliche Geschichte.

Die Einzigartigkeit der nationalen Religion

Das Protevangelium (1. Mose 3,15) wurde der leuchtende Stern, der den Weg aus Finsternis und Verzweiflung wies, und 1. Mose 12 – der Ruf Abrahams – ist der Anfang einer göttlichen Gegenkultur, die entworfen wurde, um das Böse aufzuhalten und den Gnadenplan Gottes zu entfalten, seinen Vorsatz und sein Heil durchzusetzen. Ein neuer Hoffnungsstrahl für die Welt ist da, den das Alte Testament immer heller zum Leuchten bringt. Wir wollen deshalb im einzelnen zunächst diesen neuen Anfang betrachten und dann der weiteren Entfaltung nachgehen, indem wir kurz die Einzigartigkeit und die Bedeutung der nationalen (israelitischen) Religion im Licht der Entwicklungen der allgemeinen Religionsgeschichte betrachten.

Im Einklang mit dem allgemeinen Tenor der Schrift, die ich für historisch und faktisch verläßlich ansehe, lassen sich aus den Quellen des Alten Testamentes drei Grundsätze ableiten:

1. *Der Anfang der nationalen Religion Israels – veranlaßt durch ein übernatürliches Eingreifen und eine besondere Offenbarung Gottes.* Am Anfang Gott! – so hieß es bei der Schöpfung. Das gilt auch bezüglich des Heils und der Errettung. Abraham hat Gott nicht gesucht, sondern Gott, der Gott der Herrlichkeit, durchdrang die Himmel und brach in wunderbarer Weise in die Geschichte ein, um Abraham zu suchen. Er erschien ihm, als er sicher und ungefährdet in Ur in Chaldäa in einer Familie wohnte, in der man dem Götzendienst ergeben war (Jos. 24,2). Hier drang der Gott der Herrlichkeit in das Gebiet von Raum und Zeit ein und gebot Abraham, sich von diesem Land und seiner Verwandtschaft zu trennen. Er erhielt den Befehl, Gott in ein unbekanntes Land und zu einem neuen Anfang zu folgen. Hier ist um der Menschheit willen die souveräne Gnade am Werke. Nirgends in der Schrift finden wir eine Antwort darauf, warum Gott Abraham berief und nicht irgend jemand anders. Die Absicht Gottes liegt jedoch jenseits allen Zweifels.

Wir halten es noch einmal fest: Nicht der Mensch ist es, der sich ausstreckt und in die Höhe greift. Gott reicht seine Hand nach unten. Gott legt sich ins Mittel und greift hinein in das Gebiet von Raum und Zeit. Der Ursprung der nationalen Religion Israels durch Abraham ist nicht das Ergebnis kultureller Entwicklung. Es ist nicht die Folge einer großen Aufklärung oder Erleuchtung, die durch menschliche Anstrengung herbeigeführt worden wäre. Es ist auch nicht die Frucht ethnischer Entwicklung. Es ist nicht das Produkt eines ernsten Gottsuchers. Es ist nicht die rationale und progressive Synthese selektiver Anleihen und geschickter Anpassungen an die religiöse Umwelt. Es ist nicht die Erfindung eines großen religiösen Genies oder intensiven religiösen Bewußtseins. Menschlichen Quellen wird ihr Ursprung nicht zugeschrieben, noch würden sie je ausreichen, um ihn zu rechtfertigen. Genausowenig liegt der Ursprung in der fernen unbekannten Vergangenheit, aus dem sich Schritt für Schritt der Semitismus herausentwickelt und sich dabei durch Anleihen bei benachbarten Religionen bereichert hätte. Die Wurzeln liegen auch nicht in einem natürlichen Prozeß oder im religiösen Instinkt des Menschen verborgen.

Kein Mensch hat die alttestamentliche Offenbarungsreligion hervorgebracht. Vielmehr ist sie in einem übernatürlichen Ergehen göttlicher Offenbarung verwurzelt, die an einem spezifischen Ort und zu einer bestimmten Zeit an eine einzige Person erging, deren Name Abraham war. Der Mann lebte in Ur in Chaldäa etwa 2000 Jahre vor Anfang der christlichen Zeitrechnung. Somit ist ihr Ursprung göttlich, historisch, persönlich und geographisch bestimmt. Sie ist weder Mythos noch Legende, sondern Geschichte.

Die obigen Negative dürfen selbstverständlich nicht so interpretiert werden, als ob Gott vom Himmel für Abraham eine Religion herabkatapultiert hätte inklusive Dogma, Kult und Kultur – die sowohl quantitäts- als auch qualitätsmäßig für ihn maßgeschneidert gewesen wäre, ohne jeglichen Bezug zum kulturellen Milieu Abrahams, zu seiner Zeit und deren Erbe. So etwas stünde im Gegensatz zu allem, was Gott je tut. Der biblische Bericht stellt auch keinerlei dergestalteten Anspruch. Genausowenig wird geleugnet, daß Abraham ein religiöses Genie mit scharfem und offenem religiösen Bewußtsein war, ein Mann mit besonderen religiösen Anlagen. Gott benutzte all diese natürlichen Mittel. Aber keines von ihnen, auch nicht alle zusammengenommen, kann die *qualitative Einzigartigkeit* von Abrahams neuer Religion und neuem Leben erklären. Ein ganz neuer Typus der Religion erscheint in der Religionsgeschichte, weder aus Blut (das rassische Element) geboren, noch aus dem Willen des Fleisches (das soziologische), noch aus dem Willen eines Menschen (das psychologische), sondern aus Gott. Sie wurzelt in Gottes Handeln und in Gottes Offenbarung.

2. *Der Anfang der nationalen Religion – ein definitiver Wendepunkt in der Religionsgeschichte.* Die Religionsgeschichte ist nicht ein gleichmäßig daherfließender Strom. Die Religionen schwanken zum Großteil zwischen Fortschritt und Rückschritt, zwischen Reform und Zerfall, zwischen Evolution und Devolution, zwischen Wiedergeburt und Auflösung hin und her. Lebens- und Todeskräfte sind hier wie überall gleichzeitig am Werk. Noch vor wenigen Jahr-

zehnten sprach man von dem Zerfall der nichtchristlichen religiösen Systeme. Heutzutage erschrecken uns ihre Dynamik und ihr Emporkommen. Rajah B. Manikam weist auf vier Hauptelemente dieser neubelebten religiösen Bewegungen hin: „Reform, Erweckung, Neugeburt und Revolte.“[2] Er hätte noch hinzufügen können: „Messianismus“ und „Missionsdrang“.

Die biblische Darstellung erkennt gleichfalls den allgemeinen Trend religiöser Instabilität und Spannungen, bemerkt aber darüberhinaus, daß Degeneration, Disintegration und Zerfall stärker sind als der Zug nach oben. Historisch triumphiert der Tod und Zerfall über die positive und konstruktive Dynamik.

Von den biblischen Berichten gewinnen wir den Eindruck, daß die Menschheit wenigstens bis zum Turmbau zu Babel frei vom Götzendienst war. In den ersten elf Kapiteln des 1. Buches Mose werden Götzen, Abbilder und Götter nicht erwähnt.

Die verschütteten und stummen Jahrhunderte zwischen 1. Mose 11 und 12 lassen sich für uns nur über die Archäologie aufdecken, und auch das nur zum Teil. In Josua 24,2 und Jesaja 51,1–2 finden sich Hinweise auf Abraham und die Zeit, die seiner Berufung vorausging. Beide Hinweise sind kein besonderes Kompliment.

Bis jetzt wurde der Götzendienst nicht erwähnt, wir wissen aber, daß im Hause Tharas, einem Vorfahren Abrahams (1. Mose 11,26), Götzen verehrt wurden (Jos. 24,2). Nach archäologischen Funden zu schließen, war der Götzendienst in Chaldäa allgemein verbreitet. Daß diese Praxis sich im Familienkreis weiter erhalten hat, beweisen der Bericht über die Hausgötter Labans in Haran (1. Mose 31,19.32.34), mit denen auch die Familie Jakobs in Berührung kam, solange sie in dieser Gegend seßhaft war (1. Mose 35,2.4).

Es wurde schon angedeutet, daß Paulus in Römer 1,18–32 diesen umfassenden religiösen Niedergang theologisch deutet. Dort müssen die Anfänge der großen geschichtlichen Religionssysteme liegen. Religionsgeschichtlich befindet sich die Menschheit auf dem Weg nach unten. Mittels ihrer selbsterfundenen Religionssysteme bewegt sie sich mit großer Geschwindigkeit von Gott weg. „Und als sie sich für weise hielten, sind sie zu Narren geworden und haben verwandelt die Herrlichkeit des unvergänglichen Gottes in ein Bild gleich dem eines vergänglichen Menschen und der Vögel, der vierfüßigen und der kriechenden Tiere.“

2 Rajah B. Manikam, *Christianity and the Asian Revolution* (New York: Friendship Press, 1954), S. 118.

In einem Kommentar zu Römer 1,23 sagt James M. Stifler:
„Die Herrlichkeit Gottes, das bewundernswerte und großartige Abbild seiner selbst, das aus allem herausstrahlt, was er geschaffen hat, verwandelten sie in ein Bild – ‚haben verwandelt die Herrlichkeit des unvergänglichen Gottes in ein Bild gleich dem eines vergänglichen Menschen'. Die Abscheulichkeit des Götzendienstes liegt nicht nur in der moralischen Verderbtheit, zu der er führt, sondern vor allem darin, daß er eine Karikatur und Verleumdung Gottes ist. Ein Zug seiner Herrlichkeit ist die Unvergänglichkeit – und man macht ihn dem Vergänglichen gleich. Schon das Material des Götzenbildes ist eine Entehrung, etwa wie wenn man einem großen Mann unserer Tage nicht etwa ein Marmor- oder Bronzedenkmal, sondern eins aus Kreide oder Kitt errichten würde. Gott dem Menschen gleichmachen, das ist Götzendienst. Die Menschen hätten von ihm nie ein Bild machen sollen. Wären sie dem ursprünglichen Gottesverständnis treu geblieben, hätten sie es auch nie versucht. Zu seiner Zeit gab er ein Bild seiner selbst, nämlich in einem sündlosen Wesen mit ewigem Leben, von dem es heißt: ‚Er ist der Abglanz seiner Herrlichkeit und das Ebenbild seines Wesens' (Hebr. 1,3). Wenn Jesus nicht mehr als ein sterblicher Mensch wäre, dann wäre er ein Götze.

Aber die, die sich für weise hielten, blieben nicht dabei stehen, daß sie Gott dem Menschen gleichmachten; sie stellten ihn als Vogel dar, dann als vierfüßiges Tier und schließlich als ein Reptil. Bei den Griechen findet man Apollos, den Adler bei den Römern, den Stier bei den Ägyptern, die Schlange bei den Assyrern. Es könnte sein, daß Paulus in diesem Vers die historische Entwicklung des Götzendienstes aufzeigt, von seiner höchsten bis zu seiner tiefsten Stufe. Es könnte allerdings auch sein, daß er nur gewisse Höhepunkte zeichnet; sicher ist, daß diese auf den verschiedenen Stufen der Sünde existieren."[3]

Paulus beschreibt den Zorn Gottes, der sich vom Himmel über die Gottlosigkeit in der allgemeinen Menschheitsgeschichte offenbart. Im Gegensatz zum Zorn Gottes in der Geschichte spricht die Berufung Abrahams in konkreten historischen Formen von der Gnade Gottes. Gott wollte nicht, daß die Menschheit sich vollständig und für immer das eigene Grab schaufelte – fern jeder Hilfsmöglichkeit und jeder Gotteserkenntnis, in absolutem Aberglauben, absolutem Götzendienst und falscher Religion. Und obwohl die Menschheit in ihrer Gesamtheit dieser Stimme nicht ihr Ohr schenkte, tat das das eine Individuum: Abraham. In Babel hatte die Menschheit mit vereinter Kraft versucht, sich der Absicht des Höch-

[3] James M. Stifler, *The Epistle to the Romans* (New York: Revell, 1897), S. 25.

sten entgegenzustellen. So mußte der göttliche Grundsatz der Separation und der Aufteilung ins Spiel gebracht werden, damit dem ungöttlichen Bündnis der Menschheit gewehrt werde.

Somit war von Gott ein neuer Anfang ins Leben gerufen. Ein Anfang, der einen definitiven Wendepunkt in der Religionsgeschichte und im göttlichen Wirken darstellte. Damit ist jedoch keine Veränderung der ultimativen Absichten und des heiligen Vorsatzes Gottes gegeben.

a) *Die Methode göttlichen Wirkens verlangt einen Partikularismus der göttlichen Offenbarung und des göttlichen Handelns.* Mit seiner einzigartigen Offenbarung begrenzt sich Gott auf das eine Volk. Jetzt wirkt er in einzigartiger Weise in und durch Israel. Hier wird die Heilsgeschichte im engen und partikularistischen Sinne geboren. Von jetzt an laufen Profangeschichte und Heilsgeschichte auf verschiedenen Spuren. Die Geschichte Israels trägt eine besondere Note, und Gott wacht darüber, bereichert sie auf vielerlei Weise, besonders mit seiner Selbstoffenbarung. In der Geschichte Israels ist Gott in einzigartiger Weise gegenwärtig. Dadurch unterscheidet sie sich quantitativ und qualitativ vom allgemeinen Fluß der Geschichte.

b) *Das Prinzip göttlichen Wirkens verlangt ein Mittlervolk.* Israel wird zum Mittler zwischen Gott und den Nationen bestimmt. Es soll ein königliches Priestertum, ein heiliges Volk sein, um die einzigartige Offenbarung Gottes, die es empfangen soll, zu vermitteln. Israel ist berufen, ein Segenskanal zu sein und nicht ein Lagerhaus.

Letztlich bleibt aber weiterhin die ganze Menschheit das eigentliche Ziel. Die Universalität ist nicht aufgegeben, ja, sie wird durch die Methode des Partikularismus noch gefördert und durch das Prinzip der Mittlerschaft besonders herausgestellt.

„‚In dir sollen gesegnet werden alle Geschlechter der Erde' (1.Mose 12,3). Hier wird gleich am Anfang der Endzweck genannt. Die Aussonderung Abrahams sollte die allgemeine Heilsgeschichte zwar notwendigerweise verlangsamen, sie aber desto weisheitsvoller erleichtern und desto sicherer zum Ziele führen. Im besonderen war es auf das Allgemeine, im einzelnen auf das Gesamte, im kleinen auf das Große abgesehen. Die mit Abraham beginnende Offenbarungsbegrenzung war nur die göttliche Methode der *Un*begrenztheit des Heils. Die Schranke war da; aber ihre Einsetzung hatte ihre Wiederaufhebung zum Ziel. Gott wandte sein Heil von der Völkerwelt ab, um es ihr desto gewisser verklären zu können."[4]

[4] E. Sauer, a.a.O., S. 106.

3. *Der Anfang der nationalen Religion – eine neue Epoche ethischen und religiösen Bewußtseins jenseits aller menschlichen Erfahrungen und Spekulationen.* Es handelt sich in der Tat um eine von Gott ins Leben gerufene Protestbewegung gegen das Böse der alten, sich bisher entwickelten Welt. Gott stellt absolute ethische und religiöse Maßstäbe auf und setzt damit für sich und seine Wahrheit ein Zeugnis.

Um diesen Punkt noch klarer zu erfassen, müssen wir zunächst die Religionsgeschichte der vorabrahamischen Zeit überschauen. Vom biblischen Standpunkt aus gesehen ist dieser Teil der Menschheitsgeschichte keineswegs freundlich oder anregend. Hier ist nichts, über das man stolz sein könnte; es ist eine Geschichte der alles überdeckenden Sünde.

In Kürze zeigt 1. Mose 3–11 die folgende Ereignisfolge:

Erstens: Die Sünde findet Eingang in das Menschengeschlecht (1. Mose 3). Die Bibel gibt uns nicht letzte Auskunft über den Ursprung der Sünde; nichtsdestoweniger tritt uns die Sünde in stark ausgeprägter Realität im Kapitel 3 entgegen und findet mit großer Schläue ihren Weg in die menschliche Rasse hinein. Von jetzt an gibt es nur noch eine Geschichte: sie ist von der Sünde gezeichnet und trägt die Züge der Degeneration, Zerstörung und des Todes in sich.

Zweitens: Die Entwicklung und die wesentlichen Züge der Sünde. Es sagt viel, daß die erste Sünde außerhalb des Paradieses im religiösen Bereich auftaucht.

Das Opfer Kains ist typisch für seine selbsterfundene Erlösungsreligion. Religiöse Perversion und selbsterfundene Erlösung liegen an der Wurzel alles Bösen in der Welt. Die Religion ist „der Kitt", der die Kultur zusammenhält. Religion, getrennt von Gott, ist eine Hauptquelle für das Böse in der Kultur, denn eine unzulängliche Sicht Gottes führt unvermeidlich zu einem unzureichenden Menschen-, Sünden- und Naturverständnis. Religion ist infolgedessen entweder die Quelle des Guten oder die Quelle des Bösen, je nachdem, welches Gottesverständnis ihr zugrundeliegt.

Der religiösen Verfehlung folgte in Kürze die Brutalität: Kain erschlug Abel. Nachdem er die Gegenwart Gottes hinter sich gelassen hatte, wandte sich Kain nicht nur der Selbsterlösung zu, sondern er versuchte darüberhinaus, durch die Entwicklung einer gottlosen Zivilisation, die Polygamie und Blutrache förderte, die verfluchte Erde zu erlösen. Somit steht Kain nicht nur am Anfang einer Religion der Selbsterlösung; seine Ambition geht dahin, Erlöser der Erde zu werden und ein eigenes Paradies zu bauen, in dem Eigenwille, Lust und Macht herrschen. Die Gerechtigkeit ist entthront, die Gnade verworfen. Die natürlichen Folgen sind Unmoral, Unsittlichkeit, Blutschande im vollsten Sinn des Wortes, wie es 1. Mose 6, 1–5 bezeugt. Weitere Züge der Sünde kommen später an den Tag.

Drittens: Die göttliche Intervention und das Urteil über die Sünde werden in 1. Mose 6 berichtet. Ich akzeptiere die Geschichtlichkeit des Flutberichtes und lese ihn als ein Kapitel des Ernstes Gottes. Es liegt mir fern, in eine Debatte über alle Einzelheiten einzusteigen. Aus einer Möglichkeit des göttlichen Gerichtes war schließlich eine Notwendigkeit geworden. Niemand sollte mit der Sünde spielen, denn wer auf das Fleisch sät, der wird vom Fleisch Verderben und Zerstörung ernten.

Viertens: Das Fortschreiten der Sünde zeigt sich in Degenerationserscheinungen auf neuen Gebieten, insonderheit bei der Sünde der Trunksucht. Eine universale Sünde! Der Gebrauch des Alkohols und die sich daraus ergebenden Sünden sind praktisch weltweit – ausgenommen Gebiete, wo die Religion dem strikt entgegensteht (Islam) und es konsequent verbietet. Diese Sünde führt zu Schamlosigkeit – zunächst bei Noah; dann bei Ham.

Fünftens: Der Höhepunkt der Sünde (1. Mose 11, 1–9). Die direkte Rebellion gegen Gott und seinen Vorsatz erreicht die Spitze. Man wendet sich von Gottes Auftrag, die Erde zu bevölkern, zu kultivieren und zu beherrschen, ab und schließt sich trotzig zu einem Bund mit dem Ziel der Selbstglorifizierung zusammen. Es geht um die eigene Vergottung. Das ist der Hauptzug dieses Zeitalters. Nie mehr hat sich die Menschheit von der satanischen Idee, Gott gleich zu sein, wie sie schon Eva und Adam eingepflanzt wurde, freigemacht. Sie wird schließlich zur alles krönenden Sünde der Menschheit werden, die im Antichristen ihren Höhepunkt erreicht.

Die ersten Kapitel der Menschheitsgeschichte umspannen mehrere Jahrtausende und lassen sich in den folgenden Sätzen zusammenfassen:

Die Invasion der Sünde (1. Mose 3)
Die Evolution der Sünde (1. Mose 4 u. 5)
Die göttliche Vergeltung für die Sünde (1. Mose 6 u. 7)
Die Neubelebung der Sünde (1. Mose 9)
Der Höhepunkt der Sünde (1. Mose 10).
Das alles manifestiert sich in:
der Sünde des Unglaubens und Ungehorsams (Adam)
der Sünde der Selbsterlösung (Kain)
der Sünde der Brutalität (Kain)
der Sünde der Vielehe (Lamech)
der Sünde der Blutrache (Lamech)

der Sünde der Blutschande (der vorsintflutliche Mensch)
der Sünde der Trunkenheit (Noah)
der Sünde der Schamlosigkeit (Ham)
der Sünde der Rebellion (Turmbau von Babel)
der Sünde der Selbstverherrlichung und Selbstvergottung (die Turmbauer).

Dieser Liste sollte man noch die so verwerfliche Sünde des Götzendienstes mit all den Übeln hinzufügen, die sich in seinem Gefolge finden, und die irgendwo vor dem 12. Kapitel auftauchen.

Diese Sünden lassen sich alle in der Geschichte der Völker weiterverfolgen, wie man sie auf den Seiten des Alten Testamentes oder in den Berichten der Profangeschichte niedergeschrieben findet. Man braucht nur einmal Arnold Toynbees Beschreibung der 21 zugrundegegangenen Zivilisationen zu lesen, um den Beweis dafür zu finden, wie die Sünde erniedrigt.

Gegen den Hintergrund solch jämmerlicher Zustände muß die Berufung Abrahams und die Religionsgeschichte Israels bewertet werden. Israels Geschichte ist nicht die Geschichte einer willkürlichen Erwählung, der Bevorzugung, des engen Partikularismus oder Nationalismus. Es ist ein Akt souveräner und gnädiger Erwählung, mit der Absicht, die Menschheit mit ihrer zeitlichen und ewigen Bestimmung zu bewahren.

Das Ideal der nationalen Religion

Um seiner Gnade zum Durchbruch zu verhelfen, ruft Gott eine Protestbewegung gegen das Böse und seine Herrschaft ins Leben. Er richtet ethische und religiöse Ideale auf, um das ethische und religiöse Bewußtsein zu erhalten, zu vertiefen und zu verfeinern. Das Ziel ist dabei, Israel und die Menschheit aus dem Bankrott der Selbsterlösung herauszuführen und die Welt für das Heil und die Errettung in Christus Jesus zuzubereiten.

Innerhalb dieses göttlichen Auftrages steht das Alte Testament in einem uneingeschränkten Protest gegen die vorherrschenden Religionen und heidnischen Kulturen. Die Offenbarung richtet die Religionen der Völker. Wahrsagerei, Spiritismus und Totenbefragung werden als Quellen der Gotteserkenntnis und Möglichkeiten der Zukunftserhellung verurteilt. Das gleiche gilt für Hexerei, Zauberei, Zauberer und Zauberinnen und andere auf magischem und kultischem Gebiet sich betätigenden Personen. Auch Götzendienst und Bilderdienst, die überall im Alten Testament strikt verboten sind und unter dem Volke Gottes weder im privaten noch im öffentlichen Gottesdienst geduldet werden, stehen unter diesem Urteil. Menschenopfer und Tempelprostitution werden als Mittel zur Befriedigung oder zur Anrufung der Gottheit verboten. Unmoral, Sinnlichkeit und andere üble Praktiken werden mit klaren Ausdrücken verworfen.

Diese Verurteilung hat den Sinn, den Ernst der Sünde und Übertretung klarzumachen und ein Sündenbewußtsein zu kultivieren. Auf vielen der genannten Sünden stand das Todesurteil, wodurch das Schuldbewußtsein wesentlich verstärkt wurde.

Neben der Verurteilung der Sünde weist das Alte Testament fortwährend auf den sozialen, ethischen und religiösen Idealzustand hin. Das geschieht aus zwei Gründen. Einmal geht es darum, das ethische Bewußtsein zu wecken und zu intensivieren, damit die Menschen nicht abgrundloser ethischer Fäulnis und dem Tod verfallen. Zum anderen sollen ethische und religiöse Verhältnisse geschaffen werden, die ein anständiges Leben ermöglichen, damit das Heil Gottes schließlich eine Wirklichkeit für die ganze Menschheit werden kann. Somit finden sich:

1. im Dekalog eine Darstellung von Gottes religiösen, ethischen und sozialen Idealen, die ohne Parallele ist. Diese Ideale stehen jenseits aller menschlichen Erfahrungen, Spekulationen, religiösen Einsichten und ethischen Entscheidungen. Die zehn Gebote haben keinerlei Parallele in der Menschheitsgeschichte. Ihrer äußeren Form nach sind sie nicht einzigartig, aber sie stehen absolut allein da, was ihre ethische und geistliche Größe, Herrlichkeit und Strenge angeht;

2. strenge Auflagen und alles umfassende Gesetze, die das Leben des Volkes Gottes umschreiben;

3. allen Ernstes die Gefahr der Übertretung der Gebote dargestellt. Auf Ungehorsam stehen strenge Strafen, die gemäß der göttlichen Vorschrift verhängt und ausgeführt werden;

4. wie verschiedene Einzelpersönlichkeiten unnachgiebig für die ethischen und religiösen Ideale im Namen ihres Glaubens und ihres Gottes eintreten – zunächst die Richter, später die verschiedenen Prophetenschulen und schließlich Einzelpropheten, die von Gott besonders berufen und von ihm ausgerüstet wurden, um sein Sprachrohr und seine Stellvertreter zu sein;

5. ein Katalog ins einzelne gehender religiöser Verordnungen, denen das Volk Gottes zu gehorchen hatte, ohne sich über alle Implikationen und die volle Bedeutung im klaren zu sein;

6. ein umfangreiches Opfersystem einschließlich der Stiftshütte und der dazugehörigen Ausrüstung, damit die Sünde versöhnt und

der Weg hin zu Gott offengehalten, ein Leben der Absonderung und der Hingabe an Gott verkündigt und damit Gott in Reinheit, Ehrfurcht und sinnfälliger Weise angebetet und verehrt wird. Dazu kommen die jährlichen Feste von sozialer und religiöser Bedeutung, deren Aufgabe es war, die Erinnerung zu festigen, zu unterweisen und den Blick nach vorne offenzuhalten. Gleichzeitig waren sie sehr kostbar und unterbrachen den normalen Lebenslauf. Somit wurde Israels Treue, seine Hingabe und sein Gehorsam gegen Gott im Ablauf des täglichen Lebens und der Arbeit immer wieder geprüft.

Man soll doch ja nicht meinen, daß die Religion Israels eine billige Sache war, eine von natürlichen Menschen entworfene bequeme Einrichtung für das Volk. Es war eine schwere Auflage, die ihren Glauben und ihre Liebe zu Gott bis zum letzten unter Beweis stellte. Gottes Werk ist nie billig und bequem. Wer sein Diener wird, muß das immer teuer bezahlen mit Opfern, Hingabe und Gehorsam.

Gleichzeitig muß betont werden, daß es hier um Offenbarungsideale geht und nicht um menschliche Vorstellungen. Verschiedentlich bezeugt das Alte Testament eine tiefe Kluft zwischen den Offenbarungsidealen auf der einen Seite und Israels tatsächlichem Leben auf der anderen. Es geschah nicht selten, daß populäre Moral und Volksreligion den Gefallen der Masse fanden. Sie stand unter dem Einfluß menschlicher Neigung und in einer menschlichem Umgebung. Durch derartige Gedanken ging das Volk des Segens Gottes verlustig, rief seine scharfen Verurteilungen auf sich herab und oft genug folgte physisches und materielles Unheil. Wenn man im Alten Testament den Dualismus zwischen göttlich offenbarten Idealen auf der einen und gelebtem historischen Realismus auf der anderen Seite nicht beachtet, erscheinen auf jeder Seite Konflikte und Diskrepanzen.

Die Quellen der ethischen und religiösen Kräfte in Israels nationaler Religion

Die oben dargestellte, im Gegensatz zur Umwelt stehende Kultur und die damit verbundenen Ideale nahm man nicht leichtfertig auf sich, noch konnte man sich ihrer oberflächlich entledigen. Dazu bedurfte es tiefer und sicherer Fundamente, der klaren Überzeugung eines von Gott geschenkten Glaubens, Mut und Treue, die weder unter Gefahr, noch unter Kritik, noch unter Feindschaft, noch unter Leiden nachgaben. Keines derselben fehlt in der Gemeinschaft der Gläubigen des Alten Testamentes – wenigstens nicht bei den verantwortlichen Führern. Die Quellen der Motivation und Inspiration lagen tief und hielten aus. Wir betrachten sie eine nach der anderen im Detail.

1. *Ein tiefes Bewußtsein um das einzigartige Bundes- und Lebensverhältnis zwischen Gott und Israel.* Man kennt Gott als den Gott Abrahams, Isaaks und Jakobs – den Gott der Väter. Man kennt ihn auch als den Gott Israels. Israel ist bekannt als Gottes besonderes Volk, als Schafe seiner Weide, als Volk seiner Hand, als sein Augapfel. Israel ist in einzigartiger Weise das Volk Gottes.

Gott verband sich mit Israel durch verschiedene bedingungslose Bundesschlüsse, die weder Zeit noch Umstände ändern können. Die eigentliche Erfüllung kann zwar unterbrochen oder hinausgeschoben werden, die Bundesverheißungen bleiben aber wegen Gottes Unveränderlichkeit und Treue doch bestehen. Das göttliche „Ich will" garantiert sie. Diese Bundesverheißungen gelten einem Volk des Glaubens. Gott bleibt der Bundesgott Israels. Diese heiligen Bundesschlüsse legen dem Volk eine enorme Verantwortung auf. Die Bundesidee ist so zentral und so voller Dynamik, daß sie entscheidend wird für die Interpretation der alttestamentlichen Geschehnisse. Gott und Israel sind unwiderruflich in einem Bundesverhältnis zusammengeschlossen. Gott ist der Gott Israels, Israel Gottes Volk.

2. *Ein tiefes Bewußtsein um die einzigartige Offenbarung, die auf Israel gekommen ist.* Die Religion Israels begann mit einer singularen Offenbarung Gottes. Der Gott der Herrlichkeit erschien und bot in einer außergewöhnlichen Offenbarungsbotschaft Abraham in Ur in Chaldäa eine Verheißung an und berief ihn zu gleicher Zeit. Durch sein betontes „Ich will" gab ihm Gott inmitten von Einsamkeit, Gefahren, Versuchungen und Perplexitäten die Gewißheit, daß seine Souveränität und Gnade um Abrahams willen am Werk sind. Gott versäumte nicht, ihm die auferlegte Last durch persönliche Besuche und mutmachende Verheißungen zu erleichtern und somit den Pfad des müden und einsamen Pilgers zu erhellen.

Der Segen, der Abraham als Lohn für seinen Gehorsam auf Gottes Berufung verheißen wurde, wird so häufig erwähnt, daß er wie ein Refrain durch die Lebensgeschichte des Patriarchen läuft. Dieser Segen hat drei Hauptpunkte, deren jeder verschiedentlich mehr oder weniger detailliert wird und die alle fest in dem göttlichen „Ich will" verankert und durch heilige Bundesschlüsse bestätigt sind. Es sind dies

a) der Same – ein zahlreicher und einzigartiger Same (1. Mose 12,2; 13,16; 15,5; 16,10; 17,2.4–6; 18,18; 22,18),

b) das Land (1. Mose 12,1.7; 13,15.17; 15,7.18; 17,8; 24,7),

c) das Volk (1. Mose 12,2; 18,18; 22,18).

Die Abraham geltenden Bundesschlüsse und Verheißungen Gottes gingen später an Isaak über und wurden ihm persönlich bestätigt (1. Mose 26,2–4); das gleiche gilt für Jakob (28,13–15). Diese drei waren die Väter des Volkes Israel. Abraham, Isaak und Jakob lebten in der Gewißheit, daß Gott mit ihnen geredet hatte. Sie folgten nicht geschickt erfundenen Fabeln, Mythen, Träumen oder Instinkten, denn die Gewißheit ihres Glaubens beruhte auf der unfehlbaren Offenbarung Gottes.

Von diesem Punkt an erweitert Gott seine Botschaft an Israel durch fortgesetzte Offenbarungen. Formulierungen wie „So spricht der Herr" oder „Das Wort des Herrn geschah" finden sich in einer ans Monotone grenzenden Wiederholung im Alten Testament. Menschen riskierten ihr Leben, um von der Gewißheit und Autorität Gottes zu reden. Niemals wurde bezweifelt, daß Gott sich wirklich geoffenbart hatte. Die Offenbarung wurde in Israel nicht in Frage gestellt. Es ist in der Tat so, daß der Glaube an Gottes Offenbarungswirken so allgemein und so durchgehend da war, daß falsche Propheten und Scharlatane daraus Kapital schlugen. Sie bereicherten sich persönlich, beuteten das Volk aus und verführten es.

Israel lebte und betete in dem Wissen, daß sie eine ihnen eigens geoffenbarte, singulär dastehende Botschaft Gottes besaßen. Deshalb schrieben Mose und die Propheten die Botschaften unter der Inspiration des Heiligen Geistes sorgfältig nieder und bestanden darauf, daß es Gottes Wort an die Menschen war, d.h. unfehlbar, autoritativ und normativ. Als solches wurde das Alte Testament vom jüdischen Volk akzeptiert und respektiert, und als solches erkannte es unser Herr und Meister Jesus Christus an und machte es zum Grund seiner Verkündigung. Für sein eigenes Leben war es ihm Inspiration und Vorbild. Es gab Grundlage und Programm seines Wirkens ab. Niemals bezweifelte er den Offenbarungscharakter des Alten Testamentes.

3. *Ein tiefes Bewußtsein um die wahre und einzigartige Gotteserkenntnis und ein Wissen um Gottes Absicht.* Was die nationale Religion Israels am meisten auszeichnet, ist ihr Gottesverständnis. Dieses hohe, einzigartig dastehende Gottesverständnis wurde Israels größter Beitrag für die Entwicklung der Religion. J. Philip Hyatt hat das gut erfaßt. Er sagt:

„Die Propheten waren keine systematischen Theologen (und das gilt für Mose und die Erzväter – Abraham, Isaak und Jakob – in gleicher Weise). Sie waren von Gott überwundene Männer, deren

Religion ganz auf Gott ausgerichtet war. Für sie war Gott nicht ein Gegenstand ihres Denkens oder ihrer Spekulationen, sondern der Gegenstand innigster persönlicher Erfahrung. Ihre Lehre über Gott ist nicht ein sorgfältig ausgearbeitetes System, sondern das Ergebnis von Einsichten, wie sie sie in besonderen Erlebnissen und Erfahrungen empfingen."[5]

Das Gottesverständnis eines Volkes bestimmt Qualität und Charakter seines Glaubens und Lebens, den Fortschritt oder die Stagnation seiner Kultur. In allen Religionsphilosophien, Welt- und Lebensanschauungen ist das Gottesverständnis das grundlegende Element, das für alle anderen richtungsweisend ist.

„Es bildet die Basis für alles Gute und Schlechte im Glauben, Wirken und in der Bestimmung des Menschen. So bestimmt z.B. das Gottesverhältnis Gesetze, Regierungsform, internationale Beziehungen, Bildungsinstitutionen, Wohltätigkeitsorganisationen, Finanzsysteme, Handel und Landwirtschaft, Wissenschaft, Kunst, Literatur, Musik usw. Das Gottesverständnis eines Volkes baut das alles und anderes auf oder zerstört es, ganz gleichgültig, ob es sich um im strikten Sinne religiöse Dinge handelt oder nicht.

Auf strikt religiösem Gebiet prägt das Gottesverständnis die Lebensformen und das Handeln. Religiöse Institutionen gründen sich auf das Gottesverständnis.

Charakter und Bestimmung des Menschen, sei es hier, sei es im Jenseits, sind davon abhängig. Das Wichtigste, das es zu wissen gibt, ist deshalb die Wahrheit über Gottes Selbstoffenbarung. Wer und was ist Gott?"[6]

Somit müssen alle religiösen Phänomene an dem dahinterliegenden Gottesverständnis gemessen werden, dem sie entstammen und/oder zu dem sie logisch oder erfahrungsmäßig gehören. Welches Gottesverständnis hat Israel?

Grundsätzliche Voraussetzungen

Bevor der Entwurf eines alttestamentlichen Gottesverständnisses vorgelegt werden kann, müssen drei grundsätzliche Voraussetzungen aufgezeigt werden, die für das Verständnis der alttestamentlichen Gottesverkündigung wesentlich sind:

[5] J. Philip Hyatt, *Prophetic Religion* (Nashville: Abington-Cokesbury, 1947), S. 149.

[6] B.A. Copass, *A Manual of Old Testament Theology* (Fort Worth: Seminary Book Store, 1943), S. 13.

1. Die Schriftsteller des Alten Testaments gehören keiner spekulativen Schule irgendeiner philosophischen Theologie an. Sie haben auch kein Interesse daran, ausführliche Beweise für die Existenz Gottes aufzustellen, noch liegt ihnen daran, spekulative Definitionen über Gottes Wesen zu formulieren. Die Wirklichkeit Gottes in ihrem Erfahrungsbereich und in der Geschichte des Volkes Israels waren für sie Beweis genug. Gott lebte in ihrer Mitte, offenbarte sich ihnen; sie erfuhren ihn und beteten ihn an.

2. Die Schriftsteller des Alten Testamentes stehen unter der Voraussetzung, daß Gott nicht mittels menschlichen Verstandes, großer menschlicher Intuition, mystischer Einsicht oder menschlich-religiöser Erfahrung gefunden werden kann. Sie setzen voraus, daß jedes wahre Verstehen Gottes von Gott selbst kommen muß und daß es nur auf dem Wege der Offenbarung dem Menschen zukommen kann. Es gibt keine wahre Gotteserkenntnis, es sei denn, sie komme auf dem Weg übernatürlicher Offenbarung, auf dem Gott dem Menschen in den Weg tritt und sich selbst, sein Wesen und seine Bedeutung fassen läßt.

3. Letztlich nehmen die Schriftsteller des Alten Testamentes an, daß sich ihnen Gott in seiner unendlichen Gnade geoffenbart hat und daß man ihn somit kennen, sich ihm nahen und seine Botschaft verstehen kann. Er ist nicht der „unbekannte Gott" Athens oder der unerkennbare und undefinierbare Brahma Indiens. Gott wohnt bei seinem Volk. Durch sein Reden und Handeln läßt er sich erkennen.

Das Gottesverständnis

In einer Studie über Wesen und Sein des Gottes Abrahams, Isaaks und Jakobs, des Gottes Israels – Moses, Elias, Davids und der Propheten – stößt man auf viele Zeugnisse, findet aber immer das gleiche Porträt; es zeigen sich viele Akzentuierungen, aber es bleibt der eine Gott; es gibt viele klare Bezeichnungen, aber es ist der eine selbe „Name" oder das eine Wesen. Meine Ehrfurcht und Treue den alttestamentlichen Quellen gegenüber erlauben es mir nicht, das Evolutionsprinzip zu akzeptieren, demzufolge die Patriarchen – Abraham, Isaak und Jakob – Polytheisten waren, so daß jeder seinen eigenen Gott an einem anderen Ort anbetete. Auch lehrt das Alte Testament nicht, daß Moses die Anbetung des Einen entwickelte und die Propheten schließlich den ethischen Monotheismus erreichten.

In den verschiedensten Quellen des Alten Testamentes läßt sich weder eine Veränderung der fundamentalen Position des Gottesverständnisses noch ein Wechsel im Gottesverhältnis erkennen. Der Gott des ersten Buches Moses ist der „ICH BIN, DER ICH BIN", der Mose erschien. Das ist die Aussage der Quellen (2. Mose 3,6–17; vgl. 4,5; 6,2). Der berief Mose und sandte ihn zurück zu „meinem Volk, das in Ägypten ist". Später trat er mit Israel am Sinai in einen Bund ein und begründete eine Nation, der er eine lebendige Hoffnung, einen organisierten Gottesdienst und ein bleibendes ethisches Gesetz gab. Der Gott der Patriarchen und der Gott Moses sind in den alttestamentlichen Quellen und im Herzen und Verstand Israels engstens verbunden und miteinander im Einklang. In der Erlösung Israels aus Ägypten erfüllt Gott seine Verheißung an Abraham (2. Mose 6,2–9). Nirgends kommt Mose auch nur der kleinste Zweifel an dieser Gewißheit, obgleich, wie Elmer A. Leslie erinnert, „er Israel sein Nationalbewußtsein, seine spezifische religiöse Note sowie seine bleibende religiöse Hingabe aufprägte".[7] Somit hat er seinem Volk einen großen Dienst geleistet. Was die Propheten angeht, „so wiesen diese großen klassischen Interpreten von Jahwes Wesen und Forderungen aus dem 8. Jahrhundert v. Chr. entweder direkt oder indirekt auf die Zeit Moses und der Wüstenwanderung als die normative Periode israelitischer Religion zurück (Hos. 11,1; 13,4ff.). Dorthin, zu der erfrischenden und reinigenden Quelle, muß nach der Überzeugung der Propheten das Israel ihrer Tage zurückkehren. Der Geist jener Zeit muß Israels religiösen Trend korrigieren und im Zaum halten."[8] Sie waren der Überzeugung, „daß sie im großen und ganzen Israel zurückriefen zu der Religion der Zeit Moses, aber wie alle Reformatoren präsentierten sie Gedanken, die beides, alt und neu, waren. Ihr Auftrag war es jedoch, viel weniger eine neue Gottesvorstellung zu präsentieren, als verschiedentlich falsche Meinungen zu korrigieren und das hebräische Gottesverständnis zu vertiefen und zu erweitern, d.h. das Gottesbewußtsein sollte vertieft und das unter göttlicher Souveränität stehende Lebensgebiet erweitert werden."[9]

Ungeachtet dessen, was die moderne Wissenschaft dagegen ins Feld führt, ist festzuhalten, daß die Autoren des Alten Testamentes untereinander mit ihrem Zeugnis über Gott im Einklang sind. Nirgendwo zeigt sich eine Entwicklung vom Polytheismus zur Anbetung des einen Gottes bzw. zum ethischen Monotheismus. Der

[7] Elmar A. Leslie, *Old Testament Religion* (Cincinnati: Abingdon, 1936), S. 78.

[8] Leslie, a.a.O., S. 78.

[9] Hyatt, a.a.O., S. 150.

Gott Israels war der „Ich bin“ (Jahwe) Moses, der Gott Abrahams, Isaaks und Jakobs. *Elohim* mit seinen verschiedenen erläuternden Bereicherungen und *Jahwe* in den verschiedenen Zusammensetzungen sind wesensmäßige Beschreibungen des einen Gottes, des Gottes, der die Welt schuf, der Abraham rief und der mit Israel den Bund schloß. Es besteht eine Kontinuität im Offenbarungsmonotheismus, von Abraham angefangen durch das ganze Alte Testament hindurch. Das Ideal wurde nicht Schritt für Schritt erreicht, sondern es wurde von Anfang an festgehalten; man verteidigte es mit großer Treue und verkündigte es mit aller Kühnheit. Die Lehre des *sh'ma* (das hebräische Wort für „hören“, mit dem 5. Mose 6,4 beginnt: „Höre, Israel, der Herr unser Gott ist ein Gott“) ist von Anfang an Grund, Mitte und bestimmendes Element für die nationale Religion Israels. Es ist das theologische Leitmotiv, von dem alle anderen Lehrsätze ihr Wesen und ihre Bedeutung ableiten.

Wesen und Charakter des Gottes Israels lassen sich von seinen Namen her definieren, die auf jeden Fall im Alten Testament eine wesensmäßige Bedeutung haben. Der göttliche Charakter läßt sich auch aus den expliziten Aussagen über Gott herauslesen oder man kann ihn aus seinen Taten in der Geschichte der Menschheit (1. Mose 1–11) und in der Geschichte Israels (1. Mose 12 ff.) ableiten. Seinem eigentlichen Wesen nach ist der Gott Israels personal, geistlich, einer, unendlich, ewig, in sich selbst bestehend, allmächtig, allwissend und allgegenwärtig. Er ist Gott im absoluten Sinne des Wortes.

In bezug auf das Universum und die Geschichte ist er der Schöpfer, der Grund und die Quelle allen Daseins und der alles überragende, segnende Herr und Herrscher, souveräne Heiland und Retter, Richter des Universums und der Menschheit, sowohl immanent als auch transzendent.

Wesensmäßig ist Gott vor allen Dingen der Heilige, und aus seiner Heiligkeit ergeben sich weitere Wesenszüge: seine Majestät, seine Herrlichkeit, seine Gerechtigkeit, seine Wahrheit und seine Wahrhaftigkeit. Er ist Liebe. Daraus resultieren Eigenschaften wie Güte und Gnade, Freundlichkeit, Barmherzigkeit, Empfindsamkeit, Mitleid, Geduld, Langmütigkeit und Vergebung. Sein Zorn samt Gerechtigkeit und Gericht sind nicht zu übersehen.

Das ist der Gott des Alten Testaments, der Gott der Patriarchen, Moses und der Propheten. So gab er sich seinem Volk zu erkennen.

Es muß hier noch einmal festgestellt werden, daß nicht jedes einzelne Glied des Volkes ihn erfahrungsmäßig in seiner ganzen Fülle erkannte. Geht man das Alte Testament durch, sieht man, daß Israel vielmals hinter dem Ideal der Offenbarung zurückblieb, ja, in den religiösen und abgöttischen Morast der Ägypter, der Kanaaniter und anderer Nationen absank. Könige, Priester und falsche Propheten waren oft die Anführer des Abfalls und der Ausschweifung und riefen somit das strenge Gericht Gottes auf sich selbst herab. Aber das Offenbarungsideal blieb konstant. Gott hat immer wieder mächtige Verteidiger seiner Sache auf den Plan gerufen, die mutig in die Lücke traten.

Was als Zwiespältigkeit erscheint, darf den Blick auf die Einheit und Majestät der Offenbarung und das Bewußtsein, das immer wieder durchbrach, nicht verbauen, denn es läßt erkennen, daß Israel im Besitz der wahren und einzigartigen Gotteserkenntnis war.

4. *Ein tiefes Bewußtsein von einer Beziehung zwischen menschlicher Sünde und menschlichem Leid.* Dieses Bewußtsein erscheint im Alten Testament überall äußerst realistisch, beharrlich und folgerichtig. Die zahlreichen Gerichte gelten weder als bösartige Akte von Gottheiten, die wie feindliche Mächte in den Bereich der Erde einfallen, noch sieht man in ihnen normale Folgen des Naturablaufes, sondern es ist jeweils Gottes gerechte Antwort auf die Sünde der Menschen im individuellen oder kollektiven Sinn. Krankheiten, Naturkatastrophen, Kriege und alles Leiden wird ähnlich verstanden.

Die menschliche Sünde ist im Alten Testament eine schreckliche Realität, die immer wieder in aller Schärfe erscheint. Sie läßt sich nicht als Unwissenheit oder Fehler erklären; sie ist Unglaube gegen Gott, ein Mißachten seines Willens, Nichtgehorchen und Auflehnung gegen Gott, ein ihm Entgegentreten mit eigenem Willen. Es geht immer um den Menschen und den ethischen Willen Gottes; deshalb wird aus Sünde Schuld, die zum Gericht und zur Strafe führt.

Als absoluter, ethischer Herrscher des Universums übt Gott überall Gericht aus; er benützt, was immer für Mittel nötig sind, zur Ausführung der Strafe. Leid ist somit – logisch betrachtet – nichts anderes als ein Hinweis darauf, daß Gottes ethischer Wille diese Welt regiert, die Leidenden korrigiert und die anderen warnt.

Zwischen Schmerz, Leid, Strafe und Sünde besteht jedoch kein natürlicher Zusammenhang, wie ihn z.B. das *Karma* ohne irgendwelchen Ausweg voraussetzt. Im Alten Testament gibt es kein mechanisches Vergeltungsgesetz, das automatisch entscheidet und unausweichlich zur Ausführung kommt. Vielmehr ist hier ein persönlicher Herrscher, der Sünde und Schuld mißt und aus ethischer Verantwortlichkeit und Gerechtigkeit heraus die Strafe austeilt. Nicht dem Universum wohnt ein ethisches Prinzip inne, sondern dessen Herrscher ist ethisch. Deshalb gibt es auch einen Ausweg, denn echte Reue und ethisches Handeln können an die Stelle des Leides treten. Deshalb ist eins der bedeutendsten Worte des Alten Testamentes das Wort *Buße* und sein positives Synonym *Bekehrung.* Die Logik der Beziehung zwischen Sünde und Leid ist nicht absolut zu setzen. Das Buch Hiob und die Geschichte dieses Mannes zeigen das unmißverständlich. Dort ist das Leid in der Tat ein unverstandenes Geheimnis für Hiob. Auch seine Tröster können es nicht erklären. Es kann das Feuer der Reinigung oder der Erweis der Echtheit sein. Stellvertretend kann Leiden Segen sein, wie Jesaja 53 zeigt.

Im großen und ganzen bleibt aber die These bestehen, daß zwischen Sünde und Leiden ein folgerichtiger und ethischer Zusammenhang besteht. Gott ist der Gott der Gerechtigkeit und des Gerichts, dessen heiliger Zorn über dem Bösen, dem Übel und dem Übeltäter bleibt. Der Gott, der keinen Pakt mit der Sünde schließt noch sich je von ihr betrügen läßt, läßt sich versöhnen, damit Vergebung möglich wird.

5. *Ein tiefes Bewußtsein und eine lebendige Hoffnung des göttlichen Heils und der Errettung von Sünde, Zerstörung des Bösen und Sieg der Gerechtigkeit und Herrlichkeit.* Das Alte Testament ist ein Buch der Hoffnung. Für eine zyklische Geschichtsschau mit endloser Wiederholung des Elends gibt es keinen Platz. Die Geschichte bewegt sich auf das eine Ziel des Heils und der Herrlichkeit zu.

Das Heil trägt im Alten Testament einzigartige Züge:

1. Es ist immer das Heil Gottes. Gott ist ein Gott des Heils. Die Erlösung Israels ist das klassische Beispiel. Selbsterlösung hat im Raum der israelitischen Religionsgeschichte keinen Platz.

2. Es ist die Errettung von der Sünde und ihren Folgen. Gott kann von Sünde, Befleckung, Feindschaft, Trauer und Leid retten.

3. Es ist ein umfassendes Heil für den einzelnen, die Nation, die Rasse, das Universum, das in einer ethischen Umformung des Individuums und der Gesellschaft resultiert. Es ist eine radikale Erneuerung des Kosmos, so daß er seine Fülle und seinen Reichtum der Menschheit zur Verfügung stellt.

4. Es ist ein Heil, das auf die absolute Unterwerfung des Bösen, den vollkommenen Sieg des Friedens, des Wohlstandes, der Gerechtigkeit und Herrlichkeit in gesegneter Gemeinschaft zwischen Gott und seinem Volk hinausläuft.

5. Es ist ein Heil, das auf einer Versöhnung durch stellvertreten-

des Leiden basiert, wie es fortlaufend in den verschiedenen Opfern so anschaulich dargestellt wird.

Hier liegen die Quellen für die moralische und religiöse Kraft der israelitischen Religion. In ihnen liegt ein überwältigender missionarischer Zug und/oder eine tiefe Motivation.

Die Universalität der nationalen Religion

Die nationale Religion ist wie ein Hoffnungsstrahl, der den endgültigen Sieg einer erneuerten religiösen Universalität ankündigt, die die ganze Menschheit versöhnen wird zu gemeinsamem Segen und zu gemeinsamer Anbetung des wahren und lebendigen Gottes, des Schöpfers, Herrn und Heilandes der Menschheit.

Das klingt zunächst widersprüchlich. Wie kann eine nationale Sache den Keim der Universalität in sich tragen? Wie vorher schon aufgezeigt, bezieht sich das nationale partikulare Element auf die Methode, während Prinzip und Zielsetzung universal sind.

Man hat das Alte Testament oft so ausgelegt, als sei das Nationale das Ziel und nicht die Methode. Die Folge war eine große Verwirrung. Aber Universalität ist mit so kühnen Buchstaben über das ganze Alte Testament geschrieben, daß kein unvoreingenommener Leser umhin kann, es zu sehen. Die Universalität zeigt sich implizite oder explizite wenigstens in fünffacher Weise.

1. *Die konstante Betonung des Monotheismus im Alten Testament offenbart Gott als alleinigen Schöpfer und segnenden Herrscher des Universums.* Nirgendwo findet sich auch nur ein Hinweis darauf, daß Gott die Herrschaft mit einem anderen Gott teilen würde. In der Offenbarungsgeschichte gibt es weder ein Pantheon noch einen Henotheismus. Gott allein ist Gott.

Die religionsgeschichtliche Evolutionshypothese und ihre Interpretation durch Troeltsch ist mir samt den modernen Verfeinerungen wohl bekannt. Das gleiche gilt für die Wellhausenschule und ihre verschiedenen Theorien über das Entstehen der alttestamentlichen Schriften. Ihre Wurzeln finden sich im Hegel'schen Idealismus. Der letztere starb zwar eines ziemlich gewaltsamen Todes in den Brutalitäten zweier Weltkriege. Die erstere hat aber überlebt. Die Bewertung dieser Theorien und ihre Verwerfung überlasse ich der alttestamentlichen Wissenschaft. Persönlich finde ich sie eher verwirrend als hilfreich. Keine von ihnen gründet sich auf eine historische Exegese. Es handelt sich nicht um ehrliche Theologie, die aus dem Alten Testament selbst geschöpft wäre; vielmehr sind es Spekulationen, die auf der Prämisse David Humes' basieren, daß das Vollkommene eine Entwicklung aus dem Unvollkommenen sein muß. Solch eine Prämisse ist für die Bibel, die mit dem Monotheismus anfängt und aufhört, absolut unakzeptabel.

2. *Die Betonung der Tatsache, daß Gott, der Herr der Heerscharen, Herrscher und Richter der Völker bleibt, ja die Völker sogar als Gerichtswerkzeuge benützt, um sein Werk voranzutreiben.* Geschichtsdeutungen, die auf Gott einen trüben Schatten fallen lassen, stifteten mancherlei Verwirrung. Ich weise nur auf ein sichtlich zu enges und falsches Verständnis der paulinischen Aussage in Römer 1,24.26.28, daß „Gott sie dahingab". Sicherlich will Paulus damit nicht sagen, daß Gott sich vollständig von den Völkern getrennt hätte oder ihnen ganz die Zügel schießen ließ, denn das würde sein Schöpfersein, seine Verheißungen und sein Bundesverhältnis mit ihnen ganz außer Kraft setzen (1. Mose 1–2; 9,8–17.25–37). So etwas würde seiner ethischen Herrschaft über das Universum entgegenstehen und sein Allwissen unterschätzen. Wenn Gott die Völker absolut verworfen hätte, so hätte das nur zu absolutem Chaos führen können, so daß ihre Rettung schließlich eine Unmöglichkeit gewesen wäre. Was immer also mit diesem „Gott gab sie dahin" gemeint ist, es kann nicht auf eine totale, absolute Trennung Gottes von den Nationen und ihr totales Verlassensein hinauslaufen.

Im Gegenteil, die universale Gegenwart Gottes und sein ungehindertes Wirken an allen Orten ist überall im Alten Testament ersichtlich. Obwohl die alte Volksreligion oft so von ihm dachte, ist er weder der Gott eines einzigen Stammes oder einzigen Volkes, noch an einen bestimmten Ort gebunden. Er war in Ur in Chaldäa, wo er Abraham berief, ebenso daheim, wie später in Haran, wo er ihm seinen Auftrag gab. Er bewies seine errettende Kraft in Ägypten und seine Allgenügsamkeit in der Wüste, wo er Israel durch die Territorien der verschiedenen Völker leitete. Er war mit ihnen in Palästina und später in Babylon und hat hier wie dort Propheten bestellt.

Aber nicht nur sein Volk erfreut sich seiner Gegenwart, sein wachsames Auge ist auf die ganze Welt gerichtet. Er kennt die Sünden der Nationen bis ins Detail. Er setzt ihre Grenzen, ihre Zeiten, fällt das Urteil über sie und führt es aus (vgl. Stellen wie Am. 1,3–2,3; Obad. 1; Jes. 10,5–34; 13,1–23,18; Jer. 42–51; Hes. 25–32, 38–39; Dan. 2,1–45; 7,1–28; 9,20–27; 11,1–45).

Weder mit seinen Interessen noch mit seinem Tun ist Gott an einen Ort gebunden. Er ist der Gott der Nationen. Niemand entgeht seiner Versorgung, obwohl die Völker sie grob mißbrauchen können. Niemand stellt sich außerhalb seines ethischen Regiments. In gewissem Sinn ist er überall gegenwärtig, obwohl es ihm gefallen hat, seine einzigartige Offenbarung auf ein besonderes Volk zu beschränken. Somit schließen sich Universalität und Partikularismus nicht gegenseitig aus.

Dazu zeigt die Bibel, wie Gott die Völker als seine Werkzeuge benützt. Es gefiel ihm, Israel nach Ägypten hinabzuführen, nicht nur um es physisch in der Zeit der Hungersnot zu versorgen, sondern auch um es als besondere Nation zu bewahren und es kulturell zu bereichern. Ägypten wurde Gottes Magd, die seinem Volk diente.

Gott nennt Nebukadnezar „meinen Knecht" (Jer. 25,9; 27,6; 43,10) und Cyrus „meinen Hirten" und „meinen Gesalbten", und es folgt eine äußerst bemerkenswerte Prophetie (Jes. 44,28–45,13). Von den Assyrern spricht er als „meines Zornes Rute" und bezeichnet sie als „meines Grimmes Stecken" (Jes. 10,5). Die „Könige von Medien" sind „mein Hammer, meine Kriegswaffe" für die Zerstörung Babylons (Jer. 51,11.20). Gottes Hand ist in den Angelegenheiten der Völker äußerst aktiv tätig.

Die wohl ergreifendste Darstellung von Gottes Umgang mit den Völkern findet sich im Buch Jona. Ninive ist weit entfernt von der Grenze der partikularistischen Offenbarung, aber immer noch innerhalb von Gottes Fürsorge und Liebe, und zwar in einem solchen Maß, daß er der Stadt einen Boten sendet, ihr die Gnade der Buße gewährt und die Stadt vor der Zerstörung bewahrt, und das alles zum Ärger des nationalistisch und partikularistisch gesinnten Jona.[5] Der Prophet war offensichtlich nicht in der Lage, Gottes universalistischen Heilsplan hinter der partikularistischen Offenbarung zu sehen. Somit war er weder bereit noch fähig, an Gottes Gnadenwerk an den Nationen jenseits der partikularistischen Offenbarung Anteil zu nehmen.

3. *Die Verwerfung und Verurteilung der religiösen Entwicklung und Praxis jenseits der Sphäre partikularistischer Offenbarung.* Nie gibt Gott sein Ja zu den nichtoffenbarten Religionen, noch betrachtet er sie als die legitimen Religionen der Völker der Welt. Religion und Gottesdienst der Völker sind ihm nicht gleichgültig. Im Gegenteil, das Alte Testament verneint und verurteilt konstant alle Religionen außerhalb der partikularistischen Offenbarung. Für den modernen Menschen ist diese Kritik einer der am schwierigsten zu verstehenden Aspekte des Alten Testaments. Das scheint zu separatistisch, zu selbstbewußt, zu untolerant und zu imperialistisch. Für irgendeinen Dialog bleibt kein Raum. Das Alte Testament weiß

nichts von einer „Logos-“ oder „Erfüllungstheorie“. Auch der „Weg der Synthese“ oder der „Weg des Wiederverstehens“ ist unakzeptabel. Das Alte Testament kennt lediglich die Methode der „radikalen Verdrängung“, gleichgültig, ob dies dem modernen Menschen angenehm ist oder nicht.

4. *Die klaren Voraussagen und die inklusiven Verheißungen des Alten Testaments.* Das hierhergehörige Material ist so reich, daß man nur eine magere Auslese zusammenstellen kann. Es gibt keinen Zweifel daran, daß das Heil in seiner zentralen Stoßrichtung, so wie es Gott im Alten Testament sieht, auf die ganze Menschheit hinausläuft. Es ist weder national noch partikularistisch, sondern universal. Damit ist noch gar nicht gesagt, daß Israel es so gesehen hätte. Aber die objektive Offenbarung macht die bleibende universale Verheißung zu der Stoßrichtung des Alten Testamentes. Das zeigen alle epochalen Ereignisse und entscheidenden Augenblicke der alttestamentlichen Offenbarungsgeschichte.

Auf die universale und unwiderruflich die ganze Rasse umfassende Verheißung des Evangeliums (1. Mose 3,15), den Morgenstern des „Primitivismus“, wurde schon hingewiesen. Wir sprachen von der Universalität des Bundesschlusses Gottes mit Noah und den prophetischen Worten Noahs (1. Mose 9,8–17; 9,25–27). Diese drei Ereignisse finden sich im Zusammenhang der „an die ganze Rasse gerichteten Offenbarung“ Gottes und haben deshalb universale Bedeutung. Und wie sich hier schon die zentrale Stoßkraft in der „an die Rasse gerichteten Offenbarung“ zeigt, so bleibt die Universalität auch die Konstante im Rahmen der „nationalen Offenbarung“.

Die Universalität von Gottes Absicht tritt mit gleicher Klarheit in den Verheißungen an Abraham (1. Mose 12,3) und im Präludium für den Bundesschluß mit Israel (2. Mose 19,3–6) hervor. In den Psalmen wird ihr eine prominente Stelle eingeräumt und in Salomos Weihegebet für den Tempel hat sie gleichfalls ihren Platz (2. Chron. 6,32–33). Und mit gleichem Gewicht findet sich diese Verheißung in Jesaja 53. Das Heil des Alten Testaments ist eben nicht partikularistisch, weder was die Verheißung, noch was die Hoffnung angeht, eine Tatsache, die später noch im Detail aufgedeckt werden muß.

5. *Die heilige und einzigartige Berufung Israels, Gottes Zeuge und Priesterschaft zu sein – eingeleitet unter Mose und von den Propheten entwickelt.* Über diesen Punkt braucht kaum etwas gesagt zu werden. In Worten, die keinem Zweifel Raum geben, berief Gott Israel, seine heilige Priesterschaft (2. Mose 19,5–6), sein Knecht und sein Zeuge zu sein (Jes. 40–53) und seinen Ruhm unter den Völkern zu verkünden (Jes. 43,21). Später spricht Christus von

seinem Volk als dem Salz der Erde und dem Licht der Welt (Matth. 5,13–15). Israel war ein ausgesondertes, allein dastehendes Volk mit einem herrlichen Ruf und einer großartigen Mission (5. Mose 7,6; 14,2; 26,18–19). Enorme göttliche Gnadengaben und Reichtümer waren mit diesem göttlichen Ruf gegeben. Diesen standen gleichgewichtig die Verantwortlichkeiten gegenüber. Das religiöse Schicksal der Welt war irgendwie mit der Treue Israels und seiner Selbsthingabe verbunden. Seine Berufung verlangte mehr als Tieropfer. Es verlangte die Hingabe der Nation in den Dienst Gottes für das Wohl der Welt.

Die missionarische Entfaltung in der Zeit der Patriarchen

Die erste Summe der Verheißungen, die Abraham gegeben wurden, als er vielleicht noch in Ur in Chaldäa war, beinhaltet auch eine Verheißung für die Welt. Ja, es handelt sich hier in der Tat um die reichste und völligste aller Verheißungen. Es ist schon etwas, einen Segen zu empfangen, aber es ist noch etwas Größeres, einen Segen weiterzugeben. Abraham wird versichert: „In dir sollen gesegnet werden alle Geschlechter auf Erden“ (1. Mose 12,3). Verheißung und Zusicherung werden in 1. Mose 18,19 und 22,19 wiederholt (vgl. Apg. 3,25; Gal. 3,8). Es ist ziemlich gleichgültig, ob man die obige Übersetzung beibehält oder ob man übersetzt: „In dir sollen sich alle Geschlechter der Erde segnen.“ Es handelt sich dabei lediglich um einen methodischen Unterschied, nicht um einen grundsätzlichen.

Die zentrale und bedeutende Tatsache ist, daß der Ruf Abrahams nicht etwa die persönliche Bevorzugung eines partikularistischen Gottes ist, der damit eine Lokalreligion sowohl in der Praxis als auch in der Zielsetzung aufbauen will. Der Ruf gründet in der Herrlichkeit Gottes und bezweckt das Wohl der Menschheit. Genausowenig wie Gott seine Diener um ihrer selbst, sondern um der Kirche, der Gesellschaft und der Welt willen beruft, so berief er auch Abraham nicht um Abrahams willen. Die Welt lag im Blickpunkt, und die Menschheit war das Ziel, gleichgültig, welche Methode verwandt wurde. Die Verheißung, die von Anfang an einen universalen Zweck hatte, wurde, als es Zeit war, an die anderen Erzväter, Isaak (1. Mose 26,4) und Jakob (28,14), weitergegeben. In einer leicht abgeänderten Form, bereichert, aber auch noch spezifiziert, erbte sie Juda von Jakob (49,10). Obwohl Levi für den Priesterdienst erwählt wurde, wurde Juda damit der Bannerträger Israels. Die Zeit der Erzväter zeigt keine Abschwächung der Universalität. Gottes universaler Plan und seine universale Absicht liegen offen zutage.

Die missionarische Entfaltung zur Zeit Moses

Durch Mose wurde die Religion Israels aufs vielfache bereichert. Hinzu kam das wunderbare Erleben der Erlösung, ein positiver Monotheismus, eine Weihe und Hingabe, eine dynamische Ethik, ein verantwortlicher Glaube, Liebe und Gehorsam, ein organisierter Gottesdienst, ein ordnendes Gesetz und eine große Hoffnung. Obwohl im Blick auf die Universalität nicht viel Neues hinzukam, steht die Inklusivität im Vordergrund des Präludiums, das der Weihe Israels als Nation, der Übergabe des Dekaloges und des Bundesschlusses vorangestellt ist. Wenn dieses Präludium recht verstanden worden wäre, hätte es für Israel von revolutionärer, lebensprägender Bedeutung sein können, da es seiner Geschichte einen Sinn, ein Ziel und einen Zweck gesetzt hätte. Gott will mit seinem Volk einen Bund schließen und es zu einer Nation machen. Deshalb spricht er zu ihm: „Ihr habt gesehen, was ich mit den Ägyptern getan habe und wie ich euch getragen habe auf Adlersflügeln und euch zu mir gebracht. Werdet ihr nun meiner Stimme gehorchen und meinen Bund halten, so sollt ihr mein Eigentum sein vor allen Völkern; *denn die ganze Erde ist mein* und ihr sollt mir ein Königreich von Priestern, ein heiliges Volk sein. Das sind die Worte, die du zu den Kindern Israel sagen sollst" (2. Mose 19,4–6).

Die Auslegung dieser Stelle hat zu mancherlei Spekulationen geführt. Man folgerte, daß Israel in diesem entscheidenden Augenblick seiner Geschichte den Grund der Gnade und der Verheißung (die Zeit der Verheißung wurde göttlicherseits mit Abraham eröffnet) verlassen hätte und in eine neue Epoche eingetreten sei – in die Epoche des Gesetzes. Solch Verständnis wird aber der biblischen Bedeutung dieses Ereignisses, wie es von Mose, den Propheten und Paulus verstanden wird, nicht gerecht, noch wird damit die Bedeutung des mosaischen Bundesschlusses und Gesetzes recht erläutert, besonders nicht die Zehn Gebote. Nirgendwo findet sich bei Mose der Gedanke, daß mit ihm ein neuer Zeitabschnitt in der Religionsgeschichte begänne. Die Propheten sprechen von diesem Ereignis niemals als von etwas Neuem, obwohl sie es in vieler Hinsicht als normativ betrachten. Der Bund mit Abraham und die dazugehörigen Verheißungen sind in der ganzen Geschichte der Standort der Propheten und ihr Trost. Das Volk weiß sich als Erbe des abrahamischen Bundes und der Verheißungen. Sie sind die rechten Kinder der Erzväter Abraham, Isaak und Jakob. Paulus nimmt dieses Verständnis in Galater 3 auf, wo er darauf hinweist, daß diese beiden Bundesschlüsse von Sinai bis Golgatha parallel nebeneinander herlaufen; mit Golgatha endet der sinaitische Bund, und der abrahamische erreicht – wenigstens zum Teil – seine Erfüllung.

Die aus 2. Mose 19 zitierte Stelle ist im Sinn der Knechtschaft und des Dienstes zu verstehen. *Der abrahamische Bundesschluß macht aus Israel das Volk Gottes, während der mosaische Bund aus Israel eine Nation und den Knecht Gottes macht.* Der mosaische Bund ist nicht heilsbezogen noch wird dadurch Israel Gottes Eigentum, denn sie waren schon in Ägypten sein Eigentum; das war ja der Grund, daß Gott sie erlöste. Jetzt wird Israel zu einer Nation mit einer *einzigartigen Position unter den Nationen* der Erde. Mit Abraham wurden sie in ein besonderes Gottesverhältnis aufgenommen, jetzt wird an das Vorrecht die Verantwortung geknüpft.

Es fällt auf, wie stark Gott betont, daß die ganze Erde einschließlich der Völker sein ist. Israel ist nicht sein einziger Besitz. Darin darf Israels Einzigartigkeit nicht gesucht werden. Einzigartig ist es lediglich in seiner Stellung und Sendung. Es soll, wie Gott sagt, „mein Eigentum sein“, das in einem außerordentlichen Verhältnis zu ihm und über allen Völkern steht. Israel soll ein „Königreich von Priestern“ sein, das zwischen Gott und den Nationen vermittelt, damit die Nationen an seinem Segen Anteil haben und es ihnen Gottes Herrlichkeit aufleuchten lassen kann. Israel soll mitten unter den Völkern „in der Gegenwart Gottes“ leben.

Solch hohe Berufung bringt natürlich enorme Forderungen für das Volk mit sich, die sich in hohen religiösen (erste Tafel der Zehn Gebote) und ethischen Idealen (zweite Tafel), in strenger Disziplin (die verschiedenen Gesetze und Verordnungen), feierlichen Verpflichtungen (der Bund), einzigartigen Kraftquellen (der Gottesdienst: das Heiligtum, die Opfer, die Priesterschaft und die jährlichen Feste) niederschlagen. Israel wurde das *Volk Gottes* durch die souveräne Berufung Abrahams, an die keinerlei Bedingungen geknüpft waren. Aber die Indienstnahme als Gottes *Diener* für die Nationen der Erde zieht strenge göttliche Regeln nach sich, bedingt eine absolute freiwillige Hingabe und verlangt allumfassenden Gehorsam.

Dieser Dienstauftrag Israels findet sich am deutlichsten bei Jesaja in den Kapiteln 40 bis 55 beschrieben. Verschiedentlich wird dort Israel „mein Knecht“ genannt, diese Bezeichnung taucht in diesem Abschnitt 18mal auf.

Dreimal spricht Gott von Israel als „meinem Zeugen“ (43,10.12; 44,8). Die legitime Frage ist: Zeuge für wen? Da erklärt der Herr in klaren Worten: „Das Volk, das ich mir bereitet habe, soll meinen Ruhm verkündigen“ (43,21). Wem sollen sie seinen Ruhm verkündigen? Vers 9 weist die Richtung: „Alle Heiden sollen zusammenkommen und die Völker sich versammeln.“ Hier ist die Zuhörerschaft Israels. Hier ist seine Sendung.

Das Konzept der Knechtschaft wird nicht dadurch geschwächt, daß vier Gesänge des Gottesknechttextes in einzigartiger Weise auf den „idealen Knecht“ Gottes zugeschnitten sind, der niemand anders ist als Christus selbst, wie später noch zu zeigen ist. Dennoch steht die Knechtschaft Israels über allem Zweifel. Israel hat eine Sendung auszuführen, einen Dienst zu vollbringen. Die Worte des Apostels Paulus deuten den wahren Beruf Israels im Alten Testament an: „Ich bin ein Schuldner der Griechen und der Nichtgriechen, der Weisen und der Nichtweisen“ (Röm. 1,14). Daß Israel diese Knechtstellung nicht erkannt und der Menschheit nicht gedient hat, zerstört nicht das alttestamentliche Ideal und die Berufung dieser Nation.

Hält man sich diese Doppelstellung Israels vor Augen, dann erscheint ein Großteil der Heiligen Schrift in neuer Perspektive und erhält einen tieferen Sinn. Israel hört nie auf, Volk Gottes zu sein, auch dann nicht, wenn es aufgrund seines Versagens für eine gewisse Zeit als Knecht Gottes verworfen ist. Israel bleibt disqualifiziert, bis es durch wahre Buße wiederhergestellt ist. Diese Wiederherstellung ist durch Gottes Gnade verheißen und wird auch von der Gerechtigkeit und Treue Gottes garantiert.

Die direkte und indirekte Universalität dieses Abschnittes im zweiten Buch Mose liegt klar vor Augen. Gott sagt unmißverständlich, daß die ganze Erde sein ist. Als Schöpfer ist er auch der legitime Eigentümer. Das sollte auch Israel nicht vergessen und von Gott weder in geographischen, noch in stammesmäßigen, noch in nationalen Grenzen denken. Er ist der Gott der ganzen Erde, wobei die ganze Menschheit mit eingeschlossen ist. Um es mit den Worten Melchisedeks an Abraham zu sagen, er ist „Gott der Höchste“, der Eigentümer des Himmels und der Erde, der *El Elyon.* Israel hat keinen ausschließlichen Anspruch auf Gott.

Nachdem Gott das in der Absicht herausgestellt hat, Israel diese Tatsache einzuprägen, es zu demütigen und zur Dankbarkeit zu rufen, umreißt er die Stellung Israels inmitten seines Gesamtbesitzes. Israel ist „Gottes Eigentum vor allen Völkern“, „ein Königreich von Priestern“ und ein „heiliges Volk“.

Die verschiedenen Übersetzungsmöglichkeiten sind wohl bekannt, haben aber für unsere Arbeit nur geringe Bedeutung. Die Tatsache bleibt, daß Gott Israel in eine dreifache Beziehung hineinstellt:

Seine Beziehung zu Jahwe. Israel ist sein besonderes Eigentum vor allen Völkern, was so viel heißen will wie „persönlicher Besitz" oder „du hast um meinetwillen eine Sonderstellung vor allen Völkern". Unabhängig von der Übersetzung ist der Sinn klar, nämlich, daß Israel eine einzigartige Gottesbeziehung hat.

Seine Beziehung zu den Nationen. Israel soll ein Königreich von Priestern sein, was an anderer Stelle auch als „königliches Priestertum" (Septuaginta), oder „priesterliches Königtum" (Vulgata), oder „Königtum von Priestern" (Peschitta), oder „Könige und Priester" (Targum) übersetzt wird. Und wiederum gilt, daß unabhängig von der Übersetzung die eine Tatsache klar ist, daß Israel Gottes Priester ist und daß es in dieser Welt einen Priesterdienst auszuführen hat. Israel ist Gottes Mittler. Kein Priester ist für sich selbst da. Sein Wert und sein Sinn besteht in seiner Mittlerstellung.

In seiner Beziehung zu sich selbst. Israel soll eine heilige Nation sein, eine Nation, die sich von weltlicher Beschmutzung absondert, von der Sünde isoliert und Gott in ganzer Hingabe und freudigem Dienst geweiht ist. Nur so kann Israel für Gott da sein und ihn wieder bezeugen. So ist die Universalität als Grundsatz in die Präambel des nationalen Bundesschlusses und Gesetzes Israels hineingeschrieben.

Im Licht der obigen göttlichen Aussage ist eine Untersuchung der Haltung Israels Fremden gegenüber äußerst aufschlußreich. Keine andere Religion widmet diesem Punkt so viel Aufmerksamkeit wie das Alte Testament. Und keine andere Religion macht ähnliche Vorschriften oder trifft ähnliche Fürsorge. Die Aussagen der fünf Bücher Mose sind so umfangreich, daß sie hier nicht im einzelnen untersucht werden können. Ich wähle lediglich einige besonders wichtige Auflagen und Vorschriften aus, um die Stellung des Alten Testamentes zu illustrieren.

Man erwartet, daß der Fremde mit Israel auf gleicher Basis am Passah teilnimmt (2. Mose 12,48; 4. Mose 9,14). Er soll von den Israeliten nicht bedrängt oder bedrückt werden (2. Mose 22,21); sein Opfer ist akzeptabel (4. Mose 15,14); vor Gericht steht ihm gerechtes Urteil zu (5. Mose 1,16); die Liebe und Freundlichkeit Gottes gilt ihm in gleicher Weise wie den Witwen und Waisen (5. Mose 10,18); er kann am Bund mit Gott Anteil haben und vor Gott stehen (5. Mose 29,11); er versammelt sich mit dem ganzen Volk zur Unterweisung im Gesetz (5. Mose 31,12).

Das sind einige Vorschriften betreffs der Vorrechte des Fremden. Die alttestamentliche Offenbarung war keine exklusive Nationalreligion. Die Türen waren weit offen. Trotz theologischer, ethischer und zeremonieller Einschränkungen war es weder national noch rassisch gesehen ein geschlossenes System. Der Fremdling war willkommen und wurde auf gleicher Ebene akzeptiert.

Die missionarische Entfaltung im davidischen Zeitalter

Davids Einfluß auf das religiöse Leben Israels wird kaum je getrennt behandelt. Dennoch tut man wohl daran, David als den Initiator vieler Neuentwicklungen und Bereicherungen der Geschichte Israels zu sehen. Während im gottesdienstlichen Bereich vielleicht keine Neuerungen zu verzeichnen sind, wird das ganze Gottesdienstleben auf eine höhere Ebene gestellt. Israel wird zu einer ausschließlich gottesdienstlichen Gemeinschaft. Leben und Wirken Davids sind nicht nur bedeutsam, weil er aus Israel ein geeintes Königreich macht, sondern auch, weil er Israel ein politisch-religiöses Zentrum (Jerusalem) und einen geordneten und schönen Gottesdienst gab. Obwohl ihm der Bau des Tempels nicht gestattet wurde, unternahm er die ganze Planung und alle Vorbereitungen. Seinem Sohn Salomo verblieb lediglich die Ausführung.

Für unseren Zweck weisen wir auf zwei wichtige Faktoren hin: Die Botschaft und der Gebrauch der Psalmen, sowie Salomos Weihegebet für den Tempel.

Die Botschaft und der Gebrauch der Psalmen. Die Psalmen sind wahrscheinlich die reichste und tiefste religiöse Literatur der Welt. Sie spiegeln die Glaubenserfahrungen der Heiligen wider und sind nach Inhalt, Sprache und Form äußerst existentiell. Sie sprechen die Herzen der Menschen an, und von ihnen fließt ein kontinuierlicher Segensstrom.

Obwohl die Verfasser einiger Psalmen unbekannt sind und die Entstehungszeit anderer ziemlich spät liegt, bleiben immer noch 73, die David zugeschrieben werden. D.h., daß etwa die Hälfte der Psalmen von dem „süßen Psalmisten" Israels stammen. Sie waren zweifelsohne zum Teil der Privaterbauung gewidmet; aber in der Hauptsache waren sie für den öffentlichen Gottesdienst bestimmt, wie die Überschriften der Psalmen Asaphs und der Kinder Korahs andeuten. Es mag noch gesagt werden, daß die beiden Letztgenannten den Dichtungen Davids 24 weitere Psalmen hinzufügten.

Was die Benutzung der Psalmen angeht, sagt Dr. Robert Martin-Achard aus Genf:

„Die Psalmisten dachten nicht in erster Linie daran, jahwistische Propagandaliteratur für die Heiden zu produzieren. Ihre Psalmen waren für den Gebrauch der Gemeinde in Jerusalem bestimmt; sie waren für Israel und nicht für die Völker. Sie bringen den Glauben des erwählten Volkes zum Ausdruck und stärken ihn dadurch. Das Liedgut des Alten Testamentes hat seinen Ursprung im Tempel und ist für den Gebrauch der in Jerusalem versammelten Gläubigen gedacht.

Die Psalmisten haben nur die eine Absicht, den Gott Israels zu preisen . . . Jahwe verdient den Lobpreis der ganzen Schöpfung; dieser Gedanke kommt in mehr als einem Psalm zum Ausdruck. Nicht nur die Nationen sollen durch die Gläubigen aus dem erwählten Volke zum Lobpreis aufgefordert werden, Himmel, Erde, Flüsse, sogar das Meer sollen den Gott Israels erheben. Die Heiden müssen Gott verherrlichen, nicht etwa weil sie berufen sind, an Israels Glauben teilzuhaben, sondern einfach weil sie zur Schöpfung gehören.“[10]

Das ist allerdings nur relativ wahr. Es ist eine ganz profunde Tatsache, „daß die Lobeshymne missionarische Verkündigung erster Ordnung ist“, besonders wenn man bedenkt, daß die missionarische Verkündigung solcher Art in den Psalmen von über 175 universalistischen Hinweisen auf die Nationen der Erde getragen wird. Viele von ihnen bringen den Völkern die Hoffnung des Heils.

Als ich das vor einigen Jahren entdeckte, war ich äußerst überrascht. Das missionarische Denken der Gläubigen kann durch Lesen der Psalmen und Unterstreichung der Hinweise auf die Völker der Erde äußerst bereichert werden. Die Psalmen sind eines der größten Missionsbücher der Erde, obwohl man sie nur äußerst selten von dieser Warte aus betrachtet. Nicht nur findet sich überall in den Psalmen der universale Akzent, nein, ganze Psalmen sind nichts anderes als Missionsbotschaften und Missionsaufrufe. Man betrachte einmal sorgfältig die Psalmen 2, 33, 66, 72, 98, 117, 145.

Dieses Liedgut muß auf geistlich gesinnte Menschen einen tiefen Eindruck gemacht haben. Wie muß es einen frommen Hebräer berührt haben, wenn er etwa den Chor unter Musikbegleitung singen hörte:

„Alle Völker, die du gemacht hast,
werden kommen und vor dir anbeten, Herr,
und deinen Namen ehren,

10 Robert Martin-Achard, *A Light to the Nations* (London: Oliver and Boyd, 1962), S. 58.

da du so groß bist und Wunder tust
und du allein Gott bist.
Gott sei uns gnädig und segne uns,
er lasse uns sein Angesicht leuchten,
daß man auf Erden erkenne seinen Weg,
unter allen Heiden sein Heil.
Es danken dir, Gott, die Völker,
es danken dir alle Völker.
Die Völker freuen sich und jauchzen,
daß du Menschen recht richtest
und regierst die Völker auf Erden.
Es danken dir, Gott, die Völker,
es danken dir alle Völker.
Das Land gibt sein Gewächs;
es segne uns Gott, unser Gott!
Es segne uns Gott, und alle Welt fürchte ihn!
(Psalm 86,9–10; 67,2–8)

Diese Universalität wird in den Psalmen ohne Unterlaß verkündet.

Das Weihegebet. Bau und Weihe des Tempels waren für das alttestamentliche Gottesvolk von größter nationaler und religiöser Bedeutung. Der Tempel eröffnete, was die äußere Gottesdienstordnung angeht, eine neue Ära. Er sollte das Volk vereinigen, die Einheit und Herrlichkeit Jahwes symbolisieren. Nur einen Tempel sollte Israel haben, einen zentralen Gottesdienstplatz, so wie es auch nur den einen Gott anbetete.

Die Einweihungsfeierlichkeiten waren sorgfältig vorbereitet und höchst eindrücklich. Die fast unzähligen Opfer setzen uns in Erstaunen, wichtiger ist aber das Weihegebet Salomos, die geistliche Mitte aller Riten, Zeremonien und Liturgien. Mit diesem Gebet betreten wir heiligen Boden. Es ist mehr als ein menschliches Gebet und es drückt mehr aus als die Wünsche und das Verlangen eines Mannes. Der Stempel des Heiligen Geistes haftet ihm an. Als Vertreter des Gottesvolkes betete Salomo, inspiriert und geleitet vom Heiligen Geist, und faßte dabei Gottes Wollen für das Volk in Worte. Unter diesem Blickpunkt gelesen, findet sich in diesem Gebet eine wunderbare Offenbarung der Gedanken Gottes.

Es fällt auf, wie weit das Gebet ausgreift und wie es alles erfaßt. Salomo, der wohl um die verschiedenen Nöte seines Volkes und seines Landes weiß, bittet Gott in aller Demut, er möge dem Volke gnädig sein, wenn es zu ihm in den verschiedenen Nöten und Lebenslagen seiner Geschichte ruft.

Nachdem er für das Volk gebetet hat, wurde Salomo durch den Heiligen Geist so geleitet, daß er einen Fremdling zum Beten in den

Tempel kommen sah. Somit schloß er auch den Fremdling in seine Fürbitte ein, daß auch er hier ein offenes Tor in die Gegenwart Gottes finden möchte. Zusammenfassend spricht er dann von dem missionarischen Zweck des Ganzen: „Auf daß alle Völker auf Erden deinen Namen erkennen, damit auch sie dich fürchten wie dein Volk Israel, und daß sie innewerden, daß dein Name über diesem Hause genannt ist, das ich gebaut habe“ (1. Kön. 8,43).

Noch einmal überschaut Salomo die Nöte seines Volkes und bringt sie als Fürbitte vor den Herrn! Und noch einmal bringt er die *missionarische Absicht* des Ganzen zum Ausdruck: „Damit alle Völker auf Erden erkennen, daß der Herr Gott ist und sonst keiner mehr!“ (1. Kön. 8,60).

Man mag sich fragen, ob Salomo sich der vollen Reichweite dieses Gebetes bewußt war. Aber der Heilige Geist leitete ihn, den Fremdling in sein Gebet einzuschließen und die missionarische Bedeutung des Tempels herauszustellen. Der Tempel war ein Denkmal für Gottes Verbundenheit mit dieser Erde und dafür, daß er für alle Nationen da war. So sah auch Jesaja den Tempel (Jes. 56,7). Hier gibt sich Gott in einer ganz ungewöhnlichen Weise allen Völkern zu erkennen.

Die missionarische Entfaltung im Zeitalter der Propheten

Das Prophetentum war nicht auf die Offenbarungsreligion Israels beschränkt. Es war weit verbreitet und kann in ganz Asien gefunden werden. Alttestamentliche Wissenschaftler und vergleichende Religionswissenschaftler wandten beträchtliche Mühe auf, um den Unterschied zwischen Offenbarungs- und Nichtoffenbarungs-, biblischem und nichtbiblischem Prophetentum herauszustellen.

Der liberale Wissenschaftler ist bereit, alles unter dem Gesichtspunkt der Kontinuität zu bewerten. Er konstatiert lediglich einen relativen Unterschied in der Inspiration der verschiedenen Propheten. Der konservative Christ kann solch eine Position nicht beziehen und fragt deshalb nach den qualitativen Unterschieden, die auf historischer Ebene bestehen.

Es ist hilfreich, sich das Prophetentum in vier konzentrischen Kreisen zu denken. Der erste Kreis stellt die authentischen Propheten Gottes im Alten Testament dar. Der nächste Kreis umfaßt die große Anzahl von Falschpropheten, die das Alte Testament erwähnt, deren Kreis aber sicher noch größer war. Die 450 Propheten Baals (1. Kön. 18,22) sind nur ein Beispiel dieser Bewegung. Sie treten zahlreich auf und sind weit verbreitet, verführt und verführend, immer bereit und immer aktiv.

Der dritte Kreis stellt die Propheten der benachbarten Nationen dar, denn da fanden sich auch Männer, die Orakel verkündigten und im Namen ihrer Götter sprachen.

Der vierte und weiteste Kreis unserer Untersuchung umfaßt die Propheten Persiens – Zoroaster (600–583 v. Chr.), der Gründer des Zoroanismus, der auch unter dem Namen Parsismus bekannt ist; Indiens – Mahavira (Vardhamana) (599–527 v. Chr.), der Gründer des Jainismus in Indien; Gautama (Buddha) (560–480 v. Chr.), der Gründer des Buddhismus; Chinas – Laotse (604–517 v. Chr.), der Gründer des Taoismus in China; Konfuzius (551–479 v. Chr.), der Gründer des Konfuzianismus in China.

Was am meisten überrascht, ist die Tatsache, daß diese Propheten alle etwa um die gleiche Zeit auftreten, lediglich daß Zoroaster von Persien den Propheten Indiens und Chinas etwas vorausgeht.

Dieses Phänomen hat tatsächlich zu der Frage geführt, ob die prophetische Bewegung wirklich nur Israel eigen ist oder ob es eine Bewegung der ganzen damaligen Zeit und Kultur war.

Dr. Edward J. Young ist dieser Frage allen Ernstes nachgegangen. Seine These für die Einzigartigkeit der Propheten Israels, wie sie in seinem Buch *My Servants the Prophets* niedergelegt ist, ist eine überzeugende Verteidigung der Einzigartigkeit und Authentizität der biblischen Propheten Jahwes. Diese Darstellung beantwortet viele Fragen. In einem Anhang vergleicht Dr. Young die biblische und „außerbiblische Prophetie" der alten Welt. Er kommt zu dem Schluß, daß neben „gewissen formellen Ähnlichkeiten" große inhaltliche Unterschiede stehen. Die beiden „sind durch eine nicht zu übersehende, tiefe und weite Kluft getrennt. Sie sind so verschieden wie Tag und Nacht."[11]

Die Beglaubigungszeichen der Propheten Gottes. Das weltweite Phänomen der „Prophetie" und der „Propheten" wirft die Frage nach der Glaubwürdigkeit des Propheten Jahwes auf. Was zeichnet sie aus? Wie kann man den echten Propheten vom falschen unterscheiden? Es sei auf sechs Charakteristiken hingewiesen, die den authentischen Propheten Jahwes auszeichnen:

1. Eine einzigartige Persönlichkeit und Integrität. Der Prophet Gottes beansprucht für sich weder Autorität noch besondere Weisheit, Einsicht oder überragende Intelligenz. Seine absolute Unab-

[11] Edward J. Young, *My Servants the Prophets* (Grand Rapids: Eerdmans, 1952), S. 205.

hängigkeit von Menschen und Umständen ist der Grund seiner Objektivität. Er sucht weder Gunst noch Vergnügen, weder Stellung noch Reichtum. Er verkündigt objektive Wahrheit, die er zum großen Teil subjektiv erfahren und verarbeitet hat. Damit ist nicht gesagt, daß nicht vieles über seine Erfahrung hinausginge, ganz abgesehen davon, daß er eben Empfangender ist. Charakterliche Integrität kennzeichnet seinen Dienst, seine Botschaft und seine Verhältnisse.

2. Ein unerschütterliches, göttliches Sendungsbewußtsein. Er kommt im Namen Jahwes und spricht in der Autorität seines Herrn. Er weiß sich gesandt und beauftragt. Das „So spricht der Herr“ oder „Das Wort des Herrn kam“ ist seine Autorität und Beauftragung. Er weiß sich als das Sprachrohr Gottes.

3. Eine innere Beglaubigung durch Gottes Geist. Sein „So spricht der Herr“ erklang in vollster Gewißheit, da er in seinem Selbstverständnis durch die Gegenwart des Heiligen Geistes beglaubigt war. Die Botschaft kam also nicht nur in Worten, sondern auch in der Kraft, im Heiligen Geist und mit großer Gewißheit.

4. Ein unkorrumpierbares Gerichts- und Werturteil. Die Aussagen des Propheten sind klar und entschieden. Insonderheit sind sie objektiv und wahr. Ihr Standard ist das Senkblei des Herrn, das absolute Gesetz Gottes.

5. Ein Gefühl der Unwürdigkeit und eine tiefe Zerrissenheit im Dienst. Das Bewußtsein der Unwürdigkeit zeigt sich immer wieder bei den Propheten. Die Leiden und Konflikte, durch die sie hindurchgingen, wurden vom Schreiber des Briefes an die Hebräer vortrefflich erfaßt (Hebr. 11, 37–38).

6. Eine unüberwindliche Hoffnung und der Glaubensblick in die Zukunft. Obwohl er aufgrund der empfangenen Offenbarung zu den Menschen seiner Zeit und Verhältnisse spricht und dem Volk Dunkelheit und Gericht ankündigt, gibt ihm Gott den Hoffnungsblick und zeigt ihm seinen zuletzt allumfassenden Sieg.

Die Botschaft der Propheten Gottes. Die Botschaft der Offenbarungspropheten ergibt sich aus den unmittelbaren Verhältnissen und wendet sich an die unmittelbaren Verhältnisse und Nöte. In diesem Sinn war ihre Botschaft existentiell und historisch. Will man sie aber auf die existentielle Ebene der Vergangenheit begrenzen, dann beraubt man sie ihrer besonderen göttlichen Qualität, ihres Ursprungs und ihrer Ausrichtung. Die Botschaft eines Laotse, Konfuzius, Gautama (Buddha) oder anderer „Propheten“ ergab sich auch aus den bestimmten lokalen Bedürfnissen und Umständen und wandte sich an die Menschen ihrer Zeit. Ihrer Botschaft fehlt aber die zweite

Ebene der kontinuierlichen Zeitgemäßheit, der Gegenwärtigkeit und der bleibenden Bedeutung. Man vermißt die spezifisch messianische Vorhersage, Schau, Hoffnung oder Inspiration.

Die Botschaft der Propheten Gottes hat wenigstens eine dreifache Bedeutung:

1. Sie wendet sich an die „unmittelbare" Gesellschaft und ihre Verhältnisse, d.h., *sie ist historisch.*

2. Sie wendet sich an die „jeweilige zeitgenössische" Gesellschaft und die jeweils herrschenden Umstände. Sie redete durch die Jahrhunderte und spricht uns heute an. *Damit ist sie bleibend existentiell.*

3. Sie wendet sich „an die messianische" Gesellschaft und ihre Umstände. Sie sagt Ereignisse und Geschehnisse voraus und fordert die anderen „Propheten" auf, das gleiche zu tun. Darin sieht sie sogar ihre besondere göttliche Beglaubigung (vgl. Jes. 43,9; 41,22; 44,7). *Somit ist sie prophetisch* im tiefsten Sinn.

Die missionarische Stoßkraft der Propheten. Die Stimme der Propheten läßt an der missionarischen Ausrichtung des göttlichen Vorsatzes und Heils keinen Zweifel. Für den Zweck unserer Untersuchung gruppieren wir die Propheten wie folgt: Nachexilische Propheten – Haggai, Sacharja, Maleachi; Exilspropheten – Jeremia, Hesekiel, Daniel; vorexilische Propheten – Obadja, Jona, Nahum, drei Propheten, deren ganze Botschaft an nichtisraelitische Nationen, nämlich an Edom und Ninive geht. Zwei von ihnen sind Gerichtsbotschaften, eine eine Heilsbotschaft. Damit bleiben noch sieben vorexilische Propheten: Joel, Amos, Hosea, Jesaja, Micha, Zephanja, Habakuk. Diesen wenden wir uns zunächst zu.

Die vorexilischen Propheten. Zwei Punkte müssen betreffs der vorexilischen Propheten zunächst herausgestellt werden. Erstens: diese Propheten Gottes wirkten in einer Zeitspanne von etwa 175 Jahren (800–625 v. Chr.). Somit reden sie im großen und ganzen zum gleichen Volk und im Rahmen der gleichen Verhältnisse. Von daher ist zu erwarten, daß sich ihre Botschaft und Gedanken weitgehend ähneln, wobei natürlich für persönlich bedingte Unterschiede und andere Faktoren Raum bleibt. Weiterhin wird man erwarten, daß gewisse Wiederholungen auftreten, die wie bewußte oder unbewußte Anleihen aussehen.

Zweitens: Bei all diesen Propheten findet sich wenigstens andeutungsweise die Universalität des Wirkens Gottes. Dabei spricht *Zephanja* wohl am wenigsten von der Universalität, da er Juda Gottes kommendes Gericht ankündigt (doch siehe auch bei ihm folgende Anklänge: der Erdboden, 1,2–3; alle Inseln der Heiden, 2,11;

alle Welt soll durch meines Eifers Feuer verzehrt werden, 3,8; ich will euch zu Lob und Ehren bringen unter allen Völkern auf Erden, 3,20).

So wie Gottes Gericht am Tag des Herrn alle Völker der Erde berühren wird (1,2–3; 3,8), so sollen auch alle den Herrn ehren (2,11) und alle seine Heilskraft erkennen (3,19–20).

Habakuk legt drei wesentliche Prinzipien von universaler Bedeutung vor:

1. Ein universales Prinzip der Rechtfertigung durch den Glauben (2,4)
2. Ein universales Wissen um die Herrlichkeit des Herrn (2,14)
3. Eine universale Anbetung des Herrn (2,20)

Somit ist bei ihm das universalistische Element weit stärker ausgeprägt als das national-partikularistische.

Joel wendet sich an Juda und warnt das Land vor dem furchtbaren Gericht am Tag des Herrn, spricht aber auch vom folgenden Segen. Da das Gericht Gottes über alle Völker kommen wird (Joel nennt wenigstens sieben von ihnen, 2,20; 3,4.6.8–9, und spricht von „allen Völkern", 3,9.11–12), werden auch alle Völker an der Gabe des Geistes (2,28, „alles Fleisch") und am Frieden, der dem Gericht am Tage des Herrn folgen wird (3,9–12), Anteil haben.

Amos, die Donnerstimme aus Bethel – er vibriert richtig vor Überzeugung, Leidenschaft und Hingabe. Er ist mehr als ein Prediger, er ist ein Prophet sozialer Gerechtigkeit, die auf persönlicher Gerechtigkeit basiert. Obwohl anscheinend ein ungebildeter Mann von niedrigem Stande, ist Amos einer der aufmerksamsten Beobachter der Geschichte und der Weltereignisse. Sein detailliertes Wissen über das Leben und die Sünde der Völker ist genauso erstaunlich wie sein Mut, mit dem er das alles hinwegraffende Gericht ankündigt.

Die Universalität ist bei ihm vor allem indirekt vorhanden. Schon die Tatsache, daß Gott der universale Richter ist, schließt im Grunde die Tatsache ein, daß er auch der universale Retter ist. Er ist der Gott der Völker; niemand entzieht sich seiner Beobachtung, seiner Fürsorge und seinem Gericht. Dieser Gedanke zeigt sich vor allem in der Botschaft der Wiederherstellung Israels, die das Buch Amos abschließt (9,7–15, besonders Vers 12). Die allen Völkern geltende Hoffnung strahlt heller als die das Buch sonst durchziehende Dunkelheit. In der Hoffnung der Wiederaufrichtung Israels liegt die Heilshoffnung für alle Völker.

Gottes Universalität wird weiter dadurch unterstrichen, daß er es ist, der den Kosmos kontrolliert und beherrscht, wie es der Prophet in kühnen Aussagen herausstellt (5,8–9; 9,5–6).

Hosea, der entweder ein Zeitgenosse Amos' war oder ihm dicht folgte, ist ein Sohn des nördlichen Königreichs und spricht als „Volksmissionar" zu seinem eigenen Volk. In zärtlicher Liebe und innigstem Mitgefühl gießt er Herz und Leben für die Wiederbelebung des Landes aus. Die tiefgreifende Gerichtsankündigung über Israel und Juda geht ohne Rücksicht auf die Person alle an; dennoch ist sie getragen von zartem Mitgefühl und der Erwartung der Buße. Die Hoffnung auf Wiederherstellung leuchtet über den dunklen Gerichtshimmel und verheißt seinem Volk einen neuen Sonnenaufgang. Aber Hosea geht nicht über das eigene Volk hinaus. Somit steht seine ganze Warnungs-, Gerichts- und Hoffnungsbotschaft in enger Beziehung zu Israel. Es findet sich kein Zug der Universalität.

Die enge Begrenzung der Universalität bei Amos und Hosea hängt wohl weniger mit ihrer prophetischen Schau als mit dem Volk zusammen, an das sie sich wenden. Beide wirken unter den zehn Nordstämmen, dem Volk Israel. Das Alte Testament läßt keine Zweifel daran aufkommen, daß Gott die Trennung niemals sanktionierte und daß es für Israel, den Zehn-Stämme-Bund, keine „Zukunft" gab. Seine zukünftige Wiederaufrichtung und seine Stellung als Segensträger waren an seine Wiedervereinigung mit Juda geknüpft. Nur zusammen mit Juda wird auch Israel den ihm zukommenden Platz in Gottes Heilsökonomie einnehmen können. Von daher wird verständlich, daß sich der Universalitätsgedanke in der Botschaft der Propheten Judas viel mehr durchsetzt, wie sich etwa bei Micha und Jesaja zeigen wird.

Jesaja und Micha waren Zeitgenossen und können deshalb zusammen betrachtet werden. Man hat Jesaja mit Recht den Evangeliumspropheten und Prinz der alttestamentlichen Seher genannt. Als großer Internationalist und als Prophet mit kosmischer Schau und Dimension sieht er nicht nur die Erneuerung Israels und der Völker, sondern auch die des Himmels und der Erde.

Die Zweiteilung des Buches Jesaja – der erste Teil umfaßt die Kapitel 1–39, der zweite 40–66 – wird heute fast überall praktiziert: Man spricht dann von dem zweiten als dem Deutero-Jesaja. Ich schließe mich dieser Schau nicht an, sondern betrachte das Buch grundsätzlich als vom selben Autor stammende Einheit. Bei der durchzuführenden Untersuchung folgen wir aber der obigen Einteilung.

Im ersten Teil wendet sich Jesaja als Prophet und Staatsmann nicht nur an Juda, sondern an alle Nationen der Erde. Seinem Geschichtsverständnis gemäß sieht er sie alle unter der souveränen Herrschaft des Heiligen von Israel und unter dem gerechten Urteil von Gottes Gerechtigkeit. Die Götter der Völker können weder gegen seine Souveränität und Macht einschreiten noch sich seinem Urteil entziehen. Deshalb warnt Gott die Völker (Kap. 10 u. 13–23). Gottes Macht über die Völker ist mit seinem Einschreiten und strengen Gericht über die Assyrer unter Beweis gestellt (Kap. 36–37). Gleichfalls schließen aber auch die großen Segensverheißungen Jesajas die Völker mit ein (2,1–4; 11,3–4.9–10; 25,6–9).

Der Höhepunkt aller alttestamentlichen Prophetie findet sich im zweiten Teil Jesajas, einer Mine, aus der die Ausleger viel christliches Gold, aber auch viel Holz, Heu und Stoppeln geborgen haben. Die Auseinandersetzungen über den Autor und über die Einheit des Buches überlagerten oft die Schätze, die hier enthüllt werden. Nichtsdestoweniger bleibt die Tatsache bestehen, daß hier ein Schatz zur Freude all derer verborgen ist, die diese Botschaft als von Gott annehmen.

Zweifellos ist dieser zweite Teil Jesajas das messianischste Segment der alttestamentlichen Schriften. Und neben den emphatischsten Erklärungen des absoluten Monotheismus stehen die verletzendsten Worte über die „Nichtigkeit und Torheit" des Götzendienstes. Dazu begegnen einem hier die eindringlichsten Beschreibungen des Alten Testaments für das, was es heißt, Knecht Jahwes zu sein.

Unsere Untersuchung soll sich hier insonderheit auf das „Knechtsein" konzentrieren, wie es in diesem Teil, besonders in den Kapiteln 40–53, dargelegt ist. In äußerst vertrauten Worten wendet sich Gott an Israel. Er spricht von Israel als „meinem Volk", „Israel, das ich erwählt habe", „Israel, mein Erwählter", „mein Volk" und „mein Bote". Die überaus häufige Bezeichnung „mein Knecht" erscheint 13mal (41,8–9; 42,1.19; 43,10; 44,1–2.21.26; 45,4; 49,3.6; 52,13). Hierzu zählt auch „der Knecht Jahwes" (42,19), „sein Knecht" (44,26; 49,5; 50,10) und „sein Knecht Jakob" (48, 20). Insgesamt 18 Stellen sprechen vom „Knechtsein". Für einen so hochkonzentriert messianischen Abschnitt ist das höchst bedeutsam. Ist die messianische Hoffnung zutiefst gesehen Erhoffen eines Segens, der einem zukommt und dessen man sich freut, oder ist sie ein Ruf zum Dienst?

Innerhalb dieses Abschnittes finden sich vier besondere Abschnitte, die man normalerweise als „Gottesknechtslieder" bezeichnet (Jes. 42,1–9; 49,1–13; 50,4–9; 52,13–53,12), weil sie den

„idealen Knecht Jahwes" zeigen. Jesaja scheint demnach von zwei verschiedenen Knechten zu sprechen: Israel, dem Knecht Jahwes, und einem idealen Menschen als Knecht Jahwes.

H. Wheeler Robinson kam nach einer äußerst sorgfältigen vergleichenden Studie zu dem Schluß, daß der Knecht in den Knechtsliedern zu unterscheiden ist vom Volk Israel als dem Knecht Jahwes, weil „auf der einen Seite der allgemeine, in diesen Liedern gezeichnete Charakter des Knechtes ein anderer ist als der, der uns im restlichen Deutero-Jesaja begegnete und weil auf der anderen Seite in diesen Liedern Hinweise auf eine Sendung an Israel statt von Israel sind."[12] Das sind wichtige, ernsthaft zu bedenkende Erkenntnisse.

Wir wenden uns zunächst *Israel als dem Knecht Jahwes* zu. Worin besteht nach Jesaja die Hauptverantwortung Israels als Knecht Jahwes? Mir scheint, daß die primäre Sendung mit zwei verschiedentlich auftauchenden Sätzen umschrieben ist. Sie heißen: „Ihr seid meine Zeugen" (43,10.12; 44,8) und „Ihr seid mein Bote" (42,19; 44,26). Israel sollte dieser Welt eine Botschaft bringen. Das war seine Hauptverantwortung als Knecht.

Drei Züge charakterisieren diese Sendung:

1. Israels Sendung ist eine von Gott verordnete Sendung. Gott läßt keinen Zweifel daran, daß er Quelle und Ursprung dieser Sendung ist. Er hat Jakob geschaffen, und er hat Israel geformt, und er hat sein Volk erlöst. Er ist der Schöpfer und Erlöser, der König und der Heilige in Israel. Aussagen dieser Art tauchen überall auf. Israel ist weder ein Volk, das sich selbst gemacht, noch eine Nation, die sich selbst ihre Bestimmung gesetzt hat; Israel ist „das Volk, das ich mir bereitet habe, daß sie meinen Ruhm verkündigen" (43,21). Israel gehört nicht sich selbst, sondern ist Gottes Eigentumsvolk mit einer einzigartigen göttlichen Sendung und einem Zweck. Sein Ursprung ruht genauso wie seine Sendung und seine Zielsetzung in Gott. Er ist der Anfang, und er muß auch das Ende Israels sein. Israel muß sich Gott zur Verfügung stellen und für ihn leben. Er wird seine Erwählung nicht ändern, noch wird Israel Ruhe und Lebenssinn finden, bis sich das Volk Gott selbst unterwirft.

2. Israels Sendung ist eine auf Gott hin ausgerichtete Sendung. So wie Gott der Ursprung der Sendung Israels ist, so ist er sein Mittelpunkt und Inhalt. Israel existierte in der Zeit des Alten Testaments grundsätzlich mit der einen Bestimmung, den ethischen Monotheismus inmitten eines Meeres der Lustanbetung, des Polytheismus

[12] H. Wheeler Robinson, *The Cross in the Old Testament* (Philadelphia: Westminster, 1955), S. 73–74.

und des philosophischen Monismus aufrechtzuerhalten, ja im Gegensatz dazu zu stehen. Diese religiösen Richtungen hatten weder absolute ethische Grundsätze, noch einen Sinn für ethische Verantwortung, noch eine Ausrichtung auf Gott hin. Geistliche Laschheit und Gleichgültigkeit waren die hauptsächlichen Folgen ihres Einflusses.

Wie sehr Gott im Mittelpunkt seiner Sendung stand, zeigt sich an der fortwährenden Betonung der alleinigen Gottheit Gottes: „Ich bin der Erste, ich bin der Letzte, und außer mir ist kein Gott" (Jes. 44,6, vgl. dazu 44,8; 45,5.6.21). Die Absolutheit, Einheit und Einzigartigkeit Gottes werden immer und immer wieder herausgestellt. Noch einmal muß hier betont werden, daß aufgrund dieser Tatsache Anbetung nur an einem Platz in Israel gestattet war. Diese Wahrheit mußte Israel und den Völkern vor Augen stehen. Deshalb konnte Israel nur einen Tempel haben.

Im Einklang mit dieser Akzentuierung stellt sich Gott als der eine Schöpfer vor, durch den und in dem das ganze Universum besteht. Außer ihm ist kein Schöpfer.

Er ist auch der einzige Erlöser „und außer mir ist kein Heiland . . . und niemand kann aus meiner Hand erretten". Dazu ist er der einzige Gott wahrer Prophetie. Er allein kann die Geheimnisse der geschaffenen Welt und der Dinge, die da kommen sollen, entschleiern. Das ist ein wichtiges Argument für Gott (Jes. 41,22; 43,10; 44,7; 45,21; 46,10; 48,3.5). Das ist das positive Zeugnis, das Israel in dieser Welt aufrechterhalten soll. Inmitten religiösen Humanismusses und götzendienerischen Abfalls soll Gottes Volk den ethischen Monotheismus lebendigerhalten.

Gleichfalls bringt Gott durch Jesaja seine Stellung zum Götzendienst in aller Klarheit und mit verletzenden Bemerkungen zum Ausdruck. Mit den verschiedensten Mitteln versucht Gott Israels Aufmerksamkeit und Verlangen vom Götzentum abzulenken und es von diesem Übel zu lösen, um es zu einem Zeugnis seiner selbst in einer götzendienerischen Umgebung zu machen.

a) Gott erinnert immer wieder an seine großen Erlösungstaten und seinen Schutz. Das sollte Israel in Demut, in Dankbarkeit und in der Gegenwart Gottes halten. Sein Aufruf ist: „Erinnert euch."

b) Gott benutzt die geistige Waffe der Ironie und weist auf die Torheit des Götzendienstes hin. Dr. H.R. Ironside bemerkt zu Jesaja 46,1:

> „Als Cyrus Babylon angriff und die Stadt fiel, luden die Götzenpriester ihre hilflosen Götter auf einen Wagen, um sie wegzufahren und anderswo aufzustellen. Götzen, die ihre Anbeter nicht beschützen konnten, mußten von ihnen beschützt werden, um sie vor der absoluten Zerstörung zu bewahren.

Gott machte aus der Götterherstellung aus Waldbäumen (vgl. 44,9–20) eine Satire und machte die lächerlich, die sich aus Metall ihre verschiedenen Götter herstellten. Der Goldschmied nimmt das Metall, formt es, poliert es, stellt es dann auf und sagt: ‚Das ist mein Gott.' Aber er kann sich nicht bewegen, er kann nicht laufen, er kann nicht sehen, er kann nicht hören, kann nichts tun und in der Zeit der Gefahren braucht er jemand, der ihn beschützt. Was für ein Gott!"[13]

Das ist die Ironie des Götzendienstes. Wie anders ist unser Gott! Er läßt uns sicher sein in der Gewißheit seiner Fürsorge (46,3–4), seiner Absicht (46,9–11) und seines Heils (46,12–13).

c) Gott bekämpft den Götzendienst, indem er über die götzendienerischen Nationen strenge Gerichte verhängt. Die Geschichte ist voller Beispiele verschwundener Nationen, Ruinen alter götzendienerischer Reiche und zerfallener Kulturen. Wenn Babylon von Jesaja ausgesondert wird, dann wohl deshalb, weil Babylon normalerweise als die Quelle allen Götzendienstes gilt. Historisch gesehen nahm der Götzendienst in Babylon seinen Anfang. Dort finden wir den Götzendienst in allem Pomp, aller Lüsternheit, mit all seinem Ruhm und seiner offenen Gegnerschaft gegen Gott. Heute ist Babylon praktisch vom Angesicht der Erde verschwunden. Das ist die Warnung Gottes an götzendienerische Völker.

Natürlich ist Götzendienst nicht nur Anbetung gemachter Bilder, das kann auch Anbetung großer Ideen, großer Systeme, großer Institutionen und großer Persönlichkeiten sein. Während Hinduismus und Buddhismus zahllose Bilder haben, hat der Westen einen viel heimtückischeren Götzendienst: Die Anbetung der Wissenschaft, der Psychologie, des Spiritismus usw. Aber Gott duldet keine Form des Götzendienstes.

d) Gott stellt seine unwechselbare Liebe, seine bleibende Gegenwart, seine grenzenlosen Verheißungen Israel vor Augen. Die Kapitel 40–48 enthalten einige der größten und am meisten zitierten Verheißungen Gottes, die uns von einzelnen Göttern abziehen und in Vertrauen, Hingabe und Treue an Gott binden sollen.

e) Gott appelliert an den Intellekt und wirft Fragen auf wie: „Mit wem wollt ihr denn Gott vergleichen? Oder was für ein Abbild wollt ihr von ihm machen?" (40,18.25; 46,5). Man muß das wiederholte „Mit wem?" und andere Aufforderungen betrachten, um das Ganze nüchtern abzuwägen und zu sehen, was für eine intellektuelle Torheit der Götzendienst ist.

[13] H.R. Ironside, *Isaiah* (New York: Loiseaux, 1961), S. 268 f.

f) Schließlich muß man die klaren und kühlen Behauptungen seiner Einzigartigkeit, seiner Vorherrschaft, seiner Souveränität und seiner Absolutheit zu Herzen nehmen (41,4; 43,13; 44,8–10; 45, 22–23; 46,9–11; 48,12–13). Über alles im Himmel und auf Erden herrscht er. Alle Nationen stehen unter seiner Kontrolle und seinem Gericht, und alle müssen wegen ihrem Heil auf ihn sehen. Niemand kann ihm widerstehen. So konfrontiert Gott den Götzendienst und den Götzendiener und versucht ihn für sich zu gewinnen.

3. Israels Sendung ist eine Sendung an die Völker. Jesaja hat einige der feinsten Missionstexte des Alten Testamentes (vgl. 40,5; 42,1.6–7.10; 45,22–23; 49,6.26; 51,4–5; 52,10.15). Israel existiert um der Völker willen und findet seinen wahren Sinn nur in der Weltmission.

Obwohl das Gericht über widerspenstige Völker und Könige stillschweigend vorausgesetzt wird und Götzendienst und falsche Religion nicht geduldet werden, ist das Heil für die ganze Menschheit da und allen Völkern unter gleichen Bedingungen, mit gleichen Vorrechten und in gleicher Segensfülle anzubieten. In dieser großen und herrlichen Aufgabe soll Israel Gottes Werkzeug und Mittler sein.

Die Sendung Israels wurde nicht von einem religiösen Genie oder durch selbstsüchtige Ambitionen entdeckt oder gar freiwillig angenommen. Sie war göttlich verordnet. Das ist der Zweck der Berufung Israels. Israel lebt sich nicht selbst und nicht seiner Selbstverherrlichung. Jakob, der Betrüger, muß Israel, dem Fürsten Gottes, den Platz räumen und Gottes Mittler zwischen Gott und den Völkern der Welt werden.

Der ideale Knecht. Im vergrößerten Maßstab mit wesentlichen Bereicherungen und Erweiterungen gilt das auch von dem Knecht Jahwes in den vier Knechtsliedern. Jesaja zeichnet den Knecht als den idealen, doch öffentlich verworfenen Menschen. Unschuldig, freiwillig, erhaben, betend und still leidet er. Sein Todesleiden ist stellvertretend, erlösend und versöhnend, denn es war gottverordnet. Aber durch seine Auferstehung überwindet er den Tod und erwirbt einen vollständigen Sieg (Jes. 52, 13–53,12).

Die drei anderen Lieder verherrlichen viele dieser Züge, bauen sie aus und machen es klar, daß diesem Knecht universale Bedeutung zukommt. So hören wir im ersten Lied:

„Siehe, das ist mein Knecht – ich halte ihn – . . .
Er wird das Recht unter die Heiden bringen . . .
Er selbst wird nicht verlöschen und nicht zerbrechen,
bis er auf Erden das Recht aufrichte;
(Ich) mache dich zum Bund für das Volk,

zum Licht der Völker,
daß du die Augen der Blinden öffnen sollst
und die Gefangenen aus dem Gefängnis führen
und, die da sitzen in der Finsternis, aus dem Kerker"
(Jes. 42,1.4.6–7).

Das zweite Lied gilt den Küstenländern und den Völkern der Ferne:

„Es ist zu wenig, daß du mein Knecht bist,
die Stämme Jakobs aufzurichten
und die Zerstreuten Israels wiederzubringen,
sondern ich habe dich auch zum Licht der Heiden gemacht,
daß du seist mein Heil bis an die Enden der Erde"
(Jes. 49,6).

Das vierte Lied verkündet:

„So wird er viele Heiden in Staunen setzen,
daß auch Könige werden ihren Mund vor ihm zuhalten.
Denn denen nichts davon verkündigt ist, die
werden es nun sehen,
und die nichts davon gehört haben, die werden es merken"
(Jes. 52,15).

Damit haben sowohl Israel als Knecht Jahwes, als auch der Messias als der ideale Knecht universale Bedeutung, und beide finden ihren Vollsinn nur im Dienst an der Welt.

Der letzte Abschnitt Jesajas (Kapitel 55–66) handelt großenteils von der Wiederaufrichtung Israels. Aber auch im Lichte dieses Anliegens verschwindet der Zug der Universalität nicht vollständig. Wunderbare Verheißungen reichen Segens für die Völker finden inmitten der Herrlichkeit Israels ihre Verwirklichung. Stellen wie 55,4–5; 56,3–7; 59,19; 60,10–16; 61,5–11 sollte man sorgfältig ansehen. Besondere Bedeutung kommt dabei 66,18–21 zu. Obwohl einige Ausleger daraus eine Gerichtsszene machen wollen, ist das nicht notwendigerweise der Fall. Die Evangelisation der ganzen Erde kommt hier vielleicht betonter zum Ausdruck als irgendwo sonst im Alten Testament. In einzigartiger Weise verheißt hier der Herr, Menschen aus allen Völkern in seinen Dienst stellen zu wollen.

Die Völker sollen nicht nur seine Herrlichkeit sehen; sie sollen sie auch verkündigen. Und „ich will auch aus ihnen Priester und Leviten nehmen, spricht der Herr" (66,21). Somit ist hier nicht nur vom Anteilhaben an Segen und Heil, sondern auch von verantwortlichem Dienst, von der Gleichheit der Stellung und der Ehrenrechte die Rede. Das ist der Höhepunkt alttestamentlicher Universalität. Die vollkommene Harmonie der Aussagen zwischen Micha und Jesaja zeigt sich im folgenden Zitat aus Micha 4,1–4:

„In den letzten Tagen aber wird der Berg, darauf des Herrn Haus ist, fest stehen, höher als alle Berge und über die Hügel erhaben. Und die Völker werden herzulaufen, und viele Heiden werden hingehen und sagen: Kommt, laßt uns hinauf zum Berge des Herrn gehen und zum Hause des Gottes Jakobs, daß er uns lehre seine Wege und wir in seinen Pfaden wandeln! Denn von Zion wird die Weisung ausgehen und des Herrn Wort von Jerusalem. Er wird unter großen Völkern richten und viele Heiden zurechtweisen in fernen Landen. Sie werden ihre Schwerter zu Pflugscharen und ihre Spieße zu Sicheln machen. Es wird kein Volk wider das andere das Schwert erheben, und sie werden hinfort nicht mehr lernen, Krieg zu führen. Ein jeder wird unter seinem Weinstock und Feigenbaum wohnen, und niemand wird sie schrecken, denn der Mund des Herrn Zebaoth hat's geredet."

Die Exilspropheten – Jeremia, Hesekiel, Daniel und die nachexilischen Propheten – Haggai, Sacharja, Maleachi – fügen der Schau Jesajas weder etwas hinzu, noch erweitern sie sie, noch nehmen sie etwas zurück von dem, was Jesaja über den Dienst Israels und den idealen Knecht Jahwes gesagt hat, noch verändern sie es, noch widersprechen sie ihm. Jesajas Universalität bleibt auch für die Nachwelt konstant und normativ.

Diese letzte Prophetengruppe setzt aber alles daran, um Israel als das Volk des Eigentums zu bewahren und es als Knecht Jahwes zu prägen. Jeremia versucht das Sündenbewußtsein zu stärken, Hesekiel das Gottesbewußtsein, Daniel das Reichsbewußtsein und Haggai, Sacharja und Maleachi das Bewußtsein, daß Israel Gottes Eigentumsvolk ist.

Schlußfolgerung

Die Heilsuniversalität hat sich überall im Alten Testament als gegenwärtig erwiesen. Sie ist nicht nur eine Randerscheinung, sondern stellt das eigentliche Anliegen der alttestamentlichen Offenbarung dar: in ihr laufen der Zweck der Berufung, des Lebens und des Dienstes Israels zusammen.

Das Alte Testament enthält nicht nur gewisse Missionsaussagen, es ist in sich selbst „Mission" in der Welt. Wie eine einsame Stimme in der Wüste verkündigt das Alte Testament in aller Kühnheit den offenbarten ethischen Monotheismus und protestiert damit gegen den griechischen, ägyptischen und frühindischen Henotheismus, sowie gegen die vielen Systeme des Polytheismus der Umgebung und gegen den keimhaft vorhandenen philosophischen östlichen Monismus. Obwohl das Alte Testament von Gott selbst gegeben war, um den normativen Glauben darzustellen, war es von Anfang an umkämpft und verschiedentlich der Gefahr der Zerstörung und Verfälschung ausgesetzt. Aber Gott hat in seiner Gnade in wunderbarer Weise sowohl die Bücher des Alten Testamentes als auch deren Träger, das Volk Jsrael, bewahrt. Das Alte Testament ist in der Tat ein Missionsbuch und Israel ein Missionsvolk.

In Christus ist die wahre Auslegung und Erfüllung des Alten Testaments aufgeblüht zum Heil der Völker der Welt. Das Neue Testament ist in der Tat die normative Interpretation des Alten. Zu gleicher Zeit hebt es viele Praktiken des Alten Testaments auf oder modifiziert sie und transformiert, erweitert, vertieft und vervollständigt die Offenbarung Gottes. Hier findet der Mensch die völlige Befriedung seiner geistlichen und ethischen Bedürfnisse und die Erfüllung aller seiner Möglichkeiten. Es ist diese Tatsache, die uns die Missionsverantwortung für die ganze Welt und für jedes Individuum auferlegt.

Missionstheologie und Neues Testament

Es fällt nicht schwer, die Missionstheologie des Neuen Testaments (außerhalb der Evangelien) darzulegen. Es sei nur daran erinnert, daß die Apostelgeschichte der authentische Missionsbericht der Apostel und der frühen Kirche ist und daß alle Briefe an Gemeinden gerichtet waren, die durch direkten Missionseinsatz entstanden. Wenn der christliche Glaube nicht ein missionarischer Glaube und die Apostel nicht Missionare gewesen wären, hätten wir weder die Apostelgeschichte noch die Briefe. Mit Ausnahme von Matthäus wurden auch die Evangelien für Missionsgemeinden geschrieben. Das Neue Testament ist ein Missionsbuch. Das gilt im Blick auf die Adressaten, den Inhalt, den Geist und den Entwurf. Das ist eine Tatsache von weitreichender Bedeutung. Das Neue Testament ist vielmehr Theologie in Bewegung als Theologie abstrakter Gedanken und Konzepte. Es ist „missionarische Theologie" oder „Missionstheologie".

Wer eine Missionstheologie des Neuen Testamentes aufbauen will, tut gut daran, das Neue Testament so zu akzeptieren, wie es dasteht. Kein Leser kann sich seiner missionarischen Dynamik und Ausrichtung entziehen. Vielleicht findet sich weniger Missionstheologie als solche, weil es in seiner Totalität missionarische Theologie, die Theologie einer Gruppe von Missionaren und eine Theologie der missionarischen Bewegung ist. Sollte es also keine explizite Missionstheologie enthalten, so ist doch seine ganze Theologie Mission. Unter diesem Blickwinkel ist das Neue Testament zu lesen.

Man hat gemeint, die Apostel gäben der Weltevangelisation und -mission geringe Priorität, da sie in ihren Briefen darüber relativ wenig sagen. Das hört sich ganz logisch an, beruht aber auf einem oberflächlichen Lesen der neutestamentlichen Schriften und auf einem Mißverständnis der Einstellung der Apostel.

Es ist wahr, daß die Apostel Christi Missionsbefehl nicht noch einmal in den Briefen wiederholen. Dabei darf nicht übersehen werden, daß der sogenannte Missionsbefehl, der uns in den verschiedenen Evangelien begegnet, zu der *lebendigen Tradition* der apostolischen Gemeinden gehörte. Schon allein die Tatsache, daß alle Autoren der Evangelien ihn in der einen oder anderen Form zitieren, ist ein klarer Beweis dafür, daß seine Existenz und sein Inhalt allgemein bekannt war. So schreibt Lukas zu Anfang seines Evangeliums, daß er über Dinge berichtet, die allgemein bekannt sind (s. Luk. 1,1–4).

Darin ist selbstverständlich auch der Auftrag der Weltevangelisation, die Lukas mit größerer Ausführlichkeit festhält als die anderen Autoren, enthalten.

Wie ihr Herr selbst hielten sich die Apostel an die großen Glaubens- und Verheißungsworte und verankerten den Missionsgedanken in das Leben ihrer Gemeinden. Sie vertrauten, daß der Heilige Geist zu seiner Zeit diese Gedanken in dynamische Bewegung verwandeln würde. Das war ja ihre eigene Erfahrung. Auf diese Weise würde die Weltevangelisation eine lebendige, dynamische Kraft in den Gemeinden werden und nicht nur ein brieflicher „Befehl", der zu gesetzlich und unpersönlich wäre, als daß man ihm gehorchte oder sich ihm unterwarf. Während also die Apostel die Mission nicht zu einem Befehl machten, ist sie dennoch in den Gedankengängen der Briefe ständig in betontester Weise gegenwärtig.

Dieser Akzent wird – wie man erwartet – am lautesten in den Schriften des Apostels Paulus hörbar. Ist Gott der Gott aller Völker? Starb Christus nicht für die ganze Menschheit? Ist es nicht klar, daß Gott nicht will, daß einer verloren werde? Werden nicht alle Christen aufgefordert, für die Errettung aller Menschen zu beten? Läßt Paulus einen Zweifel über seinen Ruf als Völkermissionar aufkommen? Sieht er darin nicht seine besondere Gnade vom Herrn? Soll die Gemeinde nicht aus allen Völkern gesammelt werden? Läßt Paulus die Gemeinden im Unklaren darüber, daß die, die das Evangelium nicht gehört haben oder nicht glauben, verlorengehen? Stellt Paulus nicht gewisse Missionsgemeinden als besondere Beispiele für die anderen Gemeinden heraus? Stellt Paulus nicht eine Anzahl überraschender Fragen in Römer 10,14–15? Bildet der Apostel nicht eine ganze Anzahl treue Mitarbeiter aus, um das Missionswerk, das er anfing, weiterzuführen? Das sind nur einige Hinweise auf den Missionsgedanken des Neuen Testaments. Man ist erstaunt, wieviel missionarisches Gedankengut in den Briefen ist.

Andererseits ist zu bedenken, daß das Neue Testament eine zweifache Bewegung enthält: Die vertikale und die horizontale. Letztere dominiert in der Apostelgeschichte, die erste in den Briefen. Gemeinsam stellen sie eine göttliche Einheit dar, die eine große Ausgeglichenheit in die Christenheit und in die Gemeinden hineinbringt. Wir müssen dies immer zusammen sehen.

Darüberhinaus muß man sich vor Augen halten, daß sich jede Gemeinde schon in einer besonderen Missionssituation befand. Jede Gemeinde war umgeben von Menschenmassen ohne Gott und ohne Hoffnung. Das war ihre erste Aufgabe, wie Paulus der Gemeinde zu Philippi sagte (Phil. 2,12–16). Und ähnliche Anweisungen ergingen an die Gemeinden zu Korinth, Ephesus, Thessalonich und Kolossä.

Wiederum lobt Paulus die Gemeinden in Rom und Thessalonich für die Anstrengungen, die sie unternommen haben, um ihre eigene Umgebung und angrenzende Gebiete zu evangelisieren (Röm. 1,8; 1. Thess. 1,8). Der Apostel ermahnt die Gemeinde in Korinth, im Werk des Herrn zuzunehmen (1. Kor. 15,58), d.h. sie sollen weitergehen, sie sollen die normalen Grenzen überschreiten, darüber hinausreichen und das Ungewöhnliche tun. Der Apostel lobt die Philipper dafür, daß sie an seinem Werk einen aktiven Anteil nehmen (Phil. 4,10). Es muß bedacht werden, daß die Gemeinde von Philippi einen Missionar auf dem Missionsfeld hatte (Phil. 2,25).

Paulus rechnet damit, daß sein eigenes Beispiel andere anspornen wird, seinen Spuren zu folgen. Er ruft die Gemeinden auf, ihm zu folgen, wie er Christus folgt (1. Kor. 11,1; 4,16; Phil. 3,17; 1. Thess. 1,6; 2. Thess. 3,6–7). Er macht klar, daß sein oberster Auftrag die Evangelisation ist (1. Kor. 1,17: „Christus hat mich nicht gesandt zu taufen, sondern das Evangelium zu predigen = zu evangelisieren"). Darüber, daß Evangelisieren seine Sendung ist, darf kein Mißverständnis aufkommen (1. Kor. 9,16–18). Paulus folgen heißt, den Weg der Evangelisation einschlagen.

Endlich enthalten die Schriften des Paulus einige der größten Missionstexte und Missionsgedanken. Man kann nicht Römer 10, 12–18 lesen, ohne an die Mission zu denken. 2. Korinther 5,9–21 bleibt ein richtungsweisender Missionstext. Zweifelsohne haben diese Verse Tausende zur aktiven Mitarbeit an der Mission geführt. Epheser 3,1–12 ist ein Missionsappell. Dasselbe gilt für Stellen wie Römer 1,13–17; 1. Korinther 9,16–18; Philipper 2,14–16 und 1. Timotheus 2,1–7. Man könnte aber noch viel mehr aufzählen. Paulus hat viel über die Mission und die Evangelisation zu sagen. Er, der in erster Linie ein Vertreter und Verbreiter des Evangeliums war, erwartete von den frühen Gemeinden das gleiche.

Mission ist im Neuen Testament nicht eine Randerscheinung. Die Apostel wußten um den Wert der Mission aus eigener Erfahrung. Ihre neugegründeten Gemeinden wurden von Anfang an an die Missionsarbeit herangeführt; sie erbaten ihre Gebete, nahmen ihre Gaben an und bezogen ihre Mitarbeiter ausschließlich von ihnen. Das trifft besonders auf den Apostel Paulus zu, der an seine Heimatgemeinden keine Gebetsbriefe schrieb, noch sich an sie um weitere Mittel oder Mitarbeiter wandte. Alles was er an Mitteln benötigte, fand er in den neuen Gemeinden. Sie haben teil an der praktischen Universalität des Apostels und wurden ihrem Wesen, ihrem Plan, ihrem Ruf und ihrer Praxis nach zu Missionsgemeinden.

Im Zug der Darstellung der Missionstheologie des Neuen Testamentes werden wir kurz die wesentlichsten Konzepte überblicken, die der missionarischen Aktivität der Zwölf zugrundeliegen. Wir werden uns dann auch die Missionstheologie des Apostels Paulus vor Augen halten.

Die Zwölf

Die Evangelien enthalten nur wenige Worte der Apostel. Sie sind Beobachter, Nachfolger, Schüler und Jünger. Um ihre Gedanken kennenzulernen und Einblick in ihre Theologie zu erhalten, müssen wir sie schon reden hören und ihre eigenen Schriften lesen. Die Hauptquellen sind deshalb die Apostelgeschichte und die Briefe, die von den Aposteln stammen.

In der Apostelgeschichte sehen wir die Apostel an der Arbeit, zunächst als Missionare ihres eigenen Volkes und später als Boten Christi zu den Völkern der Welt. Allerdings haben wir keinen Bericht über die Tätigkeit jedes einzelnen Apostels. Im Rückblick schreibt Markus: „Sie aber gingen aus und predigten an allen Orten. Und der Herr wirkte mit ihnen und bekräftigte das Wort durch mitfolgende Zeichen" (Mark. 16,20). Es ist uns unmöglich, auch nur mit annähernder Gewißheit die genauen Orte und Gebiete ihres Wirkens festzulegen. Der Gang der Geschichte der Christenheit in apostolischer Zeit läßt die Folgerung zu, daß sie alle effektive Evangelisten und Missionare waren. Nach der Tradition verloren die meisten ihr Leben als Märtyrer auf den Missionsfeldern der Welt. Die rasche, weite Ausbreitung des christlichen Glaubens innerhalb weniger Jahrzehnte ist unser bester Kommentar für den Eifer und Einsatz der Apostel.

Der große Einschnitt im Leben der Zwölf ist Pfingsten, die Wasserscheide der evangelikalen Mission. Hier nahm die neutestamentliche Mission ihren Anfang, und es folgte eine immer raschere Verwirklichung. Pfingsten ist für Mission und Missionstheologie so bedeutsam, daß wir es gar nicht zu überblicken vermögen. Die Gegenwart des Heiligen Geistes im Leben der Apostel schaffte einen tiefen Unterschied. Er war es, der sie zu Männern Gottes und Aposteln formte. Sie bekannten unerschrocken, daß sie Zeugen von Gottes Erlösungswirken in Christus waren und betonten ausdrücklich den Tod und die Auferstehung Jesu Christi, die Auferstehung vor allem vor den Juden in Jerusalem. Dabei bestanden sie darauf, daß in der

Auferstehung Gott den Anspruch Christi bestätigt, das Erlösungswerk zu Ende geführt und Christus als Herrn (Christus-Messias), Retter und Richter eingesetzt hat (Apg. 2,32.36; 3,15.26; 4,10–11. 33; 5,31–32; 7,52.56). Mit allem Nachdruck erklärten sie, daß Christus allein der Heiland der Menschheit ist und daß es nirgends anders Errettung gibt, denn „es ist kein Name unter dem Himmel den Menschen gegeben, darin sie sollen selig werden“ (Apg. 4,12). Vor dem Hohen Rat sprachen sie mutig von dem inneren Trieb, nach dem sie Gott mehr gehorchen müssen als den Verfügungen ihres Gerichts. Tapfer stellten sie die Frage: „Richtet ihr selbst, ob es vor Gott recht sei, daß wir euch mehr gehorchen als Gott?“ Und wiederum: „Man muß Gott mehr gehorchen als den Menschen“ (Apg. 4,19; 5,29). Die Herrschaft Christi bestimmte ihr Leben. Ihr Wille und Wort standen ihm zur Verfügung. Die innere Glut, die sich an all dem, was sie erfahren haben, entzündet hatte, ließ sich nicht dämpfen. Sie mußten über all das sprechen, was sie gesehen und gehört hatten.

Von daher schon läßt sich schließen, daß ihre Missionstheologie aus tiefergelegenen Quellen gespeist wurde, daß sie Wurzeln hatte, die bis zu den ewigen Wahrheiten, die sie auf Erden erfahren hatten, hinabreichten. Es gibt keine andere vernünftige Erklärung ihres missionarischen Eifers und Triebes. Die großen missionarischen Gedanken, die in Christus gelebt und die er gelehrt hatte, kamen nun zu Gottes Zeit und unter dem gnädigen Wirken des Heiligen Geistes zur Reife. Der Heilige Geist wirkt nicht in Herzen, denen die Wahrheit und die Wirklichkeit Christi fremd ist.

Spüren wir der Missionstheologie der Apostel weiter nach, dann stoßen wir auf die tiefsten Gründe ihrer missionarischen Motivation. Wir wollen verschiedene Gebiete durchleuchten, die in engem Verhältnis zu ihrer missionarischen Stoßkraft stehen.

Die apostolische missionarische Motivation

Bei einer Motivanalyse gerecht zu sein, ist niemals leicht. Niemals wird es sich nur um einen Beweggrund handeln; erst durch das Zusammentreffen mehrerer Motive entwickelt sich die rechte Dynamik. Dabei werden einige Motive sichtbar, andere bleiben verborgen und unerkannt; einige kommen an die Oberfläche und scheinen bei gewissen Gelegenheiten zu dominieren, andere erscheinen bei anderen Gelegenheiten. So bleibt auch die beste Analyse Stückwerk.

In unserer Studie der Apostel kommen uns einige klare Aussagen ihrerseits zu Hilfe, die an andere gerichtet waren, die ihre Beweggründe aufdecken wollten. Somit werden wir wenigstens anfangs den rechten Weg gewiesen, was uns wiederum befähigen sollte, die Apostel recht zu verstehen und zu interpretieren, auch wenn wir nicht zur Vollständigkeit gelangen können.

Ich werde eine Serie summarischer Aussagen vorlegen, die der großen Bewegung der apostolischen Zeit zu unterliegen scheinen und die wenigstens zum Teil die Motive dieser Männer, die die Welt umkehrten, an den Tag legen.

Die Apostel waren von Gottes großem, souveränem, in seinem ewigen Rat verwurzelten Erlösungswerk ergriffen

Diese Tat, die in Christus Jesus, dem Mann von Nazareth, stattgefunden hatte, hatte sich im Bereich der Historie, im Hier und Jetzt, in Zeit und Raum, abgespielt. Im Rahmen der prophetischen Erwartung hatte sie sich ereignet. Jetzt war sie abgeschlossen; ihr Segen galt der ganzen Menschheit. Die Erlösungstat muß im Glauben an Jesus Christus angeeignet werden, und dieser Glaube steht in einem erfahrungsmäßigen Verhältnis zur Buße und Reue über die Sünde.

Die Apostel wußten, daß Gott gehandelt hatte. Er hatte souverän, entscheidend und erlösend gehandelt. Obwohl sie die Juden von ihrer Schuld, daß sie Christus gekreuzigt hatten, nicht entlasteten, erklärt Petrus ohne Zögern, daß Christus nach dem Ratschluß und der Vorsehung Gottes dahingegeben war (Apg. 2,23; 4,28). Verwerfung und Kreuzigung Christi waren nicht nur eine Folge der Sünde Israels; irgendwie hatte Gott hier gemäß seinem gnädigen Vorsatz und Heilsplan gehandelt. Somit wird die Sendung Christi und die Auferstehung Christi durchweg Gott zugeschrieben; es waren Gottes Taten. Später untermauert Petrus diese Position weiter, wenn er schreibt, daß Christus als das unschuldige und unbefleckte Lamm Gottes „zuvor ersehen (war), ehe der Welt Grund gelegt war" (1. Petr. 1,20).

In ähnlichem Stil schreibt Johannes: „Darin ist erschienen die Liebe Gottes unter uns, daß Gott seinen eingeborenen Sohn gesandt hat in die Welt, daß wir durch ihn leben sollten. Darin steht die Liebe: nicht, daß wir Gott geliebt haben, sondern daß er uns geliebt hat und gesandt seinen Sohn zur Versöhnung für unsere Sünden." Und wiederum, daß „der Vater den Sohn gesandt hat zum Heiland der

Welt". Und noch einmal „Gott sandte seinen Sohn" (1. Joh. 4,9–10. 14).

Die ewige Liebe handelte in sehr konkreter, entscheidender, angemessener und effektiver Weise. Ja, böse Hände haben den Herrn der Herrlichkeit gekreuzigt; dennoch stand das weder im Gegensatz zu Gottes ewigem Vorsatz, noch geschah es unabhängig von seinem Planen und Wollen. Letzten Endes hatte Gott gehandelt. Er gab seinen Sohn. Er sandte seinen Sohn. Er offenbarte seine Liebe.

Folglich war Gott durch die Verwerfung und Kreuzigung Christi nicht frustriert, denn sein Plan und sein Vorsatz waren damit eben nicht vereitelt worden. Vielmehr dienten Sünde und Zorn der Menschen dazu, Gottes Plan hinauszuführen. Deshalb gab es noch eine Hoffnung auf Vergebung, falls man sich in Buße an Gott und im Glauben an Christus wandte. Und deshalb strahlt das Kreuz nicht Verzweiflung und Verdammung aus, sondern Hoffnung und Vergebung.

Die Apostel waren überzeugt: die entscheidende Erlösungstat Gottes hat in Christus Jesus, dem Mann von Nazareth, stattgefunden. Gottes Tat war souveränes Handeln, aber es geschah nicht ohne Mittler. Gottes Erlösungstat war und ist untrennbar mit Christus verbunden. Jesus ist der Knecht, der Heilige, der Gerechte, der Fürst des Lebens, der Herr der Herrlichkeit (Apg. 3,13–15; Jak. 2,1). Er ist der Herr, der Messias, der Retter, wie es in den Worten des Paulus heißt: „Gott war in Christus und versöhnte die Welt mit ihm selber" (2. Kor. 5,19). Die Apostel wußten von keinem Heil außer Christus. Nur „wer den Sohn hat, hat das Leben" (1. Joh. 5,12). Sie wurden von der tiefen Überzeugung getragen, daß es *nur in Christus, dem Gekreuzigten und Auferstandenen, einen Heiland und Retter gibt.* Sie kannten ihn und stellten ihn mutig als Heiland und als Herr vor die Juden, vor alle Völker (Apg. 2,36; 4,12; 10,36).

Triumphierend erklärte Petrus am Pfingsttag: „So wisse nun das ganze Haus Israel gewiß, daß Gott diesen Jesus, den ihr gekreuzigt habt, zum Herrn und Christus gemacht hat" (Apg. 2,36). Es ist bemerkenswert, ja fast überraschend, daß Petrus der betroffenen und fragenden Menge befiehlt: „Tut Buße und lasse sich ein jeglicher taufen auf den Namen Jesu Christi zur Vergebung eurer Sünden" (Apg. 2,38). Hatte Christus nicht den Aposteln befohlen, zu „taufen im Namen des Vaters und des Sohnes und des Heiligen Geistes" (Matth. 28,19)? Warum veränderte Petrus an Pfingsten die Taufformel in den „Namen Jesu Christi"?

Darf ich hier den Vorschlag einbringen, daß es nicht Petrus war, der diese Formel abänderte. Es war die Anweisung des Heiligen Geistes und geschah, um die *alleinige Heilandschaft* Jesu Christi zu betonen. In ähnlicher Weise ist das Retteramt Christi in Apostelgeschichte 3,20; 4,12 und 5,31 herausgestellt. Als er gefragt wurde, in welcher Macht oder in welchem Namen er das Wunder der Heilung des Lahmen vollbracht habe, kann Petrus nur einen Namen nennen und sagen, im „Namen Jesu Christi von Nazareth, den ihr gekreuzigt habt, den Gott von den Toten auferweckt hat, steht dieser hier vor euch gesund". Und wiederum, „in keinem andern ist das Heil, ist auch kein anderer Name unter dem Himmel den Menschen gegeben, darin wir sollen selig werden" (Apg. 4,10.12). Mit aller Eintönigkeit erklärt Petrus: „Von diesem (Christus, der historischen Person, hingerichtet und von den Toten auferweckt und von Gott vorherbestimmt, Richter der Lebendigen und Toten zu sein) zeugen alle Propheten, daß durch *seinen Namen* alle, die an ihn glauben, Vergebung der Sünden empfangen sollen" (Apg. 10,43).

Jahre später schrieb Petrus: „Und wisset, daß ihr nicht mit vergänglichem Silber oder Gold erlöst seid von eurem eitlen Wandel nach der Väter Weise, sondern mit dem teuren Blut Christi als eines unschuldigen und unbefleckten Lammes" (1. Petr. 1,18–19). Und etwas weiter schreibt der Apostel: „Christus ist einmal für eure Sünden gestorben, der Gerechte für die Ungerechten, auf daß er euch zu Gott führte, und ist getötet nach dem Fleisch, aber lebendig gemacht nach dem Geist" (1. Petr. 3,18).

Kein anderer neutestamentlicher Zeuge stellt Christus betonter als einzigen Heiland heraus, als Johannes. Christus ist „die Versöhnung für die Sünden, nicht allein aber für die unseren, sondern auch für die der ganzen Welt." Mit aller Klarheit verkündigt Johannes: „Wer den Sohn leugnet, der hat auch den Vater nicht; wer den Sohn bekennt, der hat auch den Vater." Und weiter: „Das ist sein Gebot, daß wir glauben an den Namen seines Sohnes Jesus Christus." „Und das ist das Zeugnis, daß uns Gott das ewige Leben gegeben hat, und solches Leben ist in seinem Sohn. Wer den Sohn hat, der hat das Leben; wer den Sohn Gottes nicht hat, der hat das Leben nicht." „Der Vater hat den Sohn gesandt zum Heiland der Welt", und Reinigung von der Sünde ist nur im Blute Jesu Christi zu finden (1. Joh. 2,2.23; 3,8; 3,23; 5,11–12; 4,14; 1,7).

Nach dem johanneischen Zeugnis gibt es keine Versöhnung, keine Reinigung von Sünde, keine Befreiung, kein ewiges Leben, keine Vater-Sohn-Beziehung ohne das Rettungswerk Christi. Diese feierliche Erklärung zieht sich durch den ganzen ersten Johannesbrief.

Wie sehr die Apostel in dieser grundsätzlichen Wahrheit übereinstimmen, läßt sich im ganzen Neuen Testament aufzeigen. Jesus

Christus ist Retter und Herr. In ihm hat Gott ein für allemal gehandelt – abschließend, entscheidend und so, wie es für die ganze Menschheit angemessen ist.

Die Apostel waren überzeugt, daß die Tat Gottes, mit der er das Heil bereitete, ein historisches Ereignis mit daraus sich ergebenden historischen Folgen war. Es war eine ewige und geistliche Realität, die sich in Zeit und Raum manifestierte. Es handelte sich nicht um einen „Glauben an Glauben" (um eine Illusion). Es ist auch nicht ein Mythos oder der Traum eines Ekstatikers. Es ist eine datierbare, konkrete Realität. Es vollzog sich in einer historischen Person – „Jesus von Nazareth, den Mann, von Gott unter euch erwiesen mit Taten, Wundern und Zeichen, welche Gott durch ihn tat unter euch, wie ihr wisset" (Apg. 2,22; vgl. 10,38). Das alles ereignete sich in dem geographischen Rahmen einer historischen Stadt, Jerusalem (Apg. 2,14). Es geschah unter einem spezifischen römischen Prokonsul in Palästina, Pilatus (Apg. 3,13). Das sind die historischen Fakten, die nicht geleugnet werden können. Gott hat in der Geschichte gehandelt, im Hier und im Jetzt.

Deshalb bietet der christliche Glaube ein historisches Heil und eine historische Errettung an, ein Heil, das sowohl persönliche als auch soziale Komponenten hat. Es hätte auch ein nationales Heil werden können, wenn Israel als Volk dem Evangelium gehorsam geworden wäre. Es wird gegenwärtige Wirklichkeit „hier und jetzt" in der persönlichen Offenbarung, im Angebot der Sündenvergebung, in der Reinigung von der Sünde und in der Verleihung des ewigen Lebens, das ein gegenwärtiger Besitz ist. Dieses Heil ist begleitet von der umformenden Kraft des Heiligen Geistes; er lädt Menschen ein, sich hineinnehmen zu lassen in die Freude, die Gewißheit, die Hoffnung, die Gottseligkeit, die Gemeinschaft mit Gott durch Christus Jesus. Das alles begegnet als gegenwärtige und bleibende erfahrbare Wirklichkeit. Es ist nicht nur ein „Wunschdenken". Sicherlich kann die Geschichte die Fülle und die Ewigkeitsdimensionen des Heils nie fassen, aber genausowenig kann die Geschichte dieses Heil beschränken oder gar ausschließen. Nur Unwissenheit, Unglaube, Sünde in unserem Leben und allgemein menschliche Erfahrungsgrenzen können das erfahrene Maß des Heils einschränken. Es steht allen jetzt zur Verfügung, die über ihre Sünde Buße tun und an Jesus Christus glauben. Das ist das Evangelium, die gute Botschaft Gottes in Christus Jesus. Das muß verkündigt werden, weil es im großen und gnädigen Nun und Jetzt Gottes wirksam ist. *Jetzt* ist der Tag des Heils. Die jetzige Wirklichkeit des Heils Gottes in Christus Jesus ist das Zentralthema des Hebräerbriefes. Gleichzeitig aber zeigt er die überragende

Größe und die Endgültigkeit des christlichen Glaubens.

Die Apostel waren überzeugt, daß all das, was geschehen war, vollkommen im Einklang mit den Voraussagen der alttestamentlichen Prophetie stand. Pfingsten hatte ihr Denken umgeformt. Die hinter ihnen liegenden Ereignisse sahen sie nicht mehr als tragisches Versagen oder als Enttäuschung, sondern als eine Erfüllung der Prophetie des Alten Testaments. Dreimal bezieht sich Petrus in seiner großen Pfingstpredigt auf alttestamentliche Voraussagen (Apg. 2,16.25.34). Er erinnert seine Hörer daran, daß diese Verheißung „euer und eurer Kinder ist" und läßt sie wissen: „Gott hat so erfüllt, was er durch den Mund aller seiner Propheten zuvor verkündigt hat, daß sein Christus leiden sollte" (Apg. 2,39; 3,18). Er erwähnt weiterhin die „Zeit der Erquickung" und „daß alles wiedergebracht wird, wovon Gott geredet hat durch den Bund seiner heiligen Propheten von Anbeginn" (Apg. 3,20–21). Petrus kennt die Prophetie eines Mose und zeichnet ein äußerst umfassendes Bild erfüllter Prophetie in Apostelgeschichte 3,24. Der Apostel kennt Jesus als den „Stein, der von euch Bauleuten verworfen, der zum Eckstein geworden ist" (Apg. 4,11; vgl. 1. Petr. 2,6; Jes. 28,16). Genauso überzeugend ist die Darstellung des Stephanus in der Synagoge (Apg. 6,9) und sind es die Worte des Jakobus in der stürmischen Sitzung des Apostelkonzils zu Jerusalem, wo er frei die alttestamentlichen prophetischen Schriften zitiert (Apg. 15,15–18).

Der umfängliche Gebrauch des Alten Testaments durch die frühe Christenheit wird am besten durch das Matthäusevangelium, dessen Autor selbst ein Apostel war, durch den Hebräerbrief und die Verkündigung des Paulus in den Synagogen, wie Lukas sie in der zweiten Hälfte der Apostelgeschichte berichtet, illustriert. Das Alte Testament war ihre Schrift. Sie fanden es in Christus Jesus erfüllt.

Es war die tiefste Überzeugung der Apostel, daß Gott in vollkommener Harmonie mit seinem vorgefaßten Ratschluß und seinem Plan, wie er ihn in Schriften des Alten Testaments entfaltet hatte, gehandelt hat. Diese Überzeugung gab ihnen Festigkeit inmitten von Stürmen und Streß, von Druck und Spannungen, von Drohungen und Verfolgungen, von Leiden und Martyrium.

Die Apostel waren überzeugt, daß der Erlösungsakt Gottes in Christus zum Segen der ganzen Menschheit war. Petrus sagte das ganz ausdrücklich an Pfingsten. Nachdem er das Volk ermahnt hatte, Buße zu tun und sich taufen zu lassen, erklärte er: „Denn euer und eurer Kinder ist die Verheißung und aller, die ferne sind, so viele der Herr, unser Gott, herzurufen wird" (Apg. 2,39). Einige Zeit später erklärte er wiederum: „Nun erfahre ich in Wahrheit, daß Gott die

Person nicht ansieht; sondern in jeglichem Volk, wer ihn fürchtet und recht tut, der ist ihm angenehm" (Apg. 10,34.35). Petrus berichtete von dem Geschehen im Hause des Cornelius einigen Brüdern in Jerusalem, die ihn darüber zur Rede stellten (Apg. 11,4). Lukas teilt uns dann mit: „Da sie das hörten, schwiegen sie stille und lobten Gott und sprachen: so hat Gott auch den Heiden die Buße gegeben, die zum Leben führt!" (11,18).

Johannes stimmt, was die Universalität angeht, voll mit Petrus überein und verkündigt in aller Klarheit, daß Christus „ist die Versöhnung für unsere Sünden, und nicht allein aber für die unseren, sondern auch für die der ganzen Welt" (1. Joh. 2,2). Und an anderer Stelle wiederum, „daß der Vater den Sohn gesandt hat zum Heiland der Welt" (1. Joh. 4,14). Nationalistischer Partikularismus mag zwar in den Gefühlen der Jünger weitergelebt haben, aber in der inspirierten Theologie der Apostel wurde ihm kein Platz eingeräumt.

Auch Judas kennt ein „allumfassendes Heil". In seiner kurzen Epistel ist er äußerst inklusive bezüglich des Umfangs des Heils und bezüglich der Reichweite des Gerichts in der Geschichte. Wenn es um das Heil geht, ist er gewiß kein nationalistischer Partikularist. Und sogar Jakobus ermahnt seine Leser: „Haltet den Glauben an Jesus Christus, unsern Herrn der Herrlichkeit, frei von aller Ansehung der Person" (Jak. 2,1), und öffnet die Tür der Gemeinde für die Glaubenden aus den Heiden ohne irgendwelche Bedingungen oder Restruktionen (Apg. 15,13–20).

So stimmen die verschiedenen Autoren in der Tatsache überein, daß Gott entscheidend und gnadenreich in Christus Jesus zum Segen für die ganze Menschheit gehandelt hat. Die Universalität des Heils, die idealerweise von Christus schon festgehalten und verkündigt wurde, erreicht ihre praktische, dynamische Reife in den Aposteln.

Die Apostel waren überzeugt, daß Buße und Glauben der von Gott bestimmte Weg waren, das Heil zu erlangen. Das Heil Gottes in Christus Jesus steht allen Menschen offen, muß aber bewußt und freiwillig durch den Glauben in Jesus Christus angeeignet werden. Solcher Glaube steht in wesentlicher Verbindung mit der Buße und Reue über die Sünde. Hier ist zu bemerken, daß Glaube der positive, Buße der negative Aspekt dieser lebendigen und dynamischen Beziehung ist, die einen Menschen mit Christus verbindet und ihn rettet. Beide Aspekte werden von den Aposteln betont.

Aus der Verkündigung der Apostel geht klar hervor, daß sie nicht nur die gute Nachricht vom Heil Gottes verkündigten. Sie ermahnten

Männer und Frauen, über ihre Sünde Buße zu tun und an den Herrn Jesus Christus zu glauben. Der Ruf zur Buße erklingt klar vernehmlich, laut und immer wieder (Apg. 2,38; 3,19; 8,22; 11,18).

Während Buße eine Gabe Gottes ist (Apg. 5,31; 11,18), muß der Mensch sie sich aneignen und ausüben, um den Gewinn davon zu haben. Es ist des Menschen Sache, Buße zu tun.

Nicht weniger betont ist der Ansporn zum Glauben. Man muß im Glauben empfangen, was Gott in Christus bereitet hat. Glaube ist allumfassend wichtig (Apg. 2,44; 3,16; 4,4.32; 6,5.7–8; 8,12–13.37; 9,42; 10,43; 11,17.21.24). Ohne Glauben ist es unmöglich, Gott zu gefallen und seine Gnadengaben zu empfangen.

In der apostolischen Verkündigung zeigt sich eine klare Linie, die die Menschen in zwei verschiedene Gruppen trennt. Auf der einen Seite sind die Glaubenden, die das Heil Gottes in Christus erfahren haben; sie sind die Kinder Gottes. Auf der anderen Seite sind die Ungläubigen, die Ungehorsamen, die das Heil Gottes nicht besitzen. Die apostolische Verkündigung will also informieren, will aber vor allem überführen und überzeugen. Die Apostel wollten Männer und Frauen zur Bekehrung führen, weg von ihren Sünden und hin zum Glauben an Christus Jesus. Sie waren überzeugt, daß es ohne solch eine lebendige Christusbeziehung keine Erfahrung und keinen Besitz des ewigen Lebens gibt. Gott gebietet allen Menschen überall Buße zu tun und er befiehlt, daß die Menschen an den Namen seines Sohnes Jesus Christus glauben (Apg. 17,30; 1, Joh. 3,23). Das ist das einstimmige Zeugnis der Apostel. Darin stimmen sie mit allen anderen Autoren der Bibel und allen Sprechern Gottes überein. Buße und Glaube ist der von Gott bestimmte Weg zum geistlichen Reichtum in Christus Jesus.

Die bisher umrissenen theologischen Überzeugungen werden untermauert durch die persönliche Hingabe der Apostel an ihren Herrn, durch ihren Gehorsam und durch die persönliche Lebenserfahrung.

Die Apostel wurden in ihrer Missionsarbeit durch ihren Gehorsam und ihre Hingabe an ihren Herrn motiviert

Die Überzeugung, daß sie Gott zu gehorchen haben und seinen Segenswillen ohne Rücksicht auf Schwierigkeiten und Kosten auszuführen haben, war die Triebkraft ihres Lebens und Wirkens. Zweimal stellt Petrus der Autorität und den Anordnungen des priesterlichen Gerichtshofes kühn den Willen Gottes gegenüber und erklärt den jüdischen Autoritäten, daß man Gott mehr gehorchen muß als den

Menschen. Das war mehr als menschliche Dreistigkeit; das war göttliche Überzeugung. Rein logisch hätte das Gericht Petrus wohl zugestimmt, aber war die Stimme des Hohenpriesters nicht die Stimme Gottes? Hier zeigt sich die Tragik, Blindheit und Verwirrung des natürlichen Menschen. Die Apostel hatten die Gabe, menschliche Interpretation von göttlicher Inspiration und Offenbarung zu unterscheiden.

Gewiß stellten sich die Apostel gegen alle Traditionen und die ganze Praxis des Judentums, als sie sich weigerten, der Anordnung des Hohen Rates zu gehorchen. Aber sie hatten die geistliche Kraft, die Konsequenzen zu tragen und am Ende in ihrem Leiden zu triumphieren. Die eindrucksvollen Worte des Johannes: „Wer aber den Willen Gottes tut, der bleibt in Ewigkeit“ (1. Joh. 2,17), wurden von der Geschichte vollständig gerechtfertigt.

Der Schlüssel zum Verständnis des Handelns der Apostel ist *Gehorsam;* in ihrem Wortschatz nimmt diese Vokabel eine prominente Stelle ein. Es fällt auf, wie eng Petrus den Gehorsam mit der Gabe des Heiligen Geistes verbindet (Apg. 5,32). Verschiedentlich sind im Sprachgebrauch des Apostels die Worte *Glaube* und *Gehorsam* austauschbar, womit die erfahrungsmäßige Einheit dieser beiden grundlegenden christlichen Begriffe angedeutet wird (1. Petr. 1,2.22; 2,7–8; 3,20; 4,17). Gehorsam gilt als die christliche Zentraltugend, und das Halten und Tun der Gebote Gottes ist ein Beweis dafür, daß man Gottes Eigentum ist (1. Joh. 2,3–4; 2,29; 3,7.24; 5,2–4). Für die Apostel ist Gehorsam nicht eine Option; er gehört einfach dazu. Er füllt ihr ganzes Leben aus. In Gehorsam und Treue unterstellen sie sich ihrem Herrn und Meister.

Die Apostel waren durch ihre Erfahrung des lebendigen Christus motiviert

Durch die Glut der persönlichen Erfahrung des lebendigen Christus, der ihrem Leben durch den Heiligen Geist innewohnte, wurde den Aposteln eine ganz neue Lebenskraft zuteil. Diese Kraft erhielt sie und trieb sie voran. Sie wußten, daß Christus von den Toten auferweckt worden war. Und obwohl sie gesehen hatten, wie er emporgehoben wurde und in den Wolken verschwand, waren sie sich seiner Gegenwart ständig bewußt. Er war für sie nicht der ferne Christus. Paulus konnte bekennen: „Christus lebt in mir.“ Der persönliche Umgang mit Christus gab ihrem Leben Inhalt und Dynamik.

Voller Freude ruft Petrus aus: „Wir können's ja nicht lassen, daß wir nicht reden sollten von dem, was wir gesehen und gehört haben." Immer wieder berufen sich die Apostel auf die Auferstehung Christi Jesu. Für sie war er eine gegenwärtige Wirklichkeit (Apg. 2,32; 3,15; 4,10.33; 5,29–32). Ihr Umgang mit dem auferstandenen Herrn hatte einen unauslöschbaren Eindruck hinterlassen, hatte sie transformiert, überwältigt, erquickte sie immer wieder neu, war für sie eine bleibende Inspiration, ein herrlicher Sieg. Mit großer Gewißheit schreibt Johannes: „Das von Anfang war, das wir gehört haben, das wir gesehen haben mit unseren Augen, das wir beschaut haben und unsere Hände betastet haben vom Wort des Lebens – . . . was wir gesehen und gehört haben, das verkündigen wir euch, auf daß auch ihr mit uns Gemeinschaft habt; und unsere Gemeinschaft ist mit dem Vater und mit seinem Sohn Jesus Christus" (1. Joh. 1,1–3). Und Petrus schreibt unsere Wiedergeburt und unsere Errettung der Auferstehung des Herrn zu (1. Petr. 1,3; 3,21).

Hier war *Erfahrung einer Realität.* Das war mehr als ein vager, subjektiver Mystizismus. Hier war mehr als „Auferstehungsglaube". Hier war Glaube an den Auferstandenen, Glaube, der durch die Wirklichkeit und die Erfahrung untermauert war. Solch ein Glaube konnte nicht zum Schweigen gebracht werden. Er mußte gehorchen, und er mußte reden. Die innere Glut des lebendigen Herrn schuf eine unwiderstehliche Dynamik, die im Anschluß an Pfingsten zu einer Zeugnisbereitschaft und einem Zeugnis führte, das in seiner Kraft und seinen Auswirkungen einer Explosion gleichkam.

Die Worte der Apostel verraten, daß es ihnen einfach nicht möglich war, von der *Herrlichkeit* des Auferstandenen loszukommen. Seine Herrlichkeit hatte sich in ihrer Erfahrung niedergeschlagen, wie aus dem wiederholten Gebrauch des Wortes *Herrlichkeit* ersichtlich ist. Es nimmt einen äußerst prominenten Platz in ihrem Wortschatz ein. Stephanus spricht vom „Gott der Herrlichkeit" (Apg. 7,2). Jakobus kennt „den Herrn der Herrlichkeit" (Jak. 2,1). Petrus bezieht sich auf den „Geist der Herrlichkeit" (1. Petr. 4,14) und erklärt, daß die Christen zur Herrlichkeit berufen sind (2. Petr. 1,3; 1. Petr. 5,10), eine Krone der Ehre oder Herrlichkeit erhalten sollen (1. Petr. 5,4), an der Herrlichkeit, die offenbart werden soll, teilhaben sollen (1. Petr. 5,1) und sich mit „unaussprechlicher und herrlicher Freude" freuen sollen (1. Petr. 1,8). Als Stephanus starb, sah er die Herrlichkeit Gottes (Apg. 7,55). Die Herrlichkeit war ein wesentlicher Zug apostolischer Erfahrung. Hier blühte die Herrlichkeit Gottes auf.

Die Apostel lebten und arbeiteten in dem Bewußtsein, daß der Heilige Geist von ihnen Besitz ergriffen hatte

Der erfahrungsmäßige Umgang mit dem lebendigen und verherrlichten Herrn wurde durch *den Heiligen Geist* vermittelt. So findet sich in der apostolischen Unterweisung eine starke und konstante Betonung des Heiligen Geistes.

Die Gegenwart des Heiligen Geistes war Beweis für das göttliche Wirken im Leben der Menschen (1. Joh. 3,24; 4,13). Die Gabe des Heiligen Geistes wird an Pfingsten sichtbar mitgeteilt (Apg. 2,17). Sie wird zwar allen vorenthalten, die dem Evangelium Gottes nicht gehorchen (Apg. 5,32), wird aber den glaubenden Juden, Samaritern und Heiden zuteil (Apg. 2,4; 6,5; 8,17; 9,17.31; 13,1–2). Vor Gott gibt es kein Ansehen der Person, die Gabe des Heiligen Geistes wird allen mitgeteilt, die seinen Anforderungen entsprechen.

Die eigentliche Dynamik ihrer Arbeit ist der Heilige Geist, und die Voraussetzung für einen effektiven und akzeptablen Dienst ist die Erfüllung mit dem Heiligen Geist (Apg. 2,4; 4,8.31; 6,3.5.10; 7,55; 8,29.39; 10,19; 1. Petr. 1,12; 2. Petr. 1,21). Der Heilige Geist ist auch die ausreichende Kraft- und Trostquelle im Leiden und Martyrium.

Die Apostel wußten aus Erfahrung um die Bedeutung des Heiligen Geistes. Ohne ihn wäre ihr Leben eben nicht das eines Christen gewesen, denn er teilte Leben, Kraft, Sinn, Weisung und Herrlichkeit mit. Weil er in ihrem Leben gegenwärtig war, strahlte die Herrlichkeit des auferstandenen Herrn von den Aposteln aus und trieb sie in ihrer Missionsarbeit voran.

Die apostolische Mission als Vision

Mission – ein Bild der Fülle

Die umfassendste Schau findet sich in der Offenbarung Johannes, wo Gott dramatisch als Gott des Kosmos dargestellt ist –, als der Gott der ganzen Erde und aller Nationen, dem sich kein Gebiet verschließt oder entzieht. Sein majestätischer, im hellsten Licht strahlender Thron ist über alles erhaben und das Wort seiner Herrschaft breitet sich von hier in jede Richtung aus. Gott steht in einem dauernden Herrschaftsverhältnis zu dieser Welt. Sein Regiment ist ununterbrochen und ewig und umfaßt wie sein Gericht die ganze Erde. Alle Menschen werden vor sein Gericht geladen. Kein anderer Gott wird anerkannt oder hat an seiner Macht und Herrschaft Anteil. Er allein ist der Gott des Universums, der Gott der Völker, der Gott, bei dem Heil, Rettung und Zuflucht zu finden ist, der Gott, der der alleinige, souveräne und gerechte Richter der Menschheit ist. Seine Autorität und Macht müssen und werden sich durchsetzen, sein Maßstab von richtig und falsch werden von allen anerkannt werden. Am Ende wird er allein von der erlösten Menschheit auf einer neuen Erde und in einem neuen Himmel angebetet werden. Sein Sieg wird vollkommen, seine Anbetung ohne Abstriche sein. Alle anderen Götter werden ausgeschlossen, alle Rebellion überwunden und alle Macht ihm zu Füßen gelegt sein. Gott wird alles in allem sein.

Ganz ähnlich sieht Johannes das Lamm Gottes in der Offenbarung Johannes. Er zeichnet das Lamm nicht als das, das die Sünde der Welt trägt, sondern er sieht es im Triumph über die Sünde, Hölle, Satan und das Grab. Er schaut das Lamm nicht am Werk unter den Juden und in Palästina, es bewegt sich unter den Kirchen Asiens und der heidnischen Städte. Jerusalem und der Berg Zion sind zu Anfang des Buches nicht in Sicht.

Im zweiten Hauptteil sieht Johannes das Lamm zur rechten Hand Gottes in Herrlichkeit, wie es sich für ein weltweites Wirken im Gericht und in der Ausbreitung des Evangeliums vorbereitet. Für dieses Lamm gibt es keinerlei Grenzen mehr, noch irgendwelche partikularistischen Aspekte.

In den Schlußszenen sieht Johannes das Lamm, wie es über alle Systeme der Welt einschließlich der Religionen triumphiert. Beim Erscheinen des neuen Himmels und der neuen Erde hat das Lamm Anteil an der Herrlichkeit und der Anbetung des Vaters, während die *Nationen* sich des Segens erfreuen, der aus der Fülle des Thrones des Lammes hervorfließt. Das ist die missionarische Schau des Johannes, und man darf wohl annehmen, daß Johannes hier für alle spricht. Die Zwölf stimmen mit ihm überein, Gott ist durch seine Erlösungstat in Jesus Christus mit dieser Welt verbunden. Der Heilige Geist wirkt im Namen des Vaters und des Sohnes, um die gute Botschaft von Gottes erlösender Liebe und der Tat in Christus der ganzen Welt mittels der Verkündigung des Evangeliums mitzuteilen. Er tut das, indem er die Gemeinde, das auserwählte Werkzeug Gottes, in Bewegung setzt und stärkt.

Schlußfolgerung

Diese Segenswirklichkeiten, diese Tatsachen und Wahrheiten, die im Bewußtsein der Zwölf eingegraben waren, wurden zur Quelle, aus der sich die missionarische Motivation und Stoßkraft der Apostel ergoß. Sie sind gleichzeitig der Eckstein ihrer gesamten Missionstheologie. Wenig wurde das Beispiel Christi selbst erwähnt, obwohl er umherzog, und alle, die von Satan überwunden waren, heilte. Wir haben uns auch nicht direkt auf den Missionsbefehl bezogen, obgleich man nicht daraus folgern darf, daß er in der frühen Christenheit eine unwesentliche Rolle gespielt hätte. Die Tatsache, daß er in irgendeiner Form in jedem der Evangelien zu finden ist, ist ausreichender Beweis dafür, daß er ein Teil der lebendigen Tradition und Unterweisung der frühen Gemeinden war.

Die Wurzeln der apostolischen Missionstheologie greifen aber tiefer. Sie besteht nicht nur in einem Befehl. Sie ist in dem Fundament verankert, das den Auftrag der Weltevangelisation zu einem evangelischen und geistlichen Befehl macht. Mission war für sie nicht in erster Linie eine Auflage, sondern der Strom ihres Lebens. Nicht als Sklaven, sondern als eng verbundene Freunde wurden sie Missionare. Mission war ihr Leben, ihr alles absorbierendes Interesse, ihre alles verzehrende Passion, der sie ihr Leben freudig weihten.

Nur drei der Zwölf haben uns Schriften hinterlassen: Matthäus, Johannes und Petrus, (ob der Autor des Judasbriefes der Apostel Judas war, ist fraglich). Keinerlei Partikularismus findet sich in ihren Darstellungen, denn ihre missionarische Stoßkraft überwand jeglichen Partikularismus, Nationalismus und jüdischen Ethnozentrismus.

Zum Schluß soll noch die interessante Tatsache herausgestellt werden, daß keiner der Zwölf den Eindruck hatte, daß er sich im Widerspruch zu Jesus befand, wenn es um den missionarischen Einsatz ging. Sie fühlten sich auch nicht in Konflikt mit dem Alten Testament. Vielmehr waren sie überzeugt, daß durch sie der unveränderliche Vorsatz Gottes, der die ganze Offenbarung zusammenhält, verwirklicht wurde.

Der Apostel Paulus

Was das Verständnis und die Ausbreitung des Glaubens angeht, überragte Paulus alle anderen. Eine Christenheit ohne ihn können wir uns kaum vorstellen. Dennoch ist er weder Mitbegründer des

Glaubens, noch Innovator, noch ein Rivale Christi. Christus bleibt die Quelle, das Fundament, der Eckstein und der Inhalt des Glaubens.

Für Paulus gibt es diesbezüglich keinen Zweifel; in 1. Korinther 3,11 erklärt er: „Einen andern Grund kann niemand legen, außer dem, der gelegt ist, welcher ist Jesus Christus"; und zuvor: „Auch ich, liebe Brüder, da ich zu euch kam, kam ich nicht mit hohen Worten und hoher Weisheit (philosophischen Spekulationen), euch zu verkündigen die göttliche Predigt. Denn ich hielt nicht dafür, daß ich etwas wüßte unter euch als allein Jesus Christus, den Gekreuzigten" (1. Kor. 2,1–2). Paulus ist aber der am tiefsten schürfende Interpret, der herausragende theologische Repräsentant, der größte evangelikale Verteidiger und der glänzendste Darsteller des christlichen Glaubens. Deshalb müssen wir hier auch sein Universalitätsdenken durchleuchten und, soweit notwendig, mit den Gedanken der anderen Apostel in Verbindung bringen.

Sei es im Leben, sei es in der Lehre des Apostels, die Universalität des von Gott bereiteten Heils (die *ideale* Universalität), aber auch die Universalität von Gottes Vorsatz zur Verkündigung des Evangeliums (*praktische* Universalität) läßt sich mit Händen greifen. Jede Apologie ist hier fehl am Platz. Paulus ist fast eine Inkarnation sowohl der idealen als auch der praktischen Universalität. Aber jeder Forscher wird im Neuen Testament vergeblich nach *verwirklichter* Universalität suchen, sei es im Rahmen der Geschichte oder jenseits derselben. Das Neue Testament enthält keinen Hinweis darauf, daß alle Menschen gerettet werden. Im Gegenteil, das Neue Testament lehrt ganz klar und betont, daß das nicht der Fall ist und daß es tatsächlich Menschen geben wird, die ewig verloren und von Gott getrennt sein werden.

Ideale Universalität bei Paulus

Als der Repräsentant Christi und des christlichen Glaubens war Paulus, wie Lukas in der Apostelgeschichte berichtet, viel auf Reisen. Mit großem Einsatz predigte er in Synagogen, auf Marktplätzen, in öffentlichen Hallen, in Privathäusern und anderenorts, wo immer sich ihm Gelegenheit bot. Seine Briefe sind Zeugnis einer umfangreichen schriftstellerischen Tätigkeit. Die Gedanken des Apostels liegen offen zutage; seine Ambitionen, Ziele, Motive und Absichten brauchen niemandem verborgen und fremd zu sein. Unauslöschlich hat Paulus dieser Welt viele Wahrheiten aufgeprägt, an erster Stelle die eine: „Gott war in Christus und versöhnte die Welt mit ihm selbst", d.h. Gott hat in Christus ein Heil bereitet, das ausreicht, die Menschen aus totaler, ewiger Verlorenheit für eine unbeschreibbar schöne Herrlichkeit zu retten. Paulus unterstrich immer wieder das eine, daß Gott einen Heiland und ein Heil bereitet hat, das für die ganze Menschheit ausreicht. Weiter wird Paulus nicht müde zu betonen, daß Gott allen Ernstes wünscht, daß dieses Evangelium allen Menschen, wo immer sie sich auch finden, bekannt werde in der Absicht, daß Menschen glauben und persönlich sich das aneignen, was Gott objektiv in Christus geschaffen hat. Die Einzelheiten dieser herrlichen Botschaft können wir später nur in großen Zügen darstellen.

Die Lehre einer sogenannten begrenzten Versöhnung ist mir wohlbekannt. Sie findet sich indirekt bei Calvin und wird in einigen theologischen Schulen direkt vorgetragen. Untersucht man aber die Wurzeln, den Inhalt, die Folgen und die dieser Theorie zugrundeliegende Autorität, so wird offenbar, wie weit sie vom Gesamtzeugnis der Schrift abweicht, ja, daß sie sich sogar im offenen Konflikt mit vielen direkten biblischen Aussagen befindet. Ich muß also diese Lehre und damit zusammenhängende Aussagen als Machwerke (ich kann diesen Ausdruck nicht umgehen) abqualifizieren, deren Sinn es ist, gewissen neuplatonischen und aristotelischen Erwählungs- und Prädestinationsgedanken Raum zu schaffen, die in die Bibel sonst gar nicht hineinpassen und die sogar Paulus überrascht hätten. Es handelt sich hier also anscheinend um einen tragischen Import philosophischer Ideen, und nicht um paulinische Exegese. Der die ganze Menschheit umfassende Ratschluß Gottes, der sich in der Offenbarung der Schrift so klar findet, der absolute ethische Monotheismus der Schrift, der Gott zum einzigen gerechten und guten Gott macht, die organische Einheit der Menschheit und die Identifikation Christi mit der Menschheit zwecks Überwindung der Sünde, Christi effektiver Sieg über die Sünde und Gottes unparteiische, heilige und gerechte Liebe, die in Christus sich voll manifestiert, sowie eine ganze Anzahl direkter Aussagen, all das verbietet es mir, die Theorie einer auf gewisse Menschen begrenzten Versöhnung ernstzunehmen. Diese Gegenargumente, die zum Teil aus dem Alten Testament und zum Teil aus dem Leben Christi abgeleitet sind, finden sich direkt oder indirekt auch bei Paulus und den Aposteln. Es bietet sich mir einfach keine biblische Basis für die Theorie einer begrenzten Versöhnung. Schon einige umfassende Aussagen bei Paulus genügen, um das Gegenteil zu beweisen: „Wie nun durch einen Menschen die Verdammnis über alle Menschen gekommen ist, so ist auch durch eines Gerechtigkeit die Rechtfertigung zum Leben für *alle Menschen* gekommen" (Röm. 5,18). Und noch einmal: „Solches ist gut und angenehm vor Gott, unsrem Heiland, welcher will, das *allen Menschen* geholfen werde und sie zur Erkenntnis der Wahrheit kommen. Denn es ist ein Gott und ein Mittler zwischen Gott und den Menschen, nämlich der Mensch Christus Jesus, der sich selbst gegeben hat für *alle* zur Errettung, daß solches zu seiner Zeit gepredigt werde" (1. Tim. 2,3–6). Johannes pflichtet diesen Aussagen mit ganzem Herzen bei, wenn er schreibt: „Und derselbe (Jesus Christus, der Gerechte) ist die Versöhnung für unsere Sünden (die Sünden der Gläubigen), nicht allein aber für die unseren, sondern auch für die der ganzen Welt" (1. Joh. 2,2). Diese Wahrheiten bestimmten mit ihrer ganzen Dynamik das Denken des Apostels Paulus. Wie ein mächtiger Strom trugen sie ihn in seinem Wollen und Verlangen, das Evangelium dort zu verkündigen, wo Christus noch nicht bekannt war. Im Missionsdenken des Paulus gab es keine nationalen und keine kulturellen Grenzen, da er im Vorsatz Gottes und in der Allgenügsamkeit von Golgatha keinerlei solche Grenzen fand.

In klarer Logik und voller Überzeugungskraft legt der Apostel Paulus eine ganze Anzahl weitreichender Missionsgedanken in seinem lehrhaftesten Schreiben, dem Römerbrief, vor. Theologie und Mission gehen hier ganz ineinander über; so folgert er:

1. Das ganze Universum ist Gottes Schöpfung. Sie weist auf Gott hin, untersteht seinem souveränen Regiment und ist ihm daher verantwortlich (Röm. 1,18 ff).

2. Die ganze Menschheit ist als eine organische Einheit in Adam geschaffen. Die organische Einheit der Menschheit in ihrer Gesamtheit wird nirgends in der Bibel in Frage gestellt. Auch Paulus steht fest dazu (Röm. 5,12–21).

3. Die ganze Menschheit fiel mit in Adam und wurde sündig (Röm. 5,12–21).

4. Die ganze Menschheit folgte auf dem Weg der Sünde und wurde deshalb vor Gott schuldig (Röm. 1,18–21).

5. Die ganze Menschheit wurde von Christus repräsentiert, und in ihm wurde Heil und Rettung für die ganze Menschheit bereitgestellt, nicht nur indem er die Menschheit vertrat, sondern indem er sich mit ihr identifizierte und sie repräsentierte (Röm. 5,12–21).

6. Gott hat nur einen Weg des Heils geschaffen – den Weg der Rechtfertigung durch den Glauben an Jesus Christus. Das gilt sowohl für die Juden als auch für die Heiden (Röm. 3,21–5,21).

7. Gottes Heilsweg läßt sich von keinem Menschen entdecken. Er kommt durch Offenbarung und muß den Menschen durch das offen-

barte Wort Gottes gepredigt werden. „Der Glaube kommt aus der Predigt und die Predigt aus dem Wort Gottes" (Röm. 10,8–17 vgl. 16,25–26).

8. Paulus wußte sich von Gott berufen und um des Evangeliums Gottes willen ausgesondert, um Menschen und Völker unter den Gehorsam des Glaubens zu bringen. Das war seine Apostelschaft; dafür arbeitete er unermüdlich; dafür litt er, und darin wurde er verherrlicht (Röm. 1,1.5.14; 11,13.25; 15,15–16.18–23; 16,25–27).

Keine apostolische Aussage im Neuen Testament widerspricht dem Denken des Paulus.

Implikationen, die sich aus der idealen Universalität bei Paulus ergeben

Die Universalität des Apostels Paulus hat weitreichende Folgen. Schon in der frühen Gemeinde kam es darüber zu ernsten Auseinandersetzungen, und Paulus mußte darüber viele Mißverständnisse, schwierige theologische Kämpfe und bittere Verfolgungen hinnehmen. Aber Paulus überlebte sie alle, so wie sein tiefes Verständnis von Gottes gnädigem Vorsatz in Christus Jesus überlebte.

Im Rahmen der idealen Universalität sieht Paulus die ganze Menschheit, gleich, ob Jude oder Grieche, vor Gott auf einer Ebene: Sünder sind sie (Röm. 1,18–3,20; Eph. 2,1–3). Sie sind alle unter gleicher Verdammnis und bedürfen in gleicher Weise Heil und Errettung von dem gegenwärtigen Zorn Gottes (Röm. 1,18–3,20). Ihnen allen widerfährt die Rechtfertigung unter gleichen Bedingungen, nämlich durch Glauben an Christus als Gottes vorbereiteten Weg der Versöhnung (Röm. 3,21–5,21). Ihnen allen kommt in der Gemeinde Jesu Christi als Glieder des Leibes Christi gleicher Status zu (Eph. 2,11–3,12). Sie erfreuen sich alle des gleichen Verhältnisses zu Gott als dem Vater im Haushalt Gottes (Eph. 2,19; Röm. 8,15; Gal. 3,26). Sie haben alle gleichen Anteil an den Vorrechten und Reichtümern, die ihnen als Erben Gottes und Miterben Jesu Christi zustehen (Eph. 3,6; Röm. 8,17).

Die zuletzt genannten Punkte sind im Epheserbrief am weitesten entwickelt, einer Schrift, die von dem Gedanken der Universalität des Evangeliums und der Gleichheit aller Gläubigen ganz angefüllt ist und ihn in jeder Hinsicht durchleuchtet. Der ganze Brief baut sich vom Bild des Tempels her auf. In diesem Fall bezieht sich das Bild allerdings nicht auf den Tempel in Jerusalem, sondern auf den Tempel in Ephesus, diesen prächtigen Tempel, der der Schutzgöttin geweiht war, der Artemis der Griechen und der Diana der Römer. Der Tempel war ein Meisterstück menschlicher Baukunst und galt als eines der sieben Weltwunder des Altertums.

Diesem Tempel von Menschenhänden stellt Paulus die Gemeinde Jesu Christi, das Meisterstück göttlichen Wirkens, den Tempel des lebendigen Gottes, gegenüber. Die Logik dieser Darstellung entwickelt sich wie folgt:

Das Fundament des Tempels – der dreieinige Gott, 1,3–21
Das Material des Tempels, 2,1–10
Die Formierung des Tempels, 2,11–21
Die Offenbarung des Tempels, 3,1–13
Die Einweihung des Tempels, 3,14–21
Der Dienst im Tempel, 4,1–6,9
Der Kriegsdienst für den Tempel, 6,10–20

Der Brief erlaubt keinerlei Trennung zwischen Juden und Heiden. Jetzt gibt es eine neue Scheidelinie. Die ganze Menschheit teilt sich in zwei Klassen: Solche „in Christus" und solche, die „nicht in Christus" sind. Das ist die neue Scheidewand, der neue „Zaun". Die in Christus sind stellen den Leib Christi dar (1,23; 3,6; 4,4.12.16; 5,23.30). Sie sind die Haushaltung und die Familie Gottes (2,19; 3,15); sie sind der Tempel und der Wohnort Gottes (2,21–22); sie sind die neuen Menschen (2,15); sie sind Mitbürger und Miterben (2,19; 3,6). Gemeinsam haben sie einen Vater (1,3.17; 2,18; 3,14; 4,6; 5,20; 6,23); sie sind Kinder Gottes (5,1). Das Konzept der Einheit und Gleichheit aller, die in Christus sind, durchdringt die ganze Epistel. Es gibt in dieser Zeit kein bevorrechtetes Volk wie im Alten Testament, denn alle, die in Christus sind, haben Teil an der gleichen Erfahrung, an den gleichen Beziehungen, Rechten, Vorrechten und Verantwortungen (2,4–10.13–22). Gleichzeitig betont Paulus, daß das Vorrecht, in Christus zu sein, unter den gleichen Bedingungen allen Völkern angeboten wird (3,6.8–9) und daß das alles dem ewigen Vorsatz Gottes entspricht, der ihn in Christus Jesus ausgeführt hat (3,11).

Dergestalt sah Paulus die Universalität des Evangeliums von Jesus Christus und die Gleichheit aller Gläubigen. Diese tiefe Erkenntnis trieb Paulus zur dynamischen und effektiven Überwindung jeglicher Rassenschranken mittels der Verkündigung des Evangeliums unter allen Völkern.

Durch seine Identifizierung mit Gottes ewigem Vorsatz im Blick auf die Menschheit, durch seine Identifizierung mit Christus, der gekommen war, die Menschheit zu erlösen, durch seine Identifizierung mit dem Heiligen Geist, der um des Heiles der ganzen Menschheit willen am Wirken ist, und durch seine Identifizierung mit dem Reich Gottes, das die ganze Menschheit umfassen soll, wurde er befähigt, sich über den nationalen Partikularismus und das Judentum zu erheben und ein Vorkämpfer für das Evangelium im Interesse der ganzen Menschheit zu werden. Paulus war ein Mann, dem es um die ganze Menschheit ging, genauso wie er ganz ein Mann Christi war. Deshalb wurde er der Weltmissionar, und seine ideale Universalität triumphierte in praktizierter Universalität.

Seine Laufbahn als Weltmissionar führte ihn auf verschiedene Missionsreisen über Land und See, von Stadt zu Stadt, von einem Volk zum anderen. Weder Gefahren noch Leiden konnten ihn aufhalten. Triumphierend schrieb er nach etwa 25-jähriger harter Arbeit, dem Ende seines äußerst fruchtbaren Lebens nahe: „Ich habe den guten Kampf gekämpft, ich habe den Lauf vollendet, ich habe Glauben gehalten; hinfort ist mir beigelegt die Krone der Gerechtigkeit, welche mir der Herr, der gerechte Richter, an jenem Tag geben wird, nicht nur aber mir allein, sondern auch allen, die seine Erscheinung liebhaben“ (2. Tim. 4,7–8). Damit war seine Arbeit und sein Leben abgeschlossen.

Die Verteidigung der idealen Universalität bei Paulus

In seinen Briefen präsentiert bzw. verteidigt der Apostel die Universalität mit Hilfe von wenigstens sechs Argumenten:

1. *Der ethische Monotheismus, welchen er in Form von rhetorischen Fragen vorstellte.* „Oder ist Gott allein der Juden Gott? Ist er nicht auch der Heiden Gott? Ja freilich, auch der Heiden Gott. Denn es ist der eine Gott, der da gerecht macht die Juden aus dem Glauben, die Heiden durch den Glauben“ (Röm. 3,29–30). Es gab für Paulus nur eine Logik: Wenn Gott Gott ist, dann ist er auch aller Gott. Der ethische Monotheismus vertreibt jeden Partikularismus. Gott kann nicht der Gott einiger weniger und nicht der Gott aller andern sein. Als Schöpfer ist Gott mit der ganzen Menschheit so gut wie mit dem einzelnen verbunden. Schon das Gottesverständnis des Paulus erfordert eine ideale Universalität. Die Verheißung an die ganze Menschheit in 1. Mose 3,15 verlangt, daß Gott auch ein Heil für die ganze Menschheit bereitet. Gott ist nicht nur der Gott eines Volkes.

Auf der Basis des ethischen Monotheismus baut Paulus die große Lehre der Rechtfertigung durch den Glauben an Jesus Christus auf, wie sie in Römer 3–5 dargestellt ist. Derselbe Gott, der der Gott aller ist, rechtfertigt alle unter gleichen Bedingungen. Der ethische Monotheismus liefert Paulus eine starke und gesunde Basis für seine praktische Universalität.

2. *Rechtfertigung Abrahams, als er noch Heide war.* Paulus beginnt mit seinen Argumenten dort, wo Gott mit Abraham begann. Abraham war nicht immer ein Hebräer. Es gab eine Zeit, wo er Heide war. In der Tat wurde er erst durch den Bundesakt der Beschneidung seines ganzen Haushaltes (1. Mose 17) ein Hebräer. Bis dorthin war er Heide gewesen, gleichgültig von welchem theologischen Standpunkt aus man es betrachtet. Gott fand ihn als Heiden, rief ihn als Heiden, führte ihn auf den Weg, eignete ihm die größten Verheißungen zu, machte einen Bund mit ihm und tat all das, als Abraham noch Heide war.

3. *Die Sünde Israels, daß es den Messias verwarf.* Dieses Argument wird mit viel Kraft und Logik in Römer 9–11 ausgebaut. Paulus gibt zu bedenken, daß Gott sein Volk nicht total, absolut und endgültig verworfen hat und daß auf Israel eine Restauration wartet. Aber um seiner Sünde willen hat Gott Israel als besonderes Werkzeug, mit dem er die Nationen segnen wollte, vorübergehend auf die Seite gesetzt. Israels Los ist es nun, zu warten, umherzuwandern und zu leiden, bis die Fülle der Heiden eingegangen ist (Röm. 11,25). In der Gegenwart sammelt sich Gott deshalb aus den Nationen ein Volk, das nach seinem Namen genannt ist. Da jetzt nicht die Zeit ist, daß Israel als Gottes Werkzeug Verwendung findet, muß Paulus direkt zu den Völkern gehen, um den überfließenden Reichtum Christi kundzumachen.

In Römer 9 und 10 antwortet Paulus auf die zum Teil hypothetische und zum Teil echte Frage, mit welchem *Recht* und mit welcher *Autorität* Gott Israel verwirft. Die dahinterstehende Frage ist, ob Gott ein *Recht* hat, sich ein Volk aus den Nationen zu rufen und Israel auf die Seite zu stellen. Hat er sich mit Israel nicht in einem bedingungslosen Bund verbunden? Ist er nicht verpflichtet, mit Israel verbunden zu bleiben? Paulus antwortet darauf, daß der Gott, der das *Recht* hatte, Israel aus den Völkern zu erwählen und die Völker auf die Seite zu stellen (Kap. 10), gleichfalls das *Recht* hat, Israel auf die Seite zu stellen und sich ein anderes Volk zu wählen. Wegen der größten Sünde, die Israel je getan hat, stellt Gott Israel auf die Seite. Gnade und Souveränität können nie gegeneinander ausgespielt werden, noch hat das eine Vorrang vor dem andern. In der Weisheit und dem Vorsatz des ewigen Gottes stehen sie voller Harmonie nebeneinander. Niemand soll es wagen, mit der Sünde zu spielen und sich hinter der Gnade zu verstecken.

4. *Die unabgeschlossene Offenbarung des Alten Testamentes.* Eine sorgfältige Studie über Paulus Haltung dem Alten Testament gegenüber bringt wenigstens drei Tatsachen an den Tag:

Erstens: Er akzeptierte das Alte Testament als Gottes geoffenbartes und geschriebenes Wort. Er verehrte, glaubte und verkündigte es.

Zweitens: Er gründete seine Heilslehre darauf. Hauptlehraussagen wie die Rechtfertigung, die Heiligung, die Einheit der Menschheit, das Kommen Christi und die Versöhnung verteidigte er voll und ganz vom Alten Testament her. Er erhob nie den Anspruch, mit diesen lebenswichtigen Lehren irgend etwas Neues zu bringen, sondern er beanspruchte damit, das Alte Testament christologisch auszulegen. In den Synagogen verkündigte er Christus aus dem Alten Testament, argumentierte damit den Juden gegenüber und überwand sie. In seiner Heilslehre stand er mit beiden Füßen auf Mose und den Propheten.

Drittens: In der Lehre von der Gemeinde als dem Leib Christi, wo für Juden und Heiden gleiche Rechte, gleiche Stellung und Privilegien gelten, in seinem Verständnis von der Familie Gottes und dem Priestertum aller Gläubigen ging er über das Alte Testament hinaus. Ich betone noch einmal, nicht nur über das Judentum, sondern über das Alte Testament ging er hinaus und beanspruchte eine besondere Offenbarung (Eph. 2,11–3,12).

Paulus griff auf den ersten großen Abschnitt der Offenbarung (1. Mose 1–11) zurück, um darzulegen, daß das Heil, das er verkündigte, der ganzen Menschheit galt. In Römer 5 griff Paulus über Abraham auf Adam, den Vater der ganzen Menschheit, zurück. Christus wird nicht mit Abraham, sondern mit Adam verglichen. Wie in Adam die ganze Menschheit ihre Stellung vor Gott verlor und alle gleich schuldig wurden, so besteht in Christus die Möglichkeit für alle, auf gleicher Basis und mit gleichen Privilegien wiederhergestellt zu werden.

Während also Paulus einerseits das Alte Testament akzeptierte, zögerte er andererseits nicht, seine Überzeugung auszusprechen, daß nach seinem Verständnis das Alte Testament nicht den ganzen Vorsatz, den ganzen Plan und die ganze Absicht Gottes an den Tag legt. Nicht durch Lesen des Alten Testaments gelangte er zum „Geheimnis der Gemeinde", sondern durch eine besondere Offenbarung Gottes (Röm. 11,25; Eph. 3,1–12). Die Offenbarung der Gemeinde war ein Teil jenes ewigen Ratschlusses in Christus, der nur Schritt für Schritt geoffenbart und im Neuen Testament abgeschlossen wurde.

5. *Das Wesen und die Zusammensetzung der Gemeinde.* Während Paulus von Herzen gern unter seinem eigenen Volk gewirkt hätte, wurde ihm dieses Vorrecht nicht zuteil. Seine Liebe und Fürsorge

für die Juden hörte trotzdem nie auf, aber das ihm zuteil gewordene Arbeitsfeld waren die Heiden. Die Arbeit des Paulus und seine Schriften machen es überaus klar, daß er überzeugt war, daß das Evangelium allen Völkern verkündigt werden muß und daß die Gemeinde Christi sich aus einem internationalen Volk mit Menschen aus allen Nationen zusammensetzen soll. Nicht nur fehlt im Leib Christi die Unterscheidung zwischen Juden und Nichtjuden, sondern in der Gemeinde muß eine universale Repräsentanz sein (Röm. 11,25; Offb. 5,9). Paulus ist deshalb bereit, sein Arbeitsfeld mit Petrus zu teilen, wobei der letztere insonderheit Missionar für die Diasporajuden, Paulus insonderheit der Missionar der Heiden ist. Er wird zum „Schuldner der Griechen und der Barbaren, der Weisen und der Unweisen". „Den Schwachen bin ich geworden ein Schwacher, auf daß ich die Schwachen gewinne. Ich bin allen alles geworden, damit ich auf alle Weise etliche rette" (Röm. 1,14; 1. Kor. 9,22).

Im Römerbrief läßt uns Paulus wissen, daß er sich in seinem Amt als Heidenapostel geehrt fühlt (Röm. 11,13), und im Epheserbrief schreibt er seine Berufung der einzigartigen Gnade Gottes über seinem Leben zu (Eph. 3,2.7–8; Röm. 15,15–17). Wie tief die Überzeugung war, daß die Gemeinde aus allen Völkern gesammelt werden muß, illustrieren am besten die Missionsreisen des Paulus.

6. *Die Gewißheit des Paulus über seine apostolische Beauftragung.* Die Gewißheit, ein vom Herrn selbst gerufener Apostel zu sein, durchzieht sein ganzes persönliches Zeugnis sowohl in der Apostelgeschichte als auch in seinen Briefen. Hier gab es keinerlei Raum für irgendwelche Fragen oder Zweifel. Die Begegnung mit dem verherrlichten Herrn auf dem Weg nach Damaskus, die ihn niederwarf, und die Stimme Christi hinterließen bei ihm einen unauslöschbaren Eindruck. Seine Sendung als Missionar war klar, präzise, unwiderruflich und unwiderstehlich und war theologisch, erfahrungsmäßig und geistlich begründet. Kein Opfer, kein Leiden, nicht einmal das Martyrium konnten seinen Lauf ändern oder ihn von seiner Missionsarbeit abhalten. Er sprach von sich selbst als dem Apostel Jesu Christi nach dem Willen Gottes, und er verteidigte seine apostolische Stellung in aller Schärfe gegenüber den Korinthern und den Galatern. Seine apostolische Berufung war eine Überzeugung, über die es nichts zu reden gab.

Nicht nur war Paulus seiner apostolischen Berufung gewiß, sondern von seiner Sendung, *Apostel der Heiden* zu sein, war er gleicherweise überzeugt; diese Überzeugung durchdringt sein ganzes Wesen und bestimmt seine Arbeit (Apg. 26,23; Röm. 1,1.5; 11,13;

15,15–16; Gal. 1,16; 2,8–9; Eph. 3,1.4–8; 1. Tim 2,7; 2. Tim. 1,11). Die Gewißheit seiner Berufung und seiner Sendung trugen ihn durch alle Schwierigkeiten, Härten, Enttäuschungen, Verleumdungen und Leiden. Er hätte es nie gewagt noch gewünscht, seinem Herrn ungehorsam zu werden, oder in dem, was ihm anvertraut worden war, zu versagen. Gott hatte ihn überzeugt – und kein Mensch konnte ihn von dieser Überzeugung, daß *er der Apostel der Völker ist,* abbringen. Man möchte sagen, hier ist in Erfahrung verwurzelte Logik. Und daraus wurde bei Paulus eine segensreiche Gewißheit, eine dynamische Motivation für die Evangelisation der Welt.

In Kürze ein Wort zur Berufung des Paulus, wie er sie vor Agrippa darstellt (Apg. 26,15–18). Der Gehorsam des Paulus wird stark betont. Man sah in Vers 18 die Sendung des Paulus in allen Einzelheiten umschrieben: Augen aufzutun, zum Licht zu führen und zu Gott zu weisen usw. Das ist alles richtig. Trotzdem erkennt man damit noch kaum den Umfang der Berufung. Paulus wurde zu dem Volk und den Völkern gesandt. Man tut gut, darauf zu achten, daß das Wort *Völker* bzw. *Nationen* im Plural steht. Paulus wurde nicht zu der einen Nation, sondern zu den „Nationen“ oder „Völkern“ gesandt.

Man muß sich einmal die Pronomen *ihre, sie* und *ihnen* in Vers 18 unterstreichen. Sie beziehen sich alle auf Nationen oder Völker. Es genügt nicht zu sagen, Paulus sollte das Evangelium verkündigen; *den Völkern* sollte er es verkündigen; *den Völkern* sollte er die Augen öffnen, um sie von der Dunkelheit ans Licht zu führen. *Die Völker* sollte er von der Macht Satans zu Gott führen. *Die Völker* sollen die Vergebung der Sünden empfangen, und *die Völker* sollen unter denen sein, die durch den Glauben an Christus geheiligt wurden. Erst damit wird der Skopus der Sendung des Paulus erkannt. Gottes Plan und Gottes Programm geht über das Individuum hinaus. Gott denkt, plant und sendet im Rahmen von Familien, Stämmen, Völkern und Nationen.

Deshalb hat Paulus, in der Gewißheit, innerhalb des Willens und des Vorsatzes Gottes zu stehen, seine Kreuzzüge mutig in Großstädten und Städten, Provinzen und Staaten, zu den Gebildeten, Freien und Sklaven durchgeführt. Seine Ambition hieß „totale Evangelisation“. Alle müssen hören, alle müssen die Gelegenheit haben, das Evangelium kennenzulernen. Alle müssen in der Gemeinde Jesu Christi vertreten sein, die unter allen Nationen zerstreut sein soll (Röm. 11,25; Apg. 15,14). Die Apostelgeschichte ist der authentische Bericht darüber, daß Tausende von Juden (Apg. 21,20) und große Mengen aus den Nationen auf das Evangelium antworteten, daß die apostolische Kirche sich aus Juden, Samaritern, Griechen, Römern, Galatern, Kretern, Arabern, Ägyptern und wir können noch hinzufügen Indern, Spaniern und verschiedenen gemischten Völkerschaften aus Kleinasien und dem mittleren Osten zusammensetzte.

Internationales und multirassisches Zusammenleben waren mehr als ein Ideal; in der Gemeinde wurde es eine gesegnete Wirklichkeit. Die volle Verwirklichung wird in Offenbarung 5,8–10 sichtbar, wo die entrückte Gemeinde vor dem Thron sich aus Vertretern „aller Geschlechter und Sprachen und Völker und Nationen" zusammensetzt.

Teil II

Biblische Entfaltung der Mission

Die Missionsaufgabe

Das Wesen der Missionsaufgabe

Ihrem Wesen nach gehört die Missionsaufgabe mit zu den tiefsten und letzten Dingen des Seins, die weder von Jahrhunderten, noch von Umständen, noch von Kulturumbrüchen berührt wird. Hier begegnet uns so etwas wie eine „unveränderliche Aufgabe". Daneben aber haftet der Missionsaufgabe ein relativer Zug an, etwas, das nach Anpassung ruft. Werden diese beiden Aspekte nicht klar erkannt und im Auge behalten, dann muß die ganze Sache der Mission verwirrend erscheinen, und der Auftrag wird unbestimmt, ja, er verschwimmt. Unter vier Gesichtspunkten soll zunächst das unveränderliche Wesen des Missionsauftrages besprochen werden.

Die Missionsaufgabe ist eine zutiefst geistliche Angelegenheit

Wesentlich und letztlich ist die Mission dem Heiligen Geist übertragen. Wie das Heil seinen Ursprung im ewigen Rat Gottes hat und wie das Heil historisch in der Person und dem Werk Christi, dem ewigen Sohn Gottes, geschaffen wurde, so ist die Verwaltung und die Verwirklichung des Heils dem Heiligen Geist übergeben. Nur der Heilige Geist kann tatsächlich und existentiell zu dem Heil hinführen, das auf Golgatha erworben wurde. Er ist der gegenwärtige Verwalter, nicht nur des Heils, sondern auch der Mission, dem die Ausbreitung des kostbaren Evangeliums Gottes in Jesus Christus anvertraut ist.

Das zeigt sich am besten in der Apostelgeschichte, wie wir es später aufzuweisen haben. Sein Werkzeug ist das Wort Gottes, seine ausführenden Organe die Gemeinde Jesu Christi und ihre Glieder, die zu besonderen Aufgaben berufen werden.

Die Tatsache, daß die Mission im wesentlichen die Aufgabe des Heiligen Geistes ist, ist Trost und Ansporn zugleich – ein Trost, weil wir ihm zutrauen können, daß er das Werk hinausführt; ein Ansporn, weil nur vom Heiligen Geist erfüllte Personen, vom Heiligen Geist sanktionierte Mittel, vom Heiligen Geist anerkannte Methoden in der Mission effektiv eingesetzt werden können. Die größte Lektion, die ein angehender Missionar lernen muß, ist, wie er ein geisterfülltes Leben führen, im Heiligen Geist wandeln und im Heiligen Geist seinen Dienst ausführen kann. Eine zutiefst geistliche Aufgabe kann nur durch den Heiligen Geist, der in geistlichen Menschen am Werke ist, gewirkt werden. Die entscheidenden Kämpfe und Schlachten werden auf dem Gebiet des Geistes geschlagen. Überbetonen kann man das nicht; einseitig kann es freilich dargestellt werden.

Die Missionsaufgabe ist eine biblische Angelegenheit

In der ganzen Darstellung ging es bisher um das eine: aufzuzeigen, daß die Mission eine biblische Aufgabe ist. Wer den Ratschluß Gottes in seiner ganzen Tiefe erfaßt hat, wird unweigerlich in eine missionarische Dynamik hineingenommen. Eine biblische Theologie wird immer eine missionarische Theologie sein. Ein Lehrer der gesunden biblischen Lehre kann nicht umhin, für die Mission einzutreten, denn die eigentliche Stoßkraft des Wortes Gottes ist Mission. Eine echte Neubelebung der Mission kann deshalb auch nur durch eine echte Neubelebung der biblischen Theologie erreicht werden, die sich unumwunden am Ratschluß Gottes ausrichtet. Eine Mission, die sich nicht auf eine gesunde biblische Exegese und Theologie gründet, wird immer sporadisch, ja irreführend sein.

Wenn das schon auf die Mission zutrifft, dann trifft es sicherlich in gleichem Maße auf den Missionar zu. Es kann nicht unsere Aufgabe sein, Missionare nur zur Demonstration unserer Freundschaft auszusenden oder um die Einheit des Leibes Christi darzustellen. Christliche Freundschaft, Einheit des Leibes Christi – das sind kostbare Wahrheiten und ein Teil echten christlichen Lebens. Aber unsere Sendung ist in erster Linie die, der Welt den großen Segen des christlichen Glaubens mitzuteilen. Wir sind Zeugen Christi; wir sind Boten Christi; wir sind Prediger des Evangeliums Gottes und tragen Gottes Botschaft zu der Menschheit. Unsere Botschaft ist in einem Buch enthalten, in der Bibel. Wir wollen uns freudig von der Welt dafür verspotten lassen, daß wir Männer eines Buches sind, Boten einer alten Botschaft. Der eigentliche Ansporn für den Gläubigen besteht darin, „Missionar“, „Gesandter“ zu sein, gesandt vom Heiligen Geist durch die Gemeinde (Apg. 13,4), um für Christus zu zeugen und die geoffenbarte Botschaft vom Erlösungshandeln Gottes in Christus Jesus zu verkündigen. Das setzt ein tiefes Verständnis der Botschaft, wie sie in der Bibel niedergelegt ist, voraus, eine innere, persönliche Bekanntschaft mit Christus.

Wie sich unsere Botschaft von der Bibel herleitet und von ihr bestimmt wird, so auch unser Auftrag. Über die rechte Zurüstung der Missionare gibt es heute ein wirres Fragen. Das liegt daran, daß der Auftrag verschwommen und unklar geworden ist. Um es in den Worten des verstorbenen Missionsmannes Dr. Samuel Zwemer zu sagen: Es gibt heute viel „graues Denken" im Bereich der Mission. Einer der Hauptgründe für diese Unbestimmtheit ist die Tatsache, daß wir den biblischen Auftrag der Kirche und die biblische Verantwortung der Mission nicht auseinanderhalten. Hier muß eine neue, umfassende Untersuchung des Missionsbefehls einsetzen. Nur hier finden wir die theologische und praktische Orientierung, die wir für die Mission brauchen. Wir werden noch sehen, daß der Missionsbefehl keineswegs den der Kirche von Gott gegebenen Auftrag vollständig umschreibt. Dieser findet sich über das ganze Neue Testament verteilt. Aber der Missionsbefehl umschreibt den wesentlichen Rahmen und die grundlegenden Elemente des Missionsauftrages. Richtungsweisend für die Mission sind nicht die beobachtbaren Nöte der Menschheit – die sind grenzenlos, hören nie auf zu wachsen und zu wechseln. Wir erhalten unseren Auftrag von unserem Herrn durch sein unveränderliches Wort. Hier ist der Leuchtturm, der inmitten menschlichen Nebels und menschlicher Vermutungen den Weg weist. Somit werden wir zurückgerufen zur Bibel, unserem nie versagenden Führer. Das setzt eine umfassende Bibelkenntnis voraus, denn unsere Botschaft und unseren Auftrag, die finden wir in Gottes Wort; deshalb: die Missionsaufgabe ist eine biblische Aufgabe.

Die Missionsaufgabe ist eine Glaubenssache

Gott hat es nun einmal so festgelegt, daß das Christentum eine Religion des Glaubens ist. Objektiv gesehen ist der christliche Glaube eine Religion mit einer übernatürlichen Offenbarung, subjektiv gesehen eine Religion des Glaubens. Der Glaube ist das geistliche Auge, das Gott sieht, das Christus als Herrn und Heiland erfaßt, das die Bibel als Gottes Wort liest, das die Missionsaufgabe als Gottes Vorsatz und Wille akzeptiert, das entdeckt, daß Mission die natürliche Folge des Werkes Christi, die gehorsame Antwort auf das Drängen des Heiligen Geistes ist und daß zur Mission der Ruf zum Heil gehört. Ohne Glaube ist es unmöglich, Gott zu gefallen; der Glaube ist das Fundament allen christlichen Tuns und Wirkens. Es gibt kein geistliches Werk, das nicht auch ein Glaubenswerk wäre.

Obwohl der Mensch durch den Fall von einem Wesen des Glaubens zu einem Wesen des Unglaubens wurde, kann er durch das Werk des Heiligen Geistes als ein Wesen des Glaubens neu geschaffen werden. Durch den Glauben akzeptiert er das Heil, das ihm in Christus angeboten ist. Paulus stellt fest, daß wir im Glauben und nicht im Schauen wandeln. Das christliche Leben ist von Anfang bis zum Ende ein Leben des Glaubens; gleiches gilt für die Missionsaufgabe. Hier offenbart sich die Echtheit unserer Liebe zum Herrn und unserer Liebe zum Mitmenschen. Gleiches gilt für unseren Glauben. Glauben wir tatsächlich, was die Bibel über Person und Ratschluß Gottes, Persönlichkeit und Bestimmung des Menschen, Absolutheit, Endgültigkeit, Ausschließlichkeit, Universalität und Individualität des Evangeliums Gottes, zeitliche und ewige Dinge, aussagt und lehrt? Das sind Glaubensangelegenheiten, die sich vielmehr auf die Offenbarung als auf die menschliche Vernunft und Erfahrung gründen. Kein menschliches Gefühl und kein noch so guter Wille reicht aus, die Bürden, die Enttäuschungen und die Frustrationen der Missionsaufgabe zu tragen. Wir brauchen tiefere Quellen. Nur ein durch den Heiligen Geist entzündetes Herz, das durch tiefen Glauben in den ewigen Wahrheiten gegründet ist, wird die Hitze der Schlacht und die Tiefe und Dauer des geforderten Opfers durchstehen.

„Glaube ist nicht nur eine Gehorsamssache, es ist der grundlegende Gehorsamsakt. Er ist nicht nur der Altar, auf dem das Opfer dargebracht wird, sondern er ist das Opfer selbst, vielleicht das größte aller Opfer. Es ist die Unterwerfung unseres Verständnisses, das Ausgießen unserer vergötzten Vernunft vor Gott, die er so rückhaltslos beansprucht, daß unser ganzer Wille und unsere Affekte, die doch scheinbar noch größere Opfer sind, ohne dieses primäre Opfer für ihn unannehmbar sind."[1]

Echte und fruchtbringende Missionsarbeit kann deshalb nur von Glaubensmännern getan werden, von Männern, die Gott kennen und um die entsprechenden Verheißungen Gottes wissen, für die Gebetserhörungen nicht schöne Überraschungen, sondern die Antwort Gottes sind, der zu seinem Wort steht und der nicht lügen kann, von Männern, die ihren Gott kennen und die ohne Zögern und Angst in der Lage sind, für Gott Aufgaben zu übernehmen, die menschlich unmöglich sind.

Man soll sich ruhig vor Augen halten, daß die neue Situation unserer Tage auch neue Glaubensproben mit sich bringt. Sie werden

[1] Edward Young, zitiert in *The Encyclopedia of Religious Quotations,* Frank S. Mead (Westwood, N.J.: Revell, 1965), S. 139 f.

zeigen, ob der Glaube der Kirchen ganz und völlig im apostolischen Evangelium verwurzelt ist. Dr. Visser't Hooft sagt dazu:

> „Eine Kirche, die nicht tief von dem Glauben durchdrungen ist, daß das entscheidende Zentrum aller menschlichen Geschichte in dem besteht, was Gott in und durch Christus getan hat, wird kaum eine dauernde Missionsverpflichtung auf sich nehmen und ihr Zeugnis wird niemals die Kraft und das Stehvermögen, die Geduld und die Ausdauer haben, ohne die die Mission ihre Aufgabe nicht hinausführen kann. Nur wer eine echte Botschaft vom göttlichen Tun hat, wird auch in den Tagen der Versuchung den Test bestehen."[2]

Solcher Glaube ist das Werk des Heiligen Geistes, aber er kommt weder über Nacht, noch automatisch, noch mechanisch zu den Menschen. Er wächst nur in einem gewissen Klima, das sorgfältig gepflegt und bewahrt werden muß. Dazu braucht es Zeit, Disziplin, Geduld, viel demütiges Warten in der Gegenwart Gottes, ein Bleiben in Christo und ein absorbierendes Interesse an Gottes Wort. Es überrascht nicht, daß Paulus im Anschluß an seine Bekehrung drei Jahre in Arabien verbrachte und im Anschluß daran noch 5 – 7 Jahre in Tarsus. Er brauchte die Zeit und die Einsamkeit sowohl für seine theologische Orientierung als auch für seine biblische Festigung, als auch für das geistliche Reifen, bevor er der größte Missionar aller Jahrhunderte nach Christi Geburt wurde. Männer des Glaubens lassen sich weder in einem theologischen Treibhaus, noch in einer kirchlichen Organisation, noch in einem Vakuum heranziehen. Sie gedeihen nur in der Gegenwart Gottes, im Wandel mit Gott und in den Kämpfen des Lebens. So rar solche Männer sind, werden sie doch verzweifelt gesucht. Nur Männer mit echtem Glauben können ein echtes Glaubenswerk tun und werden einen Eindruck in einer Welt des Unglaubens hinterlassen. Glaube, weltüberwindender Glaube, ist eine Eigenschaft, die von dem modernen Missionar sowohl daheim wie in Übersee verlangt wird. Nur der Glaube wird zu dem Sieg Christi führen.

[2] W.A. Visser't Hooft, *Witness in Six Continents*, hg. von Ronald K. Orchard (Edinburgh: Edinburgh House, 1964), S. 23.

Die Missionsaufgabe ist eine menschliche Aufgabe

Gott hat menschliche Werkzeuge berufen, um seine Aufgabe an Menschenherzen innerhalb einer menschlichen Gesellschaft und umgeben von einer menschlichen Umgebung auszuführen. Zweifelsohne haben Humanismus und theologischer Liberalismus diesen Faktor überbetont und die Mission fast total anthropozentrisch und philanthropisch ausgerichtet. Die evangelikale Christenheit hat dagegen diesen Faktor weithin unterschätzt. Der Mensch existiert weder in Isolierung noch im Vakuum. Er lebt in einer Gesellschaft und innerhalb einer Kultur. Diese Kultur ist die physische, geistige, psychische und religiöse Atmosphäre, die er einatmet, sie ist sein Überleben und Vorankommen; sie gibt ihm ein Wertsystem für das, was er ist und tut.

Der Mensch befindet sich in ständigem Austausch mit anderen. Am wirksamsten und erfolgreichsten läßt er sich durch Personen aus dem gleichen Kulturkreis beeinflussen. Er ist am ersten bereit, dem Führer seiner Kleingruppe zu folgen, und unterwirft sich zunächst der Autorität seiner eigenen Gruppe. Wenn man den Menschen erreichen will, muß man ihn innerhalb seiner eigenen Kultur erreichen.

Der evangelikale Missionar war nur zu oft der Gefangene eines tragischen Dualismus. Es ist nicht notwendigerweise seine Liebe für den Christianismus, den Westernismus, die ihm die größte Mühe macht, denn diese Liebe ließ er hinter sich, als er sich seinem Herrn für den Dienst in Übersee zur Verfügung stellte. Es ist vielmehr die Furcht, daß die Identifikation mit der neuen Kultur sein Zeugnis von der Einzigartigkeit des christlichen Glaubens gefährden könnte, oder daß er der vielen Sünden teilhaftig werden könnte, die mit der Kultur des Volkes verbunden sind, dem zu dienen er gekommen ist, und daß der Grundsatz der christlichen Absonderung und des Abgesondertseins in seinem Leben unterschlagen werden könnte.

Das ist eine vollkommen berechtigte Furcht, die nicht ohne weiteres übergangen werden darf. Gewinnt diese Angst aber eine zu große Gewalt über uns, dann lähmt sie den Dienst und macht die notwendigen kulturellen Anpassungen, die Identifikation und die Integration unmöglich. Viele Schwächen der evangelikalen Missionsarbeit und einheimischer Missionsgemeinden sind auf die eine Tatsache zurückzuführen, daß die Missionare nicht fähig und willig waren, die kulturelle Anpassung, die soziale Integration, die psychologische Durchdringung und die geistliche Identifikation zu vollziehen, ohne die keine tiefe, dauerhafte, attraktive und lebendige geistliche Gemeinschaft entsteht. Irgendwie gelang es nicht, die trennenden Mauern einzureißen. Ein Isolationismus entwickelte sich und breitete sich aus und dem Werk fehlte Segen und Effektivität. Es entstand weder echte Kommunikation noch Gemeinschaft mit den Menschen, denen zu dienen man gekommen war. Die zwei Kulturen bestanden zwar Seite an Seite, trafen sich aber nie und verschmolzen nie. Der Missionar saß niemals wo sie saßen, obwohl er kein Opfer und keine Anstrengungen scheute, die Botschaft, die ihm so viel, ja alles bedeutete, weiterzugeben. Es geht hier nicht darum, das ganze Gebiet der Anthropologie und Ethnologie zu besprechen, auch nicht darum, die grundsätzlichen Anforderungen zu durchleuchten, die von daher an den Missionar gestellt werden müssen, damit es zu einer effektiven Kommunikation kommen kann. Es genügt festzuhalten, daß die Missionsarbeit eine menschliche Aufgabe ist und daß sie nur dann recht betrieben werden kann, wenn die menschlichen Beziehungen zwischen dem Missionar und dem Volk, dem er dienen will, wahrhaftig und echt menschlich sind und wenn Kommunikation stattfindet, die den gottgeschaffenen menschlichen Kommunikationskanälen folgt und die viel mehr umfassen als die Kenntnis der Landessprache.

Im Rahmen der interkulturellen Problematik entwickelten sich in den letzten Jahrzehnten noch zwei weitere Schwierigkeiten: einmal die Rassenbarriere (eine Barriere, die in nicht geringem Maße mit Emotionen aufgeladen ist) und zum andern die Organisationsbarriere. Dem Missionar gelang es nicht, sich in die Kirche zu integrieren, die er gründete. Er stand unter dem Eindruck, daß einer vollen Integration zu viele Gründe widersprechen. Zu Recht oder zu Unrecht entstand eine gewisse Zwiespältigkeit: statt zur Arbeitsteilung kam es zur Trennung der Gemeinschaft.

Um was für menschliche Aspekte es in der Mission geht, läßt sich am besten an unserem Herrn und Heiland selbst zeigen. So beschreibt es Paulus:

> „Ein jeglicher sei gesinnt, wie Jesus Christus auch war: welcher, ob er wohl in göttlicher Gestalt war, nahm er's nicht für einen Raub, Gott gleich zu sein, sondern entäußerte sich selbst und nahm Knechtsgestalt an, ward gleich wie ein andrer Mensch und an Gebärden als ein Mensch erfunden. Er erniedrigte sich selbst und ward gehorsam bis zum Tode, ja zum Tode am Kreuz. Darum hat ihn auch Gott erhöht und hat ihm den Namen gegeben, der über alle Namen ist, daß in dem Namen Jesu sich beugen sollen aller derer Knie, die im Himmel und auf Erden und unter der Erde sind, und alle Zungen bekennen sollen, daß Jesus Christus der Herr sei, zur Ehre Gottes, des Vaters" (Phil. 2,5–11).

Christus kam, um zu dienen und um sich mit dem Volk zu identifizieren. Um was es dabei ging, hat besonders Alexander R. Hay erkannt:

„Um Menschen zu finden, wurde er ein Mensch; um Juden zu gewinnen, wurde er Jude, lebte er als Jude, beachtete er jüdische Sitten – außer wo es um einen Grundsatz ging. Er lebte ihr Leben mit ihnen und gab sich ihnen uneingeschränkt hin. Er stand nicht abseits, noch hielt er sich reserviert zurück. Er identifizierte sich mit dem Volk als ganzes und nicht nur mit einer besonderen Klasse. Er führte nicht ein abgesondertes, behütetes Leben, ein leichtes oder bequemes Dasein, sondern stellte sich dem Leben mit all seiner Arbeit und all seiner Härte."[3]

Paulus hatte auch erkannt, daß die Mission eine menschliche Aufgabe ist, die den Menschen in all seinen Beziehungen und in seiner nationalen, sozialen und kulturellen Identität fordert. Deshalb war es sein Bestreben, sich soweit wie irgend möglich mit den nationalen und sozialen Gegebenheiten der Menschen, denen er diente, zu identifizieren, um das Evangelium verständlich und annehmbar darbieten zu können. Er sagt in diesem Zusammenhang:

„Denn daß ich das Evangelium predige, darf ich mich nicht rühmen; denn ich muß es tun. Und wehe mir, wenn ich das Evangelium nicht predigte! Täte ich's aus eigenem Willen, so würde mir gelohnt. Ich tue es aber nicht aus eigenem Willen; mir ist das Amt befohlen. Was ist denn nun mein Lohn? Daß ich predige das Evangelium frei umsonst, so daß ich von meinem Recht am Evangelium nicht Gebrauch mache. Denn wiewohl ich frei bin von jedermann, habe ich doch mich selbst jedermann zum Knechte gemacht, auf daß ich ihrer viele gewinne. Den Juden bin ich geworden wie ein Jude, auf daß ich die Juden gewinne. Denen, die unter dem Gesetz sind, bin ich geworden wie einer unter dem Gesetz – wiewohl ich selbst nicht unter dem Gesetz bin –, auf daß ich die, so unter dem Gesetz sind, gewinne. Denen, die ohne Gesetz sind, bin ich wie einer ohne Gesetz geworden – wiewohl ich doch nicht ohne Gesetz bin vor Gott, sondern bin in dem Gesetz Christi –, auf daß ich die, so ohne Gesetz sind, gewinne. Den Schwachen bin ich geworden ein Schwacher, auf daß ich die Schwachen gewinne. Ich bin allen alles geworden, damit ich auf alle Weise etliche rette. Alles aber tue ich um des Evangeliums willen, auf daß ich seiner teilhaftig werde" (1. Kor. 9,16–23).

Die Mission verlangt auf vielen Gebieten Opfer. Sie ist keine „billige Sache". So entmutigend die Anforderungen der Mission für

[3] Alexander R. Hay, *The New Testament Order for Church and Missionary* (Argentinien: N.T. Missionary Union, 1947), S. 33–34.

den ungeistlichen Menschen sind, genau so werden sie für den geistlichen zum Ansporn. Die Mission vollzieht sich ganz und gar innerhalb des menschlichen Milieus. Deshalb kann Gott nur solche Menschen wahrhaft gebrauchen, die mit ihm in solch menschlichem Milieu operieren können und wollen.

Deshalb beten wir: „*Herr, mache uns ganz menschlich, damit wir recht brauchbar werden!*"

Das zweifache Mandat

Die Bibel spricht grundsätzlich von einem zweifachen Mandat Gottes für den Menschen, das klar erkannt werden muß, um den Missionsauftrag der Gemeinde unmißverständlich zu umreißen. Das eine Mandat erscheint zu Anfang des Alten und das andere zu Anfang des Neuen Testaments und sie gelten jeweils der ganzen Menschheit: Der Menschheit des ersten Adams bzw. der Menschheit des zweiten Adams, Christus.

Es ist festzuhalten, daß das zweite Mandat das erste weder verneint, noch überholt, noch verdoppelt oder absorbiert. Während es in engstem Verhältnis zum ersten steht, ist es dennoch einzigartig. Es ist nicht von ihm abhängig, da es sich um ein gesondertes Mandat handelt, das aus anderen Voraussetzungen entspringt, einem anderen Bedürfnis und einem anderen Zweck dient.

Die Beschreibung der beiden Mandate

Das erste Mandat galt Adam als dem Repräsentanten der Menschheit und betrifft die ganze Weite menschlicher Kultur. Im weitesten Sinne schließt es auch die Religion in sich. Es sieht den Menschen in seinen Bedürfnissen als sozio-religiös-kulturelles Geschöpf. Es umfaßt sowohl die natürlichen als auch die sozialen Aspekte des Menschen, wie Unterkunft, Ackerbau, Industrialisierung, Handel, Politik, soziale und ethische Ordnung, akademischen und wissenschaftlichen Fortschritt, Gesundheit, Bildung und leibliche Versorgung. Um es in anderen Worten zu sagen: Es geht um die qualitative und quantitative Verbesserung der Kultur auf der Basis des offenbarten Theismus, wie er sich in der Schöpfung manifestiert. Die Kultur soll dem Menschen nützen und Gott ehren. Die Bibel gibt dem mit folgenden Begriffen Ausdruck: zu bevölkern, zu unterwerfen, zu beherrschen, zu kultivieren und zu erhalten (1. Mose 1,28; 2,15). Hier finden sich grundsätzliche Konzepte und Anweisungen für eine geordnete, fortschrittliche Gesellschaft, die auf den Grundsätzen einer gesunden Moral und eines ethischen Monotheismus aufgebaut ist. Die Bibel befaßt sich mit dem sozialen und kulturellen Wohl. Sie kennt ethische Prinzipien, die für Gesellschaft und Nationen gelten und die die Norm und Grundlage für Gottes Gericht über die Nationen sind.

Der Mensch ist verantwortlich für den Aufbau einer gesunden Kultur, in der er als wahrhaft menschliches Wesen gemäß der moralischen Ordnung und dem schöpferischen Zweck Gottes leben kann. Dieses Programm ist von der Sünde ernsthaft gestört worden und wegen der Verderbnis des Menschen äußerst schwierig, es hinauszuführen: dennoch bleibt dieses Mandat für den Menschen verbindlich und der Mensch ist nicht aus der Verantwortung dafür entlassen. Ja, durch den Fall hat es noch größere Wichtigkeit erlangt, wenn die Menschen überhaupt als Menschen überleben wollen. Das läßt sich aus Gottes Botschaft an Noah nach der Flut herauslesen (1. Mose 8,15–9,17). Das folgt weiter aus der scharfen Gerichtspredigt der Propheten, die sich sowohl gegen Israel als auch gegen die Nationen der Welt wandten, wenn immer diese die ethische Ordnung und die grundsätzlichen Menschenrechte verletzten. Gott hat den Menschen niemals aus seinem göttlich festgelegten Auftrag und seiner moralischen Verantwortung entlassen. Hier findet sich die Antwort auf das Rätsel der dahingesunkenen Zivilisationen der Vergangenheit und der dahinsinkenden Kultur der Gegenwart.

Die hohen Anforderungen, die das Neue Testament an die Regierungen der Völker stellt, erhöhen und verstärken diese Verantwortung noch. Paulus fordert in Römer 13 dazu auf, der Regierung, ihren Gesetzen und Vorschriften gehorsam zu sein. Er tut das, weil er weiß, daß damit Wohl und Ordnung der Gesellschaft gestützt wird. Der Mensch bleibt auch nach dem Fall Mensch. Er ist eine Kulturkreatur und bleibt innerhalb der Fürsorge Gottes, bleibt aber auch vor Gott verantwortlich für die moralischen und sozialen Strukturen der Gesellschaft, für sein Verhalten und für die Kultur, die er entwickelt. Der Mensch hat das Vorrecht, sich entweder zugrunde zu richten oder sich voranzubringen – je nachdem, welche moralischen Werte er der von ihm entwickelten Kultur einverleibt.

Das zweite Mandat wurde den Aposteln als Repräsentanten der Gemeinde Jesu Christi übergeben und betrifft das ganze Gebiet des Evangeliums. Der Hauptakzent liegt auf der geistlichen Befreiung und Wiederherstellung des Menschen, ohne daß sein physisches und soziales Wohl übersehen wird. In unserer Sprache ausgedrückt bedeutet es, daß das Evangelium dazu da ist, den Menschen zu heilen und seine Persönlichkeit wiederherzustellen, damit er als Mensch fungieren kann. Das zeigt sich im Gebet jenes Heiligen, der etwa so sagte: „Herr, mache mich zutiefst geistlich, damit ich echt menschlich sein kann."

Das zweite Mandat wird mittels der Evangelisation, der Zurüstung der Jünger, der Gemeindegründung, des Gemeindeaufbaus und des Dienstes der Barmherzigkeit ausgeübt. Es wird weiter ausgeführt und begründet in (1) der Aussendung der Zwölf (Matth. 10,1–20; Mark. 3,13–19; Luk. 6,12–16); (2) der Aussendung der Siebzig (Luk. 10,1–20); (3) der weiteren Aussendung der Zwölf (Matth. 28, 18–20; Mark. 16,14–18; Luk. 24,36–49; Joh. 20,19–23; Apg. 1, 7–8); und (4) der Aussendung des Apostels Paulus (Apg. 9,15–16; 26,14–20).

In jedem Fall dominiert das geistliche Element. Das zweite Mandat befaßt sich grundsätzlich mit dem Problem der Sünde und der Schuld. Es verkündigt die frohe Nachricht, daß in Christus Vergebung der Sünden gefunden werden kann, daß Christus einen Menschen zurechtbringen und ihn gemäß seinem ursprünglichen Zweck und seiner ursprünglichen Sendung wiederherstellen kann.

Es gibt also an erster Stelle ein Mandat, das dem Menschen als *Menschen* und Glied der menschlichen Rasse gilt. Und es gibt zweitens ein Mandat, das dem Christen als *Christ* und als Glied der Gemeinde Jesu Christi gilt.

Es muß betont werden, daß beide Mandate ihren Ursprung in Gott haben und daß es beider Ziel ist, der Menschheit zu dienen. Gemeinsam dienen sie dem menschlichen Bedürfnis. Es mag sich unfromm anhören, aber es ist nichtsdestoweniger eine Tatsache, daß das Evangelium nicht allen Bedürfnissen des Menschen gerecht wird. Das war nie seine Aufgabe. Während es metaphysisch gesprochen wahr ist, daß alles Gute in Gott seinen Ursprung hat, fließt existentiell und praktisch nicht alles direkt aus dem Evangelium. Wenn den Menschen hungert, dann braucht er Brot; wenn er nackt ist, braucht er Kleider; wenn er eine ernste Infektion hat, dann braucht er Antibiotika, und all das in erster Linie, um seine Lage zu verbessern. Der Mensch braucht die Kultur so gut wie er das Evangelium braucht. Es gibt ein tiefes Bedürfnis für beides. Ohne Kultur kann der Mensch nicht überleben noch kann das Evangelium verkündigt werden, denn der Mensch würde bald verderben. Beide Mandate sind notwendig, um alle Bedürfnisse des Menschen zu befriedigen.

Man muß aber äußerste Vorsicht walten lassen, damit man diese beiden Mandate nicht durcheinanderbringt. Werden die beiden in ungesunder und unnatürlicher Weise auseinandergerissen, dann entsteht ein Zwiespalt, der negative Folgen für die Gesellschaft zeitigt. Werden die Mandate zu eng miteinander verbunden oder sogar vermischt, so entsteht eine Kulturreligion (vgl. das Kulturchristentum Ritschls und die ethnischen Religionen). Dann leidet das Evangelium; die göttlichen Prioritäten werden verschwommen und unklar, und das geistliche Wohl des Menschen ist gefährdet. Das letzte ist beim sozialen Evangelium und beim Liberalismus der Fall, wo die biblische Evangelisation praktisch erloschen ist. Evangelikale soziale Aktionen, die sozialen Implikationen des Evangeliums, christliche Diakonie und Wohlfahrtsprogramme müssen unter dem Urteil des Wortes bleiben, damit sie sich nicht irrtümlicherweise an einen falschen Platz auf der christlichen Prioritätenliste aufschwingen oder gar an den Platz treten, der dem Evangelium gehört.

Der Christ und die beiden Mandate

Als Salz der Erde und Licht der Welt sollten die Christen versuchen, ihren Beitrag im Rahmen des ersten Mandates soweit wie möglich durch bestehende gesellschaftliche Kanäle zu leiten, statt für die Kirche extra Organisationen aufzubauen, die doch lediglich eine Verdoppelung schon bestehender Organisationen wären und letztlich die Dinge nur verwirren würden. Die Lage ist anders, wenn die Institutionen der Regierung oder humane Organisationen das christliche Zeugnis, das diesen Dienst begleiten sollte, nicht zulassen. Hier muß die Kirche nüchtern denken und ihre Programme und besonderen Beiträge neu durchdenken. Wir müssen von der Bibel her das Schlagwort des verstorbenen Erzbischofs William Temple neu und tiefer erfassen: „Laßt die Kirche die Kirche sein.“[4]

Soweit ich weiß, beauftragte der Herr das erwählte Volk des Alten Bundes, das Volk Israel, niemals als Volk Gottes mit einem besonderen Auftrag im Rahmen des ersten Mandates. Das war nicht sein eigentlicher, göttlicher Beruf und nicht seine eigentliche Sendung, obwohl es als Glied der Menschheit von derartigen Verantwortungen nicht entbunden war. Israel gab der Welt sogar eines der

[4] William Temple, „Let the Church be the Church“, „Botschaft bei der *Konferenz für Glauben und Leben*“ (Edinburgh, 1937).

sieben Weltwunder – den salomonischen Tempel; ein enormer religiös-kultureller Beitrag.

Genausowenig finde ich irgendwo im Neuen Testament einen Auftrag an die Gemeinde Jesu Christi, einen besonderen kulturellen Beitrag zu leisten, obwohl jedes Glied der Gemeinde als Glied der Menschheit auf diesem Gebiet gefordert ist. Darüber hinaus muß im Gedächtnis behalten werden, daß es absolut christlich ist, wenn ein Christ bestrebt ist, sich durch eine qualitativ einzigartige Leistung auszuzeichnen, wo immer er sich in dieser Welt befinden und wie immer diese Leistung auch aussehen mag.

Heute sehen wir uns einer fast krankhaften Verwirrung gegenüber. Man glaubt, soziale Aktionen könnten an den Platz der schwachen prophetischen Stimme der Kirche treten. Versöhnungsversuche und nicht Prophetie kennzeichnen die Stimme der Kirche. Wir versuchen Friedensmacher zu sein, beruhigen und schläfern dabei ein, statt als Stimme Gottes für Gerechtigkeit und Recht, die wahren Säulen des Friedens, zu plädieren. Die Welt braucht eine kühne, prophetisch redende Kirche, die klar und verständlich die großen Grundsätze des ethischen Monotheismus in die Welt hineinruft. Soziale Aktionen, wie sie jetzt von der Kirche durchgeführt werden, finden sich früher oder später in Konkurrenz mit dem Wohlfahrtsstaat, der die Leute mehr und mehr versorgt. Für den Boten des Evangeliums und für die Kirche mit einer gesunden prophetischen Stimme dagegen besteht diese Gefahr nicht. Die Menschen werden immer das Evangelium brauchen, damit sie Rettung von ihren Sünden und Wegweisung für ihr Gewissen finden.

Die heutige Verwirrung und das zweifache Mandat

Nirgends in der Bibel findet sich ein Hinweis darauf, daß das erste Mandat unter die Kategorie der Mission im biblischen Sinne fällt. Es ist der Auftrag des Menschen als Mensch und ist auf menschlicher Ebene zu erfüllen. Es ist nicht im Missionsbefehl unseres Herrn an seine Jünger eingeschlossen, noch stehen die Geistesgaben (Charismata), wie sie die Schrift darstellt, in irgendeiner Beziehung dazu. Es ist deshalb unbiblisch, diese beiden Mandate zu vermischen oder sie zu verquicken und von ihnen in gleicher Weise als Mission oder als Dienst der Gemeinde zu reden. Nur das zweite Mandat ist im strikten, biblischen Sinn Mission. Das erste Mandat ist philanthropischer oder humaner Dienst, den der Mensch dem Menschen auf menschlicher Ebene als Glied der gleichen „Familie" bietet (Gal. 6,

10; Luk. 10,25–37). Man sollte ihn deshalb nicht als unwürdigen oder weltlichen Dienst verächtlich machen, obwohl es kein missionarischer Dienst im technischen Sinne ist.

Weil man diese beiden Mandate nicht auseinander gehalten hat, entstand bezüglich des Missionsauftrags eine so ernste Verwirrung. Darunter leidet die Missionsarbeit, von daher ließ man sich bei der Auswahl der Arbeiter für das Missionsfeld bestimmen. Die Missionsarbeit ähnelt heute weitgehend einer Exportfirma. Man ist äußerst geschäftig, Früchte westlicher Kultur in andere Länder zu exportieren, und macht vergleichsweise nur geringe Anstrengungen, das Evangelium den Leuten zu bringen, einheimische „Bäume“ (Gemeinden) zu pflanzen und sie zu pflegen, so daß sie bodenständige Früchte hervorbringen können. Die Früchte unserer Kultur reiften auf einem besonderen Boden unter dem Einfluß des Evangeliums; sie reiften in einer von der Kirche bestimmten Atmosphäre heran, die ihnen förderlich war. Wir können sicher die Früchte unserer Kultur exportieren, aber es ist naiv, anzunehmen, daß sie sich von selbst ohne den entsprechenden Boden und die entsprechende Atmosphäre vermehren, nachdem sie doch wesentlich unter dem Einfluß des Evangeliums und der Kirche aufwuchsen. Deshalb erhebt sich die Frage, ob es nicht der Auftrag der Mission ist, Samen zu säen und Bäume zu pflanzen (das Evangelium zu predigen und Gemeinden zu pflanzen), die zu ihrer Zeit Früchte tragen werden? Oder ist es unser Auftrag, Früchte zu exportieren in der Hoffnung, daß sie sich zu ihrer Zeit vermehren werden?

Wir kommen nicht darum herum, die Mission von dem ganzen Bereich der „Kulturausbreitung“, der sich unter dem gesunden Einfluß des Evangeliums im Schatten der Kirche entwickelt hat, abzugrenzen. Die Tatsache bleibt, daß

> „es in der ganzen Welt keine Kraft gibt, die so geeignet ist, Nebenprodukte hervorzubringen, wie die Missionsarbeit. Wo immer sie hingeht, pflanzt sie in die Herzen der Menschen Kräfte, die neues Leben hervorbringen. Sie pflanzt in die menschliche Gemeinschaft Kräfte, die ein neues soziales Klima schaffen. Es ist unmöglich, daß irgendeine menschliche Tyrannei weiterbesteht, wo Jesus Christus König ist.
>
> All das bringt die Bewegung der Äußeren Mission zustande; dabei ist das gar nicht ihr Ziel. Vor kurzem las ich in einem Missionsblatt, daß die Mission, die bleibende Werte hervorbringen will, auf eine vollständige Umorientierung des ganzen Wertgefüges und auf eine totale Umstellung des ganzen sozialen Gefüges hinarbeiten muß. Das ist eine verderbliche Lehre.

Weder die Welt, noch die Kirchengeschichte, noch das Vorbild Jesu, noch das seiner Apostel können das rechtfertigen. Sie peilten dieses Ziel gerade nicht an, gaben sich damit zufrieden, das Evangelium und den Namen Jesu in die Menschenherzen einzupflanzen, und waren bereit, alles weitere der Fürsorge Gottes zu überlassen. Und die Folge: die Früchte des christlichen Glaubens waren tiefgreifender und umfassender als alles andere."[5]

Man muß sich diesen Fragen mit letzter Konsequenz stellen, besonders wenn man heute den Entwicklungsdienst in Übersee oder etwas ähnliches als Ersatz für Mission ansieht und die Kirchen Amerikas bzw. Deutschlands sich überschlagen, der Regierung auf dem Gebiet der Sozialarbeit Konkurrenz zu machen, um ihren Wert und Nutzen vor der Welt unter Beweis zu stellen und die Inkarnation des Evangeliums zu demonstrieren. Man muß einfach bedenken, daß die Mission ein einzigartiges Unternehmen mit ganz besonderem Auftrag ist. Früchte auf kulturellem Gebiet lassen sich erst da suchen, wo die Kirche gepflanzt worden und herangereift ist und den ihr aufgetragenen Platz in der Gesellschaft einnimmt. Es ist noch nicht Mission im Rahmen des regulären biblischen Auftrages, wenn man vom Westen her lediglich christliche Kulturgüter importiert.

Mit diesen summarischen Bemerkungen müssen wir die Betrachtung des ersten Mandates abschließen, da es weder das Mandat der Kirche an sich ist, noch das der Mission im eigentlichen Sinne des Wortes. Wir wenden unsere Aufmerksamkeit dem zweiten Mandat zu.

Der Missionsbefehl

Die Echtheit

Die Authentizität und Echtheit des Missionsbefehls, besonders in der Fassung nach Matthäus und Markus, wurde von den Vertretern des Rationalismus und der Bibelkritik in Frage gestellt. Die ersteren taten es aufgrund theologischer, die letzteren aufgrund überlieferungsgeschichtlicher Überlegungen. Die evangelikale Wissenschaft hat die Echtheit und die Authentizität der Stellen unnachgiebig ver-

5 Robert E. Speer, *Missionary Principles and Practices* (New York: Revell, 1902), S. 33 f.

teidigt und diese Position aufgrund innerer und äußerer Hinweise gut ausgebaut.

Ich bin zuversichtlich, daß wir hier die Worte Christi vor uns haben. Daß der lange Markusschluß (16,9–20) umstritten ist und daß eine Anzahl guter alter Handschriften diese Verse nicht enthalten, ist mir bekannt. Aber es ist genauso klar, daß das ursprüngliche Markusevangelium nicht mit Vers 8 aufgehört haben kann und daß der jetzige Schluß sich in einer guten Anzahl Handschriften aus dem zweiten und dritten Jahrhundert findet. So geht diese Auseinandersetzung weiter.

Die Auslegung

Auslegung und Verständnis des Missionsbefehls waren im Laufe der Jahrhunderte manchem Wechsel unterworfen. Das hat zu einem gut Teil Verwirrung geführt. Man fragte nach den Adressaten dieser Worte. Waren sie ausschließlich an die Jünger als Apostel Jesu Christi gerichtet und somit Teil ihres einzigartigen apostolischen Auftrages? Waren sie an die Apostel als Vertreter der Gemeinde Jesu Christi gerichtet und stellen sie somit einen Teil des Auftrags der Kirche dar, der bis an das Ende der Welt gilt? Weiter, in welchem Verhältnis stehen Taufe und Unterweisung zueinander? Ist das letzte dem ersten gleichgestellt oder untergeordnet; schließlich fehlt die Konjunktion „*und*". Oder sollen Unterweisung und Taufe verbunden sein, so daß Unterweisung nur ein Folgeakt der Taufe ist? Und in welchem Verhältnis stehen Taufe und Unterweisung zum Jüngermachen? Was ist eigentlich die Bedeutung von Taufe „*im*" (eis) Namen? Warum steht „Name" in der Einzahl, wenn doch eine Aufzählung der drei Personen der Gottheit folgt?

Das sind einige der kirchlichen und theologischen Fragen, die im Blick auf den Missionsbefehl debattiert wurden.

Evangelikale Gelehrte stellten sich diesen Fragen und kamen zu der Überzeugung, daß der Missionsbefehl der Kirche gilt, daß er bis zum Ende der Welt verpflichtend ist und daß er im gesamtbiblischen Rahmen gelesen werden muß.

Nur wenige Ausleger behandelten alle Missionsbefehle im Neuen Testament in gleicher Ausführlichkeit. Dabei sind in der jüngeren Vergangenheit zwei exegetische Studien erschienen, die besondere Aufmerksamkeit verdienen. Die erste stammt von Karl Barth und findet sich in *The Theology of the Christian Mission*[6]. Die zweite Studie stammt von Dr. R. D. Culver und erschien zuerst im *Bulletin of the Evangelical Theological Society* und später in *Bibliotheka Sacra*[7]. Beide aber sehen nicht den Missionsbefehl in ganzer Weite und begrenzen ihre Untersuchungen auf das Matthäusevangelium. Im besten Fall sind sie damit eine teilweise Darstellung des Missionsbefehls. Es ist eine Tragik, daß man in der Kirchengeschichte über den Missionsbefehl mehr debattierte, als ihm gehorchte.

Das Verhältnis zur Christenheit

Der Missionsbefehl ist nicht ein isoliertes Gebot, das der Christenheit willkürlich übergestülpt wurde. Er ist nichts anderes als die logische Zusammenfassung und die natürliche Folge des Wesens Gottes, so wie es in der Schrift offenbart ist. Er ist die konzentrierte Zusammenfassung des missionarischen Vorsatzes und Zieles Gottes, wie sie im Alten Testament entfaltet werden und sich historisch in der Berufung Israels verwirklichen; des Lebens, der Theologie und des Heilswerkes Christi, wie es in den Evangelien zutage tritt; des Wesens und Wirkens des Heiligen Geistes, wie sie von unserem Herrn angekündigt wurden und sich an Pfingsten und danach manifestierten; des Wesens und des Auftrages der Gemeinde Jesu Christi, wie sie in der Apostelgeschichte und in den Briefen zu erkennen sind. Der Missionsbefehl ist organisch mit der ganzen Offenbarung verbunden und ist ein wesentlicher Teil davon. Wahren Sinn und Kraft erhält er erst, wenn er in diesem größeren Zusammenhang gesehen wird.

Nicht der Missionsbefehl macht aus dem Christentum einen missionarischen Glauben, vielmehr ist der christliche Glaube missionarisch aufgrund seiner Quellen, seines Wesens und seiner Gesamtorientierung. Die Apostel wurden nicht wegen des Missionsbefehls Missionare, sondern weil der christliche Glaube ist, was er ist, und weil der Heilige Geist, der ein aus sich herausgehender Geist, ein Geist des Zeugnisses ist, in ihnen Wohnung genommen hatte. Christus selbst spricht von der Sendung des Heiligen Geistes als einer Sendung zum Zeugnis (Joh. 15,26; 16,8–15). Wenn die spezifischen Worte des Missionsbefehls niemals niedergeschrieben oder aufbe-

6 Karl Barth, „An Exegetical Study of Matthew 28,16–20", in: *The Theology of the Christian Mission,* hg. Gerald Anderson (New York: McGraw-Hill, 1961).

7 Robert D. Culver, „What Is The Church's Commission", *Bibliotheca Sacra* (Juli 1968), S. 239–253.

wahrt worden wären, wäre die missionarische Stoßkraft und Verantwortung der Gemeinde davon nicht im geringsten berührt. Die Mission blüht auf, wo immer man den christlichen Glauben wahrhaftig kennenlernt, sich ihm völlig hingibt, seine Kraft erfährt und ihm in allen Bereichen gehorcht.

Der Wert

Nachdem das gesagt ist, muß dennoch betont werden, daß es unermeßlich wichtig ist, daß der Missionsbefehl vom Herrn gegeben und vom Heiligen Geist in den Evangelien festgehalten wurde. Damit wird für die Christenheit nicht eine zusätzliche Verpflichtung geschaffen, aber die missionarische Stoßkraft und Verantwortung der Christenheit wird scharf in den Mittelpunkt gestellt und jedem vernünftigen Zweifel und jeder Auseinandersetzung entrückt. Hinzu kommt, daß seine einzigartige Stellung als *das* Gebot des auferstandenen Herrn ihm eine besondere Stellung neben allen anderen Worten Jesu verleiht. Er ist damit mehr als nur ein Gebot unter vielen. Daß der Missionsbefehl in jedem Evangelium erscheint, bestätigt, daß er in der frühen Gemeinde zur lebendigen Tradition gehörte. Die Apostelgeschichte veranschaulicht durch ihr Berichten die Dynamik, die in der Urchristenheit von ihm ausging.

Die Zusammensetzung

Der Missionsbefehl setzt sich aus mehreren Teilen zusammen. Dadurch, daß er sowohl in den vier Evangelien als auch in der Apostelgeschichte erscheint, wird ihm unter den Worten Christi eine einzigartige Stellung eingeräumt. Man sieht, wie wichtig er für jeden der Autoren war. Der Reichtum und die inhaltliche Fülle des Missionsbefehls, der gemeinsame Zweck und Plan der Evangelien werden dadurch nur noch unterstrichen. Sie laufen alle auf den Missionsbefehl hinaus und weisen damit in eine Richtung. Der christliche Glaube ist nun einmal seinem Wesen und seiner Stoßkraft nach zentrifugal.

Es darf nicht übersehen werden, daß der Missionsbefehl sich aus verschiedenen Teilen zusammensetzt, und daß die vier Evangelisten ihn in unterschiedlicher Form überliefern. Keiner gibt ihn in ganzer Vollständigkeit wieder, sondern sie ergänzen sich gegenseitig. Während jeder Evangelist ihn unter seinem Blickwinkel und mit seiner besonderen Akzentuierung wiedergibt, liefert erst die Gesamtschau das volle Ganze. Das zeigt die folgende Gliederung:

Matthäus – die Autorität, die allumfassende Zielsetzung und die zeitliche Begrenzung der Arbeit.

Markus – die Dringlichkeit, die Methode und der geographische Rahmen der Arbeit.

Lukas – die christozentrische Ausrichtung und die Universalität der Arbeit.

Johannes – die geistliche Ausrüstung und der geistliche Charakter der Arbeit.

Nur wenn man sich die Vielfalt, wie sie uns in den vier Evangelien begegnet, vor Augen hält, sieht man den Missionsbefehl in seiner Ganzheit.

Umfang und Art

Bei einer Analyse des Missionsbefehls entdeckt man zwei Gebote, die dem ganzen die Richtung weisen. Sie finden sich bei Matthäus und Markus jeweils in den Worten „Machet Jünger" und „Verkündigt das Evangelium".

So ist der Missionsbefehl eine Ellipse mit zwei Brennpunkten. Während in früheren Jahrzehnten die Betonung mehr auf dem markinischen Brennpunkt („Verkündigt das Evangelium") lag und die Evangelisation fast ausschließlich im Vordergrund stand, liegt heutzutage der Akzent mehr auf dem matthäischen Brennpunkt („Machet Jünger"), und die Gemeindegründung wird herausgestellt. Die Bibel betont beides und hält es in der richtigen Balance. Die Gebote werden ergänzt durch die Partizipien „gehen", „taufen", „lehren". Lukas und Johannes haben keine imperativen Verbformen. Bei ihnen findet sich statt dessen die biblische („Denn es steht geschrieben") und die geistliche („Nehmet hin den Heiligen Geist") Komponente, die hinter den Worten steht. Deshalb muß man zugestehen, daß bei ihnen eine imperative Verbform nicht notwendig ist, ja, sie erschiene deplaziert. Die Dynamik des Wortes und des Geistes nehmen den Platz der Imperative ein. Wenden wir uns dem zusammengesetzten Missionsauftrag weiter zu, wie ihn alle vier Evangelien darstellen, dann lassen sich folgende Fakten festhalten: Das allumfassende Ziel ist „Jünger machen" aus allen Nationen. Um dieses Ziel zu erreichen, ist folgendes zu tun:

1. Wir müssen eine intensive und extensive Verkündigung des Evangeliums unter allen Völkern anstreben und dabei das Evangelium

Gottes, wie es in der Heiligen Schrift festgehalten ist, verständlich und überzeugend weitergeben.
2. Wir müssen die Menschen zu einer Erfahrung der Gnade Gottes führen, wie sie im Tod und in der Auferstehung Jesu Christi bereitgestellt ist, und die Vergebung der Sünde in seinem Namen allen anbieten, die dem Evangelium glauben wollen.
3. Wir müssen Menschen aus ihren alten Bindungen und Verhältnissen herausnehmen und sie in die neue Gemeinde Gottes durch die Taufe einbauen, der die Unterweisung vorangeht und folgt.
4. Wir müssen ihnen den Wert und die Größe der Gabe und der Gaben des Heiligen Geistes zeigen und sie zu einem Wandel und Dienst im Gehorsam und in der Abhängigkeit vom Heiligen Geist anleiten.
5. Wir müssen sie die Gebote des Meisters lehren und sie durch die Erneuerung ihres Verstandes in die wahrhaftige christliche Jüngerschaft hineinformen.

So sieht unser Auftrag nach dem Missionsbefehl aus. Auch nicht eines dieser Elemente darf ausgeschlossen oder vernachlässigt werden.

Die theologische Bedeutung

Der Missionsbefehl ist mehr als nur *ein* Gebot unter den vielen Geboten Christi. Aufgrund seiner Einzigartigkeit als *das* Gebot des auferstandenen Herrn und aufgrund der Tatsache, daß er sich in der einen oder anderen Form in allen vier Evangelien findet, wobei jedes ihn von seinem Standpunkt aus und mit seiner spezifischen Akzentsetzung wiedergibt, nimmt er einen besonderen Platz ein.

Das wichtigste am Missionsbefehl ist seine theologische Weite. Die folgenden Fakten kommen zum Ausdruck:
1. Die Souveränität des Herrn und seines Evangeliums: „Mir ist gegeben alle Macht (Autorität)" (Matth. 28,18; vgl. Phil. 2,9–11; Offb. 3,7).
2. Der Imperativ des Evangeliums Christi (Matth. 28,18–20; Mark. 16,15–16; Luk. 24,44–47).
3. Die Universalität des Evangeliums Christi (Matth. 28,18–20; Mark. 16,15–16; Luk. 24,44–47; Apg. 1,8).
4. Das Wesen des Evangeliums Christi (Luk. 24,46–47; Joh. 20,23; Apg. 26,15–23; vgl. 1. Kor. 15,1–3).
5. Der Platz des Menschen in der Verkündigung des Evangeliums Christi (Matth. 16,15–16; Luk. 24,48; Apg. 1,8; 26,16).

6. Die Notwendigkeit geistlicher Ausrüstung, um mit Erfolg dem Evangelium Christi zu dienen (Luk. 24,49; Joh. 20,22; Apg. 1,8).

Somit erhält der Missionsbefehl seine Dynamik durch den weiten theologischen Unterbau.

Die psychologische Bedeutung

Es ist nicht der Missionsbefehl, der aus dem christlichen Glauben einen missionarischen macht. Er ist es aufgrund des Wesens und des Vorsatzes Gottes. Der Missionsbefehl ist auch nicht die Dynamik der Mission, denn diese residiert allein im Heiligen Geist. Dennoch ist es von größter Bedeutung, daß der Missionsbefehl von unserem Herrn formuliert und in den Evangelien festgehalten wurde.

Wie wichtig das ist, erkennt man, wenn man bedenkt, daß es allein das Wort ist, das unserem Verstand die Konzepte, unserem Herzen die Anweisungen zum Gehorsam und unserem Leben objektive Direktiven gibt. Das Wort ist unseres Fußes Leuchte und ein Licht auf unserem Wege. Ohne das Wort bleibt das Wirken des Heiligen Geistes in unserem Leben vage, mystisch, undefiniert und ohne besondere Dynamik. Während der Heilige Geist subjektive Erleuchtung und Befähigung gibt, verleiht das Wort objektives Licht und Anweisung. Wir können weder ohne das eine noch ohne das andere sein. Es gibt eine wunderbare Koordination zwischen Heiligem Geist und Wort Gottes, die erst den Jünger ausmacht und ihm den Weg weist. Menschlicher Verstand und die menschliche Seele gleichen einem Feld, das beregnet werden muß. Dazu braucht man Wasser, aber man braucht auch ein Kanalsystem. Eine Bewässerung ist ohne das erstere unmöglich und ohne das zweite außerordentlich schwierig.

Das Wasser läßt sich mit dem Werk des Heiligen Geistes vergleichen. Er bewässert unsere Seele, indem er uns erleuchtet, befruchtet und den Gläubigen die nötige Energie verleiht. Das „Kanal"-System wird in unserem Verstand und in unserem Herzen durch das Wort zubereitet, das Gottes Instrument für die Zubereitung von Herz und Verstand ist. Er bedarf eines objektiven Instrumentes, will man eine subjektive Wirkung erreichen und in des Menschen Sinn und Verstand ein gewisses Muster oder Vorbild einprägen. Je spezifischer das Wort, desto spezifischer die Ausrichtung, das Bild und das Muster. Je öfter das Wort gesagt wird, desto bleibender ist die Ausrichtung und desto unverwischlicher der Eindruck, der auch dann noch bleibt, wenn das Wort ins Unterbewußtsein abgesunken ist. Hier liegt zweifelsohne der Grund, weshalb Christus den Missionsauftrag wenigstens fünfmal in der Gegenwart der Apostel gesagt hat. Jetzt endlich ist er eingedrungen.

Es dauerte zwar einige Jahre, bis der Missionsbefehl sich in der Lebenspraxis der Apostel durchsetzte; aber wesentlich ist, daß er endlich zum Durchbruch kam. Wenn es auch nicht ausdrücklich so in der Apostelgeschichte und den Briefen steht, wissen wir doch, daß sich diese Worte dem Verstand der Apostel einprägten. Dadurch wurden sie alle in eine bestimmte Richtung gelenkt. Alle außer Jakobus wurden Missionare, und er wurde schon zum Märtyrer, bevor er Jerusalem verlassen konnte. Daß der Missionsbefehl in den frühen Gemeinden zur lebendigen Tradition gehörte, beweist schon die Tatsache, daß alle vier Evangelien ihn festhielten, und daß die erste Gemeinde in der Tat eine missionarische Gemeinde war. Es sollte dabei nicht übersehen werden, daß Lukas, nachdem er sorgfältig alles untersucht hatte, den Missionsbefehl in längster Fassung bringt.

Es wäre jedoch verfehlt, zu folgern, die Apostel und die frühen Gemeinden seien deshalb eine Missionsbewegung geworden, weil sie den Missionsbefehl erhielten. Der Missionsbefehl lieferte ihnen lediglich das Leitbild und den direkten Anstoß für ihre Mission, wie wir gleich sehen werden. Sie waren Missionare, weil der christliche Glaube ist, was er ist, und durch den Heiligen Geist, der ihnen innewohnte, und dieser ist ein Geist der Mission (Joh. 15,26; 16,8–15).

Die Kirchen würden gut daran tun, sich der psychologischen Bedeutung des Missionsbefehls bewußt zu werden und ihn zum apostolischen Glaubensbekenntnis hinzuzufügen, das Sonntag für Sonntag in vielen Kirchen rezitiert wird. Das würde sicher eine heilsame Konsequenz im Leben der Gläubigen zeitigen, da sich in ihrem Leben und in ihrem Verständnis ein gewisses Leitbild, eine gewisse Ausrichtung, ein gewisses Sendungsbewußtsein und eine gewisse Verantwortung festigen würden.

Der Zweck

Wie schon gesagt, wird der Missionsbefehl in jedem der vier Evangelien (Matth. 28,18–20; Mark. 16,15–16; Luk. 24,46–49; Joh. 20, 21–22) und in der Apostelgeschichte (Apg. 1,8) überliefert. Er wird bei der Beauftragung des Apostels Paulus in Apostelgeschichte 26, 13–18 wiederholt. Das zieht für den gläubigen Bibelleser weitreichende Folgen nach sich. In der Ausführung des göttlichen Vorsatzes, der sich in der missionarischen Ausrichtung des Alten Testamentes und in der Fleischwerdung unseres Herrn entfaltete, werden die Gläubigen mit Christus identifiziert. Unter dieser Identifizierung steht das Gebot, das Evangelium der ganzen Kreatur zu verkündigen, der Marschbefehl für die Weltevangelisation, die göttliche Beauftragung, Boten Christi für jedes Volk in der Welt zu sein. Die geballte Kraft dieses wiederholten Befehles ist zu spüren; es gibt keinen Zweifel für den glaubenden und gehorsamen Jünger Jesu: Die Weltevangelisation ist der nicht in Frage zu stellende Wille und Plan des Herrn. Es ist der göttliche Imperativ, der tief in das Wesen des Christentums hineingeschrieben ist und den der Herr mit klaren Worten selbst definiert hat. Das ist der erste Eindruck beim Studium des Missionsbefehls. Der Missionsbefehl verpflichtet die Christen mit uneingeschränkter Autorität zur Weltevangelisation. Ich sage es noch einmal, daß es nicht der Missionsbefehl ist, der aus dem christlichen Glauben einen missionarischen macht, denn kein Befehl könnte das jemals tun. Die missionarische Ausrichtung des christlichen Glaubens beruht nicht auf einem Befehl; der Befehl rückt sie in den Brennpunkt. Das missionarische Element selbst kommt von Gott, der die Quelle des christlichen Glaubens ist. Der Missionsbefehl schafft deshalb auch nicht neue Pflichten; er definiert lediglich die schon immer gegebenen. Die Verpflichtung des Christen ergibt sich aus dem Wesen seines Glaubens und seines Verhältnisses zu seinem Herrn.

Damit ist aber noch nicht alles über den Missionsbefehl gesagt. Die eigentliche, historische Bedeutung des Missionsbefehls liegt in der Tatsache, daß er der Kirche Zweck und Leitbild für die Mission gibt. Er definiert und umreißt die Missionsaufgabe. Im Missionsbefehl haben wir einen Kompaß, eine Karte und einen Plan. Ein Vergleich der verschiedenen Formulierungen ist äußerst instruktiv. Es werden Wahrheiten und Grundsätze sichtbar, die die Kirche bei der Weltevangelisation zu leiten haben und die spezifisch den missionarischen Aspekt des Dienstes der Gemeinden definieren.

Der sechsfache Befehl in den Evangelien und in der Apostelgeschichte drückt das eine zentrale Anliegen Christi aus: die Weltevangelisation; er erklärt den einen zentralen Zweck: die Sammlung eines aus allen Nationen kommenden Volkes im Namen Jesu und die Auferbauung der Gemeinde, des Leibes, der Braut Christi, des Tempels und Haushaltes Gottes. Er schreibt darüber hinaus eine zentrale Strategie vor: Die Verkündigung des Evangeliums Christi durch mit dem Heiligen Geist ausgerüstete Zeugen, die aus allen Völkern Jünger gewinnen. Darüber hinaus finden sich bei jedem Evangelisten noch besondere Aspekte, die die Missionstätigkeit und die Missionsbewegung näher bestimmen.

Denen wollen wir uns jetzt zuwenden.

Der Missionsbefehl und die spezifischen Ausformungen

Bisher wurde vom *Missionsbefehl allgemein* gesprochen und nicht im Blick auf die spezifischen Ausformungen. Ich versuchte, zwischen dem Missionsbefehl als summarischem Auftrag des Herrn und den individuellen Formulierungen der einzelnen Evangelisten zu unterscheiden.

Diese Unterscheidung muß aufrechterhalten werden. Es führt zu einer Verengung des Missionsbefehls, wenn man nur einem Evangelisten Beachtung schenkt. Die Tatsache bleibt, daß es dem Heiligen Geist gefallen hat, die verschiedenen Versionen für uns aufzubewahren. Das ist wichtig. Die Vielfalt des Befehls muß betont werden, wenn man eine ausgeglichene Schau behalten will. Deshalb ist es nicht weniger wichtig, die einzelnen Überlieferungsformen in den verschiedenen Evangelien zu studieren.

Der Befehl nach Matthäus

Die historische Verankerung des Befehls. Jesus offenbarte sich seinen Jüngern auf einem Berg in Galiläa, wohin er sie gebeten hatte. Der Berg wird nicht gesondert genannt. Es könnte der sein, auf dem Petrus, Jakobus und Johannes die Verklärung miterlebt hatten, oder auch der, auf dem Jesus den Jüngern das „neue Gesetz" – die Bergpredigt – verkündigt hatte. Ich neige dazu, an den letzteren zu denken. Dort proklamierte Christus die „neue Ordnung", hier das „neue Programm": daß Menschen aus allen Völkern zu Jüngern gemacht werden sollen. Obwohl Matthäus nur die Elf erwähnt, spricht viel dafür, daß Christus in diesem Zusammenhang von den etwa 500 Brüdern gesehen wurde. Da ist schon die Tatsache, daß das das einzige Mal ist, daß eine Begegnung zwischen dem auferstandenen Herrn und seinen Jüngern auf Vereinbarung zurückgeht. Man darf wohl erwarten, daß so viele wie möglich die Gelegenheit, den auferstandenen Herrn zu sehen, nutzten.

Warum es zu dieser Vereinbarung kam, bleibt ungesagt. Es ist nicht unwahrscheinlich, daß Christus seine Jünger auf gerade diesen Berg beordert hatte, um ihnen seine Bevollmächtigung mitzuteilen, das neue Mandat zu erlassen und sein neues Programm zu veröffentlichen. Das folgt aus der besonderen Schwerpunktsetzung des Missionsbefehls bei Matthäus, den wir gleich analysieren werden.

Die Gliederung des Befehls. Der Befehl gliedert sich wie folgt:

1. Die Macht (Souveränität) des Königs – „alle Gewalt".

2. Die Absicht des Königs – „machet zu Jüngern".
3. Die Verordnung des Königs – „gehend ... taufend ... lehrend".
4. Die Gegenwart des Königs – „ich bin bei euch".

Matthäus öffnet den Missionsbefehl mit der majestätischen Erklärung Christi: „Mir ist gegeben alle Gewalt im Himmel und auf Erden." Damit wird Souveränität, Finalität und Absolutheit Christi in allen Sphären erklärt. Er ist der souveräne und alleinige Herr von Zeit und Raum. Er hat alle Macht und Autorität, die nötig ist, seine Vertreter auszusenden. Er läßt die gute Botschaft überall dort verkündigen, wo es ihm, dem souveränen Herrn, gefällt, sein Recht und seine Weisung als Herr aller Herren kundzutun. Die Autorität, auf die sich die Mission gründet, ist niemand anders als der Herr selbst; sie ist begründet in seiner Person, seinem Wort und Werk, seiner Stellung. Hier kann die hinter der Mission stehende Autorität nicht umfassend besprochen werden. Es soll lediglich betont werden, daß Christus im Missionsbefehl nach Matthäus sich als souveräner Herr vorstellt, der Vollmacht hat, seine Boten ohne Rücksicht auf geographische Grenzen in alle Welt zu senden.

Petrus sagt dann in Apostelgeschichte 2,36: „So wisse nun das ganze Haus Israel gewiß, daß Gott diesen Jesus, den ihr gekreuzigt habt, zum Herrn und Christus gemacht hat." In ähnlicher Weise erklärt Paulus: „Denn dazu ist Christus gestorben und wieder lebendig geworden, daß er über Tote und Lebendige Herr sei" (Röm. 14,9). Wiederholt stellt die Bibel fest, daß Christus zur rechten Hand Gottes ist, auf dem Thron Gottes, am Ort höchster, vollkommenster und souveränster Autorität. Der Gemeinde in Philadelphia stellt sich Christus mit den Worten vor: „Und dem Engel der Gemeinde zu Philadelphia schreibe: Das sagt der Heilige und der Wahrhaftige, der da hat den *Schlüssel Davids;* der auftut, und niemand schließt zu, der zuschließt, und niemand tut auf" (Offbg. 3,7).

Dazu G. Campbell Morgan:

> „Es fällt hier besonders auf, daß Jesus nicht sagt, 'der öffnen kann und niemand kann schließen, und der schließen kann und niemand kann öffnen'. Das ist ja ganz offensichtlich der Fall. Er sagt etwas weit Umfassenderes. Wir haben hier nicht eine Aussage über Befähigungen und Möglichkeiten, sondern über sein tatsächliches Tun. Er begnügt sich nicht damit, in der Legislative eine Position einzunehmen: er ist der, der auch die Dinge hinausführt. 'Der auftut und niemand schließt zu, der zuschließt, und niemand tut auf.' Das ist nicht nur eine beliebige Auszeichnung ohne besonderen Unterschied, sondern hier nimmt einer einen einzigartigen Platz mit besonderer Auszeichnung ein ...

Diese Worte sollten uns gerade dann große Zuversicht und Gewißheit geben, wenn alle Umstände gegen uns zu sein scheinen. Heute ist er der König Gottes. Die Menschen mögen ihn mißachten oder für einige Zeit verwerfen. Nichtsdestoweniger hält er das Regiment in der Hand und sitzt auf dem heiligen Berge Zion. Er ist der König sowohl aufgrund seiner Abstammung, als auch weil er den Schlüssel zu dem Amt hat, das er innehat. Dazu ist er fortwährend selbst in der Verwaltung aktiv. Er öffnet heute und schließt morgen. Inmitten aller Aufgeregtheit und Ruhelosigkeit der Zeiten bewegt er sich auf eine endgültige Ordnung zu, und das durch all die Geheimnisse hindurch, die uns verschlossen sind. Deshalb sollten wir uns mit der dreifachen Wahrheit trösten: Seinem Charakter nach ist er der, 'der heilig ist und der wahrhaftig ist', seiner offiziellen Stellung nach ist er der, 'der den Schlüssel Davids hat'; und in der Ausführung seines Amtes ist er der, 'der öffnet und niemand schließt zu, und der zuschließt und niemand tut auf'."[8]

Unser Herr steht also niemals hilflos vor geschlossenen Missionstüren. Er öffnet, wie es ihm gefällt. Den rücksichtslosesten Diktator und die überzeugteste Opposition kann er wegnehmen. Aber genausowenig brauchen wir uns aufzuregen, wenn sich die Türen schließen. Er hat die Schlüssel.

Die Autorität unseres Herrn ist sowohl unser Trost als auch unser Schrecken. Unser Trost ist sie, weil wir in der Gewißheit ruhen dürfen, daß unser Herr, wenn er ruft und aussendet, auch die Verantwortung für seine Diener übernimmt. Sicherlich ist er in der Lage, für all ihre Bedürfnisse, ob materiell, physisch oder geistlich, zu sorgen. Er kann seine Abgesandten in allem bewahren und Legionen Engel senden, um sie aus der Gefahr zu retten, und seine Raben sind bereit, sie in der Not zu versorgen. Souveränität und Autorität unseres Herrn sind aber auch unser Schrecken, weil wir wissen, daß wir ihm absoluten Gehorsam und absolute Hingabe schulden und daß wir ihm eines Tages ins Angesicht sehen müssen, um vor ihm als Herrn und Richter Rechenschaft abzulegen.

Das ganze Mandat zielt bei Matthäus auf das eine ab: „Machet zu Jüngern." Um dieses eigentliche Anliegen recht ins Licht zu stellen und um die Tatsachen, die damit zusammenhängen, recht zu erkennen, müssen wir den Missionsbefehl bei Matthäus noch weiter analysieren.

Eine Analyse des Missionsbefehls. Der Befehl enthält vier Hauptverbformen. Aus ihnen ergibt sich, was der Herr mit dem Befehl im

[8] G. Campbell Morgan, *The Letters of our Lord* (London: Pickering & Inglis, o. J.), S. 82.

Sinn hatte. Es handelt sich um die Worte „gehet", „lehret" (eigentlich „machet zu Jüngern"), „taufend" und „lehrend". Dabei nimmt das Verb „zu Jüngern machen" den zentralen Platz ein. Es ist das einzige, das im Imperativ steht. Hier ist der Kern des Auftrages. Die anderen drei Verben sind Partizipien, die Wege und Mittel zur Ausführung des zentralen Auftrages umschreiben. Sie unterstützen das Hauptverb.

Dr. Leavell faßt sein Ergebnis so zusammen:

„Der Befehl hat einen dominierenden und alles kontrollierenden Imperativ. Alle anderen Verben sind Partizipien. Im ursprünglichen Griechisch ist das zentrale Verb eine Ableitung von dem Hauptwort 'Jünger'. Deshalb sollte es auch mit 'Jünger machen' übersetzt werden (so im revidierten Luthertext). Es ist der erste Aorist Imperativ, zweite Person Plural. Das Wort, das als 'gehet' übersetzt ist, ist ein Partizip und könnte deshalb 'gehend' oder 'indem ihr geht' übersetzt werden. Auch die beiden Worte, die wir als 'taufet' und 'lehret' übersetzen, sind eigentlich Partizipien. Während diese Partizipien wichtig sind, überragt sie der Imperativ 'machet zu Jüngern' weit an Bedeutung."[9]

Robert D. Culver unterbreitet die folgende Analyse:

Poreuthéntes ist ein Partizip Nominativ Plural Maskulin, der erste Aorist von *poreúomai,* einem Verb, das die Bedeutung 'sich von einem Ort zum anderen begeben, *zu gehen*' hat. Es ist kein Imperativ und würde als ein Partizip im Aorist normalerweiser entweder 'wenn ihr gegangen seid' oder 'wenn ihr geht' übersetzt. Die Deklination stimmt mit dem Subjekt des folgenden im Imperativ stehenden Verbs überein. Diesem Wort wenden wir uns jetzt zu.

Mathēteúsate ist zweite Person Plural, erster Aorist Imperativ Aktiv von *mathēteúō.* Das Verb wird hier anders als sonst verwandt; normalerweise ist es intransitiv und bedeutet 'ein Jünger sein'. Hier wird es im transitiven Sinne benutzt und muß deshalb 'machet zu Jüngern!' übersetzt werden. Seiner Form und Bedeutung nach ist es ein Imperativ – die einzige imperative Verbform im ganzen Absatz, der mit Vers 16 anfängt.

Baptízontes ist ein Partizip Nominativ Plural Maskulin, Präsens Aktiv von *baptízō.* Dieses Partizip stimmt mit dem finiten Imperativ *mathēteúsate* überein. Es ist der Form nach kein Imperativ, obwohl es aufgrund seiner Stellung und Beziehung zu dem Imperativverb, von dem es beherrscht wird, dem Gedanken und Wert nach einem Imperativ nahekommt, wie wir noch sehen werden. Es bedeutet zu *taufen* – ein äußerst umstrittenes Wort, das in diesem Zusammenhang nicht näher definiert werden soll.

[9] Roland O. Leavell, *Evangelism, Christ's Imperative Comission* (Nashville: Broadman, 1951), S. 3.

Didáskontes. Der Form nach gilt hier genau das gleiche wie bei dem vorausgehenden Verb, nur daß es eine Ableitung von *didáskō* ist, was *lehren* bedeutet. Es findet in der Deklination auch Übereinstimmung mit *mathēteúsate,* ist aber grammatikalisch und syntaktisch auch mit *baptízontes* verbunden und davon abhängig, wenn auch nicht im strikten Sinne gleichgestellt, wie manchmal angenommen wird. Diese Behauptung wird durch das fehlende *kaí* 'und', die koordinierende Konjunktion, gestützt. Das heißt also, daß das 'Lehren' mit dem 'Taufen' verbunden ist und ihm nicht nur nachfolgt.

Nun ergibt sich daraus ein gewisses strukturelles Verhältnis. Dem ganzen Befehl eignet lediglich ein grundlegendes Element *mathēteúsate pánta tá éthnē,* 'machet zu Jüngern alle Völker'. Dieser grundsätzliche Befehl setzt voraus, daß sich die Gläubigen schon am Ort ihrer Missionsarbeit befinden – *poreuthéntes, nachdem ihr gegangen seid,* oder, *wenn ihr geht.* Zwei weitere Tätigkeiten gehören zu dem 'Jünger machen aus allen Nationen' dazu, nicht zeitlich nachgeordnet, sondern etwa gleichzeitig, nämlich *baptízontes,* 'taufend', und *didáskontes,* 'lehrend'.

Kritische Kommentare, d. h. solche, die auf den griechischen Text zurückgehen, stimmen in diesen grundsätzlichen exegetischen Fakten überein. Das heißt nicht, daß sie alle bis ins Letzte den oben angeführten Einzelheiten nachgehen, aber es zeigen sich keine Abweichungen – sie ergänzen sich vielmehr gegenseitig. Nicht alle, aber doch die meisten und anerkanntesten exegetischen Autoritäten wurden konsultiert."[10]

Die Angelegenheit ist damit an sich klar, und die Ergebnisse sind äußerst pointiert. Die Kirche muß aufs neue den Auftrag, Jünger zu machen, durchdenken.

Bei der Analyse tauchen folgende weitere Fakten auf:

Erstens: Bei allen geht es um das eine – Jünger machen. Der Aufruf zur Jüngerschaft Christi steht im Mittelpunkt des ganzen Auftrags und des Neuen Testaments und muß auch in der Gemeinde Jesu Christi in den Mittelpunkt gerückt werden. In den Evangelien und in der Apostelgeschichte finden sich insgesamt 270 Hinweise darauf. In den Briefen wird der Begriff Jünger durch das Wort „*Heilige*" ersetzt, das Paulus sehr häufig benützt.

In der Jüngerschaft Christi findet das innere christliche Leben seinen lebendigen Ausdruck. Es ist unbedingt notwendig, daß das gelehrt wird. Wird es nicht getan, sind die Folgen äußerst tragisch. Das Vorbild dessen, was christliche Jüngerschaft ist, findet sich im Leben und in der Lehre bei Jesus selbst. Er selbst ruft Menschen in

[10] Culver, a.a.O., S. 244.

die Nachfolge. Die Apostel ermuntern uns dann, den Blick auf ihn zu richten, sich seiner zu erinnern, ihm nachzustreben und den Sinn Christi in uns heranzubilden. Petrus erklärt, daß Christus uns ein Beispiel ließ, damit wir seinen Fußstapfen nachfolgen sollen. Der Pfad der Heiligung ist nichts anderes als ein Verklärtwerden „in sein Bild von einer Herrlichkeit zur anderen von dem Herrn, der der Geist ist“ (2. Kor. 3,18). Die christliche Hoffnung zielt auf die herrliche Erwartung hin, umgeformt zu werden in die Gleichgestalt Jesu Christi (1. Joh. 3,2).

Sieht man diese Akzentuierung des Neuen Testamentes, dann fragt man sich, ob die Kirche, daheim oder in Übersee, nicht dadurch, daß sie das eigentliche Anliegen und den eigentlichen Auftrag Christi vernachlässigt hat, ihre eigene Schwäche zeigt. Wir evangelisieren, bekehren Menschen und machen Kirchenglieder, aber wir machen keine Jünger.

Im Mittelpunkt des Wirkens unseres Herrn hier auf Erden stand das eine: Jünger zu machen. Das zeigt sich sofort, wenn wir die Evangelien lesen. Nur wenige haben sich die Mühe gemacht, die umfassende Studie von A. B. Bruce, *Die Ausbildung der Zwölf** mit dem Untertitel *Eine Darstellung der zwölf Jünger Jesu Christi in ihrer Zurüstung zum Apostelamt* zu lesen. Hier begegnet uns eine bewährte Methode, die Evangelien und das Wirken Christi zu studieren. Wir wenden uns den Evangelien zu, um die Bedeutung der Jüngerschaft und das Werden eines Jüngers zu untersuchen.

Christus macht Jünger. Wie ein Trompetenstoß klingt der Ruf zur Jüngerschaft durch die Evangelien. Immer wieder findet er sich auf den Lippen unseres Herrn auf seinem Weg durch Palästina. In den Evangelien begegnet er in dreifacher Weise: (1) Als historischer Bericht über die Berufung der verschiedenen Nachfolger Christi (die Berufung des Matthäus ist ein Beispiel); (2) als Aufforderung Christi an Einzelpersonen mit den Worten: „Folge mir nach“, und (3) als Aufforderung Christi, das (sein) Kreuz auf sich zu nehmen.

1. Die historischen Berichte der Berufung einzelner. Wir brauchen uns hier nicht damit aufzuhalten, daß wir die einzelnen Berichte untersuchen. Sie sind in sich selbst erklärlich. Es ist aber wichtig, zwischen dem Ruf zur Jüngerschaft und der Einsetzung als Apostel zu unterscheiden. Ersteres findet sich in Stellen wie Matthäus 4, 19–21 und 9,9. Letzteres in Markus 3,13–19 und Lukas 6,12–16.

2. Die wiederholte Aufforderung Christi an Einzelpersonen, die in

* Englischer Titel: The Training of the Twelve, Exhibiting the Twelve Disciples of Jesus Christ under Discipline for Apostleship.

die Worte „folge mir" gekleidet ist. Die Worte „folgen", „folge mir" und „komm hinter mich" finden sich mehr als 20mal auf den Lippen Jesu. Verschiedene Einzelpersonen werden so angesprochen: Simon und Andreas (Matth. 4,19; Mark. 1,17); Jakobus und Johannes (Matth. 4,21; Mark. 1,20 hier implizite); Matthäus (Matth. 9,9; Mark. 2,14; Luk. 5,27); Philippus (Joh. 1,43); Petrus (Joh. 21,19. 22); der reiche Jüngling (Matth. 19,21; Mark. 10,21; Luk. 18,22); andere seiner Jünger (Matth. 8,22); irgend jemand (Matth. 16,24; Mark. 8,34; Luk. 9.23; Joh. 12,26). Paulus spricht von sich als einem Nachfolger Christi und ruft die Korinther auf, ihm nachzufolgen (1. Kor. 11,1). Gleicherweise ermahnt er die Epheser, Philipper und Thessalonicher (Eph. 5,1; Phil. 3,17; 1. Thess. 1,6).

Dem biblischen Begriff *Nachfolge* eignet eine Fülle von Bedeutungen. Das zeigt sich am besten an dem, wie das Wort gebraucht wird. *Cruden's Unabridged Concordance* hat zu Anfang des Wortes *Nachfolgen* diese kurze Begriffsuntersuchung:

> „*Nachfolgen* bedeutet (1) *hinter jemandem nachkommen, der vorausgeht, wie Diener hinter ihrem Herrn kommen* (1. Sam. 25, 27)...; (2) *nachahmen oder sich an das Vorbild eines anderen halten* (Matth. 16,24 ... 1. Kor. 11,1 ...); (3) *glauben und gehorchen* (Joh. 10,27). *An allen Stellen, wo es heißt, daß Menschen falschen Göttern folgen,* bedeutet es, *sein Vertrauen in sie setzen: sich auf sie verlassen* und *ihnen dienen* (1. Kön. 18,21 ... Richter 2,12 ...); (4) *Stellung beziehen,* oder *teilnehmen, teilhaben* (2. Sam. 2,10; 2. Kön. 11,16); (5) *nachstreben ... etwas mit großem Verlangen oder Eifer verfolgen* (Phil. 3,12 ...); (6) *mit jemandem sterben* (Joh. 13,36)."

Edvin Larson untersucht in seinem Buch *Christus als Vorbild* sorgfältig das Konzept der Nachfolge und weist auf die Tatsache hin, daß die Nachfolge ihren Ursprung in der Initiative Christi hat.[11] Er ruft seine eigenen *Nachfolger* zu einer entschiedenen und radikalen Absonderung von allen früheren Verhältnissen, Stellungen und Lebensstilen auf. Er ruft sie zu einer konkreten Verbindung mit Christus im täglichen Leben, zu demütiger Unterwerfung unter Christus, in ein Leben der Unterweisung, zu bereitwilligem Gehorsam gegenüber den Befehlen des Meisters in allen Lebensangelegenheiten, zur bewußten Nachahmung des Lebens und der Lehre des Meisters. Er selbst ist das Vorbild für all diese Dinge, Haltungen und Verhältnisse: die Bereitschaft, mit ihm zu leiden, ist in den Worten „Kreuz tragen" ausgedrückt.

[11] Edvin Larson, Christus als Vorbild, (Uppsala: Gleerup Lund, 1962), S. 44.

Das oben Ausgeführte unterstreicht diese grundsätzlichen Erwägungen. Wir können deshalb folgern, daß Christus nachfolgen bedeutet, sich täglich in der Totalität des Lebens mit der Totalität des Lebens Christi zu identifizieren. Das ist in Wahrheit wahre, biblische und christliche Jüngerschaft. Dazu sind wir mit seinem heiligen Ruf berufen.

3. Die Aufforderung Christi, „das Kreuz auf sich zu nehmen". Es muß hier nochmals betont werden, daß der Ruf zur Jüngerschaft jeden Gläubigen angeht. Kein Christ ist hier ausgeschlossen. *Alle* sollen Jünger Christi sein. *Alle* sollen ihm sowohl als Herrn als auch als Heiland zugehören. *Alle* werden aufgerufen, das Kreuz aufzunehmen und Christus nachzufolgen. So ertönt der Ruf Christi: „Da sprach er zu *ihnen allen:* Wer mir folgen will, der verleugne sich selbst und nehme sein Kreuz auf sich täglich und folge mir nach. Denn wer sein Leben erhalten will, der wird es verlieren, wer aber sein Leben verliert um meinetwillen, der wird's erhalten" (Luk. 9, 23–24; vgl. Matth. 10,38–39; 16,24–25; Mark. 8,34; Luk. 14,27).

Um den Begriff des Kreuztragens weiter zu klären, sollte man ihn von dem paulinischen „Dorn im Fleisch" und dem volkstümlichen Begriff der „Lebensbürde" unterscheiden bzw. abgrenzen. Diese verschiedenen Begriffe werden zu oft durcheinandergebracht.

Eine Untersuchung des paulinischen „Dorn im Fleisch" wird uns bald davon überzeugen, daß Paulus – was immer er mit diesen Worten meinte – das damit bezeichnete Leiden nicht freiwillig auf sich genommen hatte. Es ist in der Tat so, daß er dreimal den Herrn gebeten hatte, ihn davon zu befreien. Die Erwiderung des Herrn: „Laß dir an meiner Gnade genügen" gab Paulus schließlich zwar den Frieden, aber nicht die Befreiung. Der „Dorn im Fleisch" war etwas äußerst Persönliches im Leben des Paulus, das ihm von Zeit zu Zeit Not machte, um ihn bei all seinen Offenbarungen und seinem Erfolg demütig und in seinem Dienst vom Herrn abhängig zu halten. Somit hat jeder Diener Gottes einen „Dorn im Fleisch", und er braucht ihn, um für Gott brauchbar erhalten zu werden. Aber das ist nicht das Kreuz.

„Lebenslasten" haben alle Menschen zu tragen. Es handelt sich dabei nicht um Verfehlungen. Es sind die Leiden, Versuchungen, Enttäuschungen und Niedergeschlagenheiten, die auf Kosten unserer Gliedschaft in einer sündhaften Menschheit und eines Lebens in einer sündhaften Welt gehen. Der Christ bleibt von den allgemeinen Mühseligkeiten des Lebens, die auf die Sünde im allgemeinen zurückgehen, nicht verschont. Er hat seinen Teil an Lebenslasten wie Krankheiten, Unfällen und Naturkatastrophen. Es gibt viele bedrückende

Dinge im Leben, und sie mögen uns tatsächlich niederdrücken, wenn wir nicht die notwendige Kraft finden, die uns hochhält und durchträgt.

Im Gegensatz zum „Dorn im Fleisch" und zu den „Lebenslasten" steht die Erfahrung des „Kreuztragens". Beachten wir die fünf Grundzüge des Kreuztragens:

(1) Kreuztragen geschieht freiwillig – „will mir jemand". (2) Kreuztragen ist eine kontinuierliche Sache – „täglich". (3) Kreuztragen gehört unbedingt zur Jüngerschaft – „Wer nicht sein Kreuz auf sich nimmt und folgt mir nach, kann nicht mein Jünger sein". (4) Kreuztragen liegt uns nicht von Natur aus, denn es hängt grundsätzlich mit Selbstverleugnung zusammen – „verleugne sich selbst". (5) Kreuztragen geschieht um Christi willen – „mein Jünger".

Larson zeigt unter Hinweis auf eine Studie von A. Friedrichsen, daß der Ausdruck „das Kreuz tragen" eine zeitgenössische Redewendung für „radikale gesellschaftliche Isolierung und Demütigung" war.[12]

Was immer darüber hinaus „Kreuztragen" einschließt, es beinhaltet auf jeden Fall solch eine freiwillige Identifizierung mit Christus, daß unsere ganze Liebe, Zeit, Hingabe, alle Talente und Kräfte ihm gehören und daß nichts und niemand sonst in unserem Leben etwas bedeutet außer Christus. Selbstinteresse, eigene Pläne, Vergnügen, Stellung und Verhältnisse müssen verleugnet werden. Das eigene Ich wird entthront und durch den Heiligen Geist gekreuzigt. Man nimmt die Disziplin, die Einschränkungen und die Abhängigkeit, die die Nachfolge nun einmal mit sich bringt, auf sich und ist bereit, dem Meister unter allen Umständen ungeachtet der Kosten zu folgen – und wenn es das Leben kosten sollte. Das bedeutet, das „Kreuz zu tragen". Hier stoßen wir auf die eigentliche Bedeutung der Jüngerschaft. Rutherford sagte, es gäbe Leute, die einen billigen Christus wollen – ohne das Kreuz – aber der Preis läßt sich nicht herunterhandeln. Das sind gewichtige Worte, die uns ins Innerste und Eigentliche einer Theologie der Jüngerschaft weisen. Hier begegnet uns eine Tiefe christlicher Erfahrung, die sich schwer ausleben läßt und einem nur sehr selten begegnet.

Ein Jünger Christi ist mehr als ein Gläubiger. Ein Jünger ist mehr als ein Schüler im landläufigen Sinn. Er ist auch mehr als ein Nachfolger oder Nachahmer Christi, mehr als ein heiliger Enthusiast Christi, ja mehr als einer, der in völliger Hingabe an Christus lebt. Ein Jünger ist eine Person, die an Jesus Christus glaubt und ein Leben der

[12] A.a.O., S. 44.

dauernden und bewußten Identifizierung mit Christi Leben, Sterben und Auferstehen führt, der sowohl in Worten als auch im Verhalten, in seiner ganzen Einstellung, seinen Beweggründen, seiner Zielsetzung voll und ganz sich Christi Herrschaft über seinem Leben bewußt ist, das Heilands- und Retterwerk Christi von ganzem Herzen freudig erfaßt, in der Herrschaft Christi seine ganze Freude findet und fortwährend in Christus bleibt und in ihm sein Vorbild, seine Kraft und sein Ziel hat. Und das alles mit der Absicht, Christus als seinen Herrn und Heiland zu verherrlichen. Im Leben der Jüngerschaft findet sich eine göttliche Fülle, die wir in keiner Weise einengen dürfen.

Wenn wir die obige Definition weiter verfolgen, kristallisieren sich folgende grundlegende Eigenschaften eines Jüngers heraus. Ein Jünger Jesu ist ein Gläubiger, der

1. ein Leben dauernder und bewußter *Identifizierung* mit Christus führt
   a) in seinem Leben, Sterben und Auferstehen,
   b) in Worten, Verhalten, Einstellungen, Beweggründen und Zielsetzungen.
2. sich des absoluten Besitzanspruches Christi über seinem Leben bewußt ist.
3. freudig das *Heilands- und Retterwerk* Christi erfaßt.
4. sich der *Herrschaft* Christi freut.
5. in der bleibenden und ihm innewohnenden *Kraft* Christi lebt.
6. nach dem vorgegebenen *Muster und Zweck* Christi.
7. mit der alles umfassenden Absicht, seinen Herrn und Heiland *zu verherrlichen.*

Damit haben wir Rettung und Heil, Hingabe, Befreiung, Krönung, Reichtum, Inhalt und Ziel.

Das biblische Verständnis christlicher Jüngerschaft muß immer so gelesen werden, daß es demütige Nachfolge, ständige Gemeinschaft, geheiligte Offenheit, uneingeschränkten Gehorsam, bereitwillige Unterwerfung, heldenhaften Glauben, harte Arbeit, selbstlosen Dienst, Selbstverleugnung, geduldiges Leiden, schmerzhaftes Opfer und Kreuztragen einschließt. Das ist nichts anderes, als daß das ganze Leben unter die Herrschaft Christi gestellt wird. Das ist nicht nur der Zweck, das ist die Fülle des Heils – Erlösung vom Selbst und Hingabe an Christus. Das ist die Berufung eines jeden Christen.

Allzuoft hat man allerdings christliche Jüngerschaft und tägliches Leben des Gläubigen getrennt. Dann machte man daraus eine große heroische Sache mit einem Überzug aus Heiligkeit und dachte nicht mehr daran, daß sie sich im täglichen Leben mit all seinen normalen Verpflichtungen und Verhältnissen verwirklichen muß.

Zweitens: Aus allen Nationen sind Jünger zu machen. Der Auftrag verbietet jeglichen Nationalismus, jegliches Volksdenken, jeden Partikularismus und Provinzialismus. Unser Herr denkt im Rahmen aller Nationen der Erde, ohne daß irgendeinem Volk ein Vorrang eingeräumt wird. Es gibt kein Ansehen der Person vor Gott. Christen müssen sich angewöhnen, übernational, überrassisch und überkulturell zu denken, wenn sie den Missionsauftrag Christi erfüllen wollen.

Diese Tatsache wird von Lukas in der Apostelgeschichte gut herausgearbeitet. Das Evangelium überschreitet in der Apostelgeschichte alle Grenzen und Hindernisse – gleich, ob geographisch, national, kulturell, sprachlich, religiös oder rassisch. Die Kirche in der Apostelgeschichte ist in der Tat multirassisch, übernational, multikulturell und umfaßt Menschen aus verschiedenen sozialen Schichten und Berufen. Während sich Evangelisation und Gemeindewachstum entlang von kulturellen und sozialen Verhältnissen entwickeln können, wurde die Kirche der Apostelgeschichte zu einem intersozialen und interkulturellen Organismus; das ist ein Idealbild, das die Kirche niemals aufgeben darf.

Drittens schließt Jüngermachen einen Prozeß christlichen Wachstums durch Gemeinschaft und Unterweisung ein. Christi Jünger stehen nicht einen Augenblick in der Isolierung und in einem lehrmäßigen Vakuum da. Zeit, Gemeinschaft und Unterweisung sind nicht nur wichtig – ohne sie geht es nicht.

Man muß sich in der Tat immer wieder vor Augen halten, daß Jüngerschaft mehr einem Weg als einem Ziel gleicht. Es gibt zwar in der Jüngerschaft Wachstum und Bewertung, aber keine verabsolutierten Jünger. Jüngerschaft ist eine dauernde Schule, die wohl von einem Grad zum andern, aber nie zum Abschluß führt. Somit sind sowohl die Anfänger wie der Mann der jahrelangen Erfahrung Jünger. Die Ideale einer abgeschlossenen Jüngerschaft liegen zu hoch. Niemand kann sie je vollkommen erreichen, genausowenig, wie es eine vollkommene und abgeschlossene Heiligung gibt. Jüngerschaft ist eine einzigartige, fortdauernde Erfahrung, ein Wachsen in der Gnade und in der Erkenntnis Jesu Christi.

Die Gemeinde auf den ersten Seiten der Apostelgeschichte ist dafür das gegebene Beispiel. Im Widerspruch zu vielen populären Vorstellungen muß gesagt werden, daß Pfingsten nicht sofort eine „Gemeinde des Zeugnisses" hervorbrachte. Von den Gläubigen wird in den ersten fünf Kapiteln nichts anderes festgehalten, als daß sie eifrig im Wort forschten, festhielten an der Gemeinschaft und am Brotbrechen, freigiebig opferten und aufs bereitwilligste beherbergten. Es sind die Apostel, die allem Anschein nach Zeugnis ablegen, unterweisen und verkündigen. Erst nachdem die jungen Christen im neuen Leben Fuß gefaßt haben, in der Lehre der Apostel und in der Gemeinschaft fest verankert sind, konnten sie in einer Welt des Widerstandes und der Gleichgültigkeit effektive Zeugen sein. Jünger wird man mit der Zeit.

Der Missionsbefehl nach Markus

Die historische Verankerung des Missionsbefehls. Ort und Zeit der Erscheinungen des auferstandenen Herrn lassen sich nur sehr schwer festlegen. Möglicherweise berichtet Markus eine der letzten Erscheinungen Jesu. Das Wort „zuletzt“ (16,14) könnte es andeuten. Die summarische Darstellung des Markus läßt eine genaue Zeitangabe kaum zu. Eines ist aber klar: der Missionsbefehl erging vom auferstandenen Herrn irgendwann während der 40 Tage zwischen Auferstehung und Himmelfahrt an die Jünger. Die besondere Akzentuierung des Missionsbefehls bei Markus ist nicht schwer zu finden. Das zeigt die Auslegung.

Der Aufbau des Missionsbefehls ist wie folgt:

1. Die Methode der Mission – Verkündigung.
2. Der Raum der Mission – die Welt.
3. Die Botschaft der Mission – das Evangelium.

Nach Markus ist die Missionsmethode die der mündlichen Verkündigung des Evangeliums von Jesus Christus. Es ist unsere Aufgabe, die Botschaft von der großen Freude, die allem Volke gilt, kundzumachen.

Den *Raum* und *Umfang* der Mission betont Markus besonders, indem er darauf dringt, daß die Verkündigung in der ganzen Welt und für „alle Kreatur“ geschehen soll.

Gott ist der Gott der ganzen Welt. Nirgendwo weicht die Bibel von der grundlegenden Wahrheit ab, daß Gott der Schöpfer des Universums und der Menschheit, daß er der einzige und absolute Gott, der lebendige und errettende Gott ist und daß sein Heil so weit reicht wie die Schöpfung, so tief wie die Not geht, so hoch ist, wie es seine Ehre verlangt.

Es liegt auf der Hand: Christus verpflichtet seine Gemeinde dazu, das Evangelium als Zeugnis in aller Welt zu verkündigen. Die ganze Erde ist der Raum der Mission, und die einzigen Grenzen, die der missionierenden Gemeinde gesetzt sind, sind die Grenzen der Erde. Das Evangelium muß allen Nationen kundgemacht werden; jeder

Stamm, jede Zunge muß es hören – so der ausdrückliche Wille des erhöhten Herrn. Wir dürfen nicht ruhen, bevor das erreicht ist.

Die „Botschaft" der Mission wird später besprochen.

Der Missionsbefehl nach Lukas

Die historische Verankerung des Missionsbefehls. Dem Zusammenhang nach gehört der lukanische Bericht vom Erlaß des Missionsbefehls in das Zusammentreffen Jesu mit seinen Jüngern am Osterabend hinein. Die Jünger hatten sich am Abend hinter verschlossenen Türen versammelt aus Furcht vor ihren Feinden. Seltsame Botschaften, die sie über verschiedene Personen erreichten, hatten sie staunend und fragend gemacht. Während sie unklare Erwartungen auf neues Licht, neue Hoffnung und neue Anweisungen hegten, sahen sie plötzlich den Herrn in ihrer Mitte.

Die Jünger befanden sich offenbar noch nicht in dem Zustand, in dem man verstandesmäßig viel aufnehmen und behalten kann. Sie waren enttäuscht und niedergeschlagen, ihre Affekte gelähmt, ihre Vorstellungen verwirrt, emotional und geistig verstört. Ihre Träume waren zunichte, ihre Hoffnungen geplatzt. Ihr Leben hatte Sinn, Richtung und Feuer verloren. Ihre Zukunftspläne waren wie eine Fata Morgana in nichts zerronnen. Sie sahen nichts als Feindschaft. Dahinein trat der Herr mit seinem Gruß: „Friede sei mit euch!"

Nachdem er sie geistig und emotional wieder ins Gleichgewicht gebracht hatte, entfaltete er vor ihnen sein Programm der Weltevangelisation.

Der Aufbau des Missionsbefehls ist wie folgt:

1. Die Offenbarungsgrundlage des Evangeliums – die Schrift: Das Gesetz Mose, die Propheten, die Psalmen.
2. Der Inhalt des Evangeliums – Tod und Auferstehung Christi.
3. Der Auftrag des Evangeliums – Buße und Vergebung der Sünden sollen gepredigt werden.
4. Die Reichweite des Evangeliums – unter allen Völkern.
5. Die Werkzeuge des Evangeliums – ihr seid Zeugen.
6. Die Dynamik des Evangeliums – die Verheißung des Vaters und der Heilige Geist.

Die Botschaft des Missionsbefehls. Lukas stellt den Auftrag Christi unter einem einzigartigen Blickwinkel dar. Es hat dem Heiligen Geist gefallen, durch Lukas insonderheit die Botschaft herauszustellen, die die Gemeinde in die Welt hineintragen soll.

Der christliche Glaube ist bis zu einem gewissen Grade ein Buchglaube. Der christliche Missionar nimmt ein Buch – die Bibel – mit sich. Er traut sich nicht, mit seiner eigenen Weisheit und seinen eigenen Erfindungen dem religiösen Hunger, den geistlichen und ethischen Nöten der Welt entgegenzutreten. Nicht einmal die Botschaft seiner eigenen „Begegnung" soll er hinaustragen. Seine Botschaft kommt direkt vom Herzen Gottes, wie sie in der Bibel offenbart und niedergeschrieben ist. Nachdem er die Botschaft der Bibel erfaßt hat, ihr glaubt und gehorcht, zieht er mit der Schrift hinaus, um das Wort Gottes zu verkündigen.

Der christliche Missionar richtet seine Botschaft besonders auf drei wichtige Fakten hin aus:

1. Daß Christus leiden und am dritten Tage von den Toten auferstehen mußte. Das ist die biblische Zusammenfassung des herrlichen Heils, das Gott für die Menschheit durch unseren Herrn und Heiland Jesus Christus bereitet hat. In der Apostelgeschichte und in den Briefen, besonders im Römerbrief und im Hebräerbrief, wird das weiter ausgeführt. Kreuz und Auferstehung Christi bleiben immer das Zentrum christlicher Verkündigung, da sich hier zeigt, was Gott für die Erlösung der Menschheit getan hat. Denn hier tritt die freie Gnade Gottes ans Licht, die objektive Seite des Heilswirkens Gottes in Christus.

2. Daß Buße und Vergebung der Sünden in seinem (Christi) Namen unter allen Völkern verkündigt werden muß. Das ist die subjektive Seite des Heils. Christus hat nicht nur etwas *für uns* getan, er steht nun bereit, etwas *in uns* zu tun. Er ist sowohl bevollmächtigt als auch bereit, uns die Sünden zu vergeben und uns von aller Ungerechtigkeit zu reinigen.

Die Lehre von der Vergebung der Sünden begegnet einem auf Schritt und Tritt in der Bibel; sie ist eine der grundlegendsten Lehren des christlichen Glaubens. Obwohl wir ihre ganze Tiefe und Weite niemals begreifen werden, ist es unser Vorrecht, Vergebung der Sünden zu erfahren und sie allen Völkern zu verkündigen. Abgesehen von dem, was sonst noch darin enthalten sein mag und was die Erfahrung der Vergebung uns gibt, steht fest, daß die Vergebung der Seele das Bewußtsein verleiht, unter dem Segen Gottes, in Freiheit und Gemeinschaft zu stehen. Ihr wird die Gewißheit, daß die Sünden weggenommen, die Seele gereinigt, die Persönlichkeit befreit und Gunst und Gemeinschaft mit Gott wiederhergestellt sind, zuteil.

Wir dürfen nicht vergessen, daß diese erfahrungsmäßige Seite des Heils nur aufgrund des Kreuzes und der Auferstehung Christi möglich ist. Das Subjektive gründet sich im Objektiven, Kreuz und Auferstehung bleiben das Fundament.

3. Die Schrift läßt keinen Zweifel daran, daß ein christliches Leben nur in der Kraft des Heiligen Geistes geführt werden kann. Die Bibel achtet die Schwierigkeiten, die dem Gläubigen und Jünger in dieser Christus und dem Glauben von Grund auf feindlichen Welt begegnen, keineswegs gering. Sie spricht in aller Freiheit von Leiden, Verfolgung, Nöten und Verleumdungen um Christi willen. Welt, Satan und Fleisch sind Todfeinde des Christen und Christi. Die in Aussicht stehenden Schwierigkeiten könnten den Christen erschrecken und entmutigen, gäbe es nicht den Heiligen Geist, der sich des einzelnen Gläubigen annimmt und der das Geheimnis seines Beharrens, seiner Bewahrung und seines Sieges ist. „Denn der in euch ist, ist größer, als der in der Welt ist" (1. Joh. 4,4).

Es ist unser Vorrecht, diese Botschaft in eine sündenbelastete, bedrückte und versklavte Welt zu tragen, in der Tat eine herrliche Botschaft.

Der Missionsbefehl nach Johannes

Die historische Verankerung des Missionsbefehls. Johannes erklärt, daß sich die Jünger am „selben Abend" (aller Wahrscheinlichkeit nach dem Auferstehungstag) versammelt hatten. Die Szene ist damit dieselbe wie bei Lukas. Johannes berichtet von einer Begegnung; Lukas stellt eine andere am selben Abend dar. Bei Johannes begegnet uns derselbe bekannte Gruß: „Friede sei mit euch!" Nachdem Jesus ihnen in handgreiflicher Weise seine Auferstehung bewiesen hatte und ihre Freude wiederhergestellt war, sandte sie Christus aus zu ihrem umfassendsten Dienst.

Die Gliederung des Missionsbefehls ist wie folgt:

1. Der Vergleichspunkt – „wie mich der Vater gesandt hat . . .".
2. Die Sendung – „so sende ich euch".
3. Die Ausrüstung – „nehmet hin den Heiligen Geist".
4. Der Auftrag – „vergebt Sünden".

Die Botschaft des Missionsbefehls. Johannes betont vor allem die geistliche Seite. Nach dem Friedensgruß und nachdem er ihnen die Wunden seiner Hände und seiner Seite gezeigt, ihnen allen Zweifel und alle Furcht genommen hatte, gebot der Herr seinen Jüngern, so in die Welt hinauszugehen, wie ihn selbst der Vater ausgesandt hatte. Das bedeutet insonderheit:

1. Die Sendung ist eine geistliche Identifikation der Jünger mit ihrem Herrn in dem Werk, das der Vater ihm übergeben hat: „Wie mich der Vater gesandt hat, so sende ich euch." Der Eindruck

könnte entstehen, daß Christus sich von seinem Werk zurückzieht und es an seine Jünger weitergibt. Aber darum kann es sich nicht handeln. Christus zog sich niemals von seinem Werk zurück und wird sich nicht zurückziehen, bis es vollendet ist, denn die Aufgabe der Weltevangelisation ist in gleicher Weise sein, wie es die der Welterlösung war. Die perfektische Aussage „mich gesandt hat" weist auf die bleibende Mission Christi hin.

Bischof Westcott legte eine ins einzelne gehende Studie über den johanneischen Gebrauch des Aorists und des Perfekts im Zusammenhang mit dem Verb „senden" an. Gleichzeitig untersuchte er den Gebrauch der beiden griechischen Worte, die mit „senden" übersetzt sind (*apostello* und *pempo*). In diesem Zusammenhang erklärt er: „Das allgemeine Ergebnis der Untersuchung läßt auf die Tatsache schließen, daß der Herr im Missionsbefehl seine eigene Sendung als die bleibende Sendung des Vaters hinstellt. Diese seine bleibende Sendung erfüllt er durch die Kirche. Seine Jünger empfangen keine neue Sendung, sondern führen die seinige aus – vgl. Matthäus 28,20 und Hebräer 3,1."[13]

An anderer Stelle schreibt Westcott:

> „Die Sendung Christi wird hier nicht in ihrer historischen Erfüllung gesehen (sandte), sondern es geht um das bleibende Element seines Werkes (gesandt hat). Die Sendung Christi setzt sich immer noch fort, wird weitergeführt und zeitigt immer noch Ergebnisse. Die Apostel wurden beauftragt, das Werk Christi weiterzuführen und nicht ein neues anzufangen. Ihr Amt ist die Anwendung und Fortsetzung seines Amtes gemäß den Bedürfnissen der Menschen."[14]

Dazu eine gute Beobachtung von Dr. Ellicott:

> „So wie Christus hier mit den Jüngern spricht, werden sie mit ihm identifiziert und in sein Versöhnungswerk mit hineingestellt. Er ist der große Apostel (Hebr. 3,1); sie sind Botschafter an Christi statt, denen der Dienst der Versöhnung übergeben ist (2. Kor. 5,18 ff.). Er steht im gleichen Verhältnis zum Vater, in dem sie zu ihm stehen. Er offenbart sich ihnen, und sie wiederum verkündigen seinen Namen der Welt. Sie verkündigen die Fülle der Liebe des Vaters, Frieden zwischen Gott und den Menschen, wie sie es in seinem Leben und in seinem Tod bezeugt sahen. Er und sie stehen im gleichen Verhältnis zu der Welt. Gerade jetzt versammelten sie sich hinter verschlossenen Türen aus Furcht vor den Juden, die sich über seinen Tod freuen. Aber wie er, so werden auch sie

13 B. F. Westcott, *The Gospel According to St. John* (Grand Rapids: Eerdmans, 1951), S. 298.

14 A.a.O., S. 298.

in diese Welt gesandt, die Welt, die sie hassen, verfolgen und töten wird, wie sie ihn gehaßt, verfolgt und getötet hat. Sie sollen Vergebung, Barmherzigkeit, Liebe und Friede verkündigen, wie er es jedem verkündigt hat, der sich nicht gegen ihn verhärtete. Und wie er in des Vaters Gegenwart, so werden sie in seiner Gegenwart die Kraft finden, die ihre Herzen immer im Frieden ruhen läßt (Joh. 14,27).“[15]

Es ist äußerst wichtig, zu erkennen, daß wir die Missionsarbeit nicht *für*, sondern *mit* Christus tun. Das steht im Einklang mit der Verheißung Christi: „Und siehe, ich bin *mit* euch alle Tage, bis an das Ende der Welt“ (Matth. 28,20). Markus drückt es im letzten Vers seines Evangeliums besonders anschaulich aus: „Sie aber gingen aus und predigten an allen Orten. Und der Herr wirkte *mit* ihnen und bekräftigte das Wort durch die mitfolgenden Zeichen.“ Paulus weiß auch darum, wenn er schreibt: „Wir sind Mitarbeiter Gottes“ (1. Kor. 3,9).

Die Jünger wurden aufgerufen, sich im Geist und in der Absicht mit ihrem Herrn und Heiland, seinem Heil und seiner Sendung zu identifizieren. In ihrem Leben soll Christus leben. In ihrer Sendung kommt Christi Sendung fortwährend zum Ausdruck, und ihre Sendung wird als die Sendung Christi vom Vater her erfahren. So wie Paulus von der Identifikation des Gläubigen mit Christus in der Rechtfertigung und im Leben und der Heiligung spricht, so spricht Johannes hier von der Identifikation des Gläubigen mit Christus in der Weltmission. Seine Schau, seine Motive, sein Mitleid, sein Zweck und sein Gehorsam drücken sich durch seine Jünger aus. Lyman Abbot beschreibt das so:

> „Dem Ausdruck *wie*, d. h. *in gleicher Weise wie (kathos)* muß seine ganze Kraft belassen werden. Schließlich ist es die gewichtigste und feierlichste Definition der Sendung der Jünger, die sich meines Erachtens im Neuen Testament findet. Sie steht im Einklang mit anderen Aussagen der Evangelien und der Briefe, daß nämlich Christus der Erstgeborene unter vielen Brüdern ist, und daß die, die seine Jünger sind, *in allen Dingen* seine Nachfolger sein sollen: wie er sollen sie *Lehrer der Wahrheit* sein; wie er sollen sie durch das göttliche Leben, das von oben her in ihnen ist, *Leben und Wesen Gottes* in dieser Welt sichtbar machen; wie er sollen sie *die Sünden anderer in ihrer eigenen Person tragen* und so das Leiden Christi anfüllen, das noch mangelt (Phil. 3,10; Kol. 1,24; 1. Petr. 4,12 – allerdings nicht stellvertretend oder versöhnend). Christus *läßt* seine Jünger nicht nur in der Welt, er *sendet*

[15] Charles John Ellicott, *Bible Commentary* (London: Marshall, o. J.), VI, S. 543.

sie in die Welt, so wie er gesandt war. Jeder Jünger ist im engeren Bereich ein Retter anderer und die gesamte Jüngerschaft soll der Leib des für immer lebenden, für immer fleischgewordenen, immer lehrenden und immer versöhnenden Herrn sein. Nicht also nur weil sie *allein gelassen* sind, sondern vielmehr, weil sie *ausgesandt* sind, sein Werk zum Abschluß zu bringen, bittet der Sohn den Vater, mit ihnen zu sein, wie er mit ihm, ihrem Herrn, in seiner irdischen Sendung gewesen war."[16]

2. Nur wenn sie im und durch den Heiligen Geist geschieht – „nehmet hin den Heiligen Geist" – ist die Sendung möglich und hat Aussicht auf Erfolg. Man suchte die verschiedensten Erklärungen dafür, daß der Herr die Jünger anblies, als er sagte: „Nehmet hin den Heiligen Geist!" Ich kann darin nicht lediglich eine Verheißung auf Pfingsten sehen, noch kann ich mich damit abfinden, daß die Jünger hier den Heiligen Geist, an Pfingsten aber die Kraft und die Gabe des Geistes empfangen haben sollen. Die erste These ist unrealistisch und die zweite zerteilt, was in der Schrift zusammengehört. Dazu nochmals L. Abbot:

> „Einerseits sind diese Worte nicht einfach als Verheißung der zukünftigen Gabe des Heiligen Geistes zu verstehen, denn es handelt sich um einen definitiven Imperativ, der sich auf das Jetzt bezieht, auf den Augenblick, in dem die Worte ausgesprochen werden. Andererseits lassen sie sich nicht auf verheißene Ankunft des Parakleten (Joh. 16,7) beziehen, denn die Gabe des Heiligen Geistes war jetzt, wo Jesus noch nicht verherrlicht war, noch nicht da (Joh. 7,39). Es kann sich also nur darum handeln, daß er ihnen ein Zeichen gab, das für die glaubenden Herzen eine Erstfrucht und Verbürgung dessen darstellte, was kommen sollte. Es handelt sich um einen sakramentalen Akt, bei dem mit dem äußeren und sichtbaren Zeichen die innere und geistliche Gnade da war."[17]

Es ist sowohl vernünftig als auch schriftgemäß, anzunehmen, daß Christus seinen Jüngern den Heiligen Geist in der der alttestamentlichen Ordnung entsprechenden Form mitteilte, um sie in die Lage zu versetzen, dem Druck der vorpfingstlichen Anfechtungen und Gefahren standzuhalten und in Jerusalem auf die Erfüllung der Verheißung des Vaters zu warten. Man wird doch nicht bezweifeln wollen, daß die Jünger die Gebetsgemeinschaften in menschlicher Kraft und menschlicher Erwartung nicht durchhalten konnten. Sie taten es in der gleichen Kraft, die die Heiligen des Alten Testaments befähigte,

[16] Lyman Abbot, *Illustrated Commentary on John* (New York: Barnes, 1879), S. 208.
[17] A.a.O., S. 208.

auf das Heil Gottes zu warten und als Volk Gottes zu leiden. Der gleiche Geist hatte die heiligen Propheten in die Lage versetzt, im Namen des Herrn zu reden und die Schriften des Alten Testamentes niederzuschreiben.

Hat man einmal das unterschiedliche Wirken des Heiligen Geistes vor und nach Pfingsten verstanden, ergibt diese Stelle keine weiteren Auslegungsschwierigkeiten mehr. So wie die Gläubigen jetzt den Heiligen Geist als Angeld der vollen zukünftigen Wirklichkeit empfangen, so empfingen die Jünger den Heiligen Geist als Angeld auf die Fülle dessen, was ihnen an Pfingsten zuteil werden sollte.

Nochmals muß allerdings darauf hingewiesen werden, daß die johanneische Stellung keineswegs eine dogmatische Aussage ist. Jesus macht hier den Jüngern klar, daß die Führung eines christlichen Lebens und insonderheit die Ausführung des Zeugenauftrages nur in und durch den Heiligen Geist möglich ist. So wie Christus selbst durch den Heiligen Geist lebte, redete, wirkte und starb, so muß es auch der Jünger tun. Ein geistliches Leben, ein geistlicher Dienst, ein geistlicher Kampf des Gläubigen läßt sich nur durch den Geist des Herrn verwirklichen.

Schon im Alten Testament liest man: „Es soll nicht durch Heer oder Kraft geschehen, sondern durch meinen Geist, spricht der Herr Zebaoth" (Sach. 4,6). Das Leben unseres Herrn war eine Illustration dieses göttlichen Grundsatzes; das gleiche gilt dann später für das Leben und das Wirken seiner Jünger. In welchem Umfang sich das verwirklichte, sieht man in der Apostelgeschichte, einem Buch, das man oft das Buch der Taten des Heiligen Geistes nannte.

3. Durch ihre Sendung werden die Jünger in den tiefsten geistlichen Konflikt hineingeführt, und gleichzeitig tun sie der Menschheit den größten Dienst. So erklärt der Herr: „Welchen ihr die Sünden erlasset, denen sind sie erlassen; und welchen ihr sie behaltet, denen sind sie behalten."

Ich weiß um die unterschiedlichen Erklärungen dieser Stelle und bin mir der übertriebenen Ansprüche bewußt, die man davon abgeleitet hat. Satan hat es nie versäumt, heilige Wahrheiten zu verdrehen und höchste Vorrechte in den Schmutz zu ziehen.

Sorgfältige Exegese der Stelle im Rahmen der gesamten Schriftaussagen führt zu der Überzeugung, daß die Jünger nicht die Vollmacht in gleicher Weise wie der Herr empfingen, Sünden zu vergeben. Solche Macht und solche Autorität steht Gott allein zu. Sie sollten den Dienst eines Mittlers übernehmen, denn ihnen war das Werk der Versöhnung anbefohlen. Sie hatten das hohe Privileg und die ernste Verantwortung, das Evangelium in aller Welt zu verkündigen und somit jedem Gläubigen und glaubenden Herzen die Möglichkeit nahezubringen, Vergebung der Sünden und Befreiung des Lebens zu erfahren. Der Schlüssel zum Himmelreich, der den Jüngern übergeben wird, ist nichts anderes als das Evangelium Christi. Das Evangelium muß allen Völkern verkündigt werden, denn ohne diese Botschaft läßt sich kein Weg der Befreiung finden. So großes Vertrauen bringen wir dem Evangelium entgegen, auf das wir uns als Gottes Weg zum Heil des Menschen stützen.

Somit hat die Kirche heute tatsächlich die Macht und Möglichkeit, Sünden zu vergeben und Sünden zu behalten. Durch ihre Treue in der Verkündigung des Evangeliums Jesu Christi wird vielen, die Buße tun und glauben, die Freude der Sündenvergebung zuteil. Aber wenn die Kirche sich dieser feierlichen Verpflichtung entzieht, wird sie die Menschen ihrer Sünde verhaften.

Damit ist die heilige und unübertreffliche Verantwortung der Gemeinde der Welt gegenüber umschrieben. Wenn die Gemeinde versagt und Gottes Weg der Sündenvergebung nicht verkündigt, wird es niemand sonst tun und die Welt wird in Sünden und damit in der Trennung von Gott und in den Banden des Bösen bleiben.

Weil die Kirche Gottes Werkzeug für die Verkündigung des Evangeliums ist, findet sie sich entweder von den Kräften des Bösen ernsthaft bekämpft oder sie steht in der Versuchung, sich in allerlei zweitrangige, dem Äußeren des Menschen dienliche Dinge abziehen zu lassen, die zwar in sich selbst gut sein mögen und dem Menschen auch nützen, aber die nicht den ureigentlichen Dienst der Kirche darstellen. Satan hat nie etwas gegen eine geschäftige Kirche, aber er haßt eine heilige, das Evangelium verkündigende Kirche, denn das Evangelium ist „die Kraft Gottes, die da selig macht alle, die daran glauben". Um es in den Worten Christi zu sagen: „Ihr sollt die Wahrheit erkennen und die Wahrheit wird euch frei machen." Allein im Evangelium von Jesus Christus liegt die Kraft, Menschen von ihrer Sünde zu befreien, ihr Leben freizusetzen, sie in die rechte Stellung vor Gott und in die Gemeinschaft mit Gott zu bringen.

Damit ist die geistliche Seite der Sendung umschrieben, wie sie sich bei Johannes findet. Die Durchführung der Mission verlangt unsere *Identifikation* mit dem Herrn in seiner Sendung, *Abhängigkeit* vom Heiligen Geist im Alltag der Mission und *Gründung* auf das Evangelium von Jesus Christus.

Zusammenfassung

So wie der Missionsbefehl von den vier Evangelisten dargestellt wird, stellt er eine umfassende und detaillierte Beschreibung des Missionsauftrages dar. Ich wiederhole nochmals, daß der Missionsbefehl weder alle Pflichten der Kirche in dieser Welt, noch die totale Sendung der Kirche beschreibt. Es geht in erster Linie um den Auftrag der Gemeinde in einer Welt von nicht kirchlich erfaßten Menschen, gleichgültig, wo und wer sie sind. Er ist die große Charta der Weltevangelisation, nicht aber ein Programm der Weltchristianisierung, ja, nicht einmal eine Beschreibung für den Gemeindeaufbau. Die Betonung liegt deshalb auf dem „Macht Jünger" und „Evangelisiert die Nationen". Diese beiden Imperative müssen ständig in Spannung zueinander gehalten werden, im rechten Ausgleich und in der historischen Perspektive, bis die ganze Welt die Gelegenheit gehabt hat, das Evangelium vom Heil Gottes in Jesus Christus zu hören.

Kirche und Mission

Der große *Imperativ* des Neuen Testamentes ist *Weltevangelisation:* „Das Evangelium muß zuerst allen Völkern verkündigt werden" (Mark. 13,10 – freie Übersetzung). Der Paraklet für die Ausführung dieser Aufgabe ist der Heilige Geist, während das von Gott erwählte Werkzeug für die Verkündigung die Gemeinde Jesu Christi ist. Das sind nüchterne, schriftgemäße Feststellungen.

Schon ein oberflächliches Lesen des Neuen Testaments überzeugt von der Wichtigkeit der Gemeinde in der gegenwärtigen Heilsordnung Gottes. Wir lesen, daß Christus die Gemeinde liebte und sich selbst für sie hingab. Wir stehen in der Gewißheit, daß er jetzt seine Gemeinde baut und daß er endlich „sie sich selbst darstellen wird als eine Gemeinde, die herrlich sei, die nicht habe einen Flecken oder Runzel oder etwas dergleichen, sondern daß sie heilig und unsträflich sei". Und das geschieht alles nach dem ewigen Vorsatz Gottes in Christus Jesus, unserem Herrn, in der Absicht, „daß jetzt kund würde in der Gemeinde den Mächten und Gewalten im Himmel die mannigfache Weisheit Gottes" (Eph. 5,25–27; 3,10–11).

Die Gemeinde ist Gottes erwähltes Geschlecht, ein königliches Priestertum, ein heiliges Volk, das Volk, das er sich zum Eigentum gemacht hat. Der Zweck dieser hohen Berufung ist der, daß die Gemeinde die Tugenden dessen aufzeigen sollte, der sie aus der Finsternis in sein wunderbares Licht gerufen hat. Die Kirche ist das bewußte Werk Jesu Christi, seine Schöpfung, sie ist der Leib Christi (seine sichtbare Darstellung) und der Tempel des Heiligen Geistes. Sie wurde an Pfingsten geschaffen, um als die Verkörperung des Heiligen Geistes zu dienen, damit Gott seine Absicht in dieser Welt hinausführen kann.

Um die wirren Vorstellungen über Kirche und Gemeinde ein klein wenig zu klären, untersuche ich zuerst in Kürze das Wesen der Gemeinde Jesu Christi von der Bibel her. Danach wenden wir uns der Missionsaufgabe der Kirche zu.

Die Gemeinde Jesu Christi

Die Mission ist der Kirche nicht übergestülpt, sondern Mission gehört zum Wesen der Gemeinde und sollte für sie so selbstverständlich sein, wie die Trauben die selbstverständliche Frucht der Reben sind, die am Weinstock bleiben. Die Mission folgt aus dem innersten Grund, dem Wesen, dem Beruf und dem Entwurf der Gemeinde. Was also ist diese Gemeinde?

Um das Wesen der Gemeinde vom biblischen Standpunkt aus zu definieren, müssen wir zunächst das Wort *Gemeinde* oder *Kirche* (ekklesia) untersuchen. In diese Untersuchung sind die Bilder, die das Wesen der Gemeinde umschreiben, und ihre verschiedenen Namen mit einzubeziehen.

Eine Untersuchung des Wortes „Gemeinde"

Das Neue Testament bedient sich des Wortes *ekklesia,* um das Wesen der Gemeinde herauszustellen. Das Wort selbst setzt sich zusammen aus *kaleo,* „rufen", und *ek,* „aus, heraus". Das zusammengesetzte Verb bedeutet demzufolge „herausrufen", und das Substantiv „die Herausgerufenen". Im neutestamentlichen Rahmen tendiert die Bedeutung mehr in Richtung auf „hinzurufen". Das Wort *ekklesia,* das immer einen positiven Ton hat, bezieht sich auf eine Versammlung von Leuten, die in einer bestimmten Beziehung zu Gott stehen und Gott gehorchen. Die negative Vorstellung des Aus-der-Welt-herausgerufen-seins wird nicht im gleichen Maße betont.

Im Blick auf die Bedeutung im klassischen Griechisch, in der Septuaginta und im Neuen Testament lassen sich aus der Wortbedeutung die folgenden wesentlichen Kennzeichen der *ekklesia* ableiten:

1. Sie war ein *herausgerufenes* und *hinzugerufenes* Volk.
2. Sie war ein Volk *besonderer Art.*
3. Sie war ein Volk, das *für einen besonderen Zweck* herausgerufen und zusammengerufen war.
4. Sie war ein Volk, das seine Angelegenheit nach den *Grundsätzen der Gleichheit und Bruderschaft* abwickelte.
5. Sie war ein Volk, das in *einzigartiger Beziehung zu Gott stand* (dieser neue Aspekt entstammt der Septuaginta und dem Neuen Testament – Apg. 7,38; Hebr. 2,12).

Wenden wir uns dem Neuen Testament zu, stellen wir fest, daß das Wort in dreifacher Bedeutung vorkommt.

1. Fünfmal erscheint es mit der Bedeutung, die es im klassischen Griechisch hat, nämlich als Versammlung. Zwei dieser fünf Vorkommen (Apg. 19,32.39.41; 7,38; Hebr. 2,12) folgen dem Gebrauch der Septuaginta und bezeichnen die Versammlung Israels (Apg. 7,38; Hebr. 2,12).

2. Der vorherrschende und grundlegende Gedanke der *ekklesia* ist der einer örtlichen Körperschaft, die sich nach den Grundsätzen der Bruderschaft zum Zweck der Verkündigung, der Gemeinschaft, der Anbetung und des Dienens aufbaut. Von den insgesamt 115 Vorkommnissen im Neuen Testament bezeichnen etwa 85 die Ortsgemeinde.
3. In einem besonderen Sinn gebraucht es Christus selbst (Matth. 16,18) und Paulus, wobei jedesmal der Gedanke der Gemeinde im idealen Sinn angesprochen ist, oft ist sogar an die universale Kirche gedacht, zu der alle Christusgläubigen gehören. In diesem Sinne gebraucht Paulus den Begriff wenigstens 12mal, die meisten Vorkommnisse sind im Epheser- und Kolosserbrief.

Eine Untersuchung der Bilder, die benutzt werden, um das Wesen der Gemeinde zu beschreiben

Die Bibel benutzt die folgenden Umschreibungen, um darzustellen, was die Gemeinde ihrem Wesen, ihrer Funktion, ihrem Verhältnis und ihrer Stellung nach ist:

1. Ein neuer Mensch (Eph. 2,14–15)
2. Der Leib Christi (Eph. 1,22–23; 5,30; 1. Kor. 12,27)
3. Der Tempel Gottes (Eph. 2,21.22; 1. Kor. 3,9.16; 1. Tim. 3,15; 1. Petr. 2,5)
4. Ein königliches Priestertum (1. Petr. 2,5.9; Offb. 1,6; 5,10)
5. Die Braut Christi (2. Kor. 11,2; Matth. 25,6)
6. Das Haus oder die Familie Gottes (Eph. 2,19)
7. Die Herde Gottes (Joh. 10,1–29; 1. Petr. 5,3–4; Hebr. 13,20; Apg. 20,28).

Verschiedentlich werden auch noch andere Umschreibungen hinzugezählt.

Die Namen der Gemeinde

Der Gemeinde Jesu Christi werden verschiedene Namen beigelegt, die ihre einzigartige Stellung anzeigen. Man nennt die Gemeinde:

1. Die Gemeinde Gottes (Apg. 20,28; 1. Kor. 1,2; 10,32; 11,22; 15,9; 1. Tim. 3,5; 1. Thess. 2,14).
2. Die Gemeinde des lebendigen Gottes (1. Tim. 3,15).
3. Die Gemeinde Christi (Röm. 16,16).
4. Die Gemeinde der Erstgeborenen (Hebr. 12,23).
5. Die Gemeinde der Heiligen (1. Kor. 14,33).

Dabei stellt sich heraus, daß sich das Wort *ekklesia* in erster Linie auf die örtliche Gemeinschaft der Gläubigen oder die Orts(kirchen)-gemeinde bezieht, daß die Bilder aber in erster Linie die universale Kirche oder die ideale Gemeinde, die Gemeinde Jesu Christi in ihrer Gesamtheit beschreiben. Es ist nicht zu empfehlen, den einen Gedanken auf Kosten des anderen überzubetonen. Wir müssen darüber hinaus festhalten, daß jedes der Symbole eine gewisse Beziehung oder Funktion unterstreicht, nicht aber die Organisation. Niemand kann die bildhaften Darstellungen der Gemeinde untersuchen, ohne von der Wahrheit der gegenseitigen Abhängigkeit zutiefst beeindruckt zu sein. Während die Bibel auf der einen Seite die Autonomie der Ortsgemeinde aufrechterhält, ist ihr eine *Unabhängigkeit* im absoluten Sinn des Wortes unbekannt. Im biblischen Sinne ist die Unabhängigkeit auf der einen Seite immer ausgeglichen durch die absolute *Abhängigkeit* vom Herrn und die *gegenseitige Abhängigkeit* der Gemeinden untereinander. Somit steht die Zusammenfassung von Ortsgemeinden in einer Denomination keineswegs im Widerspruch zur Bibel. Denominationen oder überörtliche Gemeindeverbände im Sinne einer größeren Gemeinschaft, einer engeren Zusammenarbeit, eines gegenseitigen Austausches und einer gegenseitigen Unterstützung der Gemeinden ist absolut im Sinne der Bibel und läßt sich ganz klar aus den bildlichen Darstellungen der Gemeinde herauslesen.

Definition der idealen Gemeinde im überörtlichen Sinn. Im Lichte des obigen Materials definiere ich die Gesamtgemeinde als Summe der Menschen, die durch das Evangelium Jesu Christi zu Gott gerufen, durch den Glauben in einem lebendigen Verhältnis mit Jesus Christus stehen und durch den Heiligen Geist in den Leib Christi hineingetaucht wurden. Sie ist der Tempel Gottes, dem der Heilige Geist innewohnt, der eine Bruderschaft und die Familie Gottes ist. Sie ist das Volk des Eigentums, das dem einzigartigen Vorsatz Gottes in dieser Zeit zu dienen hat, in der von Gott gegebenen Hoffnung, in kommenden Zeiten einen besonderen Platz in der Gegenwart des Herrn einzunehmen.

Definition der Ortsgemeinde. Die Ortsgemeinde ist die geordnete Zusammenfassung bekennender und getaufter Gläubiger, die sich aufgrund eines gemeinsamen Erlebens mit dem Herrn und gemeinsamer Überzeugungen vom Worte Gottes her durch ein gegenseitiges Verstehen verbunden wissen mit dem Zweck des gegenseitigen geistlichen Auferbauens und der Gemeinschaft. Sie versammeln sich gemäß dem Worte Gottes, führen ihre Gottesdienste in organisierter und ordentlicher Weise durch, verwalten die Sakramente und üben die Funktionen aus, die ihnen und ihrer Gemeinde nach dem Worte Gottes aufgetragen sind, und nehmen darüber hinaus noch andere Verantwortungen wahr, wie sie ihnen vor Gott und den Menschen als Pflicht erscheinen.

Die grundsätzlichen Wesenszüge einer biblischen Ortsgemeinde, wie sie funktional ihrem Wesen und Auftrag entsprechen, lassen sich wie folgt zusammenfassen:

Die Gemeinde ist die Versammlung getaufter Gläubiger.

Die Gemeinde ist eine geordnete Zusammenkunft von Gläubigen.

Die Gemeinde ist eine vereinigte Körperschaft von Gläubigen.

Die Gemeinde ist eine Bruderschaft von Gläubigen.

Die Gemeinde ist eine Gemeinschaft von Gläubigen, die sich an gewisse Disziplin und Ordnungen hält.

Die Gemeinde ist die Gemeinschaft der Gläubigen, die Zeugnis ablegt.

Die Gemeinde ist eine Gemeinschaft von Gläubigen, die das Evangelium verkündigt und sich zum Dienst bereitstellt.

Die Gemeinde ist eine Gemeinschaft von Gläubigen in der Anbetung.

Somit sind Anbetung, Gemeinschaft, Einigkeit, Bruderschaft, Jüngerschaft, Verkündigung, Zeugnis und Dienst die wesentlichen Grundzüge einer wahren und biblischen Ortsgemeinde.

Die zugrundeliegenden und damit richtungsweisenden Grundsätze. Ohne mich mit den praktischen Implikationen auseinanderzusetzen, muß ich kurz die zugrundeliegenden und richtungsweisenden Grundsätze herausstellen. Im Überblick folgendes:

1. Zunächst ist die Gemeinde eine göttliche Schöpfung. Sie ist weder das Produkt einer spontanen historischen Entwicklung, noch Konstruktion eines menschlichen Genies. Sie ist keine menschliche Erfindung und gehört nicht zu der normalen historischen Ordnung und zum Naturablauf. Auch hat sie sich nicht aus historischen Vorläufern entwickelt. Es handelt sich um ein fortdauerndes, dynamisches, absichtliches Geschehen, das einen Ursprung in dem entscheidenden und historischen Handeln Gottes an Pfingsten, d. h. im Kommen des Heiligen Geistes hat. Sie ist eine neue Schöpfung, wahrlich ein „Meisterstück“ Gottes (Eph. 2,10), in dem er die vielseitige Weisheit Gottes für die Mächte und Gewalten im Himmel offenbart (Eph. 3,10). Und das alles nach dem ewigen Vorsatz, den Gott ausgeführt hat in Christus Jesus, „unserem Herrn“ (Eph. 3,11).

2. An zweiter Stelle ist die Gemeinde in besonderer Weise Gottes Eigentum. Sie ist Gemeinde Gottes, Gemeinde Christi, Familie Gottes und Wohnung Gottes. Dabei ist der Genitiv von besonderer Bedeutung. A. Deißmann erklärt dazu:

„Es ist bis jetzt noch nicht allgemein erkannt worden, daß der paulinische Gebrauch des Genitives 'Jesu Christi' durch und durch einzigartig ist. Es gibt eine Anzahl Stellen, wo sich der Genitiv einfach nach der herkömmlichen Weise als 'Genitivus Subjektivus' und 'Genitivus Objektivus' grammatisch aufschließen läßt. Das späte Griechisch führte über diese beiden Genitive hinaus einen weiteren Genitiv, der manchmal eine ganz sonderbare Bedeutung hat und in gewissem Maße auf das Überleben einer sehr alten Form zurückzuführen ist. So ließe sich auch bei Paulus dieser Genitiv als eine besonders eigenartige Form isolieren, die man dann etwa als *'mystischen Genitiv'* bezeichnen könnte, da damit die mystische Gemeinschaft ausgedrückt wird. Die Genitivform 'Jesu Christi' ist dann im wesentlichen identisch mit 'in Christus'."[1]

Die mystisch-realistische Beziehung, die zwischen der Gemeinde und Jesus Christus besteht und diese durch Jesus Christus mit Gott, dem Vater, in Verbindung bringt, macht die Gemeinde im einzigartigen Sinn zu Gottes besonderem Eigentum. Das meint Petrus, wenn er schreibt: „Ihr seid . . . das Volk des Eigentums . . ." (1. Petr. 2,9). Paulus weist darauf hin, daß wir nicht uns selbst gehören, da wir teuer erkauft sind (1. Kor. 6,19–20). Keine der beiden Stellen läßt sich unter Beibehaltung ihrer Bedeutung auf Schöpfung und Welt anwenden.

Obwohl ich gerne zugebe, daß die ganze Schöpfung Gott gehört, muß ich auch daran festhalten, daß eine einzigartige Beziehung zwischen der Gemeinde und Gott besteht, der die Gemeinde zu seinem besonderen Eigentum gemacht hat. Die Welt ist nicht der Leib Christi oder die Wohnung Gottes in dem gleichen Sinn, wie das von der Gemeinde gesagt werden kann und muß.

3. Zum dritten steht die Kirche grundsätzlich in einer göttlichen Beziehung und übt eine göttliche Funktion aus. Mehr noch als mit idealistischen Konzepten und Strukturen muß die Gemeinde im Rahmen von Beziehungen und Dynamiken definiert werden. Das heißt nicht, daß die Gemeinde form- oder strukturlos wäre oder gar im Gegensatz zu gewissen Formen und Strukturen stünde. Aber sie gehören nicht zum eigentlichen Wesen der Gemeinde. Und auch wenn sie untrennbar mit der Gemeinde verbunden wären, wären sie doch nicht Teil ihrer selbst. Es ist niemals wahr gewesen und wird niemals wahr sein, daß da, wo der Bischof ist, die Gemeinde ist. Die Gemeinde ist nicht in erster Linie eine sichtbare, hierarchische, institu-

[1] Adolf Deißmann, *Paulus* (New York: Harper Torchbooks, 1957), S. 162–163 (deutscher Text Rückübersetzung aus dem Englischen).

tionelle Struktur; es ist ein lebendiger Organismus. Die Gemeinde ist in erster Linie ein göttlicher Vorsatz und nicht ein Strukturgebilde, sie ist kraftvolle Weisheit und nicht Institution, lebendige Gemeinschaft und nicht Hierarchie, dynamischer Idealismus und nicht eine klar definierte Konstitution, ein von Leben überfließender Organismus und nicht nur eine Summe geordneter Verhältnisse und Organisationsgebilde, sie ist vielmehr die Fleischwerdung des Sinnes, der Gedanken und des Willens Christi unter der Leitung Christi, und nicht das Ergebnis theologischer Formulierungen, philosophischer Systeme, Bekenntnisse und Glaubenssätze. Sie ist eine zweckgerichtete dynamische Existenz, lebendig und geordnet und mit einer ewigen Mission und Bestimmung ausgestattet.

4. Zum vierten ist die Gemeinde eine von Gott geordnete strukturierte Gesellschaft. Auf den ersten Blick widerspricht das dem vorigen Absatz. Doch das ist nicht der Fall. Es handelt sich lediglich um das zweite Wort, das mit dem ersten der oben dargestellten Wahrheit weder zu identifizieren noch zu vermischen ist. Nichtsdestoweniger handelt es sich dabei um einen wesentlichen Faktor biblischer Offenbarung. Die Gemeinde ist in ihrer Gegenständlichkeit der Tempel Gottes, eine göttliche Familie, ein königliches Priestertum, ein Leib, der in ordentlicher, aufeinander abgestimmter Art und Weise funktioniert. Jedes Bild der Gemeinde spricht von Ordnung und Plan. Paulus setzt Älteste und Bischöfe in den Gemeinden ein und übergibt ihnen besondere Verantwortung. Er befiehlt Titus, die Angelegenheiten der Gemeinden in Kreta zu ordnen. Timotheus erhielt Anweisungen, damit er weiß, wie er im Tempel Gottes zu wandeln hat (Tit. 1,5; 1. Tim. 3,15).

Man kann sich die Gemeinde als „strukturierte Gemeinschaft" (Rahner) oder als „geistliche Gemeinschaft" (Tillich) oder als „Gesellschaft der Entschlossenen" (Trueblood) denken. Was wir auch für eine Bezeichnung wählen werden, eine Gemeinde ist mehr als ein Konglomerat von Gläubigen oder eine lose zusammengehaltene Anzahl gläubiger Menschen oder eine gelegentliche Zusammenkunft des Volkes Gottes. Eine Gemeinde hat Form, Struktur, Gestalt, Ordnung.

Wir sind vielleicht überfordert, wenn es darum geht, die Form und Struktur abschließend zu definieren, noch sehen wir uns in der Lage, einen Plan zu entwerfen, dessen Formen und Strukturen für alle Zeiten und Kulturen genügen würde. Aber daran gibt es keinen Zweifel, daß kein Organismus ohne Form, Struktur und Organisation bestehen kann, ganz gleich, wie verschieden und anpassungsfähig die letztere sein mag.

Die *ekklesia* des Neuen Testamentes ist das Volk Gottes, das sich Gott als seine Marschtruppe, seine anbetende und ihm dienende Priesterschaft, Verkündiger und Boten gerufen hat. All das setzt eine gewisse Ordnung und Struktur voraus. Ohne sie ist weder Unterweisung, noch Aufbau, noch Disziplin, noch dauernde Gemeinschaft möglich.

Dynamik und Beweglichkeit auf der einen Seite und von Gott bestimmte Ordnung auf der anderen Seite müssen deshalb um des Wohles der Gemeinde, ihres Dienstes und Fortschrittes willen in biblischer Spannung zueinander gehalten werden.

Die Gemeinde und historischer Realismus

Das biblische Ideal der *ekklesia* Gottes, wie wir es oben darstellten, wird nicht immer in der sichtbaren Gemeinde greifbar sein. Zeit und Geschichte waren hart und schienen zu Zeiten die Kirche total zu unterdrücken, ja zu erdrücken, und nicht immer gelang es ihr, ohne Narben und ohne Verzerrungen daraus hervorzugehen. Allzuoft wurde Anpassung zum Lebensstil, statt Ausweg aus gewissen Situationen zu sein.

Obwohl die Geschichte der Gemeinde ein Wunder ihrer Bewahrung durch die Jahrhunderte ist und in einer feindlichen Welt nur dem göttlichen Ursprung, Plan und Ziel zugeschrieben werden kann, hinterließ der Einfluß der Zeit und des Raumes und die menschliche Sündhaftigkeit ihre Spuren. Historischer Realismus muß vom biblischen Idealismus unterschieden werden. Nie ist es möglich gewesen, die *ekklesia* Gottes mit der sichtbaren Kirche des Christentums gleichzusetzen, gleichgültig, ob es sich um die römisch-katholische, die griechisch-orthodoxe, die anglikanische oder eine der großen denominationalen Kirchen handelt, die ihren Ursprung in der protestantischen Reformation haben, ja nicht einmal die unabhängigen Kirchen können diesen Anspruch erheben. Die Spreu ist immer mit dem Weizen vermischt, und nicht selten drohte das „Unkraut" (theologische, ekklesiastische, soziale oder moralische Übel) die echten und göttlichen Pflanzen zu ersticken. Und obwohl Wellen der Erneuerung immer wieder über die Kirche hinweggeschwemmt sind, ist das Böse und Übel in ihr dennoch überwunden worden.

Das Versagen der menschlichen Führung. Es zählt zu den traurigen Fakten der Geschichte, daß die menschliche Führung der Kirche oft nicht fähig war, das wahre Wesen und den wahren Charakter der Gemeinde zu erkennen. Die Folge war, daß man mit der Gemeinde oft wie mit einer Institution, einer Körperschaft, einer Organisation, einer für weltliche Zwecke strukturierten Gesellschaft oder sogar wie mit einem Staat umsprang. Sie wurde, was ihren Zweck und ihre Sendung angeht, in die falsche Richtung geleitet und oft auch für rein soziale oder selbstsüchtige Zwecke mißbraucht. Im Licht der Geschichte betrachtet, muß zugegeben werden, daß die Kirche in ihrer sichtbaren und organisierten Form wenig Göttliches widerspiegelt. In vieler Hinsicht ist sie mit ihren Kathedralen, heiligen Gebäuden und Plätzen, Altären, Priesterschaft, Pfarrerschaft und Orden, Riten und Sakramenten, Bekenntnissen, Liturgien, Zeremonien, Reliquien, Feiertagen und Festen nichts anderes als die Darstellung religiöser Kräfte und Verkörperung irgendeiner Religion neben vielen anderen. Aus der Gemeinde wurde strukturiertes Christentum, eine alles umfassende und alles einschließende Größe, die kaum mehr ist als eine Gesellschaft für religiöse Praktiken. Spaltungen, Trennungen, weltliche Ambitionen, Herrschaftsgelüste, Herrenmentalität und Weltlichkeit charakterisieren oft die institutionalisierte Kirche und ihre Hierarchie. Obwohl Wellen der Erneuerung über Teile der Kirche hinweggingen, kann man nicht sagen, daß die Kirche in ihrer Gesamtheit es der neubelebenden Kraft des Heiligen Geistes zugestanden hätte, sie zu durchdringen, sie umzuformen, ja ihrem ganzen Leben und ihrem Dienst eine neue Richtung zu geben. Und wenn Wellen der Neubelebung von Gottes Gnade auf sie herabkamen, dann hat man sich ihnen entweder widersetzt, oder sie in eine andere Richtung gelenkt, oder sie in falsche Kanäle eingefangen, wie es mit der ökumenischen Bewegung und den charismatischen Erfahrungen der Fall ist. In der Tat, eine demütigende Geschichte.

Ihr großer Einfluß und ihre Leistung. Und trotzdem hat die Christenheit einen ganz großen Einfluß gehabt und einen äußerst hilfreichen Beitrag zum Wohl der Menschheit geleistet. Sie war kein Versager, wie könnte sie auch. Sie löste so viele noble Ambitionen, so viel selbstlosen Dienst und heroische Opferbereitschaft aus, schuf so viele menschenfreundliche Institutionen, philanthropische Bewegungen und eine weltweite Missionsbewegung zum Wohl der Menschheit, daß sie ohne Parallelen dasteht und von allein menschlicher Sicht nicht erklärt werden kann. Abgesehen davon, daß sie zahllosen Menschen ein zutiefst geistliches Erleben und zutiefst geistliche Werte vermittelte, hat sie die Kultur und die Wertvorstellungen der westlichen Welt, wo man sich der Botschaft am meisten im Glauben und Gehorsam öffnete, zutiefst berührt, umgeformt und bereichert. Ihr Einfluß bleibt unermeßlich. Niemand, der die verschiedenen Kulturen miteinander vergleicht, kann diese Tatsache leugnen. Die Bibel und die Christenheit haben dem Westen sein besonderes Gepräge gegeben.

Der treue Rest. Es bleibt aber auch wahr, daß der Herr immer seinen treuen Rest hatte, ein Volk, das durch Gottes Geist neu geboren worden war und sich dem Wort Gottes gehorsam erwies. Dieses Volk stellt die wahre *ekklesia* Gottes in dieser Welt dar. Echter christlicher Glaube überlebte immer inmitten eines Namenchristentums, und die wahre *ekklesia* Gottes hatte immer ihren Bestand im Rahmen der „Kirche". Weder Zeit, noch Umstände, noch Irrtümer innerhalb des Christentums gelang es, das wahre Leben und das wahre Licht vollkommen zu ersticken. Die *ekklesia* Gottes war und ist immer eine gegenwärtige und segensreiche Wirklichkeit. Sie setzte sich aus einzelnen Gläubigen innerhalb des breiten Stromes des Christentums zusammen. Dazu kommen gläubige Ortsgemeinden und sogar Denominationen, die dem Evangelium und dem Herrn Jesus Christus treu blieben. Das muß erkannt werden. Daraus darf man Mut schöpfen, und dafür sollte man dem Herrn danken. Unser Herr hatte immer seine „Siebentausend", die ihre Knie nicht vor Baal beugten. Einzelne Personen, Ortsgemeinden und einige Denominationen bleiben dem Evangelium, dem Vorsatz und der Absicht Gottes treu.

Diese evangelikalen Gemeinden und Denominationen kommen dem biblischen Ideal in seiner Absolutheit nicht immer nahe, noch ähneln sie einander allzusehr. Ihre äußere Form und ihre Strukturen mögen verschieden sein; jede hat ihre eigene Akzentuierung, ihre eigenen Charakteristika. Das mag aber im durch Zeit, Kultur, Psychologie und Tradition begrenzten menschlichen Erleben begründet sein und darf nicht auf die wahrhaftige Treue zur Bibel, auf den geistlichen Stand und das Verhältnis zum Herrn zurückgeführt werden. Wir sollten uns dadurch auch nicht allzusehr verwirren lassen. Gott braucht verschiedene Gefäße, um die Fülle seines Evangeliums zum Ausdruck zu bringen und auf die verschiedenen Völker dieser Welt mit seiner Botschaft einzuwirken.

Die heutigen Ideen und Bemühungen. Ökumenische Unternehmungen auf der einen Seite und eine Mentalität des Antiestablishments auf der anderen können uns heute sehr leicht blind für das machen, was in Gemeinden und Denominationen, die den „ein für allemal den Heiligen übergebenen" Glauben bewahren und verbreiten, echt und wahr ist. Muß es gesagt werden, daß die Bibel die ökumenischen Ambitionen und Pläne der Gegenwart nicht unterstützt? Aber genausowenig unterstützt sie eine Haltung des Antiestablishments, des Antidenominationalismus oder Antikirchentums, gleich welcher Art. Die Bibel ist *für* das Evangelium und *für* die Kirche und Gemeinde, die *für* das Evangelium ist. Der einzelne Gläubige, die evangelikale Gemeinde oder eine Gruppe gleichgesinnter Kirchen, die durch das Wort Gottes verbunden sind, mit gleichem Glauben und gleichem Erleben, gleicher biblischer Zielsetzung, gleichem geistlichen Zusammengehörigkeitsgefühl, mit gegenseitigem Verhältnis, die sich zugetan und untereinander verbunden sind – das sind die geschichtlichen Realitäten, die Gott benutzt und zu einem Licht der Welt und Salz der Erde macht. Das sind Gottes Kanäle für die Ausbreitung des Evangeliums von unserem Herrn Jesus Christus.

Es ist vielleicht nicht einfach, im Blick auf die Kirche biblischen Idealismus und historischen Realismus miteinander zu verbinden und zu harmonisieren, aber die *ekklesia* Gottes ist eine Segenswirklichkeit und Christus selbst garantiert ihren Triumph und ihre Vollendung (Matth. 16,18).

Die Missionsaufgabe der Gemeinde

Da die Kirche Gottes besondere Schöpfung, und nicht das Resultat eines natürlichen historischen Prozesses, und weil sie Gottes besonderes Eigentum durch Jesus Christus ist, darf man auch erwarten, daß sie um eines besonderen Zweckes und einer besonderen Sendung willen besteht.

Die Sendung und der Zweck der Kirche erschöpfen sich nicht in den allgemeinen Bewegungen der Geschichte. Es ist genauso gefährlich, ihre Sendung mit den verschiedenen Bewegungen und Ereignissen der Geschichte zu identifizieren, wie es ist, sie von ihnen zu isolieren. Die Gemeinde ist *in* der Geschichte, aber sie ist nicht *von* der Geschichte; sie ist *in* der Geschichte, und dennoch ist sie *abgesondert* von der Geschichte, ja *über* und *jenseits* der Geschichte. Sie führt ihre Sendung in der Geschichte durch, findet aber ihren Ursprung, ihren Unterhalt und ihre letzte Autorität, ihre tiefsten Motive, ihren eigentlichen Plan, ihren wahren Zweck, ihre höchste Bestimmung und ihr höchstes Ziel außerhalb und jenseits der Geschichte. Sie ist *in* der Zeit und dennoch ist sie *von* Ewigkeit. Sie ist *für* die Menschen und doch ist sie *von* Gott.

Damit ist Wesen und Aufgabe der Gemeinde als Realität und als Mysterium angesprochen. Während ihr Erscheinungsbild menschlich ist, ist ihr Wesen und ihr Grund übermenschlich; während ihr Handeln historisch ist, ist ihre Sendung überhistorisch, und gleiches gilt für ihren Zweck und ihr Ziel. Sie ist kein Rätsel, aber sie ist Geheimnis und Offenbarung. Ihr Plan, ihre Mission und ihr Zweck stellen ihre *Aufgabe* dar. Dieser müssen wir uns nun zuwenden und sie formulieren.

Die Aufgabe der Gemeinde allgemein

Der Bibelleser kommt sehr schnell zu der Überzeugung, daß die Verantwortung, die auf der Gemeinde ruht, in Ausmaß und Gewicht dem den Heiligen gegebenen Reichtum gleicht. Während das Joch sanft und die Bürde leicht ist, während der Weg im hellen Lichte liegt und die Kräfte im Überfluß vorhanden sind, ist die Aufgabe vielfältig und die Ansprüche und Forderungen radikal. Die Aufgabe der Gemeinde ist voller Glorie und dennoch eine Herausforderung; sie ist attraktiv und schreckt ab. Sie ist ein Werk in dem Herrn, das erquickt und erschöpft. Hier eine Definition zu finden, ist wahrlich nicht leicht.

Der verstorbene Henry C. Thiessen legt die Sendung der Kirche in sieben Sätzen nieder, die er dann weiter erläutert. Er sagt, der Zweck der Gemeinde ist es, „Gott zu verherrlichen, sich selbst aufzuerbauen, sich zu reinigen, ihre Glieder zu unterweisen, die Welt zu evangelisieren, als eine bewahrende und erleuchtende Kraft in der Welt zu wirken, alles Gute zu fördern".[2]

Das scheint eine faire Zusammenfassung biblischer Aussagen zu sein. Vom Neuen Testament her läßt sich erkennen, daß die Gemeinde in drei Richtungen handelt: *Nach oben* auf Gott zu in Anbetung und Gottesdienst zu seiner Verherrlichung; *nach innen* auf sich selbst zu zur Erbauung, Reinigung, Unterweisung und Zucht; *nach außen* auf die Welt zu zur Evangelisation und zum Dienst der Liebe. Im Rahmen unserer Erwägungen konzentrieren wir uns auf das Handeln nach außen.

Es ist wohl selbstverständlich, daß *Evangelisation* mehr die mündliche bzw. verbale Kommunikation der Guten Nachricht Gottes an die Menschen ist. Bei der *Diakonie* geht es um die Demonstration und Ausübung der praktischen Folgen des Evangeliums. Zum Evangelium gehört beides: Diakonie und Verkündigung. Wir müssen in unseren Tagen klar sehen, was Evangelisation in sich schließt und nach sich zieht.

2 Henry C. Thiessen, *Lectures in Systematic Theology* (Grand Rapids: Eerdmans, 1949), S. 432–436.

Ziemlich originell setzt Hugh Thomson Kerr die Akzente, wo sie hingehören:

> „Wir sind nicht gesandt, Soziologie zu predigen, sondern Erlösung; nicht Volkswirtschaft, sondern Evangelisation; nicht Reformen, sondern Erlösung; nicht Kultur, sondern Bekehrung; nicht Fortschritt, sondern Vergebung; nicht eine neue soziale Ordnung, sondern eine Neugeburt; nicht Revolution, sondern Wiedergeburt; nicht Erneuerung, sondern Erweckung; nicht Wiederbelebung, sondern eine neue Schöpfung; nicht Demokratie, sondern das Evangelium; nicht Zivilisation, sondern Christus; wir sind Botschafter, nicht Diplomaten.“[3]

Die Stoßrichtung des Neuen Testamentes

Wir befinden uns im Zentrum des Neuen Testamentes, wenn ich behaupte, daß die Hauptaufgabe der Gemeinde in verständlicher und effektiver Kommunikation einer göttlichen Botschaft an die Welt besteht, um Menschen durch den Glauben in ein lebendiges Verhältnis mit Christus zu bringen. Das Evangelium – die Gute Nachricht von Gott in Christus – ist Herz und Zentrum des christlichen Glaubens. Die Bewahrung und Erläuterung, die verständliche und überzeugende Kommunikation der Guten Nachricht mit der festen Absicht, Menschen zur Erkenntnis Christi als dem einzigen Heiland und zu einer absoluten Hingabe an ihn als Herrn zu führen, bleiben für immer höchste und erste Aufgabe der Kirche. Hier schlägt das Herz der christlichen Mission. Diese Betonung mag sich für eine aktivistische und irritierte Generation, der es mehr um soziale Aktionen als um die Verkündigung des Evangeliums geht, seltsam, altmodisch, unzeitgemäß und irrelevant anhören. Aber auch einer pietistischen Mentalität, der das *Christsein* das Wichtigste war, mag sie sonderbar erscheinen. Dennoch trifft diese Erklärung nach dem Neuen Testament das Zentrum, ist praktisch und relevant.

Die obige Akzentuierung verneint weder die Bedeutung sozialen Handelns, noch die Notwendigkeit christlicher Einflußnahme auf die Gesellschaft, noch die Tatsache, daß der Fortschritt der Zivilisation wünschenswert ist. Ganz gewiß sollten Christen Anteil nehmen an den sozialen Nöten und Kämpfen der Gesellschaft, und sie sollten mit aller Kraft dafür kämpfen, Versöhnung, Hilfe und Heilung der Menschheit herbeizuführen. Das soziale Wohl und der soziale Fortschritt sind bedeutend und wünschenswert. Aber all das ist nicht die

[3] Hugh Thomson Kerr: Quelle unbekannt.

Sendung der Gemeinde. Sie stehen auch nicht eigentlich im Blickpunkt des Neuen Testamentes. Im Neuen Testament ist christliche Sozialethik eine persönliche und nicht eine kirchliche Angelegenheit.

Es muß mit aller Klarheit festgehalten werden, daß das Neue Testament nicht eine Bekehrung der Welt zu Jesus Christus in dieser Zeit voraussieht. Die Worte unseres Herrn und seiner Apostel führen ganz klar zu der Folgerung, daß die Gemeinde ein „herausgesammeltes" Volk bleiben wird und somit bis zum Ende dieser Zeit eine Minorität darstellt. Was uns aber befohlen ist, ist, die Welt zu *evangelisieren* und das Evangelium jeder Kreatur zugänglich zu machen. *Und Evangelisation ist die verständliche, attraktive, relevante, zielbewußte und überzeugende Darlegung des Evangeliums.* Das bleibt der uns bestimmende Dienst und unsere ein für allemal festgelegte Stoßrichtung. Das ist unser oberster und erster Beruf.

Christliche Präsenz und christliche Proklamation. Es ist eine historische Tatsache, daß Gott Fleisch wurde, um den Menschen nahe zu kommen, sich in moralischer, sozialer und geistlicher Größe zu enthüllen und voll und ganz seine ewige Absicht der Errettung der Menschen durchzuführen. So vollkommen und irrtumslos die Wortoffenbarung des Alten Testaments war, konnte sie doch Gott dem Menschen nicht ganz und zufriedenstellend enthüllen, da die Aufnahmefähigkeit des Menschen begrenzt und abgestumpft ist. Die Sünde hatte den Verstand des Menschen besonders im Blick auf geistliche und ewige Dinge verdunkelt. Somit war die „christliche Präsenz" in der Fleischwerdung des Wortes eine Notwendigkeit und wurde eine Wirklichkeit. Immanuel, „Gott mit uns", ist nicht nur eine ewige und geistliche Idee, sondern wurde eine historische Realität. Das Wort ward Fleisch und wohnte unter uns.

Es genügt nicht, hier stehenzubleiben. Der biblische Inhalt und Zweck dieser Tatsache müssen herausgestellt werden. War die Inkarnation Selbstzweck? Was liegt hinter der Inkarnation und worauf zielt sie hin? Das muß nun mit allem Fleiß und aller Ehrlichkeit erfragt werden.

Christus ist der weiseste aller Philosophen. Er ist die Weisheit Gottes. Dennoch gründete er keine Philosophenschule. Christus ist der größte aller Gelehrten und Pädagogen. Dennoch baute er weder ein Erziehungs-, noch ein Ausbildungs- oder Schulsystem aus. Christus ist der größte Wohltäter und Philanthrope: dennoch gründete er keine Wohlfahrtsgesellschaft und keine philanthropischen Institutionen oder Stiftungen. Christus war „christliche Präsenz"; Freiheit, sozialer Aufstieg, Gleichheit, ethische Erneuerung und ökonomische Gerechtigkeit waren seine tiefsten Anliegen.

Dennoch gründete Christus weder Organisationen noch Institutionen, um seine Gedanken zu initiieren, zu propagieren oder in die Tat umzusetzen. Seine ganze Lebenskraft war dem einen Ziel gewidmet, den Menschen ein wahres Bild von Gott zu geben, und am Ende vergoß er sein Blut, um einen Weg zu bereiten, auf dem die Menschen zu Gott kommen können. Seine erste Aufgabe war es, eine Brücke zwischen Gott und den Menschen zu bauen und der Mittler zwischen dem heiligen Gott und den ruinierten Sündern zu werden.

„Christliche Präsenz", das Wort in Fleischesgestalt, ist eine historische Realität, aber es ist auch eine Realität, die ihrem Wesen und ihrer Art nach einzigartig ist. Christus hat sich nicht gegen die römischen Herren gewandt, gegen Sklaverei, gegen soziale und wirtschaftliche Ungerechtigkeit demonstriert, auch nicht für bürgerliche Rechte, höhere Löhne oder bessere Ausbildungsmöglichkeiten. Er war weder Aufrührer noch Sozialrevolutionär. Er hat niemandem das Recht gegeben, es in seinem Namen zu sein. Nicht in Aufruhr und nicht in Revolution, sondern in der Erlösung am Kreuz von Golgatha fand die Fleischwerdung ihren höchsten Ausdruck und ihre Vollendung. Golgatha wurde der alles krönende Augenblick, das alles vollendende Ereignis. „Christliche Präsenz?" Ja! Aber welcher Art? Und mit welchem Zweck?

Christus, der Lehrer und Prediger. Christus war unter seinen Zeitgenossen und Jüngern nicht als „christliche Präsenz" oder „göttliche Inkarnation" bekannt. Man kannte ihn als Lehrer und Prediger, der die großen geistlichen Wahrheiten, Gedanken und Vorbilder verkündigte. Er sagt von sich selbst: „Der Geist des Herrn ist bei mir, darum, weil er mich gesalbt hat, *zu verkündigen das Evangelium den Armen.* Er hat mich gesandt, *zu predigen* den Gefangenen, daß sie los sein sollen, und den Blinden, daß sie sehend werden, und den Zerschlagenen, daß sie frei und ledig sein sollen, *zu verkündigen* das Gnadenjahr des Herrn" (Luk. 4,18–19).

In den Evangelien wird Christus 48mal *Lehrer* genannt, und über 100mal wird sein Wirken als Lehren, Predigen und Evangelisieren beschrieben. Paulus bezeichnete sich als Prediger, Apostel und Lehrer. Damit wird die Wichtigkeit der verbalen Kommunikation der uns von Gott anvertrauten Botschaft betont.

Im Neuen Testament liegt der Ton auf der Evangelisation als Kommunikation der Botschaft Gottes – des Evangeliums –, die uns anvertraut ist. Über 140mal gebraucht das Neue Testament Worte wie *diaggello,* bekanntmachen, *kataggello,* feierlich verkündigen, *euaggelizo,* eine gute Botschaft, eine freudige Nachricht bringen, *laleo,* reden, sprechen, und *kerusso,* laut und öffentlich verkündigen, bekanntmachen, proklamieren.

Wir stehen heute in einer tiefgreifenden Debatte über die Bedeutung *christlicher Präsenz* gegenüber *christlicher Proklamation* bzw. verbaler Kommunikation. Letztlich ist es eine Debatte über Sinngebung und Prioritäten. Niemand, der an die Bibel glaubt, wird die Wichtigkeit *christlicher Präsenz* in Frage stellen, solange ihr ein biblischer Inhalt gegeben wird. Das Problem ist, daß heute *die christliche Präsenz* aus ihrem ursprünglichen biblischen Zusammenhang herausgenommen wird und man ihr in erster Linie einen sozialen, religiösen, wirtschaftlichen und politischen Inhalt gibt. Damit hat sie ihre wahre christliche Bedeutung und ihren wahren christlichen Inhalt verloren.

Die Frage ist nicht christliche Präsenz *oder* christliche Proklamation. Hier kann nicht mit Entweder-Oder entschieden werden. Es geht um ein Sowohl-als-auch. Gesandt zu sein *(apostello)* schließt unweigerlich Präsenz in sich, aber Präsenz ist nicht das Wichtigste, ist nicht Selbstzweck, sondern hat einen anderen Zweck. Die Apostel Jesu Christi waren nicht ausgesandt, um in der Welt *präsent* zu sein, sie waren Männer unter Order und mit einer Botschaft. Sie waren ausgesandt, das Evangelium ihres gelobten Herrn zu *verkündigen.* Diese Sendung führt notwendigerweise zu ihrer Präsenz, aber ihre Präsenz ist noch nicht ihre Sendung. Um Apostel im biblischen Sinn zu sein, wird es verlangt, daß man eine Botschaft verkündigt. Somit erschöpft *christliche Präsenz* nicht schon in sich selbst das biblische Konzept des Gesandtseins. Und genausowenig läßt man allein damit schon dem biblischen Konzept „Das-Wort-ward-Fleisch“ Gerechtigkeit widerfahren. Christus war mehr als bloße *Präsenz.*

Eine Spezifikation der Aufgabe der Gemeinde

Um das Ganze in den Griff zu bekommen, müssen wir die Aufgabe der Gemeinde so spezifisch wie irgend möglich definieren. Der Missionsbefehl, wie er in den vier Evangelien erscheint, ist die göttliche Charta der christlichen Mission. Während der Missionsbefehl die *Gesamtaufgabe* der Gemeinde *nicht* vollständig beschreibt – wir haben darauf schon hingewiesen –, legt er doch klar die Verantwortung der Gemeinde nach *außen hin* bzw. ihre Mission fest. Der Missionsbefehl sagt nichts über den nach oben gerichteten Dienst der Anbetung und berührt kaum die nach innen gerichteten Verantwortlichkeiten der Gemeinde. Nur im Blick auf den nach außen gerichteten Dienst der Gemeinde ist er klar und vollständig. Hierbei wird befohlen, definiert und abgegrenzt. Imperativ und Indikativ sind vorhanden. Er führt die voll ausgebaute Mission vor Augen, ohne aber damit die ganze Sendung zu beschreiben. Wir müssen uns nun dem Missionsbefehl nochmals zuwenden, um Orientierung, Autorität und Anweisungen zu finden. Er ist die „königliche Charta" der Mission.

Überblicken wir das im Missionsbefehl festgelegte Mandat, dann läßt sich die Aufgabe der Gemeinde in verschiedenen Sätzen umschreiben, die Durchführung und Zweck der Mission erfassen. Der Missionsbefehl stellt in aller Klarheit die Souveränität Christi heraus, geht jedesmal von der Einzigartigkeit, Finalität, Allgenügsamkeit, Absolutheit, Inklusivität, Exklusivität und Universalität des Evangeliums unseres Herrn Jesus Christus aus und verpflichtet seine Gemeinde zu folgendem:

1. Christus lebendig, verständlich, attraktiv, effektiv und überzeugend der Welt und den einzelnen Menschen als Heiland Gottes, souveränen Herrn des Universums und kommenden Richter der Menschheit vorzustellen.

2. Menschen zum Glauben an Jesus Christus zu führen, so daß sie Vergebung der Sünden und Neuheit des Lebens erfahren. Der Mensch muß von neuem geboren werden, wenn er das ewige Leben ererben und ewige Gemeinschaft mit Gott haben will.

3. Die Gläubigen durch die Taufe abzusondern und zu sammeln und sie in lebendige, christliche Gemeinden einzubringen. Christliche Gemeinschaft ist ein wesentlicher Teil des christlichen Lebens.

4. Die Gläubigen zu verwurzeln in der christlichen Lehre, in christlichen Grundsätzen und in der Praxis des christlichen Lebens, der christlichen Gemeinschaft und des christlichen Dienstes und sie alles zu lehren, was sie dazu bedürfen. Das ist die Unterweisung; das gehört zum Jünger-machen; das ist die Christianisierung des einzelnen.

5. Ihnen zu einem Leben im Heiligen Geist zu helfen. Da das christliche Leben mit übernatürlichen Gedanken und Forderungen zu tun hat, kann es nur in absoluter Abhängigkeit vom Heiligen Geist gelebt werden. Wenn das nicht frühzeitig erkannt wird, kommt es im Leben des Christen zu Frustrationen und zur Gleichgültigkeit, Apathie macht sich breit, oder man gewöhnt sich an ein unnormales bzw. unternormales christliches Leben. Das ist die Tragik, der sich zahllose Gläubige ausgesetzt sehen, sie haben keinerlei Hoffnung mehr, ein Leben auf der Höhe der biblischen Aussagen zu führen.

Der gesamte Zusammenhang und der allgemeine Ton der Bibel macht es von vorneherein klar, daß diese Aufgabe nur in der Kraft des Heiligen Geistes durchgeführt werden kann. Er ist der große

Superintendent, der Energielieferant und der Erhalter seiner Gemeinde. Die Aufgabe der Gemeinde ist letzten Endes eine übernatürliche Aufgabe, die übernatürliche Quellen erforderlich macht. Weil diese im Heiligen Geist zur Verfügung stehen, müssen wir uns ganz auf ihn stützen. Die Aufgabe der Gemeinde ist wunderbar, sie ist dringlich, einzigartig und doch äußerst anstrengend. Wir wagen es dennoch nicht, die Waffen zu strecken, sie zu vernachlässigen, sie zu verweltlichen oder zu popularisieren. Diese Aufgabe ist uns von Gott gestellt, kommt wie die Gemeinde selbst von Gott. Wir sind seine auserwählten Geschöpfe, sein besonderes Eigentum, und wir sind sein für eine besondere Aufgabe.

Wir müssen von der Sendung im allgemeinen zur Mission im besonderen übergehen, um Gottes Absicht zu erfüllen und in seiner Fülle zu leben.

Kirche und Mission

Die Missionsgeschichte der Kirche ist im großen und ganzen eine Geschichte großer Persönlichkeiten und der Missionsgesellschaften. Nur in Ausnahmefällen ist es eine Missionsgeschichte der Kirche. Das Stichwort unserer Tage, *die Kirche in ihrer Sendung,* ist ein recht spätes Nebenprodukt der christlichen Mission und ein spätes Erwachen des christlichen Gewissens.

Fünf Gründe scheinen für diese unglückliche und abnormale historische Entwicklung verantwortlich zu sein, die autonome missionslose Kirchen auf der einen Seite und autonome kirchenlose Missionsgesellschaften auf der anderen Seite hervorgebracht hat. Während die zuletzt genannten „Knechte" der Kirchen sein wollen, sind sie doch autonome, Gesetze erlassende, administrative Körperschaften mit unabhängiger Verfassung und somit auch in der Lage, unabhängig zu handeln. Wie läßt sich dieses Phänomen geschichtlich erklären?

Gründe für die historischen Abnormalitäten

Die Theologie der Reformation. Die protestantische Reformation im 16. Jahrhundert gab der Mission ihre Botschaft und entband eine geistliche, potentiell missionarische Dynamik, die schließlich zu einer kraftvollen Missionsbewegung wurde. Inwieweit im einzelnen sich das missionarische Vorbild und die direkte missionarische Motivation auf die großen Reformatoren zurückführen läßt, wird weiterhin umstritten bleiben. Auch nicht einer von ihnen war so blind, daß er die evangelistischen Implikationen des Evangeliums und des Heils nicht gesehen hätte. Alle scheinen jedoch von den unmittelbaren Aufgaben und Beanspruchungen ihrer Zeit so gefangen gewesen zu sein, daß sie nicht in der Lage waren, die Sache der Äußeren Mission systematisch und überzeugend darzulegen. Man findet paradoxe Aussagen, von denen sich sowohl positive wie auch negative Folgen ableiten lassen.

Man hat Luther als einen Mann verschrieen, dem jeglicher missionarischer Blick fehlte und bei dem der missionarische Gedanke nicht nur total abwesend war, sondern der seine Bedeutung auch noch ausdrücklich verneinte. Auf der anderen Seite hat man ihn als einen Mann mit größtem missionarischen Weitblick gepriesen. So hat man Lob und Tadel auf die Führer der Reformation gehäuft. In jüngeren Jahren hat man ernsthaft versucht, das Bild Luthers zu übermalen und ihn als Vorkämpfer der Mission zu porträtieren. Keine der Darstellungen überzeugt, wenn man die „Zitate" in ihrem größeren Zusammenhang sieht, den Zweck im Auge behält, dem sie eigentlich galten, und die Zeitumstände, die sie hervorriefen. Die Auseinandersetzung ist noch nicht abgeschlossen, sie sollte auch weitergehen. Die existentiellen, die kausalen und die zeitgeschichtlichen Methoden, mit denen man Luthers Leben, Theologie und Ethik aufarbeitet, machen es schwierig, in diesen Fragen dogmatisch zu sein und letztgültige Antworten zu geben.

Während wir auf der einen Seite die Reformatoren als wahrhaftig große Männer Gottes respektieren und ihnen so viel Gutes wie möglich unterstellen wollen, bleibt dennoch die eine Tatsache: Die Kirchen, die aus ihrer Arbeit hervorgingen, waren keine Missionskirchen im modernen Sinn des Wortes, und die Theologen, die ihnen folgten, und die für sich beanspruchen, ihre wahren Nachfolger und Interpreten zu sein, förderten weder den Missionsgedanken noch die Missionsmotivation. Eine negative Theologie dominierte in der offiziellen protestantischen Kirche für zwei Jahrhunderte nach der Reformation. Während einzelne noble Persönlichkeiten protestierten und aus dem Protest heraus auch handelten, wurde der missionarische Stillstand erst durch den deutschen Pietismus effektiv durchbrochen, und der folgenden Erweckungsbewegung gelang es, Teile der Kirche zu durchdringen und eine missionarische Stoßkraft zu entwickeln, die wenigstens die „Kirche in der Kirche" erfaßte.

Man darf dabei aber die Tatsache nicht übersehen, daß die Reformation den Menschen einen neuen geistlichen Blick, ein neues Ziel, eine neue Dynamik und eine neue Gemeinschaft gab, die, wenn auch erst nach langer Zeit, doch unweigerlich in einer weltweiten Missionsbewegung resultierten.

Das Verhältnis von Kirche und Staat. Aufgrund ihres nach neutestamentlichen Maßstäben inadäquaten Gemeindeverständnisses entwickelten die großen Reformatoren des 16. Jahrhunderts nicht eine freie Kirche in einem freien Staat. Sie bewahrten vielmehr das Konzept der Staatskirche und verfestigten es zunächst. Dadurch wurde die Kirche in vieler Hinsicht vom Staat abhängig, wobei das Finanzielle nicht gerade die geringste Rolle spielte. Während der Staat die Kirche in seinem Land finanzierte, standen für die Ausbreitung der Kirche in Missionsterritorien – abgesehen von wenigen Ausnahmen – keine Mittel zur Verfügung. Bevor die Gemeinde einen aktiven Anteil an der Mission haben konnte, mußte sie lernen, allein zu gehen und unabhängig von staatlicher Finanzierung, staatlicher Organisation und staatlicher Verwaltung auf eigenen Füßen zu stehen.

Die mangelnde Bereitschaft der Kirche, die Missionsaufgabe in Angriff zu nehmen. Es ist ein recht ernstes Urteil, wenn man sagt, die Kirche war nicht bereit, die Mission zu beginnen, aber man kann dies kaum in Abrede stellen. Das wird schon allein von der Tatsache unterstrichen, daß die meisten Missionen als Gesellschaften begannen, die nach dem Vorbild von Körperschaften aufgebaut waren, wobei einige sogar von ihren stimmberechtigten Mitgliedern jährlich Beiträge einzogen. Die Kirchen waren nicht bereit, die Verantwortungen für eine Ausweitung im großen Maße auf sich zu nehmen. Sucht man Gründe für diese Mangelerscheinung, dann stößt man auf einen geistlichen Tiefstand in den Kirchen, auf einen Mangel an geistlichem Leben und an geistlichen Ambitionen.

Das Mißverständnis, daß die Mission die Verantwortung einzelner und nicht der Gemeinden sei. Diese irrige Idee, die vor allem von Zwingli und seinen Nachfolgern vertreten wurde, wurde in den vergangenen Jahrzehnten nur langsam und zum Teil überwunden. Zwingli trat immer wieder dafür ein, daß die Mission die Angelegenheit besonders berufener Apostel sei und daß die Gemeinde als solche nichts mit der Mission zu tun habe. Diese Idee hat sich auf den Pietismus übertragen und wurde im westlichen Protestantismus weitgehend vorherrschend. Die Trägheit vieler Gemeinden und ihre Hilflosigkeit, wenn es darum geht, eine Missionsarbeit effektiv zu organisieren, einerseits, und der stark ausgeprägte und kräftige Individualismus einiger Führerpersönlichkeiten andererseits sorgen dafür, daß diese Haltung bis zum heutigen Tage überlebt.

Die Folge war, daß sich Einzelpersönlichkeiten dazu berufen wußten, in die Fußstapfen der Apostel zu treten und für Christus als Pioniere in Missionsländern zu wirken – unabhängig von Kirchen und unabhängig von der Anleitung oder Überwachung durch irgendwelche Gemeinden. So kam es, daß viele Kirchen und Gemeinden praktisch keinerlei Anteil und Einfluß auf die Mission hatten, während Individuen und kleine Gruppen innerhalb der Kirchen das Werk der Äußeren Mission aggressiv vorantrieben. Solche Abnormalitäten wurden in den großen Kirchen auf dem Kontinent und in England schließlich das Normale und das gängige Muster für die Missionsarbeit.

In den meisten amerikanischen Denominationen war das nicht der normale Gang der Dinge. In den Freikirchen Großbritanniens und des europäischen Kontinentes wurde diese Erscheinung nur allmählich und unvollständig überwunden. Das erklärt die Tatsache, daß die meisten alten britischen und kontinental-europäischen Missionsgesellschaften ursprünglich auf interdenominationaler Basis organisiert waren und nur in loser Verbindung mit den Kirchen und Denominationen standen. Nur langsam bewegten sie sich in Richtung auf eine Denomination zu. Organisationsformen, Arbeitsverordnungen und die Ausführung des Auftrages orientierten sich mehr an dem Vorbild von Handelsgesellschaften als an kirchlichen Körperschaften. Diese Entwicklung war äußerst unglücklich und wirkte sich wenigstens in dreifacher Weise negativ aus.

Erstens blieben viele besonders der größeren Kirchen passiv und nahmen keinen Anteil an der Mission.

Zweitens sahen die Missionsverwaltungen bald aus wie Handelskompanien, denn die Missionsgesellschaften wurden autonome Körperschaften, die neben den autonomen kirchlichen Körperschaften bestanden. Die Folge war eine Spaltung und ein Auseinanderwachsen in der Heimat.

Drittens waren die Gemeinden auf den Missionsfeldern auf eine Missionsgesellschaft bezogen, statt mit einer Mutter- oder Schwesterkirche in den aussendenden Ländern in Verbindung gebracht zu werden.

Stark ausgeprägte Persönlichkeiten wußten sich von Gott gerufen, aber waren für die kirchlichen Stellen und die bestehenden aussendenden Körperschaften nicht akzeptabel. Das lag entweder an ihrer Persönlichkeit oder an ihrem akademischen Ausbildungsstand bzw. ihrer mangelnden akademischen Ausbildung, oder an der Wahl des Arbeitsfeldes. Hudson Taylor z. B. wußte sich in das Innere Chinas gerufen, aber es gelang ihm nicht, auch nur eine der bestehenden Gesellschaften dazu zu bewegen, sich diesem Arbeitsfeld aktiv zu widmen. Rowland V. Bingham bat allen Ernstes darum, daß man ihn in das Innere des Sudans sende. Beide sahen sich gezwungen, neue Körperschaften zu gründen, um dem Ruf Gottes folgen zu können. Viele andere könnten hier angeführt werden. Das Resultat war immer dasselbe: neue Missionsgesellschaften wurden gegründet.

Im Laufe der Jahrzehnte vermehrten sich die aussendenden Körperschaften in solchem Maße, daß es heute fast unmöglich ist, sie noch alle anzuführen. Die Rechtfertigung dieses Wildwuchses muß der Geschichte überlassen werden.

In dem Maße, wie ein tieferes und reineres Kirchenverständnis entwickelt wurde, man innerhalb der Kirchen die Missionsverantwortung erkannte und auf den im wesentlichen missionarischen Charakter der neutestamentlichen Gemeinde aufmerksam wurde, überdachte man die ganze Frage der Missionsgesellschaften kritisch. Das Existenzrecht der geschichtlich gewachsenen Missionsgesellschaft wurde ernstlich in Frage gestellt und in nicht wenigen Fällen durchweg verneint. Heute heißt es: Mission ist Kirchensache und nicht Sache von Missionsgesellschaften. Die Spannungen wachsen weiter durch die problematischen Verhältnisse zwischen Missionsgesellschaften und jungen Gemeinden auf den Missionsfeldern. Die letzten möchten mit Kirchen Beziehungen aufbauen und nicht nur auf Missionsgesellschaften hin ausgerichtet sein. Somit setzt sich das Schlagwort durch, die Kirche ist Mission, was die Gesellschaften überflüssig erscheinen läßt.

Das ist die Situation, in der wir uns heute befinden und von der her wir uns nur aufs neue der Schrift zuwenden können. Obwohl ich mir der Tatsache bewußt bin, daß die Bibel uns keine vorgefertigten Antworten und letztgültigen Muster in diesen Fragen zur Verfügung stellt, ist doch die Anfrage berechtigt: Gibt es in der Bibel Richtlinien für diese entscheidenden Fragen? Gibt es nicht eine Möglichkeit, autonome Missionsgesellschaften und autonome Kirchen oder kirchliche Körperschaften zur Zufriedenheit beider Parteien in Verbindung miteinander zu bringen? Um diese Fragen zu beantworten, bedenken wir zunächst die Verantwortung der Kirche. An zweiter Stelle das Recht der Missionsgesellschaften. An dritter Stelle einige Möglichkeiten zur Regelung der Beziehungen zwischen Missionen und jungen Gemeinden.

Die neutestamentliche Gemeinde als die vermittelnde und sendende Stelle

Wenn wir von der sendenden Autorität sprechen, sind wir uns bewußt, daß die letzte Autorität der Sendung bei Christus liegt, der sagt: „Siehe, mir ist gegeben alle Gewalt im Himmel und auf Erden." Diese Autorität wird letztlich durch den Heiligen Geist ausgeübt und verwaltet. Die Apostelgeschichte läßt daran keinen Zweifel. Vom Neuen Testament läßt sich aber ableiten, daß die Kirche oder Ortsgemeinde die mittelbare Autorität der Sendung besitzt, so wie die Missionsgesellschaft zur mittelbaren sendenden Institution wird. Dem müssen wir uns nun zuwenden.

In unserer Betrachtung der neutestamentlichen Gemeinde als mittelbar sendende Autorität ist folgendes zu beachten: Die Zentralität der Gemeinde im Neuen Testament und ihr Verhältnis zum Herrn, der das Haupt der Gemeinde ist, die apostolische Sukzession der Gemeinde, das gegenseitige Verhältnis von der Autorität der Gemeinde auf der einen und der Priesterschaft aller Gläubigen auf der anderen Seite, was wiederum zu einer Betrachtung der Bedeutung der Handauflegung führt, und schließlich das Verhältnis einzelner Apostel zu den Gemeinden.

Die Zentralität der Gemeinde im Neuen Testament. Wir leben im Zeitalter der Gemeinde Jesu Christi, so wie das Alte Testament das Zeitalter Israels war. Schon beim oberflächlichen Lesen der Apostelgeschichte stößt man darauf, daß das Neue Testament die Gemeinde in den Mittelpunkt rückt. Allein die Tatsache, daß die Gemeinde 115mal erwähnt wird, ist ein Hinweis auf ihre Bedeutung. Dabei ist besonders auffällig, daß bei weitem die meisten dieser Hinweise sich auf die Ortsgemeinde beziehen. Darüber hinaus beobachtet man, daß die Ortsgemeinde die eigentliche Schöpfung Christi zur Entscheidung fast aller Fragen der Lehre, des Lebens, der Zucht und des Dienstes ist (vgl. 1. Kor. 12–14; Eph. 4,11–16). Die Gemeinde ist „das Haus Gottes", der „Pfeiler" und die „Grundfeste der Wahrheit" (1. Tim. 3,15). Gleichzeitig ist die Gemeinde die Manifestation der „mannigfaltigen Weisheit Gottes" (Eph. 3,10).

Es ist von höchster Bedeutung, daß Paulus erklärt: „Christus ist das Haupt der Gemeinde, die er als sein Leib erlöst hat", und „auch Christus hat die Gemeinde geliebt und hat sich selbst für sie gegeben" (Eph. 5,23.25). Dazu ist noch zu beachten, daß Paulus sich in seinen Leiden freut „und erstattet an seinem Fleische, was noch mangelt an Trübsalen Christi seinem Leib zugut, welcher ist die Gemeinde" (Kol. 1,24). Wo immer Paulus das Evangelium verkündigte, gründete er eine Gemeinde. Natürlich ging es nicht um eine Gemeinde um ihrer selbst willen. Paulus evangelisierte, um lebendige Zellen zu pflanzen, die wiederum zu evangelistischen Zentren in ihrer Stadt oder in ihrem Gebiet wurden.

Man steht sicher nicht außerhalb des Neuen Testamentes, wenn man von der Annahme ausgeht, daß die Ortsgemeinde der Gläubigen in einer besonderen Beziehung zu Christus steht und daß die Ortsgemeinde die mittelbar und autoritativ sendende Körperschaft der Missionare des Neuen Testamentes ist. Das ist ein wesentlicher biblischer Grundsatz, und wir wagen es nicht, ihn zu schwächen, ihn für gering anzusehen oder ihn gar zu verachten.

Die „apostolische Sukzession" der neutestamentlichen Gemeinden. Das Verständnis der „apostolischen Sukzession" war in der Kirchengeschichte vielumstritten. Es ist nicht unsere Absicht, die Für und Wider der ganzen Debatte nachzuvollziehen. Uns geht es aber darum, die Kontinuität der Verantwortung und des Dienstes aufzuzeigen. Dabei kann es wertvoll sein, den ganzen Begriff von drei Seiten her zu untersuchen. Im Neuen Testament findet sich einmal das Apostolat als Amt, das mit besonderer Vollmacht ausgestattet ist und eine bestimmte Position einnimmt. Daneben steht ein Apostolat als Funktion oder als Dienst. Das erste ist klar auf die Zwölf begrenzt, wozu noch Paulus und vielleicht Jakobus, der Bruder Christi, kommen (Gal. 1,19). Es endet mit dem Tod der ursprünglichen Amtsträger. Das zweite hat einen weiteren Rahmen und bleibt in der Gemeinde in Gestalt von Lehrern, Evangelisten und Missionaren auch dann erhalten, wenn die Zwölf und Paulus nicht mehr da sind. Somit ist es schwer, von einer apostolischen Sukzession zu reden. Aber es gibt eine Kontinuität der Verantwortung und des damit verbundenen Dienstes. Diese Kontinuität findet sich vor allen Dingen in der Gemeinde und nicht so sehr in irgendwelchen gemeindlichen Amtsträgern. Wir sehen deshalb die Gemeinde in der Reihe der apostolischen Sukzession. Diese Ansicht gründet sich auf fünf Tatsachen:

1. Für Paulus ist die Gemeinde „erbaut auf den Grund der Apostel und Propheten, da Jesus Christus der Eckstein ist" (Eph. 2,20). Diese Stelle hat es nicht mit Rechtfertigung oder Heil zu tun, denn im Blick auf die Rechtfertigung und das Heil stehen weder Apostel noch Propheten zwischen Christus und dem einzelnen Gläubigen. Wenn es um das Heil geht, ist Christus der direkte und unmittelbare Grund (1. Kor. 3,11). Das Heil hat Paulus in Epheser 1,3–2,10 besprochen und stellt dabei die Gläubigen in direkte Beziehung mit Christus. In der vorliegenden Stelle geht es um göttliche Ordnung für

die historische Sukzession und die Prioritätensetzung im Dienst und Werk Christi. Wenn es also überhaupt eine apostolische Sukzession gibt, dann geht die Sukzessionslinie vom Vater auf den Sohn, vom Sohn zu den Aposteln und von den Aposteln zu der Gemeinde. Das scheint die göttliche Ordnung zu sein, wie sie an dieser Stelle herausgestellt wird. Es ist die Gemeinde und nicht der einzelne Amtsträger, der in der apostolischen Sukzession steht.

Das historische Wort Cyprians: „Wo der Bischof ist, ist die Kirche“ findet in der biblischen Ordnung seine Umkehr: „Wo die Kirche ist, ist der Bischof“ (Aufseher), oder „es gibt keinen Bischof (Aufseher), wo es keine Kirche gibt“. Die Kirche macht den Bischof, und nicht der Bischof die Kirche. Die Kirche, die Gemeinde ist für Gott das Primäre. Auch wenn es in den menschlichen Organisationen nicht so ist, ändert das nichts daran.

2. Diese Ordnung steht vollkommen im Einklang damit, daß Christus das Haupt der Gemeinde und daß die Gemeinde der Leib Christi ist. Christus, der Bräutigam der Gemeinde, und die Gemeinde in Verbindung mit Christus ist „der Christus“ (vgl. 1. Kor. 12,12 im Grundtext).

3. Im Missionsbefehl nach Matthäus wird die Verantwortung der Christen dahingehend definiert, daß sie Jünger machen sollen. Das schließt Taufe und Unterweisung ein. Zweifellos galt dieser Auftrag ursprünglich den Aposteln. Aber wem ist der Mantel der Apostel zugefallen? Der Gemeinde oder dem einzelnen Christen? Allzuoft bezog man dieses Wort nur auf Einzelpersonen, um den Ruf Christi zur Mission zu Gehör zu bringen. Auch wenn dieser Aspekt nicht auszuschließen ist, so bleibt doch die Tatsache, daß Taufe und Unterweisung Aufgabe der Gemeinde ist. Allein schon die Praxis und die Anordnungen des Apostels Paulus sprechen dafür.

Als Schöpfung Gottes verwaltet die Gemeinde die Sakramente, und als Institution Gottes ist sie für die Unterweisung zuständig. Als Pfeiler und Grundfeste der Wahrheit fällt der Missionsbefehl vor allen Dingen ihr zu. Sie hat den Missionsbefehl von den Aposteln Christi geerbt und ist für seine Durchführung verantwortlich. Allzulange hat im Blick auf den Missionsbefehl ein pietistischer Individualismus Denken und Handeln des Protestantismus beherrscht, und die Kirche hat weitergeschlafen.

4. Daß diese Überlegungen berechtigt sind, zeigt sich daran, daß einige der „allgemeinen Apostel“, die die Schrift erwähnt, „Apostel der Gemeinden“ genannt werden. Das trifft z.B. auf Epaphroditus (Phil. 2,25) und auf die „Brüder“ von 2. Korinther 8,23 zu. Das ist bedeutsam. Während die Zwölf und Paulus Apostel Jesu Christi sind,

sind die anderen „Apostel der Gemeinde", d. h. sie erhalten Auftrag und Autorität von den Gemeinden. Die Gemeinde wird die Vermittlungsstelle Christi, die zu Aposteln macht. Wir tun wohl daran, diese biblische Ordnung zu beachten und zu respektieren.

5. Diese Ordnung wird dadurch symbolisiert, daß die Gemeinde dem Missionar die Hände auflegt. Der biblische Ritus der Handauflegung ist eine symbolische Handlung von tiefer geistlicher und soteriologischer Bedeutung. Bei der Ordination ist es ein Geschehen mit ernsten Konsequenzen sowohl für die Gemeinde als auch für den Empfänger. In diesem Zusammenhang weist diese Ordnung in wenigstens zwei Richtungen. Sie verdeutlicht die Priorität und Autorität der Gemeinde als mittelbare Sendungsstelle Gottes und stellt die Gemeinde als die verantwortliche missionarische Körperschaft dar, die ihren Platz und ihre Stellung in der Mission unter der Autorität Christi einnimmt.

Darüber hinaus bezeugt der Ritus die Bevollmächtigung, die Identifikation und die Schaffung eines Repräsentanten mittels Delegation. Durch diesen Ritus anerkennt die Gemeinde in aller Öffentlichkeit den Ruf Gottes. Sie schafft sich einen rechtmäßigen und verantwortlichen Repräsentanten, und sie erklärt ihre Identifikation mit diesem Repräsentanten in seinem Ruf und in seinem Dienst. In der Person des Ordinierten geht die Gemeinde stellvertretend ihrem Auftrag nach.

Durch die Handauflegung werden die Gemeinde und der einzelne Missionar in gemeinsamem Auftrag und gemeinsamer Verantwortung verbunden. Somit ist Handauflegung nicht nur ein Vorrecht und nicht nur ein Dienst; es ist die Ausübung einer Autorität und die Akzeptierung einer ungeheuren Verantwortung. Die Identifizierung der Gemeinde mit ihrem ausgesandten Repräsentanten ist allumfassend: lehrmäßig, geistlich, physisch und materiell. Hier wird ein rechtmäßiger Repräsentant geschaffen, der befähigt ist, als verantwortlicher Repräsentant der Gemeinde zu fungieren. Die Gemeinde erklärt sich deshalb durch die Handauflegung bereit, hinter ihm zu stehen und diese Repräsentation zu ermöglichen. Das umschließt die Gebete und die Finanzen, die für solch einen repräsentativen Dienst erforderlich sind.

Ich bin absolut überzeugt, daß die sorgfältige Ausübung dieses biblischen Grundsatzes durch die Gemeinden mehr dazutun könnte, die Moral unserer Missionare und den Nachwuchs an Missionskandidaten zu fördern, als viele andere Faktoren zusammengenommen. Wenn unsere jungen Männer und Frauen sich bewußt würden, daß ihre Gemeinde nicht nur mit ihnen, sondern in ihrer Person geht, mit ihnen steht, mit ihnen betet, mit ihnen opfert und sich für ihren Unterhalt verpflichtet, dann würde das eine unausweichliche Herausforderung. Hier ist die echte Gelegenheit, die echte Verantwortung und die echte Herausforderung für die Gemeinden und für ihre jungen Leute. Handauflegung ist nicht eine Gunst, die wir verteilen, sondern eine göttliche Autorität, die wir ausüben, und eine Verantwortung, die wir akzeptieren. Eine Gemeinde sollte es sich gründlich überlegen, bevor sie diese Handlung ausführt.

Das gleiche gilt aber für den, dem die Hände aufgelegt werden. Er anerkennt die Autorität der Gemeinde, die auf ihn delegiert wurde, identifiziert sich mit der Gemeinde, unterwirft sich ihren Anweisungen und der Zucht der Gemeinde und verpflichtet sich, ein wahrhaftiger und verantwortlicher Repräsentant der Gemeinde zu sein. Er handelt im Rahmen der lehrmäßigen Überzeugung und des Geistes der Gemeinde und ist sich der Tatsache bewußt, daß er ein Repräsentant sowohl seines Herrn als auch seiner Gemeinde ist, der gegenüber er sich zu verantworten hat. Irgendwelche Abweichungen können nur aufgrund eines gegenseitigen Verständnisses und Abkommens stattfinden.

Ein derartiges Verhältnis gegenseitiger Identifizierung und verläßlicher Repräsentation würde sicherlich für die Mission viel ausrichten. Es würde den Gemeinden, dem Missionar und der ganzen Arbeit förderlich sein. Die Gemeinde würde viel mehr in die Mission hineingenommen und der Missionar in gesunder und hilfreicher Weise mehr an die Gemeinde gebunden. Er wäre weder „unabhängig“ noch „verlassen“, hätte er doch eine Heimatgemeinde, die mit ihm „auf das Missionsfeld gekommen ist“, während die Gemeinde aktiv und repräsentativ aktiv in die Mission hineingenommen wäre. Wenn er vom Missionsfeld zurückkehrte, fände der Missionar eine Wohnung für seine Familie und einen Platz, an dem sein Leben bereichert würde, während er gleichzeitig für die Heimatgemeinde zur Bereicherung würde.

Das Priestertum der Gläubigen und die mittelbare Sendungsautorität der Gemeinde. Wir müssen vorsichtig sein, daß wir die oben erläuterte Wahrheit nicht absolutistisch verstehen und die Gemeinde als Organisation dergestalt zwischen Christus und den einzelnen Gläubigen stellen, daß das kostbare persönliche Verhältnis des Gläubigen zu Christus und das persönliche Priestertum des Gläubigen zerstört würden. Es wurde schon angedeutet, daß die Kette Christus-Gemeinde-einzelner Gläubiger nicht soteriologisch zu lesen ist. Als Autoritätslinie betrifft sie den Dienst, nicht das Heil. Doch auch das Priestertum des einzelnen Gläubigen darf nicht über die Gemeinde als dem mystischen Leib Christi oder als örtliche Versammlung der Gläubigen gestellt werden. Das eine ist so abträglich wie das andere.

Es begegnet uns hier wieder eine scheinbar paradoxe Aussage des Neuen Testaments, und nur eine geistliche Einstellung kann uns helfen, daß wir uns weder in Widersprüchen noch in Frustrationen totlaufen. Die örtliche Versammlung und der einzelne Gläubige gehören organisch zusammen. Sie müssen in Harmonie miteinander auskommen, wenn sich die biblische Wahrheit in ihrer Fülle manifestieren soll. Während es eine Leitungsautonomie der Ortsgemeinde gibt, gibt es keine Leitungsautonomie für den einzelnen Gläubigen. Genausowenig gibt es eine Leitungsautonomie für den einzelnen Missionar, soweit es um seinen Dienst geht. Der Missionar ist immer ein Gesandter, bleibt unter der Autorität der Gemeinde oder der Stelle, an die die Gemeinde ihre Verantwortung delegiert hat. Er ist immer nur Repräsentant einer Autorität, niemals die Autorität selbst. Die Autorität Christi scheint aber auf die örtliche Versammlung der Gläubigen delegiert und weitergegeben zu sein. Keiner lebt sich selber, und keiner ist sein eigenes Gesetz oder seine eigene Autorität.

Während der Ruf Christi direkt den einzelnen trifft und es somit eine direkte Sendung Christi gibt, muß festgehalten werden, daß eine geistlich gesinnte Gemeinde diesen Ruf entweder direkt oder indirekt wahrnehmen wird. Und ein demütiger und geistlich gesinnter Christ wird sich freudig der autoritativen Sendung und Beauftragung der örtlichen Versammlung, die der Repräsentant des Leibes Christi ist, unterwerfen und in einem verantwortungsbewußten Verhältnis zu der ihn sendenden Autorität bleiben. Genausowenig aber sollte die Gemeinde auch nur einen Moment zögern, um Missionare zu beten und zu erwarten, daß Männer und Frauen auf diesen Aufruf antworten (Matth. 9,38). Genausowenig ist es unbiblisch, persönlich auf junge Menschen zuzugehen, ihnen die Not vor Augen zu halten und sie zum Dienst in der Mission aufzufordern (Apg. 1,24–25; 6,2–3). Damit wird die Ortsgemeinde tief in die Mission hineingenommen und sie muß bereit sein zu sagen: „Siehe, wir sind mit dir."

Die absolute Notwendigkeit der Identifizierung der Ortsgemeinde mit ihren Missionaren kann nicht überbetont werden und ist äußerst fruchtbar.

Die Missionsgesellschaft als die sendende Stelle

Nachdem wir die These aufgestellt haben, daß die Gemeinde die von Gott berufene, vermittelnde und sendende Autorität hat, hat sich im Laufe der obigen Analyse und den daraus sich ergebenden Folgerungen die Frage gestellt: Haben die Missionen auf einer nicht schriftgemäßen Basis gehandelt, als sie besondere Aussendungsstellen ins Leben riefen? Haben sich die Missionsgesellschaften über die Gemeinden erhoben und sie ihres schriftgemäßen Vorrechtes beraubt? Können die Missionsgesellschaften ihre Existenz von der Schrift her begründen? Und können wir ihr Fortbestehen und ihren weiteren Dienst rechtfertigen?

Diese Fragen wollen sorgfältigst bedacht werden. Die Antwort darauf ist allerdings nicht allzuschwer zu finden. Während wir darauf bestehen, daß die Gemeinde die mittelbare Sendungsautorität hat, ist deren praktische Ausübung durch die Ortsgemeinde von den jeweiligen Umständen und Überzeugungen abhängig. Die Gemeinde kann diese Autorität direkt ausüben, kann sie aber auch delegieren, indem sie entweder eine eigene Sendungsstelle einrichtet – allgemein Missionsgesellschaft genannt – oder zu einer bestehenden Verbindung aufnimmt. Viele Gemeinden üben das ihnen zustehende Recht durch denominationale Stellen aus; andere ziehen eine interdenominationale Sendungsstelle vor; wieder andere, wenn auch wenige, entschließen sich, direkt als Sendungsstelle zu handeln. Da der Komplikationen heute so viele sind und die Mission so hohe Ansprüche stellt, scheint die letzte Methode weder ratsam noch praktikabel.

Das Glied einer achtbaren Missionsgesellschaft hat so viele Vorteile, die zudem noch so klar auf der Hand liegen, daß wir jungen Leuten nur raten können, sich mit einer missionarischen Sendungsstelle zu verbinden. Wer aber an diesem Punkt dogmatisch wird und dazu noch versucht, aus exegetisch biblischen Gründen das Alleinrecht der Missionsgesellschaften zu vertreten, geht über das hinaus, was die Schrift aussagt. Die Bibel gibt zwar einige weitgefaßte organisatorische Grundsätze, definiert aber kein organisatorisches Muster. Diese weitgefaßten Grundsätze erlauben aber sicherlich die Organisation von Missionsgesellschaften und rechtfertigen ihren weiteren Fortbestand.

Der Grundsatz der effektiven Organisation

Die Gemeinde hat sich bisher als spontan ausbreitende Körperschaft fortbewegt, ohne auf effektive Organisation zu achten. Diese Nachlässigkeit rief Schwierigkeiten hervor. In Apostelgeschichte 6 geht es nicht so sehr darum, ein neues Amt in der Gemeinde zu schaffen, als darum, wie man die Gemeinde so organisieren kann, daß sie in ihren Funktionen leistungsfähig und in ihren Diensten effektiv bleibt. Der Skopus des Textes ist nicht der der göttlichen Institution der Diakonie. Der Akzent liegt auf der Schaffung einer leistungsfähigen Organisation.

Dasselbe findet sich in 1. Korinther 12,4–13. 28–31. Die hier aufgezählten Dienste sind nicht notwendigerweise vollständig, sondern eine Illustration dafür, daß Gott qualifizierte Männer bereitstellt, die seine Gemeinde so effektiv leiten, wie es Zeit und Umstände verlangen. Auch die bildhaften Umschreibungen der Kirche als Leib Christi, Tempel Gottes, Bau Gottes, Haushalt Gottes und Priesterschaft Gottes verdeutlichen das. In jedem Fall besteht eine Ordnung. Klare Regeln und Grundsätze ordnen die inneren Verhältnisse so, daß alles reibungslos und effektiv funktioniert. Es gibt Zusammenarbeit, Koordination und Unterordnung. Es besteht eine Struktur. Man bedenke, daß die Gemeinde zwar ein Organismus ist, daß aber alle Organismen organisiert sind. Sie sind kein Chaos. Zwischen den verschiedenen Teilen muß eine Harmonie bestehen; es bedarf einer Struktur, eines Ausgleichs und einer Kraft. Organisation kann nicht an den Platz eines Organismus treten, steht aber auch nicht im Widerspruch dazu. Der Grundsatz einer in ihren Diensten auf Leistungsfähigkeit und Wirksamkeit ausgerichteten Organisation ist in der Bibel selbst verankert. Gerade in evangelikalen Kreisen muß das neu betont werden.

Die Grundsätze gemeinsamen Handelns oder der Zusammenschluß von Gemeinden zu gemeinsamem Handeln und gemeinsamem Dienst

Die Grundsätze gemeinsamen Handelns lassen sich besonders von Apostelgeschichte 15 her und von den oben angeführten Bildern für die Gemeinde her rechtfertigen. Der Unabhängigkeit der Ortsgemeinde steht die gegenseitige Abhängigkeit der Gemeindeglieder, wie sie sich in den Bildern des Leibes, des Tempels, des Baus, der Priesterschaft und des Haushaltes ausdrückt, gegenüber. Keine Ortsgemeinde ist der vollständige Leib oder Tempel, das ganze Gebäude, die ganze Priesterschaft oder der volle Haushalt. Keiner lebt sich selbst, nicht einmal die Ortsgemeinde. Die rechte Mobilisierung und Koordinierung unserer Unabhängigkeit ergibt eine Kraft, die zu einheitlichen Zielen und geeintem Handeln führt. Man kann das nicht oft genug betonen. Es gibt einen Individualismus, der sich nicht nur im einzelnen Christen behauptet, sondern auch die Unabhängigkeit und Autonomie der Ortsgemeinde und der individuellen Missionsorganisation absolut setzt.

Um der Kraft, um der Ordnung, um der Leistungsfähigkeit und um der Einheit willen geht es nicht ohne Organisation. Das gilt sogar für das Priestertum der Gläubigen.

Der Grundsatz der delegierten Autorität

Die Bibel kennt den Grundsatz der Delegation sehr wohl. Christus delegierte gewisse Aufgaben an seine Jünger, und seine Jünger delegierten verschiedene Dienste an andere (vgl. Matth. 10,1; Mark. 3,13–15; Apg. 6,6). Paulus hat viele Aufgaben delegiert, indem er Titus, Timotheus, Silvanus, Lukas oder andere Mitarbeiter mit besonderen Aufgaben zu Gemeinden und Städten sandte. Das Symbol der Übergabe, der Delegierung und der Identifizierung ist die Handauflegung, wie oben ausgeführt wurde. Die Gemeinde befindet sich somit innerhalb der biblischen Tradition, wenn sie die Aussendung und Leitung von Missionaren an Missionsgesellschaften delegiert, mit denen sie lehrmäßig übereinstimmt, den gleichen Zweck und den gleichen Auftrag verfolgt. Diese Delegierung entbindet aber die Gemeinde nicht von der Verantwortung der Fürsorge für ihre Missionare. Der Missionar bleibt in erster Linie Repräsentant der Gemeinde und nur in zweiter Linie der Missionsgesellschaft. Sie delegiert die Aussendung an eine Gesellschaft, mit der sie in Verbindung bleibt. Der Missionar bleibt ein rechtmäßiges Glied der Gemeinde, die er repräsentiert.

Der Grundsatz der selektiven Berufung

Wenn die Kirche als Körperschaft den Zweck und die Aufgabe Gottes nicht erfüllt, werden die Vorsätze Gottes nicht vereitelt, sondern er ruft sich Einzelpersönlichkeiten, die seinen Auftrag übernehmen. Dieser Grundsatz läßt sich sowohl in der Schrift als auch in der Geschichte überreichlich nachweisen. Ist nicht das der Grund für das Entstehen vieler Missionsgesellschaften? Nur äußerst wenige wurden im Rahmen von Kirchen oder Denominationen geboren, denn zum größten Teil sind sie das Werk einzelner Männer oder kleiner Gruppen, die getrieben waren von der Passion und dem Auftrag Christi.

Daß das der historische Hintergrund für das Werden der Missionsgesellschaften ist, wird nicht angezweifelt. Als die baptistischen Pfarrer Großbritanniens den Missionsaufruf William Careys nicht ernstnahmen, gründeten dreizehn gläubige Männer eine Gesellschaft, und das war der mutige Anfang der großen Pionier-Baptistenmission. In gleicher Weise entstand die London Missionary Society und Church Missionary Society. Die meisten der kontinental-europäischen Missionsgesellschaften entstanden dergestalt, daß ein Mann oder mehrere im Glauben an Gott und im Gehorsam gegen sein Wort sich zur Gründung entschlossen. Die Umstände der Zeit standen gegen dic Gemeinden und ließen sie sich um sich selbst drehen und in sich selbst abgeschlossen sein. So setzte sich das Prinzip einer stellvertretenden Ernennung durch, wurde sogar zum Prinzip der modernen Missionsbewegung und wurde letztlich eine Segensquelle, nachdem die Kirche versagt hatte.

Das ist die rechtmäßige Basis der sogenannten Glaubensmissionen. Ich nannte schon die China-Inland-Mission und die Sudan-Inland-Mission. Man könnte jetzt die Gründungsgeschichte vieler Missionsgesellschaften erzählen. Es besteht kein Zweifel daran, viele sind das direkte Ergebnis eines souveränen Aktes Gottes, der stellvertretend eine Ernennung vornahm, um da voranzukommen, wo die Kirche oder mit der Kirche in Verbindung stehende Körperschaften entweder versagt hatten oder Angst hatten.

Die Souveränität von Gottes stellvertretender Ernennung findet sich unauslöschlich in die Missionsgeschichte hineingeschrieben. Sie ist so greifbar wie seine Gnade und wie seine Treue.

Als die Menschheit sich weigerte, sich Gott zu unterwerfen, und sein Wort nicht mehr beachtete, erwählte er einen Mann, Abraham, und begann um der Welt willen mit ihm ein neues Werk. Als Israel – das Volk, die Priesterschaft und die Könige – versagte, berief Gott Propheten. Es gab weder eine prophetische Institution noch einen prophetischen Orden, aber Gott berief sich einen nach dem anderen. In all diesen Fällen handelt es sich um eine stellvertretende Ernennung.

Gott berief Johannes den Täufer, der zu seiner Zeit in keine bestehenden Ordnungen hineinpaßte. Er war eine einsame Stimme in der Wüste, aber er war Gottes Stimme. Und Gott richtete die Gemeinde auf, als Israel sich weigerte, seinen Auftrag anzunehmen, und wiederum Einzelpersönlichkeiten innerhalb der Gemeinde, als die Gemeinde in ihrer Ganzheit es nicht fertigbrachte, seinem Wort und seiner Absicht gemäß zu handeln.

Wer will es schon leugnen, daß es Gott war, der einen Luther, einen Calvin, einen John Knox, einen John Wesley, einen George Whitefield, einen Jonathan Edwards, einen William Carey, einen Hudson Taylor, einen Rowland Bingham und viele andere rief. Gottes Souveränität bringt man nicht durch menschliches Versagen, nicht einmal durch das Versagen der Gemeinde in Verlegenheit. Sie zwingt sich auch nicht stagnierenden Institutionen auf. Das Prinzip der stellvertretenden Ernennung und Bestellung ist biblisch und historisch verankert.

Die Gemeinde sollte sich das wohl merken: Der Herr, der die Gemeinde ins Leben rief, damit sie als mittelbare Sendungsautorität fungiere, ist ein souveräner Herr. Genauso wie es in seiner Autorität stand, zu erwählen und zu autorisieren, steht es in seiner Vollmacht, etwas zurückzunehmen und auf die Seite zu stellen. Er hat gewarnt (Offb. 3,14–22). Es führt zu nichts, dem souveränen Gott gegenüber zu argumentieren, wie die Juden es taten. Sie bestritten Gott das Recht, sie, das erwählte Volk, zu verwerfen und die Gemeinde als sein Instrument zu erwählen (Röm. 9–11). Die Kirche sollte endlich aufhören, Gottes Recht zu bestreiten, gewisse Institutionen und Missionsgesellschaften zu wählen, die scheinbar in eine menschlich strukturierte Situation nicht hineinpassen. Die Kirche sollte über ihr Versagen, ihren geistlichen Bankrott und ihren theologischen Abfall Buße tun. Gott kann ganz drastische Revolutionen herbeiführen, die niemand von uns vorhersagen und vorhersehen kann. Bis dahin wird er aber entweder seine Gemeinde gebrauchen oder Repräsentanten der Gemeinde, die sich mit ihm in seinem höchsten Ziel für dieses Zeitalter vereint wissen: Der Evangelisation der Welt und der Sammlung seiner Gemeinde. Wenn „reguläre und ideale" Kanäle versagen, wird Gott nicht frustriert, kann sich aber um seiner Ehre willen und zur Ausführung seiner Absichten neue Kanäle schaffen. Nicht die Kirche, Gott ist souverän. Die Schrift lehrt das in aller Klarheit, illustriert es in vielfältiger Weise und kündigt es an. Vor ihm stehen wir gedemütigt, bereit, ihm zu gehorchen, und beten ihn freudig an. Sein Plan wird hinausgeführt werden.

Aber nun noch eine Warnung. Das Prinzip der stellvertretenden Ernennung ist kein Freibrief für jedermann, über die Kirche zu Gericht zu sitzen und, wie es ihm gefällt, eine neue Organisation anzufangen. Ich weiß kaum, wie ich meine Gefühle im Zaum halten soll und meine Worte wählen, wenn ich in dieser Sache rede, da ich vor Angst zittere, daß ich der Sache Christi schaden könnte. Wenn man dennoch zur Vorsicht mahnt, hat man das Ausufern von Organisationen vor Augen. Man sehe doch, wieviel Personal allein schon ein Verwaltungsapparat in der Heimat festhält, nicht zu reden von den allgemeinen Verwaltungsausgaben, die dann wieder dem Volke Gottes angelastet werden. Wir können das nur dem Herrn zu Füßen legen und das Urteil der Geschichte abwarten, in der Hoffnung, daß letztlich eine gewisse Ernüchterung eintritt, alle persönlichen und historischen Hindernisse überwunden werden und eine Integration, Koordination und Verschmelzung stattfindet mit dem Zweck der größeren Leistungs- und Funktionsfähigkeit.

Schlußfolgerung

Die Bibel stellt uns lediglich die weitgreifenden Grundsätze zur Verfügung. Sie schweigt, wenn es um detaillierte Organisationspläne geht. Hier ist christliche Weisheit am Platz, die Kultur, Zweckmäßigkeit, Leistungsfähigkeit und Möglichkeiten mit in Betracht ziehen muß. Für mich ist es keine Frage, daß Zeit und Kultur bei uns Missionsorganisationen und Missionsgesellschaften erfordern. Gott hat Mittel und Wege, um solche Stellen zu erhalten und neue zu errichten. Er ist ein Gott der Ordnung, der Ordnung und Leistungsfähigkeit verlangt – auch in der Mission. Das erfordert Organisation unter Leitung des Heiligen Geistes, im Einklang mit dem kulturellen Standort, der heute mehr und mehr Spezialisierung bedingt. Und Gott hat bis zum heutigen Tag das Siegel seiner Zustimmung auf die Missionsgesellschaften gesetzt.

Es muß aber auch festgehalten werden, daß im Idealfall die Gemeinde und nicht die missionarische Sendungsstelle als solche die Autorität und Schöpfung Gottes zur Aussendung von Missionaren ist. Man hat vielleicht nicht zu Unrecht gesagt, daß die Sendung der Gemeinde der Gemeinde gehört und ihr nicht von Missionsgesellschaften vorenthalten werden darf. Die verschiedenen Missionsorganisationen sollten eigentlich eine Angelegenheit der Gemeinde, ein Werkzeug und Arm sein, mit dem sie sich ihrer Aufgabe effektiv entledigt. Die Missionsgesellschaften können die Gemeinde weder ersetzen noch verdrängen. Das gilt auch da, wo sie vielleicht den Ruf haben mag, anstelle der Gemeinde zu handeln.

Es ist deshalb von äußerster Wichtigkeit, daß zwischen Ortsgemeinde und Sendungsstelle das rechte Verhältnis besteht und erhalten wird. Gegenseitiger Respekt, gegenseitiges Vertrauen, gegenseitige Übereinstimmung und Treue müssen dieses Verhältnis charakterisieren.

Wenn wir uns unsrem Gegenstand wieder zuwenden, so läßt sich vielleicht wie folgt zusammenfassen: Solange man Missionare brauchen wird, solange es solche gibt, solange die Gemeinden und einzelne Persönlichkeiten einen missionarischen Blick und eine Passion für die Mission haben, so lange wird man missionarische Sendungsstellen benötigen. Aber Missionar, Ortsgemeinde und Missionsgesellschaft gehören organisch zusammen und müssen in einer harmonischen und kooperativen Weise zusammenfunktionieren, um das Werk Gottes zu fördern, gleichgültig, ob sie organisatorisch verbunden sind oder nicht. Das Verhältnis zwischen Heimat- und Sendungsstelle einerseits und der empfangenden Gemeinde auf den Missionsfeldern der Welt andererseits sind ein weiterer wichtiger Komplex.

Das Verhältnis Mission – Kirche

Missionsgesellschaften sind Institutionen – oder Zufälle der Geschichte –, die durch Gemeinden oder Einzelpersonen ins Leben gerufen wurden, um einer dringenden Notwendigkeit, der göttlichen Sendung in diese Welt, zu dienen. Sie haben eine enorme funktionale Bedeutung für das Weitergehen der Weltevangelisation und die Ausbreitung der Gemeinde. Es muß aber festgehalten werden, daß sie ihrem Ursprung nach nicht biblisch sind, denn sie sind nicht göttliche Institutionen auf gleicher Ebene wie die Gemeinden. Sie erhalten ihre historische und biblische Bedeutung von und durch die Sendung, die sie ausführen. Deshalb sind sie nicht notwendigerweise permanente Formen christlicher Manifestation.

Oben ging es mir darum, aufzuzeigen, daß die Mission eine begrenzte, aber eine bleibende Aufgabe ist. Ich trete dafür ein, daß, solange die Kirche lebendig und wachsam ist, und solange die Weltevangelisation eine geordnete Bewegung bleibt, es auch einen Platz für Missionsorganisationen und -gesellschaften geben wird.

Heute findet sich diese von Gott gesegnete Bewegung an einem Punkt, wo die Existenz der Missionsgesellschaften bedroht ist. In dem Maße, wie die Gemeinde immer umfassender wird, in dem Sinne, daß sie in jedem Lande vorhanden ist, wie der erwachende Nationalismus den nationalen Kirchen ein tiefes Bewußtsein ihrer eigenen Identität gibt, wie die nationalen Kirchen mehr und mehr an Erfahrung und Reife zunehmen, wie Vorstellungen und Philosophie des Sozialismus fast jede Stufe der Gesellschaft durchdringen und ihr Denken bestimmen, und wie auch das christliche Konzept der Bruderschaft, der Gegenseitigkeit und Gleichheit unser Bewußtsein prägt, ergeben sich zwei äußerst wichtige Fragen:

Erstens: Ist Zeit und Brauchbarkeit der Missionsgesellschaft abgelaufen – wenigstens im traditionellen Sinn? Ich unterstütze in jeder Hinsicht den Gedanken, daß der funktionale Aspekt der Gesellschaften neu überprüft werden muß und daß im Operationsbereich gewisse Veränderungen vorgenommen werden müssen. Es geht nicht ohne Anpassungen. Die Zeit wird ohnehin dahin führen. Aber solche funktionalen Veränderungen bedeuten nicht das Ende der Gesellschaften. Es ist mein Standpunkt, daß die Zeit der Missionsgesellschaft nicht abgelaufen ist und daß ihre Brauchbarkeit sich noch nicht erschöpft hat.

Zweitens: Welche Beziehung besteht zwischen den Missionsgesellschaften und den Kirchen, die sie unter den verschiedenen Völkern, in verschiedenen Ländern und Kulturen und unter den verschiedenen klimatischen Bedingungen gegründet haben? Obwohl es eine natürliche Frage ist, läßt sie sich nicht leicht beantworten. Auf der Suche nach Vorbildern, die das Verhältnis von Mission und Kirche bestimmen, haben die Historiker die Kirchengeschichte durchsucht, die Missionswissenschaftler gingen die Missionsgeschichte durch und die Exegeten überprüften aufs neue den biblischen Befund. Bis jetzt wurde kein allumfassend befriedigendes Konzept vorgetragen und es wurde noch kein allgültiges Muster entwickelt.

In Situationen, die fast zur Verzweiflung führen, hat man oft genug festgestellt, daß die Bibel keine spezifischen Muster für dieses Verhältnis zwischen Mission und Kirchen vorschreibt. Hier scheint Raum zu sein für geschichtliche Gegebenheiten, Umstände und menschliche Weisheit. Solche Aussagen müssen aber mit äußerster Vorsicht akzeptiert und dürfen nicht so verstanden werden, als ob die Bibel nicht entscheidende und bleibende Leitlinien für diesen Fragenkomplex anbieten würde. Es ist gewiß vernünftig, anzunehmen, daß der Herr der Mission und der Gemeinde das Volk Gottes nicht ohne Führung in solchen wichtigen Fragen gelassen hat. Und sollte man meinen, Paulus, der vorbildliche Baumeister vieler Kirchen und Missionen, hätte den Gemeinden und seinen Nachfolgern keinerlei Richtlinien hinterlassen?

Unser Problem muß es doch auch noch sonstwo gegeben haben. Die Mißlichkeit unserer Lage scheint durch unsere eigene Begrenzung und die historischen Entwicklungen bedingt zu sein und darf nicht auf einen Mangel an offenbarten Leitlinien zurückgeführt werden. Die Verständnisschwierigkeiten scheinen in unseren Blindstellen begründet zu sein.

Erstens: Das Verhältnis Kirche – Mission ist auf der Heimatseite so verschwommen, so wenig biblisch definiert, daß niemand es mehr klar verstehen kann. Die zwischen Kirche und Missionsgesellschaft bestehende Kluft ist eine völlig abnormale Entwicklung in der Geschichte der Kirche (siehe Abb. 3). Deshalb haben wir heute so viele missionslose Kirchen und so viele kirchenlose Missionsgesellschaften.

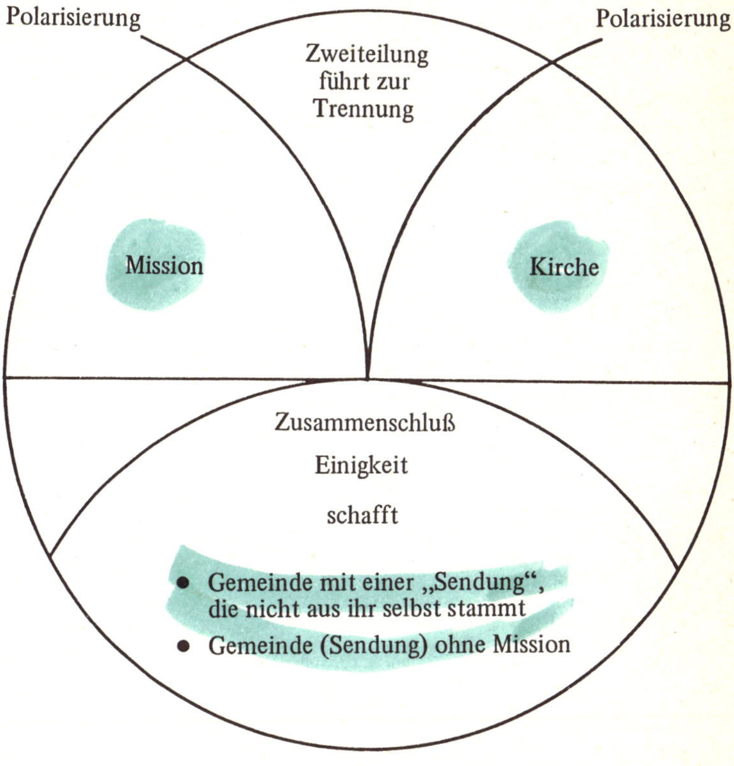

Abb. 3 Verhältnis Gemeinde – Mission

Aufgrund des gebrochenen Verhältnisses zwischen Gemeinden und Missionsgesellschaften in der Heimat und einer abnormalen Zweiteilung wird die Sachlage auf dem Missionsfeld nicht mehr in ihrem ganzen Umfang verstanden und leidet deshalb schon auf tiefster Ebene. Die Abnormalität in der Heimat (vielleicht das beste, was wir unter den gegebenen Umständen schaffen konnten) überträgt sich auf das Arbeitsfeld und reflektiert sich wieder in den Abnormalitäten und Spannungen der neuen Situation.

Zweitens werden Tiefe und Wesen der den Beziehungen zwischen Mission und Kirche zugrunde liegenden Fragen weder völlig verstanden noch konkret und realistisch genug angegangen. Sowohl Ideologien als auch Sentimente, Traditionen, Nationalismus (in der Mission und in der Kirche), Unreife, Unbeweglichkeit, organisatorische Identität und/oder organisatorische Vorherrschaft helfen alle dazu mit, die Probleme und das Dilemma weiter zu verwischen und mit Unklarheit zu umgeben. Nicht zuletzt tragen viele Missionare eine eigenartige Vorstellung von dem Einheimischsein der Kirche mit sich herum und versuchen sie in die Praxis umzusetzen.

Es ist sehr schwer, zum eigentlichen Kern der Sache vorzudringen und dic wirklichen Fragen und Spannungsherde im Gebiet von Mission und Kirche zu definieren. Dabei ist die Problematik von Mission zu Mission, von Kirche zu Kirche, von Volk zu Volk anders. Denominationale Missionen bzw. kirchliche Missionen sehen sich anders gearteten Problemen als interdenominationale oder nichtkirchliche Missionen gegenüber. Die Probleme in ehemaligen Kolonialgebieten sind nicht die gleichen wie in Ländern, die nicht vom Kolonialismus berührt wurden. Stammesgebiete sind wieder ganz anders als Stadtgemeinden. All das muß in Betracht gezogen werden.

Drittens erschweren viele Faktoren das Verständnis der in der Schrift niedergelegten Leitlinien. Zu diesen Faktoren zählen die Vielfalt der missionarischen und kirchlichen Organisationen: Herkunft und Ausbildung des Missionars, sein Verhältnis zur Heimatgemeinde und sein Gemeindeverständnis, frühere Arbeitsweisen auf dem Missionsfeld, wie sie von verschiedenen Missionen und Missionaren eingeführt wurden, und schließlich die bindungsscheue Mentalität zahlreicher Missionare. Zusammen ergeben diese Blindstellen solch hohe Hindernisse, daß es dem Heiligen Geist schwer fällt, uns auf seinen Weg zu leiten. Nur ein göttlicher Durchbruch in Mission und Kirchen kann uns durch diesen Nebel, den Geschichte, Psychologie und eine verwirrte Missiologie über uns gebracht haben, hindurchführen. In dieser Lage wollen wir uns dem Apostel Paulus zuwenden und einige seiner Leitlinien betrachten.

Paulus spricht von sich selbst als dem weisen Baumeister (1. Kor. 3,10). Es gilt zu erkennen, daß die *missionarischen Grundsätze* des Paulus offenbarungsbezogen waren und deshalb für alle Zeiten normativ bleiben. Gleich wichtig ist aber, seine Grundsätze von seiner *missionarischen Praxis* und *seinen Gewohnheiten* zu unterscheiden. Diese sind nicht notwendigerweise für alle Zeiten und Völker normativ, ja sie sind kulturbezogen und deshalb relativ. Paulus war kreativ, flexibel und anpassungsfähig und deshalb auch menschen- und kulturbezogen, wie er selbst in 1. Korinther 9,19–23 erklärt. Demzufolge findet sich im Handeln des Paulus sowohl eine konstante als auch eine variable Linie. In seinem Missionsdienst blieben sich seine Botschaft, sein Ziel und seine Grundsätze immer gleich, aber Methoden, Praktiken und Gewohnheiten konnten wechseln. Seine tiefsten Anliegen waren das Evangelium und die Menschen; Formen, Methoden, Gewohnheiten und Strukturen standen in zweiter Linie. Die Beziehungen zwischen Kirchen und Mission sind auf jeden Fall ein Teil der missionarischen Grundsätze. Deshalb schauen wir zurecht auf Paulus und in die Schrift und suchen dort in diesen wichtigen und dringenden Fragen Hilfe und Auskunft.

Das Verhältnis zwischen Missionar und Kirche bei Paulus

Paulus faßt sein Verhältnis als Missionar zu den Kirchen in dem kurzen, bedeutungsvollen Satz zusammen: „Eure Gemeinschaft *(koinonia)* am Evangelium vom ersten Tage an bis hierher" (Phil. 1,5). Eng verwandt ist Römer 15,24, wo Paulus seiner Erwartung Ausdruck gibt, daß die Gemeinde in Rom ihn mit Gaben und Mitarbeitern ausgestattet nach Spanien weitersenden wird. Der Schlüssel für unsere Untersuchung ist das Wort *koinonia,* ein sehr schönes Wort, ein Begriff, der eine Fülle von Bedeutungen in sich trägt. Thayer übersetzt ihn als Gemeinschaft, Gesellschaft, Gemeinde, Kommunion, gemeinsame Anteilnahme, Verbindung. Vine gibt Partnerschaft, Partner, Teilhaber, Gemeinschaft, Verbindung und Beitrag an. Benseler deutet ihn als Gemeinschaft, Anteil, Teilnahme, Verbindung, Vereinigung, Umgang. William Barclay spricht davon als Anteil geben an der Freundschaft, praktisches Mitteilen mit dem weniger Glücklichen und Partnerschaft im Werk Christi.

Im Philipperbrief gebraucht Paulus das Wort *koinonia* viermal: Gemeinschaft am Evangelium (1,5), Gemeinschaft des Geistes (2,1), Gemeinschaft seiner Leiden (3,10), Gemeinschaft der Bedrängnis (4,14). In 4,15 wird ein verwandtes Wort herangezogen, um die Tatsache der finanziellen Anteilhabe und das finanzielle Mittragen am Leben und Dienst des Paulus zum Ausdruck zu bringen. Die Fülle des Begriffes *koinonia* zeigt sich erst, wenn man seinem Gebrauch im Neuen Testament, besonders im paulinischen Wortschatz nachgeht. Deshalb spricht Vincent von unserer Stelle als von „sympathischer Anteilnahme". Wuest übersetzt: „Eure gemeinsame Anteilnahme (mit mir) in der Förderung der Guten Nachricht." Und eine andere Übersetzung des Neuen Testamentes (Amplified New Testament) überträgt die Stelle: „Eure freundliche Mitarbeit und eure Beiträge, eure Partnerschaft im Vorantreiben der Guten Nachricht."

Gleichgültig, wie man Arbeitsmethoden und Praktiken des Apostels Paulus interpretiert, sein Verhältnis als Missionar zu den Gemeinden ist klar: Es ist das Verhältnis einer Partnerschaft im vollen Sinn des Wortes (siehe Abb. 4).

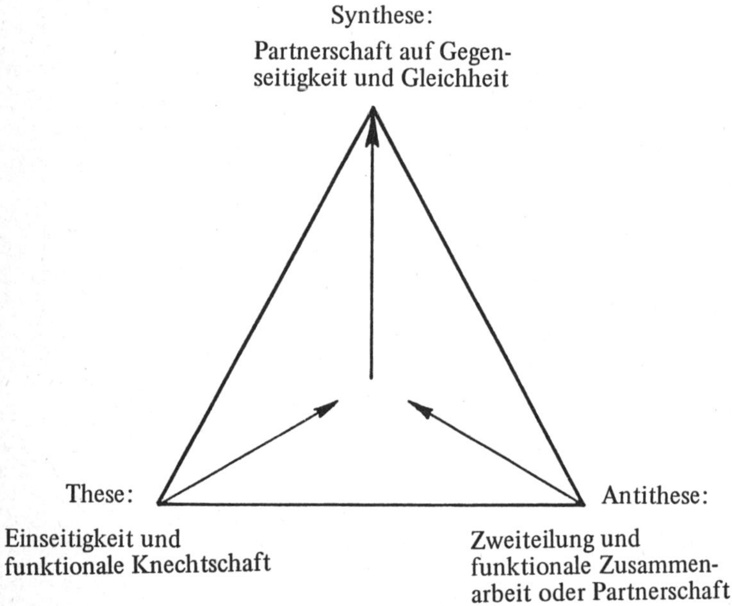

Abb. 4 Partnerschaft

Dieses Verhältnis entspricht nicht den modernen Vorstellungen: entweder Parallelismus oder Zusammenschluß. Paulus dachte nie von sich als „getrennt" von den Gemeinden, die er gegründet hatte. Eine geistliche, theologische, kulturelle, kirchliche oder organisatorische Zweiteilung wäre ihm nicht nur seltsam, sondern absolut unakzeptabel vorgekommen. Sein Verhältnis zum Leben der Gemeinden war zu eng und zu innig. Aber Paulus war auch nie absolut mit den Kirchen zusammengeschlossen, so daß er im Dienst der Gemeinden untergegangen wäre und daß sein göttlicher Ruf und seine göttliche Beauftragung als Missionar zu den Völkern gefährdet worden wäre. Im Neuen Testament von Phillips findet sich eine sehr ansprechende Übersetzung von Römer 15,23: „Aber nun, nachdem meine Arbeit an diesen Orten meine Gegenwart nicht länger erforderlich macht . . ." Paulus war überzeugt, daß die Zeit zum Weiterreisen gekommen war. Der Apostel vermied beide Extreme. Weder eine Zweiteilung (Parallelismus) noch ein totaler Zusammenschluß hätte seinen Gewohnheiten entsprochen. Er arbeitete in *Partnerschaft* mit den Gemeinden.

Die Partnerschaftsbeziehung des Paulus zu den Kirchen schloß seine volle Anteilnahme am Leben der Gemeinde und die volle Mobilisierung und Inanspruchnahme ihrer Gebete, ihres Personals und ihrer Finanzen für die Evangelisation ein. Paulus entdeckte in allen von ihm gegründeten Gemeinden die vorhandenen Reserven, die sich für den Fortgang der Evangelisation und der Ausbreitung der Gemeinden nutzen ließen. So wurden die Gemeinden von Anfang an von Paulus in ein aggressives Evangelisations- und Gemeindegründungsprogramm hineingenommen. Besonders greifbar wird das in den Berichten von der Ausbreitung und den Siegen des Evangeliums, wie sie Lukas in Apostelgeschichte 13,49 und 19,10.20.26 bietet. Solche Berichte hätten nicht geschrieben werden können, hätte mit Paulus eine eigene von den Gemeinden unabhängige Missionsgesellschaft gearbeitet. Genausowenig hätte Paulus je schreiben können, daß er das Evangelium Christi von Jerusalem an und umher bis Illyrien voll ausgerichtet habe – Illyrikum ist das moderne Jugoslawien (Röm. 15,19) –, hätte er die Gemeinden nicht in der Partnerschaft der Evangelisation vollständig mobilisiert. Es zeigt sich weiter, daß die Gemeinden in dieser Partnerschaft lebten, solange der Apostel lebte. Es war nie eine Frage, welche Dienste und Projekte der Mission und welche den Gemeinden gehörten, denn es war von Anfang an eine vollständige Partnerschaft. Somit war keinerlei Übereignung oder Übergabe notwendig.

Paulinische Grundsätze

Aus obiger Darstellung und aus dem Philipperbrief lassen sich einige Leitlinien ableiten. Paulus und die Kirchen arbeiteten in Partnerschaft am Evangelium Jesu Christi. Die Kirchen waren in die

Kämpfe und Gebete des Apostels mit hineingenommen (Phil. 1,5; 4,14; Röm. 15,30–32; Eph. 6,18–20; Kol. 4,2–4).

Freiwillige Gemeinschaft der Mittel. Partnerschaft bedeutet freiwilliges Mitteilen aller Reserven und Hilfsmittel für die Verkündigung des Evangeliums und die Evangelisation der Gemeinden. Die Finanzen des Paulus kamen alle von den Missionsfeldern (Phil. 2,25; 4,15; Röm. 15,24). Eine Übersetzung (New English Bible) überträgt die letztgenannte Stelle so: „Denn ich hoffe, euch bei meiner Durchreise zu sehen, und von euch mit eurer Unterstützung dorthin (Spanien) gesandt zu werden, nachdem ich mich an eurer Gemeinschaft für einige Zeit erfreut habe." Alle Mitarbeiter des Apostels Paulus kamen von den Kirchen, die er gegründet hatte, und es darf wohl angenommen werden, daß sie auch von diesen Kirchen unterhalten wurden. Höchstwahrscheinlich waren sie alle oder zum größten Teil von Paulus selbst zu Jesus gerufen worden. Die einzige Ausnahme war vielleicht Silas, der Silvanus der Briefe, der sich Paulus in Jerusalem anschloß. Aber auch Silas war ein römischer Bürger, wie Apostelgeschichte 16,37 erkennen läßt.

Natürliche Partnerschaft. Nachdem das Partnerschaftsprinzip von Anfang an eingeführt worden war, war Partnerschaft etwas ganz Natürliches. Die Folge war, daß die Evangelisationsaufgabe von Anfang an von den Kirchen aufgegriffen wurde, so wie Paulus es sie lehrte. Paulus arbeitete nicht für sie; er arbeitete mit ihnen, und von Anfang an waren die Gemeinden Schulen der praktischen Evangelisation (Phil. 1,5).

Kontinuierliche Partnerschaft. Diese Partnerschaft dauerte so lange, wie der Apostel lebte. Paulus blieb mit den Kirchen verbunden, und sie nahmen die Verantwortung für seine Versorgung ununterbrochen auf sich. Der Brief an die Philipper ist ein Zeugnis dafür. Paulus schrieb diesen Brief vom Gefängnis in Rom (Phil. 4,18; 2. Kor. 11,8).

Kein gegenseitiges Beherrschen. Die Partnerschaft schloß von Anfang an die Herrschaft der einen über die anderen aus. Niemals forderte Paulus die Partnerschaft der Kirchen, noch verankerte er sie gesetzlich, sondern er warb von Anfang an um diese Partnerschaft in der Mission und gewann sie ihnen schließlich ab. Die partnerschaftliche Haltung des Apostels Paulus darf nicht mit seinen autoritativen Aussagen in Lehrfragen und seinen klaren Worten in ethischen Fragen, seiner Disziplin in ethischen und lehrmäßigen Angelegenheiten verwechselt werden. Solche Autorität gründete sich auf seinen göttlichen Beruf als Apostel. In Fragen der missionarischen Partnerschaft übte er aber nicht ähnliche Autorität aus. Hier war er der demütige

Bruder, der energische Führer seiner Mitarbeiter, die dynamische und beispielhafte Kraft der Kirchen auf dem Gebiet der Evangelisation und der Ausbreitung der Gemeinde.

Das gegenseitige Verhältnis erwuchs aus der Gemeinschaft. Das partnerschaftliche Verhältnis in der Mission zwischen Paulus und den Kirchen hatte seine Wurzeln in einer noch tieferen Gemeinschaft: der Gemeinschaft im Geist, der Gemeinschaft des Leidens, der Gemeinschaft der Anfechtungen und Bedrängnisse des Apostels. Die vollständige Identifizierung des Paulus mit den Gemeinden in Liebe, Leben und Dienst ermöglichte erst solche Gemeinschaft auf tiefster Ebene und resultierte in einer natürlichen Partnerschaft in der Mission. Es wäre für Paulus undenkbar gewesen, auf einem gemeinsamen Arbeitsfeld hier eine „Gemeinschaft der Sendung" und dort eine „Gemeinschaft der einheimischen Kirchen" zu finden. Solche Zweiteilung hätte Paulus nie toleriert, ganz gleich, wie gut es gemeint und wie edel man sie verteidigt hätte. Gemeinschaft und Partnerschaft erwachsen aus der gleichen Wurzel und nähren sich von der gleichen Quelle: Christus Jesus der gemeinsame Herr und unsere gegenseitige Gemeinschaft mit *ihm.*

Kein vollständiger Zusammenschluß und keine vollständige Unterordnung. Die Partnerschaft der Mission schloß die Forderung der Kirchen nach vollständigem Zusammenschluß der Missionare mit den Kirchen und die Unterordnung der einen Partei unter die andere aus. Das gemeinsame Ziel der Weltevangelisation stand der Gefangennahme der Mission oder der Missionare durch die Kirchen entgegen. Ausbreitung und nicht Einnehmen war die alles beherrschende Note und Stoßrichtung. Partnerschaft bedeutete „ziehen lassen" (Apg. 13,3) der Arbeiter und doch Zusammenarbeit und Zusammenstehen in den Arbeiten.

Paulinische Voraussetzungen

Solch ein partnerschaftliches Verhältnis beruht jedoch auf gewissen Voraussetzungen, die sowohl in der Apostelgeschichte als auch in den paulinischen Briefen greifbar werden.

Anerkennung der Kirchen. Paulus anerkannte die Kirchen von Anfang an als ordentlich konstituierte Gemeinden Jesu Christi. Er respektierte sie als Gemeinden und erwartete von ihnen, daß sie an ihrem jeweiligen Ort als Gemeinde Gottes fungierten. Und so kam die Zeit für den Missionar (und die Mission), weiterzugehen (Röm. 15,15–24).

Anerkennung der geistlichen Gaben. Paulus anerkannte die Gaben des Heiligen Geistes und glaubte, daß der Heilige Geist jede konstituierte Gemeinde so ausrüsten und befähigen wird, daß sie ohne die Importierung besonderer Hilfen von außen in rechter Weise fungieren kann. Zeitlich begrenzte Unterstützung sowohl in der Unterweisung als auch in der Organisation kann geboten sein, und es kann auch sein, daß eine gewisse Nacharbeit erforderlich ist. Aber Paulus erwartete von den Kirchen, daß sie unter der Herrschaft Christi und unter der Leitung des Heiligen Geistes als sich selbst versorgende Einheit fungierten.

Wahrhaftig christliche und evangelisierende Kirchen. Paulus ging es weniger darum, Kirchen zu gründen, die autonom und bodenständig waren – das waren für ihn nebensächliche Vorstellungen –, sondern sein Anliegen war, wahrhaft christliche und evangelisierende Gemeinden zu gründen. Dafür setzte er sich unaufhörlich und mit aller Kraft ein. Und auf diesem Gebiet war er außerordentlich erfolgreich, wie die sieben Gemeinden in der Umgebung von Ephesus (Offb. 2 u. 3) und die Evangelisationsarbeit der thessalonischen Gemeinde zeigt.

Positive Einstellung. Das Dienstverhältnis des Apostels und sein Verständnis der missionarischen Partnerschaft war durch und durch positiv. Der Dienst im Neuen Testament ist in gleicher Weise ein von Gott verordnetes Mittel geistlichen Wachstums, wie er das Resultat geistlicher Reife ist. Mission ist nicht ein uns freigestelltes Unternehmen; es ist der Lebensfluß der Kirche. Die Kirche nährt sich von der Mission, wie das Feuer vom Brennmaterial. Missionarische Partnerschaft muß von Anfang an in die Kirche hineingebaut sein, denn ohne sie erreicht keine Kirche ihre volle Reife. Dienst ist nicht nur für die Vollkommenen, es ist ein Mittel der Vervollkommnung (der Heiligen).

Abhängigkeit. Paulus war ganz vom Evangelium, von der allumfassenden Liebe Gottes, der Größe des Werkes Christi und der bleibenden Gegenwart des Heiligen Geistes abhängig, um die Kirchen in der Partnerschaft am Evangelium zu motivieren und sie darin anzuleiten.

Erwartung. Paulus erwartete, daß sein eigenes Beispiel das Evangelisationsmuster für die Kirchen abgeben und sie in ihrer evangelistischen Arbeit und missionarischen Partnerschaft anleiten würde. Ohne Zögern rief er die Gemeinden auf, ihm zu folgen, so wie er Christus folgte (1. Kor. 11,1; 4,16; 1. Thess. 1,6).

Folgerungen für die Gegenwart

Wir tun gut daran, in unserer Zeit, die so von Spannungen erfüllt und wo man fortwährend auf der Suche und am Experimentieren ist, mehr und mehr und mit größerem Vertrauen auf Paulus als Beispiel zu schauen, und zu gleicher Zeit aufzuschauen zum Heiligen Geist, der uns seine Leitlinien für die Partnerschaft in der Mission zeigen muß. Es wird nicht leicht sein, wahre Partnerschaft zu praktizieren, denn Partnerschaft eliminiert das Gegenüber, das Nebeneinander, das Übereinander und das gegenseitige Überspielen. Partnerschaft in der Mission ist ein heiliges, umfassendes Konzept Gleicher, die sich im gegenseitigen Vertrauen, gemeinsamer Zielsetzung und vereinigter Anstrengung zusammengefunden haben, gleiche Verantwortungen, Autorität, Lob und Tadel akzeptieren, und Lasten, Freuden, Sorgen, Siege und Niederlagen miteinander teilen. Das bedeutet gemeinsames Planen, gemeinsame Gesetzgebung, gemeinsame Programmierung und schließt die sendenden und die empfangenden Kirchen auf gleicher Basis ein. Nur die engste Gemeinschaft in Christo, angereichert durch ein großes Maß an Demut, Liebe, Vertrauen und Selbsthingabe, wird Partnerschaft entstehen lassen. Partnerschaft in Gleichheit und Gegenseitigkeit in der Mission zeichnet sich nicht nur durch klar definierte Verhältnisse zwischen Kirche und Mission auf dem Gebiet der Verwaltung und des Verordnungswesens aus. Sie ist in gleichem Maße das Produkt einer gewissen Haltung, einer geistlichen, sozialen und theologischen Einstellung, eines gewissen Amtsverständnisses, Lebensstils und Missionsverständnisses.

Ich sehe ein, daß man den Schritt von der paulinischen Welt und Mission zu unserer Zeit, unserer Situation und unserem Dienst nicht einfach vollziehen kann. Die Missionswelt und die Umstände des Paulus waren ganz anders als unsere Missionswelt.

Die in der griechisch-römischen Welt vorfindliche Situation – der dominierende Hellenismus, die gegenseitige kulturelle Befruchtung, die wirtschaftliche Blüte, die relative Sicherheit, der philosophische Bankrott, die interrassische Mobilität und die religiöse Weltstimmung, um nur einige der Faktoren zu nennen – hat sich vielleicht nie mehr in der Geschichte wiederholt. Zusammen schafften diese Faktoren einzigartig günstige Voraussetzungen für den Fluß und die Aufnahme des Evangeliums von Jesus Christus. Heutzutage gelten nur einige der erwähnten Faktoren.

Paulus war Bürger der Welt, in der er arbeitete, und nicht Gast eines fremden Landes, wie das bei den meisten heutigen Missionaren der Fall ist, die sich der Gastfreundschaft einer Regierung unter besonderen Bedingungen erfreuen. Der Apostel war auf dem Missionsfeld geboren, hatte keinerlei kulturelle Grenzen und keinerlei Sprachen zu erlernen. Er war Teil der Welt, in der er arbeitete, aber er hatte auch nicht irgendeinem unterprivilegierten Volk kulturelle oder ökonomische Vorteile zu bieten.

Die Schrift war in die Missionssprache übersetzt und wurde von einem großen Segment der Bevölkerung verstanden. Der Monotheismus war weit verbreitet und wurde hoch geachtet; die ethischen Grundsätze des Alten Testamentes waren durch jüdische Schriftsteller und Synagogen weit verbreitet worden. Die meisten paulinischen Kirchen wurden in den Städten gegründet, in denen Juden, Proselyten und Gottesfürchtige einen guten Teil der Bevölkerung darstellten. Nur selten kam Paulus in Orte, wo nicht von früher her irgendwelche Kontakte bestanden. Somit war er in der Lage, eine Unterkunft zu finden und dann seinen Dienst zusammen mit einigen Freunden oder Bekannten in Angriff zu nehmen.

Bedenkt man das, dann sieht man, welche enormen Vorteile Paulus in vieler Hinsicht hatte. Um des praktischen Vergleiches willen kann man sagen, daß Paulus in der Heimatmission tätig war. Schon von daher gesehen wird es schwierig, die Methoden, Praktiken und Grundsätze des Apostels in ihrer gesamten Totalität und ohne Einschränkung in unsere Situation und auf unsere Zeit zu übertragen; wir müssen Raum für gewisse Modifikationen und Adaptionen lassen. Die schöne Vorstellung, daß wir es „so wie Paulus machen", verrät wohl mehr Naivität als Weisheit, mehr Idealismus als Realismus. Wir müssen nüchtern und ausgeglichen bleiben.

Trotz allem bleibt die Tatsache, daß diese Variablen das Prinzip der Partnerschaft nicht berühren, denn dieses Prinzip beruht nicht auf Kultur, Zeit und Umständen. Partnerschaft ist ein Verhältnis, das seine Wurzeln in unserer Identifizierung mit den Gemeinden auf der tiefsten Ebene und in unserer Gemeinschaft mit dem Heiligen Geist, im Leiden Christi, unseren gegenseitigen Lasten, Interessen, Zielen und Zwecken hat. Partnerschaft ist nicht eine Frage der Verhältnisse, sondern des Lebens, der geistlichen Gesundheit und der Beziehungen. Sie gehört ihrem Wesen nach zum christlichen Glauben. Sie ist nicht eine Option, sondern gehört zur christlichen Gemeinschaft und zum Fortschritt.

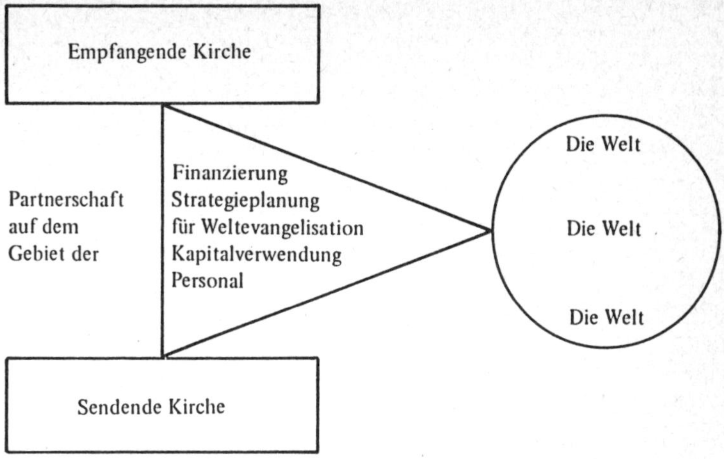

Abb. 5a Partnerschaft – Gemeinsames Unternehmen

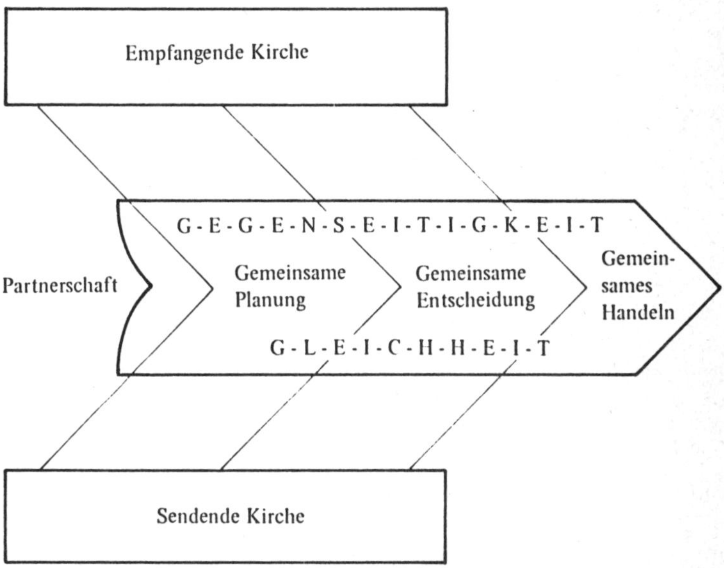

Abb. 5b Partnerschaft – Gemeinsame Programmplanung

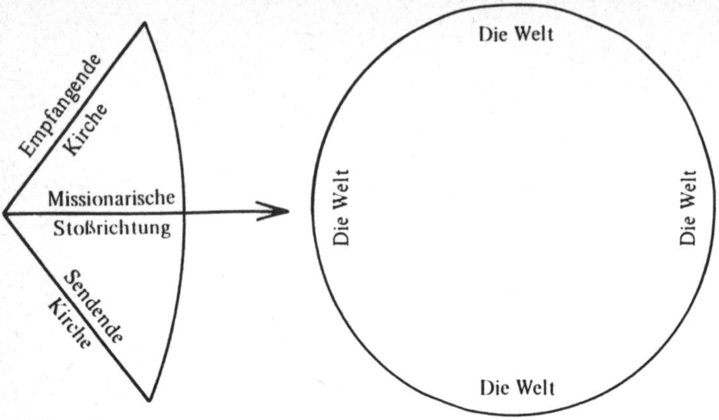

Abb. 5c Partnerschaft – Gemeinsamkeit und Gegenseitigkeit
Quelle: *Japan Christian Quarterly,* Winter 1971.

Die Umsetzung des Partnerschaftsprinzips in die Praxis kann verschiedene Formen annehmen. Formen sind nur Erscheinungsweisen; das Eigentliche ist der *Geist* der Partnerschaft. Diese beiden dürfen nicht verwechselt werden. Dennoch ist selbstverständlich, daß die Formen vom Prinzip der Partnerschaft her bestimmt werden. Die Formen dürfen nicht im Gegensatz zum Prinzip stehen, denn es muß eine formale und funktionale Harmonie und Symmetrie zwischen Äußerem und Innerem, Leib und Geist geben. Die Formen müssen irgendwie den Geist der Partnerschaft reflektieren.

Der Grundsatz der Partnerschaft ist umfassend und wird in der Programmgestaltung, im Planen, in der Finanzierung, in der Personalzuweisung und in der Aufgabenstellung das bestimmende Element sein, soweit diese Faktoren mit der Mission zu tun haben und soweit sie Mission und Kirchen in der Evangelisationsaufgabe oder irgendwelchen anderen Projekten und Unternehmungen betreffen, zu denen man sich gegenseitig verpflichtet hat. In allen Dingen steht es uns wohl an, die Einheit im Geist und das Band des Friedens zu wahren, und unsere gegenseitige Zusammengehörigkeit und Gleichheit in Christo in der Verbundenheit in seiner Sache vor der Welt zu demonstrieren.

Teil III

Biblische Mittel der Mission und ihre Kräfte

Mittel und Werkzeuge der Mission

Das Apostolat und der moderne Missionar

Im Blick auf die geistliche Versorgung und den Aufbau der Gemeinde Jesu Christi zählt Paulus in Eph. 4,11 fünf verschiedene Ämter auf: Apostel, Propheten, Evangelisten, Hirten und Lehrer. An anderer Stelle nennt er sieben Gaben, die der Gemeinde zu ihrer Auferbauung gegeben sind (1. Kor. 12,28–30; Röm. 12,3–8). In 1. Korinther 12,8–11 werden neun Gaben erwähnt. Andernorts spricht er von Bischöfen, Vorstehern und Ältesten: darüber hinaus erwähnt er Diakone. Man sieht daraus, daß es eine Vielfalt von Gaben gibt und daß sie vollauf genügen.

Ein Vergleich der entsprechenden Stellen der Apostelgeschichte mit denen in den Briefen läßt erkennen, daß Paulus und die anderen Apostel einerseits von der Gemeinde im universalen Sinn sprechen – die Gemeinde als der Leib, die Braut Jesu Christi, der Tempel und der Haushalt Gottes – und daß andererseits von ihr als der örtlichen Versammlung der Gläubigen gesprochen wird, d. h. von der Gemeinde im geographisch und lokal begrenzten Sinne. Wenn im folgenden von den verschiedenen Ämtern gesprochen wird, muß man das im Auge behalten.

Drei bedeutsame Grundsätze

Nach dem Neuen Testament scheinen drei Grundsätze den Dienst in der Gemeinde Jesu Christi zu bestimmen:
1. Das Neue Testament weist bestimmte Ämter der Ortsgemeinde und bestimmte Ämter der Universalgemeinde zu. Danach scheint es im Rahmen der Schrift (Eph. 4,11 ff.) angebracht, die Apostel, Propheten und Evangelisten, Hirten und Lehrer dem gesamten Leib Christi zugehörig zu denken, Bischöfe und Älteste hingegen als Diener der Ortsgemeinden. Ein Lehrer kann sowohl dem einen als auch dem anderen Gebilde zugeordnet sein, wie sich auch aus dem Wortgebrauch an verschiedenen Stellen ergibt (vgl. Apg. 13,1; 1. Kor. 12,28.29; 1. Tim. 2,7; 2. Tim. 1,11; 4,3; Hebr. 5,12; Jak. 3,1). Die spätere Geschichte scheint die Annahme zu rechtfertigen, daß unter einem Lehrer eine Person zu verstehen ist, die sowohl einen universalen als auch einen örtlich begrenzten Dienst ausüben kann.

2. Paulus schreibt die Verteilung der Gaben der Souveränität des Heiligen Geistes zu und gründet sie in seine Weisheit und seine liebende Fürsorge für die Gemeinde (vgl. 1. Kor. 12,11; Eph. 4,11). Der Heilige Geist weiß um die Bedürfnisse der Gemeinde und schaut in seiner Gnade darauf, daß keine Not besteht.

3. Paulus spricht nicht so, als ob die Listen der der Gemeinde verliehenen Geistesgaben in sich abgeschlossen wären – gibt es doch nirgendwo eine erschöpfende Aufzählung. Seine Aufzählungen sind – wie sich bei einem Vergleich der verschiedenen relevanten Stellen der Briefe ergibt – jeweils eine Auswahl, weder vollständig noch endgültig (1. Kor. 12,8–11; 28–30; Eph. 4,11). Der Hauptton liegt darauf, daß der Heilige Geist sich der Not und den Erfordernissen der Gemeinde im ganzen Umfang zu jeder Zeit und an jedem Ort annimmt. Er bleibt das allgenügsame Vermögen der Gemeinde. Darin findet die Gemeinde in einer sich immer verändernden Welt mit zunehmenden Anforderungen, zunehmendem Widerstand und zunehmender Komplexität ihre Gewißheit.

Vorausgehende Überlegungen

Wenn wir uns nun dem Missionar zuwenden, klammern wir aus unserer Untersuchung den Pfarrer und Prediger der Ortsgemeinde aus. Das grenzt den Skopus der Untersuchung wesentlich ein. Fünf Hauptbegriffe müssen untersucht werden: Apostel, Prophet, Evangelist, Hirte, Lehrer – Begriffe, die in erster Linie ein universales und nicht ein örtlich begrenztes Amt anzeigen.

Bei den Auslegern hat sich die Praxis durchgesetzt, die Begriffe in zwei Gruppen zu unterteilen, an erster Stelle Apostel und Propheten, an zweiter Evangelisten, Hirten und Lehrer. Meistens schreibt man die ersten mit der Begründung ab, daß sie ausschließlich der Entstehungszeit des Neuen Testamentes zugehören und mit dem Abschluß der apostolischen Zeit nicht mehr gegeben seien. Ausschließlich Evangelisten, Hirten und Lehrer hätten sich in der Geschichte durchgesetzt.

Ein solch summarischer Ausschluß der ersten und eine unqualifizierte Übernahme der letzten ist oberflächlich und läßt sich weder aus der Schrift noch aus der Geschichte rechtfertigen. Man tut besser daran, diese Begriffe anders zu ordnen und jeweils zwei in eine Gruppe zusammenzuziehen – allerdings anders als oben: (1) Apostel und Evangelisten, und (2) Propheten und Hirten-Lehrer. Dabei wird in jedem Fall das zweite Amt zum Nachfolger des ersten, nicht als ob es die an das erste gebundene Autorität weiterführen würde, sondern so, daß es dessen Gaben und Funktion wahrt.

Eine sorgfältige Untersuchung führt zu dem Schluß, daß ein neutestamentlicher Evangelist ein Apostel ist, voll zuständig für die apostolischen Funktionen, allerdings abzüglich der ursprünglichen Autorität des apostolischen Amtes. Somit fungiert der Evangelist weiterhin als der *„Gesandte"* mit dem gleichen Zweck, zu dem die Apostel ausgesandt worden waren – der Verkündigung des Evangeliums, der Predigt des Wortes. Er evangelisiert Städte und Dörfer und gründet Gemeinden – aber das ursprünglich apostolische Amt, die Autorität und der Rang, sind nicht sein. Die Autorität ist objektiv in die Schriften der Apostel, subjektiv in die Ortsgemeinde übergegangen und nicht in den persönlichen Nachfolger, den Evangelisten.

In gleicher Weise scheint der Prophet sich mit dem Hirten-Lehrer vereint zu haben, wobei der Hirte-Lehrer der funktionale Nachfolger des Propheten geworden ist, abzüglich der besonderen Gabe „Verkündiger und Ausleger unter dem unmittelbaren Einfluß des Geistes" zu sein.[1] Das letzte unterscheidet den Propheten vom Hirten-Lehrer. Westcott sieht im Propheten einen „inspirierten Lehrer".[2]

Die Ausstattung mit ursprünglicher Autorität und direkter Inspiration durch den Heiligen Geist bei Aposteln und Propheten einerseits und der Mangel dieser besonderen Kennzeichen bei ihren Nachfolgern andererseits ist äußerst bedeutsam. Seit den Aposteln kann kein Diener Gottes für sich diese ursprüngliche Autorität beanspruchen. Diesbezüglich ist ihre Lehre und nicht ihr Vorbild für uns verbindlich. Wir müssen uns immer bewußt sein, daß die Apostel noch kein Neues Testament besaßen, das ihnen Leitung und Kontrolle gewährt hatte. Die Lehre und Leitlinien, jetzt im Neuen Testament, vermittelte ihnen direkt der Geist Gottes. Abgesehen vom Alten Testament hatten sie noch kein geschriebenes Wort wie wir. Somit lag bei ihnen in einer Person inspirierte und ursprüngliche Autorität sowie evangelistischer, pastoraler und lehrhafter Dienst nebeneinander. Das erste ist heute ganz im Neuen Testament aufgegangen, nur das letzte wurde von den Männern ererbt, die dem Zug der Apostel und Propheten folgen.

Deshalb steht es einem Missionar nicht zu, wie Paulus seine Autorität in der gleichen Weise über die von ihm gegründeten Gemeinden zu schwingen. Er hat auch nicht die gleiche kontrollierende Voll-

[1] Marion R. Vincent, *Word Studies in the New Testament* (Grand Rapids: Eerdmans, 1957), Band 3, S. 389.

[2] B. F. Westcott, *St. Paul's Epistle to the Ephesians* (Grand Rapids: Eerdmans, 1951), S. 62.

macht wie Paulus. Unsere Autorität ruht im Wort und nicht im Amt, eine Tatsache, die wir in Mission und Gemeindeleitung, besonders auf dem Missionsfeld, allzuoft vergessen. Wir berufen uns nur allzu schnell auf das Vorbild des Paulus und vergessen dabei, daß er ein Apostel war, der seine apostolische Funktion mit ihm eigens verliehener apostolischer Autorität ausübte. Wir sind Evangelisten bzw. Missionare, die gewisse apostolische Funktionen ohne die ursprüngliche apostolische Autorität ausüben. Wir können uns nur auf die apostolische Autorität berufen, die im Neuen Testament verankert und festgelegt ist. Deshalb steht es uns wohl an, zurückhaltend und demütig zu sein.

Somit haben die autoritativen und grundlegenden Ämter der Apostel und Propheten mit der ersten Generation der Christenheit ihr Ende gefunden. Die apostolischen und prophetischen Gaben, Funktionen und Dienste finden aber ihre Fortsetzung im Evangelisten und Hirten-Lehrer, die der Gemeinde in ihrer Gesamtheit dienen. Diese These gilt es nun zu begründen.

Eine vorläufige Definition des „Missionars"

Auf die Frage, „Was ist eigentlich ein Missionar?", erhält man die verschiedensten Antworten. In einer Zeit der Verallgemeinerung ist fast alles Mission und fast jeder ein Missionar. Das Ansinnen, daß jeder Christ eine Missionsverpflichtung hat, darf nicht unterbewertet werden; darin kommt eine wichtige biblische Tatsache zum Ausdruck, und es steht vollkommen im Einklang mit dem biblischen Verständnis des Priestertums aller Gläubigen und dem im wesentlichen missionarischen Charakter der Gemeinde.

Auf jeden Fall hat jeder Gläubige einen wesentlichen geistlichen Dienst zu erfüllen. Das kann nicht oft genug gesagt werden. Um der Klarheit der Sache willen sollten wir allerdings unterscheiden zwischen dem Missionar im technischen und biblischen Sinn und der allgemeinen Anteilnahme aller Gläubigen an der Missionsarbeit, wie sie sich aus dem missionarischen Charakter der Gemeinde ergibt.

An dieser Stelle müssen drei griechische Worte genauer untersucht werden: *martyreo* – zeugen, bezeugen, einen Beweis vorzeigen; *euaggelizo* – eine frohe Botschaft verkündigen oder überbringen; *kerysso* – proklamieren, verkündigen, herolden, predigen. Dadurch werden wir in die Lage versetzt, das Allgemeine vom Besonderen zu unterscheiden; denn während die ersten beiden Begriffe auf *alle*

Gläubigen anwendbar sind, ist der letzte ein mehr technischer Begriff, der auf besonders ausgewählte Personen zutrifft.

Die Bibel gibt uns keine ausdrückliche Definition der Mission oder des Missionars. Aber wenn man der Schrift nur nachgeht, wird sich zeigen (vgl. sorgfältig den Missionsbefehl nach Matth. 28,18–20; Mark. 16,14–20; Luk. 24,44–48; Joh. 20,19–23; Apg. 1,8; 26, 13–20), daß ein Missionar ein Bote Gottes ist, der unter göttlicher Autorität für den bestimmten Zweck ausgesandt ist, zu evangelisieren, Gemeinden zu gründen und Gemeinden aufzubauen.

Im technischen und im überkommenen Sinn des Wortes ist ein Missionar ein Bote des Evangeliums Jesu Christi, der unter der Autorität Christi und der Gemeinde ausgesandt ist, nationale, kulturelle oder religiöse Grenzen zu überschreiten, um neue Gebiete für Christus zu besetzen und das Evangelium von der Erlösung in Jesus Christus zum Heil der Menschen zu verkündigen, Jünger zu machen und lebendige und evangelistische Gemeinden nach dem Befehl Christi und dem Vorbild der Apostel zu gründen.

Damit eignem einem Missionar wenigstens drei wesentliche Charakteristika: Er ist ein ausgesandter Gläubiger, ein Bote und ein Herold seines Herrn und er hat eine definitive Aufgabe zu erfüllen – die Verkündigung des Evangeliums und die Gründung von Gemeinden. Er muß mit diesen Gemeinden zusammenarbeiten, um in diesem Gebiet und darüber hinaus in der Welt den göttlichen Vorsatz auszuführen.

Somit ist nicht jeder ein „Missionar“ im eigentlichen Sinne des Wortes, so wie es die Bibel versteht. Während alle Christen Zeugen Jesu Christi und Zeugen des Evangeliums sind, sind doch nicht alle Christen „Missionare“, wie ja auch nicht alle Christen Verkündiger des Evangeliums oder Hirten-Lehrer einer Gemeinde sind.

Mit diesen grundsätzlichen Gedanken vor uns wollen wir nun versuchen, eine biblische Basis für Amt, Gabe und Aufgabe des Missionars zu legen. Das soll unter vier verschiedenen Gesichtspunkten geschehen: der Missionar als ein Gesandter, das neutestamentliche Apostolat, der neutestamentliche Auftrag der Evangelisation und das neutestamentliche Amt der Unterweisung.

Der Missionar ist ein Gesandter

Das Wort *Missionar* findet sich nicht in unserer deutschen Bibel. Es stammt vom lateinischen Wort *mitto* – „ich sende" – und ist dem neutestamentlichen *apostello* – „ich sende" – nahe verwandt. Auch wer die Bibel nur oberflächlich liest, wird bald feststellen, daß die beiden Worte „senden" und „gesandt" einen prominenten Platz einnehmen; das gilt ganz besonders für die Evangelien. Die beiden griechischen Worte *apostello* und *pempo* – beide bedeuten „senden" – kommen in Neuen Testament 215mal vor; *apostello* 135mal und *pempo* 80mal. Dabei findet sich die dichteste Konzentration in den Evangelien und der Apostelgeschichte: *apostello* 123mal und *pempo* 50mal.

Beide griechischen Worte werden sowohl im Blick auf Christus als auch im Blick auf die Apostel verwandt. Dennoch besteht, was Betonung und Tiefe angeht, ein Unterschied zwischen den beiden Begriffen. *Pempo* betont mehr den Akt der Sendung und unterstreicht die Beziehung, die zwischen Sender und Gesandtem besteht. *Apostello* involviert zusätzlich den Gedanken einer bevollmächtigten Sendung mit bestimmtem Auftrag, d. h. das letztere verbindet mit der Sendung einen besonderen Zweck. Vincent sagt im Blick auf *apostello:* „Das Verb bezeichnet vor allem die Sendung eines Abgeordneten mit besonderem Auftrag. Somit findet es sich im Zusammenhang mit der Sendung des Sohnes Gottes und der seiner Apostel, ja, das Wort *Apostel* ist direkt davon abgeleitet. Damit unterscheidet es sich von *pempo,* das lediglich die Beziehung, die zwischen Sendendem und Gesandten besteht, unterstreicht."

Weiter schreibt Dr. Vincent:

> „Die Bedeutungsnuance zwischen den beiden Verben (*apostello* und *pempo*) ist sicherlich bedeutsam. Beide Verben werden im Blick auf die Sendung des Sohnes und die Mission der Gläubigen benutzt, aber je mit eigener Bedeutung. Das erstere *(apostello)* entspricht unserem Kurier oder Gesandten und beinhaltet den Gedanken der besonderen Beauftragung, der delegierten Vollmacht. Das einfache Verb *pempo* drückt lediglich ein unmittelbares Verhältnis zwischen Sendendem und Gesandten aus."[3]

Beachten wir, daß *pempo* in den Synoptikern und bei Paulus nie in Verbindung mit Gott gebraucht wird. *Apostello* erscheint nicht im Zusammenhang mit der Sendung des Heiligen Geistes. Sogar bei Johannes sind die beiden nicht synonym. Ein feiner Unterschied wird überall in der Schrift gewahrt.

[3] Vincent, a.a.O., Bd. 2, S. 41.

Gemeinsam ist beiden, daß sie auf eine Autorität hinweisen, die jenseits des Gesandten liegt. Es gibt eine Autorität, den Sendenden, der jenseits und über dem Gesandten steht. Der Gesandte ist nicht die Autorität; er repräsentiert sie.

Daneben ist leicht zu erkennen, daß das Wort *Apostel* seine Wurzeln in *apostello* hat und somit eine Person bezeichnet, die bevollmächtigt abgesandt und mit einer bestimmten Sendung und Botschaft betraut ist.

Christus als Gesandter

Wendet man sich der Schrift zu, dann stellt man fest, daß bei zahlreichen Gelegenheiten Christus von sich selbst als dem Gesandten sprach. Sein Wandel, Wirken und Leiden waren von dem tiefen Bewußtsein gezeichnet, daß er in diese Welt gesandt war (vgl. bes. Joh. 6–8). Er war tatsächlich ein Apostel, ein Gesandter (vgl. Hebr. 3,1).

Seine eigenen Worte lassen erkennen, daß er in gesegneter Gemeinschaft mit dem Vater lebte, der ihn gesandt hatte, und daß der Vater ihn bevollmächtigt hatte und an seinem Dienst Anteil nahm. Sein Gesandtsein schloß Gemeinschaft und Bevollmächtigung ein. Von daher fiel ihm ein Licht auf seinen Weg und wurde ihm die Last leichter gemacht. In der Unterwerfung unter und in Gemeinschaft mit dem Vater, der ihn gesandt hatte, widerstand er aller Opposition, allen Belastungen und jeder Kritik. Er nahm Leiden, Schande und Tod auf sich und triumphierte in allem.

Die Jünger als Gesandte

Wenn wir uns den Jüngern zuwenden, werden wir eine ähnliche Beobachtung machen. Auch sie waren Gesandte – Botschafter, Vertreter, Apostel. Christus hat sie verschiedentlich ausgesandt, ja, er erwählte sie, damit sie seine Apostel, seine „Gesandten" sein sollten (Luk. 6,13).

Obwohl in den Evangelien der Aspekt der Jüngerschaft im Vordergrund steht, fehlt das Bewußtsein der Apostelschaft keineswegs. Neunmal werden sie in den Evangelien Apostel genannt. In der Apostelgeschichte tritt das Apostolat ganz an Stelle der Jüngerschaft. Das heißt doch, daß ihr Wandel und Wirken ganz in das Bewußtsein aufging, zu einem besonderen Zweck und mit einer definitiven Botschaft in diese Welt gesandt zu sein.

Ein unübersehbarer Unterschied besteht allerdings zwischen der Sendung der Jünger und der Sendung des Herrn. Niemals heißt es von ihnen, daß sie vom Vater gesandt seien. Dagegen heißt es zweimal ausdrücklich, daß sie von Christus gesandt sind (Joh. 17,18; 20,21). Auch schon vorher hatte sie Christus in seinem eigenen Namen ausgesandt (vgl. Matth. 10,1 ff.; Mark. 3,13–19; 6,6–13; Luk. 9,1–6; 10,1–20). Während Christus also der Gesandte des Vaters ist, werden die Jünger die Gesandten des Christus. Paulus bezeichnet sich verschiedentlich als „Paulus, ein Apostel Jesu Christi" und das gleiche gilt von Petrus. Christus wurde ihre Sendungsautorität, in ihm lag ihre Bevollmächtigung. Er hatte teil an ihrem Wirken. Er war ihre Autorität und ihr Begleiter.

Die Apostel waren sich völlig bewußt, wo der Grund ihrer Autorität lag. Als Petrus von den Obersten gefragt wurde: „Mit welcher Autorität (in welchem Namen) habt ihr das getan?", war er sofort bereit, ihnen mitzuteilen, daß es für ihn nur einen Namen gibt (vgl. Apg. 4,5–12). Christus sagt sein Dabeisein in der bekannten Verheißung Matthäus 28,20 ausdrücklich zu: „Und siehe, ich bin bei euch alle Tage bis an das Ende (Vollendung) der Erde." Markus 16,20 wiederholt das gleiche in anderen Worten: „Sie aber gingen aus und predigten an allen Orten. Und der Herr wirkte mit ihnen und bekräftigte das Wort durch die mitfolgenden Zeichen." Das gleiche gilt auch für Johannes 20,21.

Bischof Westcott, der den Gebrauch der verschiedenen Begriffe und Zeiten im Johannesevangelium ausführlich untersuchte, kam zu folgendem Schluß: „Die Studie scheint zu dem allgemeinen Ergebnis zu führen, daß mit diesem Auftrag der Herr seine eigene Sendung als die bleibende Sendung des Vaters darstellt, die er aber durch die Gemeinde zur Ausführung bringt. Die Jünger bekommen keinen eigenen Auftrag, sondern führen den seinigen aus (vgl. Matth. 28,20; Hebr. 3,1)."[4]

Somit wird aus dem Sendenden der engste Begleiter des Gesandten in seinem Dienst. Die Apostel sollten ihre Missionsarbeit nicht für, sondern *mit* Christus tun. Das ist wahrlich echte Partnerschaft in der Mission. Mit tiefer innerer Zufriedenheit konnte Paulus davon reden, daß er ein Mitarbeiter Gottes ist. Es gibt eine Identifizierung Christi mit seinen Gesandten, die alle Bitternisse versüßt. Seine Gegenwart und seine Begleitung sind das bleibende Erleben seiner Gesandten und ihr unveränderliches Erbe. Ihre Aufgabe ist es, das Bewußtsein seiner Gegenwart immer wach zu halten.

[4] Westcott, *The Gospel According to St. John*, S. 298.

Der Missionar als Gesandter

Der Missionar ist auch heute ein Gesandter, wenn er ein Missionar im biblischen Sinn des Wortes ist. Ein Missionar ist nicht einer, der nun einmal *ausgereist,* sondern der *ausgesandt* ist. Die Sendung ist alles. Und wenn er nicht in der Lage ist, in der gesegneten Gewißheit des Gesandtseins zu wandeln, kann er auch die Anstrengungen und Frustrationen, den Druck und die Enttäuschungen eines Missionarslebens nicht ertragen. Dagegen wird das Bewußtsein „gesandt" zu sein, ihn in Versuchungen und im Versagen aufrecht erhalten und ihn schließlich auch zu Sieg und Erfolg führen. Die entscheidende Frage ist deshalb: Wer sendet den modernen Missionar? Wer ist die sendende Autorität? Es ist klar, daß der heutige Missionar sein Gesandtsein nicht in gleicher Weise erfährt wie die Apostel, denn Christus ist für uns heute nicht in gleicher Weise gegenwärtig, wie er für sie gegenwärtig war, als er mit ihnen durch Palästina zog. Gibt es eine Delegation der Sendungsautorität? Das ist eine ernste Frage, die es wert ist, daß wir ihr aufmerksam und betend nachgehen. Unsere Zeit ist von zwei Extremen geplagt. Auf der einen Seite ist die Unabhängigkeit des Individuums, wie sie aus dem westlichen Individualismus herauswächst und die mit dem individuellen Priestertum des Gläubigen und der daraus resultierenden Unabhängigkeit wenig oder nichts zu tun hat. Auf der anderen Seite begegnen wir einer engen, zentralisierten Organisation, in der das Individuum wenig oder gar keine Bewegungsfreiheit hat. Unter diesen Umständen müssen wir uns nach biblischen, schriftgemäßen Fundamenten und Direktiven umsehen.

Gewisse Fakten des Neuen Testaments können uns vor beiden Extremen bewahren. Es handelt sich um das neutestamentliche Apostolat einerseits und um die Bedeutung der Gemeinde andererseits.

Das neutestamentliche Apostolat

Wir haben oben schon festgehalten, daß das Wort *Missionar* vom griechischen Wort *apostello* (senden) über das Lateinische zu uns gekommen ist. Die Worte *apostello* und *apostolos* („Apostel") haben die gleiche Wurzel. Etymologisch gibt es eine Verbindung zwischen dem Apostelbegriff und dem modernen Missionar. Diesem Zusammenhang gilt es weiter nachzugehen und ihn soweit wie möglich zu definieren.

Die Anwendung auf Christus

Der Schreiber des Hebräerbriefes wendet das Wort *Apostel* auf Jesus an und nennt ihn „den Apostel und Hohenpriester, den wir bekennen" (Hebr. 3,1). Diese Aussage, die im Neuen Testament einzig dasteht, erklärt, daß Christus als der Gesandte oder Paraklet Gottes in diese Welt gekommen ist. In seinen Worten und seinem Wirken hat er den allgemeinen Rahmen des christlichen Bekenntnisses abgesteckt; deshalb ist er der Eckstein der Offenbarung und des Erlösungswerkes. In ihm findet das Alte Testament seine Erfüllung und seine Enthüllung. In ihm liegen die Grundlinien des Neuen Testamentes, sein Inhalt und seine Entfaltung. Er ist der Apostel *par excellence.*

Anwendung auf die Jünger

Das Wort *Apostel* wird wiederholt als allgemeine Bezeichnung der Nachfolger Jesu verwandt, die wir sonst als seine Jünger kennen. Immer und immer wieder begegnen sie uns als „die Apostel", ohne daß über ihre Stellung, ihren Auftrag und ihre Funktion näheres gesagt wird. Das ist der vorherrschende Gebrauch des Begriffes in Evangelien und Apostelgeschichte (vgl. Apg. 1,2; 2,37. 42–43; 4,33. 35–37; 5,2. 12.18.29.40).

Der offizielle Gebrauch

Im offiziellen Sinn wird das Wort gebraucht, um das Amt, die Stellung, die Delegation und Autorisierung der Zwölf, des Paulus und vielleicht noch des Jakobus, des Bruders des Herrn, zu beschreiben (Gal. 1,19; vgl. Röm. 1,1; 1. Kor. 1,1; 2. Kor. 1,1; Gal. 1,1; Eph. 1,1; Kol. 1,1; 1. Tim. 1,1; 2. Tim. 1,1; Tit. 1,1; 1. Petr. 1,1; 2. Petr. 1,1; 1. Kor. 12,28; Eph. 2,20; 3,5; 4,11). Es wird zwischen Aposteln, Ältesten und Brüdern unterschieden. Diese Unterscheidung tritt verschiedentlich zutage (Apg. 15,2. 4. 6. 23). Das Apostolat beruht hier auf persönlicher Jüngerschaft im engsten Sinn und bezieht sich auf Männer, die persönlich von Christus berufen und unterwiesen wurden, wobei Paulus seine Unterweisung durch eine besondere Offenbarung empfing. Das ist das *apostolische Amt* im engeren Sinn, das sein Ende mit dem Tod der Apostel Jesu Christi fand.

Das apostolische Amt ist seiner Berufung, seinem Umfang und seiner Autorität nach einzigartig und wurde vom Herrn einem ganz bestimmten ursprünglichen Personenkreis mitgeteilt. Diese These läßt sich vom Neuen Testament her auf verschiedene Weise untermauern.

Erstens, nur die ursprünglichen Zwölf und Paulus sind im Neuen Testament als „Apostel Jesu Christi" bekannt. Nur dieser ursprüngliche Personenkreis erhält diese offizielle Bezeichnung. Sie wurden zum Apostelamt vom Herrn ganz persönlich berufen, wurden von ihm in einmaliger Weise für ihren Dienst autorisiert und wurden in besonderer Weise mit „den Zeichen eines Apostels" beglaubigt (Matth. 10,1–2; 2. Kor. 12,12). Der Rest sind „Apostel", Delegierte oder Abgesandte der Gemeinden oder aber Mitarbeiter der Apostel (2. Kor. 8,23; Phil. 2,25; 1. Kor. 4,6.9).

Zweitens, die ursprünglichen Zwölf und Paulus sind „Zeugen" besonderer Art. Es gibt einen Dienst und ein Apostolat, die in ihrem Wirkungsbereich begrenzt sind. Das tritt in den Worten des Petrus Apostelgeschichte 1,17. 20b. 22. 25–26 klar zutage. Aus Vers 21 läßt sich schließen, daß Matthias mit dem Leben und Wirken Christi wohl vertraut war. In einem gewissen Sinn war er ein Augen- und Ohrenzeuge Christi. Aber nach Vers 22 wird er hinzugewählt, um ein Zeuge der Auferstehung Christi mit den anderen Elfen *zu werden* (vgl. 22,26). Diese offizielle Zeugenfunktion ist mit „diesem Amt und Apostelamt" (25–26) gemeint. In diesem Licht muß auch der wiederholte Hinweis des Petrus auf sein „Zeugesein" verstanden werden (Apg. 2,32; 3,15; 5,32; 10,39).

Ähnlich hebt Paulus sein Apostolat als einen einmaligen Dienst und einen einzigartigen Auftrag hervor (Röm. 1,5; 1. Kor. 9,1–2; 2. Kor. 12,12; Gal. 2,8). Seine Berufung zum Zeugen ist klar (Apg. 22,15; 26,16).

In einem ganz besonderen Sinn waren die Zwölf und Paulus einmalige Zeugen Jesu Christi; das gilt speziell im Hinblick auf die Auferstehung. Die Bedeutung und Einzigartigkeit dieses Dienstes wird von Dr. H. N. Ridderbos besonders eindrücklich umschrieben:

> „All das, was Jesus anfing zu tun und zu lehren (Apg. 1,1), wird durch das Zeugnis der Apostel fortgeführt und bestätigt. So erhalten sie ihren besonderen Platz in der Heilsgeschichte. Nicht nur die großen Taten Gottes in Christus Jesus gehören zur Ausführung von Gottes Heilsplan, sondern auch deren *Verkündigung* durch Gottes auserwählte Zeugen. Deshalb ist die schriftliche Fixierung der Worte und Taten der Apostel, wie sie uns in der Apostelgeschichte begegnet, nicht nur als Biographie der Apostel oder als Abriß der frühen Kirchengeschichte zu lesen – dafür ist die Apostel-

geschichte sowieso zu fragmentarisch und unvollkommen –, sondern sie dient als Beweis für die Gewißheit des christlichen Glaubens (Luk. 1,4) und als Grundlage der Gemeinde in der ganzen Welt. Der Einmaligkeit des Apostolats kommt dabei spezifische Bedeutung zu. Die Zahl der Apostel ist begrenzt, da das Apostolat untrennbar mit der Augen- und Ohrenzeugenschaft verbunden ist und weil die Gewißheit und der Grund des Glaubens in ihrem Dienst wurzeln. Demzufolge ist das Apostolat ein *genus suum,* und eine persönliche apostolische Sukzession im persönlichen Sinn des Wortes steht im Gegensatz zu dem besonderen Platz, den die Apostel in der Heilsgeschichte einnehmen, und ist nichts weniger als ein Widerspruch in sich selbst. Das apostolische Zeugnis ist vielmehr der Kanon der neutestamentlichen Gemeinde, die klar abgegrenzte und abgrenzende Norm christlicher Verkündigung und christlichen Lebens."[5]

Es ist wichtig festzuhalten, daß das apostolische Amt niemals auf einen Nachfolger übertragen wurde. Derlei Ansprüche haben keinerlei Grund in der Schrift. Es gibt auch nicht den geringsten Hinweis, daß Paulus sein Apostolat auf Timotheus übertragen und ihn darin bestätigt hätte. Auch bei Petrus findet sich kein derartiger Hinweis. Paulus ermahnt Timotheus vielmehr ausdrücklich: „Richte das Amt eines Evangelisten treu aus" (freie Übersetzung von 2. Tim. 4,5). Damit ist aber das Apostolat nicht auf ihn übergegangen.

Die Apostel Jesu Christi haben ihre Autorität und Zeugnis nicht in ein Amt niedergelegt, das ewig fortbestehen würde, sondern in einer *scriptura,* die zum objektiven Führer und zur unmißverständlichen Autorität der Gemeinde Jesu Christi wurde. Diese *scriptura* ist unser Neues Testament, unser apostolisches Zeugnis und unsere Autorität für Lehre und Leben.

Es gibt eine Theorie, die die moderne Missionsbewegung gerne zu einem Typus des „Apostolats" machen würde, zum Nachfolger der Apostel selbst; damit würde ihr Dienst unabhängig von irgendeiner kirchlichen Bindung, Weisung und Kontrolle. Das mögen ja noble Gedanken sein, manchmal sehnt man sich auch danach und unter gewissen Umständen mag das sogar erforderlich sein. Es muß aber mit aller Deutlichkeit gesagt werden, daß eine solche Theorie unbiblisch ist. Ihre Wurzeln liegen vor allen Dingen in der Unabhängigkeitsmentalität verschiedener Missionen und verschiedener Missionare, die den biblischen Platz und die Perspektive der Ortsgemeinde nicht verstanden, die ihr Vertrauen in die Kirche verloren haben. Es ist vielsagend, daß diese Theorie sich vor allen Dingen in einer Zeit

[5] H. N. Ridderbos, *The Speeches of Peter in the Acts of the Apostels* (London: Tyndale, 1962), S. 18.

Gehör verschafft, wo der Druck vieler einheimischer Gemeinden auf Missionare und Missionen sich verstärkt hat und die Forderung nach völligerer Identifizierung oder sogar ganzem Zusammenschluß mit der einheimischen Kirche und die Unterstellung unter die Anweisung dieser Körperschaft lauter wird.

Der Gebrauch im weiteren Sinn

Daneben gibt es noch einen weiteren Gebrauch im Neuen Testament. Der Titel wird in Apostelgeschichte 14,4.14 auf Barnabas, in Philipper 2,25 auf Epaphroditus und in 2. Korinther 8,23 auf einige ungenannte Brüder übertragen. Indirekt gilt er auch Silvanus und Timotheus in den Thessalonicherbriefen (beachte die Grüße in 1. Thess. 1,1, die Pronomen „wir“ und „unser“ – Plural! – und später auch folgt im Plural „Apostel“ – 1. Thess. 2,6). Paulus scheint sich mit Apollos zusammenzuschließen, wenn er 1. Korinther 4,6.9 davon spricht, daß die Apostel zu einem Schauspiel für die Welt werden.

Es ist klar, daß es falsche Brüder gab, die den Titel Apostel für sich beanspruchten, ohne zu den Zwölf oder zu den Mitarbeitern des Apostels Paulus zu gehören (vgl. 2. Kor. 11,13; Off. 2,2). „Wenn die Anzahl der Apostel definitiv begrenzt gewesen wäre, dann wären die Ansprüche dieser Eindringlinge von vorneherein unmöglich gemacht gewesen.“[6]

Nach einer sorgfältigen Untersuchung der biblischen Angaben kommt James Hastings in *Dictionary of the Apostolic Church* zu folgendem Schluß:

> „Die oben zusammengetragenen Fakten und Hinweise wiegen schwer – so schwer, daß es gerechtfertigt zu sein scheint, zu behaupten, daß es im Neuen Testament noch andere Personen als die Zwölf und Paulus gab, die Apostel genannt wurden, und man darf sogar annehmen, daß ihre Zahl nicht gering war. Jeder, der von Christus oder dem Heiligen Geist dazu berufen wurde, die Dienste eines Missionars auszuüben, wurde dieses Titels für würdig geachtet. Das galt insonderheit für die, die persönlich mit dem Herrn verbunden gewesen waren.“[7]

6 J. B. Lightfoot, *Epistle to the Galatians* (London: MacMillan, 1921), S. 97.
7 James Hastings, *Dictionary of the Apostolic Church* (New York: Scribner, 1926), Bd. 1, S. 84.

J. C. Lambert schreibt zum gleichen Thema: „Schon die Tatsache, daß der Name 'Apostel' bedeutet, was er nun einmal bedeutet, zeigt, wie unmöglich es ist, ihn auf die Zwölf zu beschränken."[8]

Die obigen Folgerungen werden noch dadurch unterstrichen, daß der Begriff *Apostel* in nachapostolischer Zeit auf umherziehende Prediger angewandt wurde. Dieser weitere Gebrauch wird von Irenäus, Tertullian und Origenes bezeugt, die den Begriff auch auf die Siebzig ausdehnen, die Christus ausgesandt hatte.

Der *Barnabasbrief* spricht davon, daß der Herr seine eigenen Apostel ausgewählt hat, und kennt somit wohl auch noch andere Apostel (vielleicht jüdische Apostel). Vier Stellen im *Hirten des Hermas* lassen es über jeden Zweifel erhaben sein, daß der Autor an einen weiten Kreis von Boten dachte, denen er allen die Bezeichnung Apostel zuschrieb (vgl. Vis. 3; 6; Sim. 9; 15; 4. 12,5; 25.2).

Ähnlich kennt die *Didache* einen weiten Kreis von Aposteln (11.3).

Harnack bemerkt, „daß andere Personen als die biblischen Apostel oder die in der Bibel 'Apostel' genannten noch als 'Apostel' bezeichnet werden, wird im 2. Jahrhundert immer seltener. Clemens Romanus ist von Clemens Alex. so genannt worden (Strom. IV, 17, 105); auch Quadratus heißt einmal Apostel."[9]

Sowohl das Neue Testament als auch die apostolische Geschichte unterscheiden zwischen dem autoritativen *apostolischen Amt* – im eng umschriebenen Sinn –, das nur den Zwölf und Paulus durch den Herrn selbst übertragen wurde, und der *apostolischen Funktion,* d. i. der einzigartige Dienst von Brüdern, die von den Aposteln oder Ortsgemeinden mit einem besonderen Auftrag jenseits schon gegründeter Gemeinden betraut wurden. Wie schon oben festgestellt wurde, wird niemand von diesen späteren Aposteln ein „Apostel Jesu Christi" genannt. Dieser Titel, der äußerst sorgfältig auf die Zwölf und Paulus beschränkt ist, ist eine amtliche Bezeichnung. Die anderen Apostel sind mit einer Gemeinde verbunden. Epaphroditus wird als „euer Apostel" (Bote), d. h. der Bote der Gemeinde von Philippi, vorgestellt, während Barnabas von der Gemeinde in Antiochien „ausgesandt" war (vgl. Apg. 13,1–3).

Es darf dabei nicht vergessen werden, daß das Apostolat eine historisch im Judentum nachgewiesene Institution war, das auch seine Apostel hatte – das gilt ungeachtet der Tatsache, daß diese

8 J. C. Lambert, Hg., *The International Standard Bible Encyclopedia* (Grand Rapids: Eerdmans, 1947), Bd. 1, S. 203.

9 Adolf von Harnack, *Die Mission und Ausbreitung des Christentums in den ersten drei Jahrhunderten* (Leipzig: Hinrichs, 1906), S. 274.

Institution vor den Evangelien nicht in der Bibel erscheint. In außerbiblischer Literatur finden sich dafür genügend Beweise. Darauf hat schon Harnack in seinen Untersuchungen hingewiesen.[10] Die Funktion dieser „Apostel" läßt sich wie folgt umschreiben:

„1. Sie waren geweihte Personen und nahmen einen sehr hohen Rang ein.
2. Sie wurden abgesandt in die Diaspora, um den Tribut für die Zentralstelle einzuholen.
3. Sie brachten enzyklische Briefe dorthin, hielten den Zusammenhang mit dem Mittelpunkt aufrecht, berichteten über die Intentionen der Zentralstelle bzw. des Patriarchen, hatten Ordre in Bezug auf gefährliche Bewegungen und sollten ihre Bekämpfung veranlassen.
4. Sie übten in der Diaspora eine gewisse Aufsichts- und Disziplinargewalt aus.
5. Sie bildeten, in die Heimat zurückgekehrt, eine Art von Ratsversammlung für den Patriarchen, welche mit ihm über das Gesetz wachte."[11]

Es gibt somit eine *apostolische Funktion,* die dem apostolischen Amt innewohnte und die sich in der Gemeinde Jesu Christi fortsetzte. Es ist die Funktion der *Evangelisation* und die des *Hirten-Lehrers.* Paulus weist nicht nur darauf hin, daß ihn sein Apostolat in erster Linie zum Evangelisten macht. Er sagt ausdrücklich, daß es so ist: „Christus sandte mich nicht zu taufen, sondern zu evangelisieren" (1. Kor. 1,17 – freie Übers.). Im gleichen Brief schreibt er: „Wenn ich evangelisiere, darf ich mich dessen nicht rühmen; denn ich muß es tun. Und wehe mir, wenn ich nicht evangelisiere" (9,16 – freie Übers.). Diese Aussagen stimmen mit der Beauftragung Paulus durch den Herrn überein: „Denn dazu bin ich dir erschienen, daß ich dich verordne zum Diener und Zeugen dessen, was du von mir gesehen hast und was ich dir noch will erscheinen lassen. Und ich will dich erretten von dem Volk und von den Heiden, unter welche ich dich sende, aufzutun ihre Augen, daß sie sich bekehren von der Finsternis zu dem Licht und von der Gewalt des Satans zu Gott, um zu empfangen Vergebung der Sünden und das Erbteil samt denen, die geheiligt sind durch den Glauben an mich" (Apg. 26,16–18). Die Evangelisation steht nicht nur im Mittelpunkt seines Apostolats: es ist das wesentliche Element dieses neutestamentlichen Amtes überhaupt und konstituiert dessen wesentliche Funktion. Darüber hinaus betont Paulus seinen Hirten-Lehrer-Dienst.

[10] A.a.O., S. 274–277.
[11] A.a.O., S. 276.

Wir untersuchen deshalb den Zusammenhang zwischen dem Apostolat auf der einen Seite und dem Evangelisten und Hirten-Lehrer auf der anderen. Die beiden letzten Funktionen sind unserer Überzeugung nach der eigentliche Inhalt des Missionsauftrages der Gemeinde Jesu Christi und finden ihren Ausdruck durch die moderne Missionsbewegung in der ganzen Welt.

Das neutestamentliche Amt des Evangelisten

Das Evangelium ist das Herz des Neuen Testamentes und die Träger des Evangeliums sind von zentraler Wichtigkeit. Somit mißt das Neue Testament dem Evangelisieren einen ganz hohen Wert bei. Fünfundfünfzig Hinweise unterstreichen die Wichtigkeit dieses Dienstes, und es ist für den einzelnen Gläubigen so obligatorisch wie das Zeugnisablegen.

Neben der allgemeinen Beauftragung zum Weitersagen des Evangeliums, zum Evangelisieren, steht das Werk des Evangelisten, der in ganz besonderer Weise Träger des Evangeliums ist. Das ist seine besondere Berufung, sein Dienst, der ihn voll und ganz in Anspruch nimmt. Um diese weithin übersehene Wahrheit wieder ans Licht zu bringen, erklären Conybeare und Howson zu 2. Timotheus 4,5 folgendes:

„Die Bezeichnung Evangelist kommt den Missionaren zu, die wie Philippus oder Timotheus von Ort zu Ort reisten, um die Frohe Botschaft von Christus ungläubigen Nationen oder nicht glaubenden Einzelpersonen zu bringen. Daraus folgt, daß alle Apostel Evangelisten waren, obgleich es auch Evangelisten gab, die nicht Apostel waren."

Daraufhin übersetzt Conybeare 1. Korinther 9,18 und läßt Paulus sagen: „Um die Frohe Botschaft, wohin ich sie auch trage, umsonst anbieten zu können, gebe ich das mir als Evangelist zustehende Recht auf." In einer weiteren Notiz kommentiert er diese Übersetzung: „Diese Stelle könnte man wörtlich so übersetzen: ‚Damit ich, wenn ich evangelisiere, das Evangelium nicht mit gewissen Kosten belaste, darf ich die mir als Evangelist zustehenden Rechte nicht voll ausnützen.' "[12]

Vincent kommentiert Epheser 4,11 in Kürze und spricht von Evangelisten als von „wandernden Missionaren"[13]. 2. Timotheus 4,5

[12] W. J. Conybeare and J. S. Howson, *Life and Epistles of St. Paul* (Hartford, Conn.: Scranton, 1869), S. 442.
[13] Vincent, a.a.O., Bd. 3, S. 389.

beschreibt er den Evangelisten als „einen reisenden Verkündiger, dessen Wert nicht auf eine bestimmte Gemeinde beschränkt war ... einen Gehilfen der Apostel."[14]

Bischof Westcott schreibt: „Das Werk eines Evangelisten war wahrscheinlich das eines Missionars zu den Ungläubigen."[15]

Plummer erinnert im *Dictionary of the Apostolic Church* daran, daß sich „Evangelist" von dem Verb „evangelisieren" ableitet und folgert: „Es gibt auf jeden Fall einige Hinweise dafür, daß Heidenmissionare Evangelisten genannt wurden ... Philippus wurde, um des guten Dienstes willen, den er durch seine Verkündigung unter den Heiden getan hatte, der Evangelist genannt."[16] *The Bishops Commentary* identifiziert den Evangelisten mit dem modernen Missionar.

Vine bemerkt: „Ein Evangelist – wörtlich übersetzt Bote einer guten Nachricht – ist ein Verkündiger des Evangeliums. Apostelgeschichte 21,8 und Epheser 4,11 zeigen, was für besondere Funktionen er in den Gemeinden ausübte ... Missionare sind Evangelisten, da sie im wesentlichen Verkündiger des Evangeliums sind."[17]

Fausset stellt dazu folgendes im Blick auf den Evangelisten fest: „Der Evangelist gründete die Gemeinde; der Lehrer erbaute sie im Glauben ... Sie (die Evangelisten) reisten frei umher, wo immer ihr Dienst benötigt wurde, sei es das Evangelium zu verkündigen, sei es die Gemeinden zu inspizieren und zu stärken, die schon gegründet waren."[18]

Genau das gleiche finden wir bei Theodoret, der Evangelisten als reisende Missionare beschreibt. Augustin verwendet zwar den Begriff hauptsächlich im Blick auf die Autoren der Evangelien, ist sich aber seines weiteren Inhaltes wohl bewußt. Aus der Zeit Trajans berichtet Eusebius:

> „Diese (die Nachfolger der Apostel) bauten ... auf dem von den Aposteln überall gelegten kirchlichen Grund weiter, mehr und mehr ihre Predigttätigkeit ausdehnend und weithin auf dem ganzen Erdkreis den heilbringenden Samen vom Reiche Gottes ausstreuend. Sehr viele von den damals lebenden Jüngern zogen nämlich, nachdem sie, vom göttlichen Worte zu heißer Liebe für

[14] A.a.O., Bd. 4, S. 322.

[15] Westcott, *The Gospel According to St. John*, S. 62.

[16] A. Plummer, *Dictionary of the Apostolic Church* (London: T. & T. Clark, 1926), Bd. 1, S. 379.

[17] W. E. Vine, *An Expository Dictionary of New Testament Words* (London: Oliphants, 1939), Bd. 2, S. 44.

[18] A. R. Fausset, *Bible Cyclopaedia, Critical and Expository* (Hartford: Scranton, 1902), S. 216.

Philosophie begeistert (Philosophie bedeutet in der altchristlichen Zeit vielfach ein Leben in Abtötung) in Befolgung eines Erlöserwortes, ihr Vermögen an die Armen verschenkt hatten, in die Ferne und waren als Evangelisten tätig und eifrig bemüht, denen, die noch gar nichts von der Glaubenslehre gehört hatten, zu predigen und ihnen die Schriften der göttlichen Evangelien zu bringen. Nachdem sie auf fremden Boden nur erst den Grund des Glaubens gelegt hatten, stellten sie andere Männer als Hirten auf, um diesen die Pflege der Neubekehrten anzuvertrauen. Sodann zogen sie weiter in andere Länder zu anderen Völkern, von Gottes Gnade und Kraft unterstützt."[19]

In der späteren Geschichte wurden Bedeutung und Gebrauch des Wortes dahingehend abgewandelt, daß man etwas Außerbiblisches darunter verstand.

Das Wort *Evangelist* kommt im Neuen Testament nur dreimal vor (Apg. 21,8; Eph. 4,11; 2. Tim. 4,5). Das soll seine Bedeutung nicht herabsetzen. Auch der Titel *„Bischof"* oder *„Vorsteher"* findet sich nur an drei Stellen, der *Diakon* wird nur zweimal erwähnt und der *Hirte* (Pastor) nur einmal . In zwei der drei Vorkommen bezeichnet *Evangelist* Personen, die in einem Reise- oder Pionierdienst tätig sind, d. h. die also nicht örtlichen, schon gegründeten, bestehenden Gemeinden dienen. Das dritte Vorkommen bezeichnet eine spezifische Funktion innerhalb des Gesamtrahmens der Gemeinde.

Das Wort *Evangelist* darf nicht zu eng interpretiert werden, auch wenn der heutige Gebrauch uns dazu verführen möchte. Seine biblische Bedeutung ist viel breiter und der Gebrauch in den ersten Jahrhunderten viel umfangreicher. Im *Theologischen Wörterbuch zum Neuen Testament* kommt G. Friedrich nach ausführlichen Studien zu dem Schluß, daß Evangelisten Gehilfen der Apostel und deren legitime Nachfolger waren.[20] Im Blick auf Arbeit und Aufgabe waren sie vergleichbar; was den Evangelisten fehlte, war die apostolische Würde und Autorität. Ihre Hauptaufgabe war es, das Evangelium in nicht evangelisierten Gebieten zu verkündigen, die gläubigen Gemeinden zu sammeln und sie im Glauben, Lehre und Leben zu festigen. Der Begriff „evangelisieren" beinhaltet all das. Er geht weit über die Vorstellung hinaus, daß es nur darum ginge, Menschen mit dem Evangelium bekannt zu machen und sie zu einer Entscheidung für Christus zu führen. Somit ist der Evangelist ein Nachfolger des Apostels und Propheten und ein Vorläufer des Lehrers und Hirten,

[19] Eusebius, *Kirchengeschichte*, Buch 3,37, zitiert nach der Ausgabe von Heinrich Kraft (Darmstadt: Wissenschaft. Buchgesellsch., 1967), S. 187.

[20] G. Kittel, Hg., *Theologisches Wörterbuch zum Neuen Testament* (Stuttgart: Kohlhammer, 1949), Bd. 2, S. 735.

obwohl er zuzeiten als Evangelist, Hirte und Lehrer zu fungieren haben mag, wie es bei Timotheus in Ephesus und bei Titus in Kreta der Fall war. Aber der Evangelist läßt sich eben nicht permanent nieder. Geschieht das trotzdem, dann wechselt sein Status von dem des Evangelisten (des Missionars im technischen Sinn des Wortes) zu dem des Lehrers oder Hirten; das mag freilich durchaus legitim und im Einklang mit Gottes Willen und Auftrag für ihn sein.

Stellen wir die ursprüngliche Bedeutung des Wortes *Evangelist* und die Bemerkungen der verschiedenen Kommentatoren nebeneinander, fassen wir dazu noch die einzigartige Funktion ins Auge, die der Evangelist innerhalb der Dienste der Gemeinde hatte, und die historische Bedeutung, wie sie uns Eusebius und andere Kirchenväter erkennen lassen, dann glaube ich, ist es durchaus gerechtfertigt, unseren heutigen Missionar mit dem biblischen Evangelisten zu identifizieren. Damit ergibt sich für den Missionar folgendes Porträt:

Der Missionar ist (1) ein Gesandter – ein Bote, ein Herold, ein Ausgesandter, ein Mann unterwegs; (2) er ist ein Apostel, d. h. einer, der unter göttlicher Autorität von der Gemeinde mit einem bestimmten Auftrag ausgesandt ist; (3) er ist ein Evangelist, einer, der die gute Nachricht weiterträgt, ein Träger des Evangeliums. Diese drei Definitionen bestätigen in schönster Weise unsere Beschreibung des Missionars.

Das neutestamentliche Amt des Hirten-Lehrers

Dem Werk des Evangelisten steht der Dienst des Hirten-Lehrers sehr nahe. Christus selbst war in erster Linie Lehrer. Er beauftragte seine Jünger, das Evangelium zu *verkündigen* (zu evangelisieren) und die Gläubigen zu *lehren* alles zu halten (vgl. Mark. 16,15; Matth. 28,19). Paulus spricht von sich im gleichen Vers als Verkündiger, Apostel, Lehrer der Heiden im Glauben und in der Wahrheit (vgl. 1. Tim. 2,7; 2. Tim. 1,11). Es ist von Interesse festzuhalten, daß Paulus von sich niemals als Prophet spricht, möglicherweise deshalb, weil das apostolische Amt die besonderen Gaben eines Propheten in sich schloß. Noch wahrscheinlicher aber ist, daß unser Herr ein besonderes prophetisches Amt einrichtete, dessen Funktionen sich im Hirten-Lehrer-Amt der Missionsbewegung fortsetzt.

Kein neues Amt und keine neue Funktion

Amt und Funktion des Propheten sind im Neuen Testament nichts Neues. Dieses Amt ist als Institution in der Geschichte des Alten Testamentes wohl verwurzelt. Durch Johannes den Täufer war es neu belebt worden. Während seines öffentlichen Wirkens steht Christus in der biblischen Linie der Propheten. Es ist unser Eindruck, daß der prophetische Dienst in seinem Doppelauftrag der Offenbarung und der Unterweisung unter dem direkten Einfluß und der direkten Inspiration des Heiligen Geistes sich fortsetzte, bis die „Offenbarung“ des Neuen Testamentes abgeschlossen war. Von nun an geht nur noch der Dienst des Unterweisens weiter.

Ein allgemeiner Dienst der Unterweisung

Während der Dienst des Hirten-Lehrers zum Teil zur Ortsgemeinde gehört (Apg. 13,1; Hebr. 5,12; Jak. 3,1; 1. Tim. 3,2; 5,17; 2. Tim. 2,2.24), gibt es noch einen anderen Dienst der Unterweisung mit universalem Charakter (1. Kor. 12,8. 28–29; Eph. 4,11; 1. Tim. 2,7; 2. Tim. 1,11).

Diese These läßt sich wohl am besten unter Heranziehung des Lebens und Wirkens des Apollos untermauern. Obwohl er in der Apostelgeschichte und den Briefen nur gelegentlich erwähnt ist (Apg. 18,24–28; 19,1; 1. Kor. 1–4; 16,12; Titus 3,13), lassen sich aus seinem Leben einige wichtige Lektionen ableiten. Als Verkörperung eines sehr wichtigen missionarischen Grundsatzes ist seine Darstellung in der Schrift äußerst bedeutsam. Er ist ein Jude aus Alexandrien, ein gelehrter Mann, in der Schrift wohl bewandert, ein Mann im Weg des Herrn unterwiesen, erfüllt mit dem Heiligen Geist, geschickt und fleißig in seinem Lehren und mächtig und überzeugungsfähig im Sprachgebrauch. Trotz all dieser Qualifikationen war er ein Mitarbeiter, ein Teamarbeiter. Allem Anschein nach war er kein pionierender, evangelistischer Missionar; er war einer jener Hirten-Lehrer-Missionare, die zur Festigung der Gemeinde beitragen. So empfahlen ihn die Brüder aus Ephesus den Jüngern in Achaja. Als Apollos dort ankam, „half er viel denen, *die gläubig geworden waren* durch die Gnade“. Als nächstes finden wir ihn in der Gemeinde in Korinth (Apg. 18,27; 19,1; 1. Kor. 1–4), wo er das *begoß*, was Paulus gepflanzt hatte. Aller Wahrscheinlichkeit nach kehrte er von Korinth nach Ephesus zurück (1. Kor. 16,12), wo er anscheinend mit Paulus für einige Zeit zusammenarbeitete. Es spricht alles dafür, daß er viel später die Insel Kreta besuchte (Titus 1,5; 3,13), wo er auch die Gläubigen stärkte und befestigte.

Grundsätze aus dem Dienst des Apollos

Aus dem Dienst des Apollos ergeben sich gewisse Grundsätze:

1. Er war ein umherziehender Diener des Wortes Gottes, ein Hirten-Lehrer, der nicht an eine Ortsgemeinde gebunden war.
2. Er war ein Hirten-Lehrer, ein Missionar des Wortes Gottes, dessen Dienst auf die Gläubigen und die jungen Gemeinden hin ausgerichtet war und nicht auf die Weltevangelisation. Er befestigte und begoß, was andere gepflanzt hatten.
3. Er war in der Lage, seinen Dienst dem Rahmen anzupassen, der vom Pionierevangelisten festgelegt worden war. Somit ergänzte er dessen Dienst in vielfältiger Weise, bereicherte die Gemeinden, ohne den Dienst seiner Vorgänger herunterzusetzen oder ihm entgegenzuwirken.

Der Dienst des Hirten-Lehrers ergänzt die Arbeit des Evangelisten. Während der letztere vor allen Dingen außerhalb einer bestehenden Gemeinde in der Evangelisation und in der Gemeindegründung tätig ist und die Grenzen der Kirche fortwährend weiter hinaustreibt, nährt und festigt der Hirten-Lehrer die Gemeinde im Glauben und im Leben. Somit setzt er das Werk des Evangelisten fort und ergänzt zu gleicher Zeit den Dienst der verschiedenen Gemeindeämter, der Gemeindevorsteher, der Ältesten in der Ortsgemeinde.

Die Fortdauer des Lehramtes als ein Dienst im Rahmen der überörtlichen Universalgemeinde läßt sich in der Kirchengeschichte wohl nachweisen. Adolf von Harnack zitiert die apostolischen Väter und die Kirchenväter ausführlich, um diesen Tatbestand zu belegen.[21] Seine Ergebnisse faßt er wie folgt zusammen:

> „Also eine alte Quellenschrift der Apostelgeschichte, Paulus, Hermas und die Verfasser der Didache bezeugen es, daß in den ältesten christlichen Gemeinden die, ‘die das Wort sagten‘, den höchsten Rang einnahmen und daß sie in Apostel, Lehrer und Propheten zerfielen. Sie bezeugen es aber auch, daß diese Apostel, Propheten und Lehrer nicht als Beamte einer Einzelgemeinde angesehen, sondern als von Gott eingesetzte und der ganzen Kirche geschenkte Prediger geehrt wurden . . .
> In diesem Besitz hatte aber die zerstreute Christenheit eine Verbindung und ein Band der Einheit, welches oft unterschätzt wor-

[21] A. v. Harnack, a.a.O., Bd. I, S. 280–291.

den ist. Diese Apostel und Propheten, die von Ort zu Ort wandern und in allen Gemeinden mit dem höchsten Respekt aufgenommen werden mußten, sie helfen es erklären, wie die Entwicklung der Gemeinden in den verschiedenen Provinzen unter den so disparaten Bedingungen doch das Maß von Gleichartigkeit bewahren konnte, welches sie bewahrt hat."[22]

Drei Aufgaben im Gemeindeleben

Der Hirten-Lehrer erfüllte drei Aufgaben im Gemeindeleben:
1. Er reiste von Gemeinde zu Gemeinde, um die Gläubigen im Wort Gottes zu unterweisen und sie zum Zweck ihrer Auferbauung und Festigung in den Rat und Vorsatz Gottes einzuführen.
2. Er gründete Ausbildungsstätten für den Dienst im Reich Gottes. Die bekanntesten Schulen dieser Art entstanden in Alexandrien, das sehr früh zum Ausbildungszentrum für den Missionsdienst wurde.
3. Die Hirten-Lehrer wurden sehr früh zu literarischen Verteidigern des Glaubens. Sie wurden als die frühen christlichen Apologeten bekannt. In dieser Funktion gingen sie oft den Evangelisten voran. Unablässig griffen sie die Inhaltslosigkeit und die Übel des Heidentums und Götzendienstes an und bereiteten so den Weg für die Verkündigung des rettenden Evangeliums Gottes vor. Wir sollten den apologetischen Zug der Predigt in den ersten Jahrhunderten wohl beachten. Dadurch wurden die philosophischen und religiösen Fundamente der damaligen Glaubenssysteme unterminiert; auf dem Gebiet der jungen Kirchen ist die apologetische Verkündigung eine dringende Notwendigkeit.

Schlußfolgerungen

Von den obigen Fakten können wir nun die folgenden Schlüsse ziehen:

Auf dem Gebiet der Mission werden vor allem zwei Dienste benötigt: Der des Evangelisten und der des Hirten-Lehrers.
1. Der Evangelist ist in der direkten Missionsarbeit tätig. Dr. T. Watson Street erklärt: „Die Mission ist ein spezifisch missionarisches oder evangelistisches Unternehmen über die Grenzen des Glaubens hinaus in das Gebiet des Unglaubens hinein."[23] In den Worten von

[22] A.a.O., S. 286.
[23] T. Watson Street, *On the Growing Edge of the Church* (Richmond: John Knox, 1946).

Stephen Neill heißt das: „Das Anliegen der Mission ist es, in die Welt des Heidentums vorzudringen."[24] Die Arbeit des Missionars kann von einer Gemeinde ausgehen, richtet sich aber nicht auf eine Gemeinde hin aus. Er wirkt im großen und ganzen in nichtkirchlichem Gebiet, und es geht ihm um die Bekehrung von Nichtchristen, die er in Gemeinden zusammenführt.

2. Der Hirten-Lehrer folgt den Spuren des Evangelisten, steht in enger Beziehung zu den Bekehrten; es ist seine Aufgabe, sie als eigen- und selbständige Gemeinden aufzubauen, die schließlich in der Lage sind, aktiv am Leben und Dienst der allgemeinen Kirche teilzunehmen, wo sie an der weiteren Gemeinschaft Anteil haben können und an der Ausführung des göttlichen Vorsatzes für unser Zeitalter mitwirken. Damit ist schon gesagt, daß die Arbeit des Hirten-Lehrers sich nicht nur auf eine Gemeinde gründet, sondern daß sie auf die Gemeinden hin ausgerichtet ist. Er steht in einem anderen Verhältnis zu den Gemeinden als der Evangelist. Er bildet einen *in* dieser Bewegung stehenden Bestandteil, nicht nur, wie der Evangelist, einen von ihr *ausgehenden.*

Die Gemeinde leistet der Welt ihren Beitrag, indem sie ihr den Evangelisten sendet. Der Beitrag, den die älteren Gemeinden für das Leben und den Aufbau der jüngeren leisten, ist der Hirten-Lehrer. Sein Dienst trifft eine der größten Nöte unserer Tage.

Der bleibende Charakter des missionarischen Dienstes

Nachdem wir die biblische Verankerung des missionarischen Dienstes aufgezeigt und definiert haben, gilt es, der zeitlichen Dauer des Missionsdienstes nachzugehen. Sind Missionsauftrag und -dienst bleibende oder vorübergehende biblische Einrichtungen? Fällt der missionarische Dienst in die Kategorie der „Apostel und Propheten", die im Laufe der Geschichte dahinten blieben, nachdem die Gemeinde Jesu Christi einmal gegründet war und sich innerhalb der sozialen Strukturen und im Kampf des Lebens einen festen Platz geschaffen hatte? Oder ist der missionarische Dienst eine permanente Einrichtung im Rahmen des Gesamtdienstes der Gemeinde, bis die Evangelisation der Welt abgeschlossen und die Gemeinde aus allen (nicht einigen) Nationen der Welt herausgerufen ist?

Das sind keine nichtigen Fragen. Ernste und aufrichtige Männer stellten sie, Männer, die selbst im Dienst der Weltevangelisation

[24] Stephen Neill, *Creative Tension* (London: Edinburgh House, 1959), S. 82.

stehen oder einen wesentlichen Anteil daran haben. Wir dürfen sie also nicht leichtfertig übergehen. Es ist eine große, hell leuchtende Tatsache, daß die Gemeinde Jesu Christi wenigstens als Brückenkopf auf jedem Kontinent und in jeder Nation gegründet ist. Eine ganz große Arbeit ist damit fertiggestellt. Aber hat mit der Gründung der Gemeinde die Missionsaufgabe, so wie sie biblisch definiert und praktiziert wird, ihren Abschluß erreicht?

Die These, daß die Missions-Ära vorbei sei, mag vor der Hand vernünftig klingen. Einigen ist es sogar eine äußerst willkommene Nachricht. Aber ist es eine schriftgemäße Position und ist sie von der Praxis her begründet? In der Tat, ich muß sie verwerfen, da sie der allgemeinen Stoßrichtung des Neuen Testamentes widerspricht und sogar im Widerspruch steht zu gewissen spezifischen Konzepten und Aussagen. Von der Schrift her bin ich von der Permanenz des Missionsdienstes überzeugt. Vier Gründe sprechen für diesen Standpunkt.

Das Neue Testament sagt nichts aus über die Beendigung dieses Dienstes

Unmißverständlich befahl unser Herr seinen Jüngern, aus allen Nationen Jünger zu gewinnen, nicht nur einige Leute aus wenigen Nationen. Dieser Auftrag beinhaltet zwei äußerst bedeutsame Grundsätze:

Das Jünger-machen muß fortgeführt werden, bis „die Nation" mit der Botschaft Gottes erreicht ist. Unser Herr begrenzt Missionsauftrag und Missionstätigkeit nicht auf die Errichtung eines Brückenkopfes der Gemeinde in jeder Nation. Die Arbeit geht weiter, bis die ganze Nation mit dem Evangelium Jesu Christi durchgedrungen und gesättigt ist. Paulus erhält den Auftrag, zu den *Nationen* zu gehen, um *ihre* Augen zu öffnen, damit *sie* Vergebung der Sünden empfangen mögen (Apg. 26,17–18). Noch stärker sind die Akzente bei Markus gesetzt, wo der Herr seinen Jüngern befiehlt, das Evangelium *jeder Kreatur* zu predigen. Somit ist es klar, daß es im Blick auf die Weite des Dienstes für den Missionsauftrag keinerlei Endpunkt gibt.

Unser Herr geht davon aus, daß das Evangelisationsprogramm bis zum Ende dieses Zeitalters andauern wird. Seinen Jüngern, die andere zu ihm rufen, verheißt er, daß er bei ihnen sein wird bis zum Ende dieses Zeitalters. So findet sich auch bezüglich seiner Gegenwart kein Endpunkt. Ja, die Sache liegt sogar so, daß mit den Worten unseres Herrn „und siehe, ich bin bei euch alle Tage, bis an der Welt Ende" die Fortdauer der Missionsaufgabe bis zum Ende unseres Zeitalters definitiv vorausgesetzt ist. Die gleichen Implikationen finden sich in der Anweisung: „Handelt, bis ich komme!" (Matth. 28,20; Luk. 19,13).

Wir tun wohl daran, das Schweigen Christi im Blick auf eine Terminierung des Missionsauftrages zu beachten. Eine Beendigung lag ihm nicht im Sinn, noch ist sie in seinem Programm vorgesehen. Es ist in der Tat so, daß es weder dem Umfang noch der Zeit nach eine Terminierung gibt. Für Christus gibt es keine nachmissionarische Ära.

Wesen und Umfang der Aufgabe nach dem Missionsbefehl

Der Auftrag unseres Herrn, daß das Evangelium jeder Kreatur verkündigt, daß Buße und Vergebung der Sünden in seinem Namen unter allen Nationen proklamiert, daß die Evangelisation bis zu den äußersten Enden der Erde vorangetrieben wird und daß dieser Dienst nicht abgeschlossen ist, bis alle Nationen zu Jüngern gemacht sind, ist klar. Das Verhältnis dieses Dienstes zu der Gemeinde muß später noch näher bestimmt werden.

Der Begriff „alle Völker" ist ein einzigartig gefülltes Konzept, das sich in den Ruf nach „Missionaren für Übersee" fortsetzt. Es ist wohl bekannt, daß das Wort, das wir hier mit „Nationen" übersetzten, das griechische Wort *ethnos* ist, von dem sich wiederum unser Begriff *Ethnologie* ableitet. Nach Thayer bezeichnet er „eine Menge, die zusammenlebt, eine Menge Einzelpersonen gleicher Art oder Herkunft, eine Rasse oder eine Nation, fremde Nationen, die nicht den wahren Gott anbeten, Heiden, Nichtjuden . . ."

Wenn wir heute von einer ethnischen Gruppe reden, meinen wir damit Leute, die durch eine gemeinsame Kultur miteinander verbunden sind. Mit nationalen oder geographischen Völkergrenzen im modernen Sinn des Wortes hat das wenig zu tun.

Es ist ersichtlich, daß der Missionsbefehl in Kraft bleibt, bis wenigstens die letzte ethnische Gruppe das Evangelium von Jesus Christus gehört hat. Solange es Menschengruppen gibt, die den wahren Gott nicht anbeten, und bis die Botschaft des Evangeliums jeder Kreatur verkündet worden ist, so lange wird auch eine Nachfrage nach Missionaren bestehen. Christus hat angedeutet, daß das der Fall sein wird, bis zum Ende des jetzigen Zeitalters. Entweder liegt das in der Aufgabe selbst begründet oder aber ist es deshalb so, weil es immer wieder aufs neue Generationen gibt, denen das Evangelium verkündigt werden muß. Im Licht der Bevölkerungsexplosion und der noch unerreichten Menschenmassen ist der Bedarf an Missionaren heute größer denn je zuvor. Allem Anschein nach sprechen also sowohl praktische Erwägungen als auch die Schrift dafür, daß Missionare mehr denn je gebraucht werden.

Die praktische Ausführung des Missionsauftrages bleibt die Verantwortung der Apostel (im allgemeinen Sinne) und der Evangelisten, die von den Kirchen und Gemeinden durch den Heiligen Geist ausgesandt werden.

Die „Evangelisten" als bleibender Stand

Verschiedentlich wird sich wohl die Frage erheben, ob auch der Stand der Evangelisten von bleibender Dauer ist. Freilich wird diese Frage nur von einer geringen Minorität innerhalb der christlichen Kirche gestellt werden. Irgendwie hat die christliche Gemeinde immer der Evangelisation und dem Evangelisten einen Platz eingeräumt. Die Tatsachen liegen sogar so, daß das Fehlen der letzteren die Gemeinden immer wieder aufgeschreckt und alarmiert hat. Es ist seltsam, daß die Gemeinde immer irgendwie das Gefühl gehabt hat, daß Evangelisten gebraucht werden. Wie kam es wohl, daß das Volk Gottes immer wieder gebetet hat, daß Gott ihm Männer sendet, die von ihm selbst mit der Gabe der Evangelisation ausgestattet sind. Gibt es nicht doch den Geist innerhalb der Gemeinde, der hofft, daß das Evangelium zum Sieg kommt, die Gemeinde sich ausbreitet und die Welt evangelisiert wird?

Das stimmt durchaus mit Gottes Wort überein. Nirgendwo findet sich ein Hinweis darauf, daß das Amt des Evangelisten aufhören oder daß die Funktion des Apostels im allgemeinen Sinne zu Ende kommen sollte. Diese Funktionen sind vom Heiligen Geist selbst festgelegt. Es ist sein Wille, daß die Gemeinde sowohl quantitativ als auch qualitativ wächst und daß die Völker der Erde das Evangelium hören und gerettet werden. Es gibt weder ein Gebot noch ein Anzeichen dafür, daß die Weltevangelisation vor Ablauf dieses Zeitalters aufhört. Die Abschaffung des Dienstes des Evangelisten oder des Missionars läßt sich nicht auf ein biblisches Gebot, auf Exegese, auf biblische Beispiele oder biblische Erwartungen zurückführen. Wer immer vom Ende des Missionszeitalters oder von einer Terminierung des Missionarsstandes spricht, spricht nicht von der Bibel her, hat seinen Standort weder im Bereich des biblischen Realismus, noch im Bereich des biblischen Idealismus. So gesehen ist der Stand des Evangelisten/Missionars von gleicher Dauer wie die Sendung der Gemeinde. Das Ende beider fällt mit dem Ende dieses Zeitalters zusammen.

Ein bleibender Grundsatz: „So sende ich euch!"

Im allgemeinen glauben die Christen an die bleibende Geltung des Missionsbefehls. Deshalb müssen wir seinen Worten größte Aufmerksamkeit schenken. Dabei ist es interessant, zwei Stellen des Johannesevangeliums zu vergleichen, die beide direkt von der Aussendung der Apostel handeln. Während in Johannes 17,18 das Wort „gesandt" im Aorist steht und den Akt der Sendung andeutet, steht das Verb in Johannes 20,21 im Präsens Aktiv Indikativ und drückt damit die Vorstellung eines fortdauernden Sendungsprozesses bzw. einer fortwährenden Sendung aus.

Nun wird man sich nicht ausschließlich und letztlich auf solch einen Formunterschied gründen wollen. Dennoch glauben wir, daß in Johannes 20,21 implizite der Grundsatz einer bleibenden bis zum Ende des Zeitalter währenden Sendung ausgedrückt ist.

Dr. Westcott hat in seinem Kommentar einen Exkurs zu Johannes 20,21. Nachdem er im Detail verschiedene Stellen im Johannesevangelium untersucht hat, die mit der Sendung des Sohnes und der Apostel zu tun haben, und dabei den Gebrauch, die zwei Zeiten Aorist und Perfekt im Zusammenhang mit *apostello* und *pempo* feststellte, bemerkt er: „In allen Fällen (wo der Aorist gebraucht ist) läßt sich feststellen, daß der eigentliche Schwerpunkt der Aussage in dem Faktum der Sendung Christi liegt." Dagegen „ist der Gebrauch des Perfektes an anderen Stellen häufig genug, um zu zeigen, daß es in seinem eigentlichen Sinn erhalten geblieben ist und eine Sendung beschreibt, die sich in ihrer gegenwärtigen Wirksamkeit fortsetzt."[25]

Dann kommentiert er im Blick auf Johannes 20,21: „Die Sendung Christi wird hier nicht vom Standpunkt ihres historischen Erfülltseins (gesandt) gesehen, sondern es geht um die Dauer ihrer Wirkung (gesandt hat). Die Form, in der sich Christi Sendung erfüllt, ändert sich nun, aber die Sendung selbst dauert fort und ist immer noch wirksam. Die Apostel waren beauftragt, das Werk Christi fortzuführen; nicht ein neues zu beginnen. Ihr Amt ist die Fortführung und Ausübung seines eigenen Amtes, gemäß den Bedürfnissen der Menschen."[26] Damit ist erwiesen, daß der Grundsatz der Sendung genauso bleibend ist wie die Frucht des Werkes Christi und die geistliche Not der Menschen. Der gleiche Grundsatz läßt sich von Römer 10, 12–15 her ableiten, wo die Sendung äußerst entscheidend ist und wo es auch mehr um den Grundsatz geht, als um den einzelnen Sen-

[25] Westcott, a.a.O., S. 294.
[26] A.a.O., S. 298.

dungsakt. Und wenn man nun vielleicht nicht einen direkten Befehl anführen kann, so kann man doch von den Implikationen und von Bedürfnissen her sagen, daß die Funktion des Missionars ein bleibender Stand im allgemeinen Rahmen der Dienste der Gemeinde bleibt.

Der Gedanke, daß wir in einer nachmissionarischen Ära leben, läßt sich weder von der Schrift, noch von den Nöten der Welt, noch von den Erwartungen der jüngeren Kirchen, noch von denen der Christen belegen. Die Tatsache bleibt, daß die Nöte ins Übermäßige gestiegen sind, daß die Anforderungen erdrückend, die Möglichkeiten übergroß und die Reaktion auf das Evangelium besser ist als je zuvor. Gott ist mehr am Werk als je zuvor. Dies ist nicht eine Zeit, in der man in Frage stellen, in der man verwirrt, durcheinander sein oder zögern sollte. Dies ist eine Zeit, in der es gilt, tapfer zu sein, etwas zu wagen, größere Dinge für Gott zu unternehmen als je zuvor, sich hinaus zu begeben in das Ernte- und Schlachtfeld.

Aber das ist auch eine Zeit, wo es ein besonderes Maß göttlicher Weisheit in der Missionsstrategie, ein besonderes Maß Brüderlichkeit in der Zusammenarbeit, Demut in Anpassung an Nöte und Bedürfnisse und Forderungen des Feldes bedarf, wo man mehr Feingefühl und Verständnis gegenüber den jüngeren Kirchen in Ländern braucht, die weite, unerreichte Menschenmassen und nichtchristliche Regierungen haben, wo es einer tiefen Einsicht bedarf in die subtilen Bewegungen des Synkretismus und in die schlauen Manöver bewußt aufgebauter Opposition. Wir leben in einer gefährlichen Zeit, wo die ungenutzten Gelegenheiten unsere größten Tragödien werden können, wo die ungestillten Nöte unser eigenes Gefängnis für die Zukunft, wo von Sünden gebundene Sklaven, wenn sie nicht gelöst werden, unsere zukünftigen Herren werden können.

Unsere Zeit verlangt absolute Treue dem Worte gegenüber, vollkommene Hingabe an unseren Gott, uneingeschränkten Gehorsam und völliges Verlassen auf den Heiligen Geist. Sie verlangt unnachgiebige Zielstrebigkeit, um die Evangelisation der Welt nach dem Ratschluß Gottes und dem Befehl unseres Herrn zu Ende zu bringen, und radikales Denken und drastische Veränderungen, um die Mission up to date zu bringen und die vor uns liegende Aufgabe hinauszuführen.

Der Ruf Gottes und der Dienst am Wort

Die Worte *berufen, berufen sein* und *Berufung* werden im Neuen Testament in einer Vielzahl von Zusammenhängen gebraucht. Das zeigen die folgenden Zitate: „Berufen durch seine Gnade" (Gal. 1,15); „berufen ... durch unser Evangelium" (2. Thess. 2,14); „berufen mit einem heiligen Ruf" (2. Tim. 1,9); „die nach dem Vorsatz berufen sind" (Röm. 8,28); „das ewige Leben, dazu du berufen bist" (1. Tim. 6,12): „berufen zu Kindern Gottes" (1.Joh. 3,1 – freie Übers.); „berufene Heilige" (Röm. 1,7; 1. Kor. 1,2); „durch welchen ihr berufen seid zur Gemeinschaft seines Sohnes Jesus Christus, unseres Herrn" (1. Kor. 1,9); „zum Frieden hat euch Gott berufen" (1. Kor. 7,15); „ Ihr . . . seid zur Freiheit berufen" (Gal. 5,13); „berufen hat durch seine Herrlichkeit und Kraft" (2. Petr. 1,3); „berufen . . . daß ihr den Segen ererbet" (1. Petr. 3,9); „berufen . . . zu seinem Reich und zu seiner Herrlichkeit" (1. Thess. 2,12).

Diese Liste könnte man ohne weiteres verlängern. Sie zeigt, daß der Ruf Gottes im Leben eines Christen ein weites Gebiet umspannt. Wir glauben aber, daß wir der Schrift nicht Gewalt antun, wenn wir feststellen, daß uns in ihr im wesentlichen ein dreifacher Ruf begegnet: Der Ruf zur Rettung, der Ruf zur Jüngerschaft und der Ruf zum Dienst am Wort. Wir wollen der Berufung Gottes in dieser Ordnung zum Zweck unserer eigenen geistlichen Orientierung, damit wir unserer Berufung und unserer Erwählung gewiß werden, nachdenken.

Der Ruf zum Heil

Der göttliche Ruf zum Heil kommt nach der Schrift in Form von Einladungen, Verheißungen und Geboten. Als *Einladung* hören wir die Stimme des Heiligen Geistes in so bekannten Stellen wie Jesaja 1,18; 45,22; 55,1–3; Matthäus 11, 28–30; Johannes 7,37–39; Offenbarung 22,17.

Die *vielen Verheißungen* rufen uns zu dem großen Heil unseres Gottes und machen uns dessen gewiß. Deshalb stellt uns der Herr die wunderbarsten Verheißungen vor Augen, wie in Johannes 3,14–18. 36; 5,24; 6,37; Römer 10, 9–13; Offenbarung 3,20.

Die Bibel konfrontiert uns aber auch mit *Geboten* und ruft uns damit zur Buße, zum Glauben, zur Hingabe, zum Vertrauen, zur Umkehr und zur Bekehrung. Wir weisen hin auf Stellen wie Jesaja 55,6–7; Jeremia 3,12; Matthäus 3,1–3; 4,17; Markus 1,2–3,15; Lukas 3,3–4; Apostelgeschichte 2,38; 17,30; Römer 16,26; 2. Thessalonicher 1,6.8.

Ich möchte mich an dieser Stelle nicht über die theologischen Unterschiede zwischen einem umfassenden und spezifischen Ruf, einem allgemeinen und einem wirksamen Ruf zum Heil auslassen, obwohl mir die verschiedenen theologischen Vorstellungen, ja Systeme, wohl bekannt sind, die sich mit diesen Begriffen verbinden. Hier ist jedoch nicht der Ort, diese theologischen Systeme und ihre Vorverständnisse zu besprechen und zu bewerten. Es mag für unseren Zweck ausreichen, auf die biblische Tatsache hinzuweisen, daß Gott Menschen zum Heil ruft.

Der Ruf zum Heil, auf den sich jeder andere Ruf Gottes gründet, steht, was Betonung, Zeit und menschliche Erfahrung angeht, an erster Stelle. Sein Primat ist unvergänglich und unumstößlich.

Der Ruf zur Jüngerschaft

Die christliche Jüngerschaft ist ein biblisches Ideal, zu dem jeder Christ gerufen ist. Er ist indirekt schon in dem Vorbild Christi und in seinem Ruf „Folge mir nach" enthalten. Er ist in dem Ausbildungsprogramm, das der Meister mit seinen Nachfolgern durchführte, beinhaltet. Er ist gleichfalls eingebaut in dem Gebot des Herrn, das im Missionsbefehl seinen Ausdruck findet und in Matthäus 28,18–20 festgehalten ist. „Machet zu Jüngern" ist sicherlich das zentrale Element des Auftrages, während Gehen, Taufen und Unterweisen die Mittel und Methoden zur Gewinnung und Heranbildung der Jünger sind.

Die christliche Jüngerschaft ist auch im Heil in Christus beinhaltet und muß deshalb, in aller Klarheit und Dringlichkeit verkündigt, demütig und allen Ernstes praktiziert werden. Was Jüngerschaft alles beinhaltet, haben wir früher schon untersucht.

Der Ruf zum Dienst am Wort

Während der Ruf zum Heil durch die Verkündigung des Evangeliums die ganze Menschheit angeht, und während der Ruf zur Jüngerschaft allen Gläubigen gilt, ist der Ruf zum Dienst am Wort selektiv, persönlich und spezifisch. Er muß deshalb notwendigerweise klar vom Ruf zur Jüngerschaft unterschieden werden, d. h. wenigstens dem Wesen des Rufes nach, obwohl das nicht notwendigerweise eine zeitliche Unterscheidung in sich birgt.

Hier stoßen wir auf eine Verwirrung sondersgleichen, die sich vor allem immer und immer wieder in den Vorstellungen junger Menschen findet, denen es ernstlich darum zu tun ist, den Willen und Ruf Gottes für ihr Leben zu suchen. Viele unserer heutigen Einsegnungs-, Weihe- und Ordinationsgottesdienste sind so allgemein gehalten, daß es für einen aufrichtigen Christen fast unmöglich wird, dem Ruf zum Dienst zu widerstehen. Damit habe ich an sich noch keinerlei Schwierigkeiten, wenn die Reaktion richtig interpretiert wird, sei es als eine Bekräftigung einer früheren Übergabe, sei es als eine grundlegende Entscheidung, Selbstleben und weltliches Wesen aufzugeben und das ganze Leben unter die Herrschaft Christi zu stellen. Aber das ist eine Entscheidung im Rahmen der Jüngerschaft und involviert noch nicht notwendigerweise einen Ruf zum Dienst am Wort.

Demzufolge muß diese Hingabe getrennt werden von einer Hingabe des Lebens zum Dienst am Wort in Antwort auf eine Berufung Gottes, ganz gleich in welcher Weise diese Berufung erging. Der Schrift nach eignen einem Ruf zum Dienst am Wort wenigstens vier unaufgebbare, absolute Charakteristika. Diese untersuchen wir nun.

Biblische Implikationen eines Rufes Gottes für den Dienst am Wort

In dieser äußerst wichtigen Frage muß Gottes Wort unser Führer bleiben. Niemand sollte den Dienst am Wort Gottes leichtfertig auf sich nehmen. Es ist ein Dienst, den Gott austeilt und der unter seiner souveränen Verfügbarkeit bleiben muß. Die Bibel knüpft definitive Voraussetzungen an diesen Dienst und an eine dergestaltige Berufung.

Es ist ein souverän durch den Heiligen Geist ergehender Ruf

Die Tatsache, daß Gottes Ruf souverän vom Heiligen Geist her ergeht, ist klar ersichtlich aus der Wahl der Zwölf durch den Herrn. So lesen wir von Christus: „Und er ging auf einen Berg und rief zu sich, welche er wollte, und die gingen hin zu ihm. Und er ordnete zwölf aus, daß sie bei ihm sein sollten“ (Mark. 3, 13–14). Später erinnert Christus seine Jünger daran und sagt zu ihnen: „Ihr habt mich nicht erwählt, sondern ich habe euch erwählt und gesetzt, . . .“ (Joh. 15,16).

Mit gleicher Vollmacht redete der Heilige Geist mit den Leitern der Gemeinde in Antiochien und sagte: „Sondert mir aus Barnabas und Saulus zu dem Werk, dazu ich sie berufen habe“ (Apg. 13,2). Von dieser heiligen Tatsache seines Lebens konnte Paulus nie loskommen, in Gehorsam und Demut anerkannte er die Souveränität des Heiligen Geistes in seinem ganzen Leben und in seiner Berufung. Ja, diese Berufung und sein Dienst waren sein Ruhm. Das ursprüngliche Erleben wuchs sich aus zu einer Überzeugung und schließlich zu einer Theologie, der er in seinen Briefen klaren Ausdruck verleiht. Wenigstens fünfmal erklärt er von seiner Berufung, daß sie ihm durch eine besondere Gnade Gottes zuteil wurde (Eph. 3,2.7–8; Röm. 15,15; 12,3). Er war zu einem Diener Christi gemacht (Eph. 3,7; Kol. 1,23.25) und war in den Dienst eingesetzt worden (1. Tim. 1,12). Dahinter steht weder eine „Berufswahl“ des Paulus, noch war es für ihn eine Schicksalslast, die es nun einmal zu tragen galt. Seine Berufung war seine Freude in Lust und Leid (Röm. 15,15–19).

An einer Stelle teilt er uns mit, daß mit diesem Grundsatz und seinen Auswirkungen der Gemeinde Christi ein bleibendes Prinzip gegeben ist. So lesen wir: „Und er hat etliche zu Aposteln gesetzt, etliche zu Propheten, etliche zu Evangelisten, etliche zu Hirten und Lehrern“ (Eph. 4,11), und an anderer Stelle nach Aufzählung der verschiedenen Gaben zum Dienst in der Gemeinde: „Dies alles wirkt derselbe *eine Geist* und teilt einem jeglichen das Seine zu, wie er will“ (1. Kor. 12,11), und etwas weiter im gleichen Kapitel: „Und Gott hat gesetzt in der Gemeinde . . .“ (1. Kor. 12,28).

Besonders deutlich wird das in Hebräer 5,1–4 dargestellt. Der Schreiber erläutert hier die Qualifikationen des Priesters, besonders des Hohenpriesters. Nachdem die Tatsache geklärt ist, daß der Hohepriester von den Menschen genommen sein muß, d. h., daß er zum Zweck wahrer Identifikation und wahren Mitempfindens echte Menschlichkeit an sich tragen muß, fährt er fort darzulegen, daß man in das hohepriesterliche Amt durch göttliche Berufung und Bestellung und nicht durch menschliche Berufswahl eingesetzt wird, ganz gleich, wie begehrt dieses Amt sein mag. Genausowenig wie Aaron für sich selbst diesen Dienst erwählt hat und in dieses Amt nicht einfach durch menschliche Erwählung und Bestallung eingesetzt wurde, sondern durch eine göttliche Berufung, kann kein Mensch diese Ehre, diese Verantwortung und dieses Amt von sich aus ergreifen. Somit illustriert das Beispiel Aarons einen allgemeinen Grundsatz, nach dem der souveräne Ruf Gottes in Geltung bleibt. William Barclay hat das so ausgelegt:

„Priester setzen sich nicht selbst in das Priesteramt ein, sondern werden von Gott eingesetzt. Niemand kann sich das Priesteramt selbst nehmen; zu dieser Würde, zu diesem Vorrecht wird er berufen. Wer Gott unter den Menschen im geistlichen Amt dienen will, ergreift damit weder einen Job noch schlägt er eine Karriere ein, sondern es ergeht ein Ruf an ihn; er wird berufen. Es wäre gut, wenn alle Menschen sagen könnten: 'Gott hat mich zu dieser Arbeit ausersehen; ich habe sie mir nicht selbst gewählt.' "[27]

Das heißt also, daß der Heilige Geist seine Autorität souverän ausübt, wenn er Menschen zum Dienst am Wort beruft wie er will. Natürlich rüstet er den, den er beruft, auch mit den besonderen Gaben aus, die solcher Dienst erfordert.

Es ist ein individueller oder persönlicher Ruf

Daß dieser Ruf immer den einzelnen trifft und daß er persönlich ergeht, wird in der Bibel in reichem Maße dargestellt. Es sei nur auf Männer wie Mose, Aaron, Josua, Samuel, David, Jesaja, Jeremia, Jona oder Amos verwiesen. Der gleiche Grundsatz der (Aus-)Wahl setzt sich im Neuen Testament fort. Wir denken an die Zwölf, an Paulus, Barnabas oder Timotheus. Diese Männer waren sich nicht nur der Tatsache bewußt, daß sie von Gott zum Dienst am Wort berufen worden waren: sie waren davon überzeugt und sie wußten sich dem Herrn gegenüber verantwortlich, der sie berufen hatte. So sagt Paulus: „Dafür halte uns jedermann: Für Christi Diener und Haushalter über Gottes Geheimnisse" (1. Kor. 4,1). Er wußte sich von Gott als Apostel, Prediger und Lehrer der Heiden berufen und eingesetzt (1. Tim. 1,12; 2,7; 2. Tim. 1,11; Tit. 1,3). Es ist das besondere Vorrecht eines Dieners Christi, daß er sich der gesegneten Gewißheit erfreuen darf, daß er als Individuum persönlich von seinem Herrn berufen ist, um einen besonderen Platz im Dienst der Gemeinde auszufüllen.

Es ist ein einzigartiger Ruf – ein Ruf zum Dienst am Wort

Hier geht es um ein Prinzip, das nicht alle in gleicher Weise schätzen werden. Ich möchte zunächst herausstellen, wie sehr ich mich darüber freue, daß in unserer Zeit viele sogenannte Laien den Aufruf,

[27] William Barclay, *Brief an die Hebräer* (Wuppertal: Aussaat Verlag, 1970), S. 57.

Zeugen Christi zu sein, ernst nehmen. Das ist vom Herrn geschehen. Ich erkenne die gnädige Hand Gottes darin, daß er in unserer Zeit eine starke und kräftige sogenannte Laienbewegung mit Führungsqualitäten hat entstehen lassen. Es ist völlig im Einklang mit dem souveränen und der jeweiligen Zeit angemessenen Wirken des Heiligen Geistes, und es ist auch ganz im Rahmen der Bibel. Die Bibel kennt eine ganze Anzahl großer gottbegnadeter Laien: Abraham, Josef, Josua, Gideon, Daniel, Nehemia usw.

Darüber hinaus muß aber auch gesehen werden, daß die Bibel die persönliche spezifische Berufung auf den Dienst am Wort eingrenzt. Es läßt sich aus dem Neuen Testament eben nicht nachweisen, daß Gott einen Christen im gleichen Maße dazu beruft, ein Landwirt, ein Geschäftsmann, ein Bankier, ein Lehrer, ein Techniker, oder ein Politiker zu werden, wie er einen Mann dazu beruft, Diener am Wort zu werden. Es hat den Anschein, daß Gott die Wahl unseres Berufes, unserer Beschäftigung und unserer Stellung, ja sogar unseres Arbeitsplatzes, unserer nüchternen Überlegung und der Führung überläßt, wie sie sich ergibt, wenn wir uns von den Umständen und seinem allgemeinen Wirken im Bereich der Schöpfung und der Erhaltung leiten lassen. Ein geheiligter Verstand, ein gesunder Rat, eine sorgfältige Einschätzung unserer Fähigkeiten, unser allgemeines Einsatzvermögen und ein gesundes christliches Familienleben sind einige wichtige Faktoren, die uns helfen, unseren Lebensberuf, unseren Wohnort und Dienstbereich festzulegen.

Gleiches kann nicht für den Dienst am Wort gesagt werden. Hier ist der Ruf Gottes der allein bestimmende Faktor. In einer Zeit allgemeiner Säkularisierung und/oder allgemeiner Gleichstellung müssen wir diesen wichtigen Faktor stark herausstellen. Der Ruf zum Dienst am Wort ist einzigartig.

Während der Herr für eine besondere Aufgabe sich irgendeine Führerpersönlichkeit oder einen besonderen Arbeiter ruft, dieser Ruf für eine bestimmte Zeit gilt und nach Vollendung der spezifischen Aufgabe wieder aufgehoben wird, ist der Ruf zum Dienst am Wort nach der Schrift eine Berufung auf Lebenszeit. Der Ort, an dem dieser Dienst ausgeübt wird, mag sich ändern. Geographisch gesehen mag es zu einem Umzug oder mehreren Umzügen kommen. Das Wesen des Dienstes bleibt sich aber gleich. Ein Mann, der vom Herrn zum Dienst am Wort gerufen worden ist, sollte deshalb äußerst zurückhaltend sein, bevor er sich von diesem Dienst abwendet und sich irgendeinen anderen Beruf oder Auftrag erwählt. Wir wollen uns hier nicht zu Richtern aufschwingen, aber oft geht solch einem Wechsel ein Zerfall des inneren geistlichen Lebens und des persönlichen Verhältnisses zum Herrn voraus, obwohl wir gerne eingestehen wollen, daß auch körperliche Schwachheit einen Mann dazu zwingen kann, sich nach einer anderen Arbeit umzusehen.

Es ist ein Ruf zu einer Arbeit

Im Dienst am Wort gibt es wiederum verschiedene wichtige Aufgabengebiete. In Epheser 4,11 stellt der Apostel Paulus fünf Arbeitsbereiche heraus: „Und er hat etliche gesetzt zu *Aposteln,* etliche zu *Propheten,* etliche zu *Evangelisten,* etliche zu *Hirten* und *Lehrern.*" In 1. Korinther 12 spricht er von den verschiedenen Gaben des Heiligen Geistes, Gaben, die der Heilige Geist souverän austeilt, die aber für den besonderen Zweck der gegenseitigen Auferbauung gegeben sind.

Im Rahmen unserer Studie soll lediglich festgehalten werden, daß auch nicht eine Person alle Gaben hat. Der Heilige Geist hat sie in seiner Souveränität ausgeteilt und den einzelnen das zukommen lassen, was er in dem ihm aufgetragenen spezifischen Dienst in der Gemeinde, dem Leib Christi, benötigt. Niemand ist deshalb für jeden Dienst gleich wohl qualifiziert und niemand ist dazu berufen, den Dienst am Wort in seiner ganzen Breite auszuüben. Dieser Grundsatz ist durchaus in Einklang mit der Berufung des Apostels Paulus: „Sondert mir aus Barnabas und Saulus zu dem Werk, dazu ich sie berufen habe" (Apg. 13,2). Hier geht es um die Lebensaufgabe des Apostels Paulus.

Paulus wußte, daß er zu einer *bestimmten Arbeit* berufen war. Es ging nicht um ein bestimmtes *Feld* – sei es die Heimat, sei es das Missionsfeld, sondern es ging um eine bestimmte Arbeit. Später schreibt er an die Korinther: „So wird eines jeglichen Werk offenbar werden." Viermal erscheint in diesem Zusammenhang der Ausdruck „jemandes Werk". Es ist dabei bedeutsam, daß das Wort „Werk" im Singular erscheint und man darf die Sache deshalb nicht mit solchen Stellen durcheinanderbringen, wo von den Werken die Rede ist, die wir, allgemein gesprochen, in unserem Leibesleben getan haben, wie es etwa in 2. Korinther 5,10 gemeint ist. In 1. Korinther 3,13–15 spricht Paulus von unserem Lebenswerk, von dem göttlichen Auftrag unseres Lebens, im Sinne der Beauftragung, die er nach Apostelgeschichte 13,2 in Antiochien erhalten hat.

Im Grunde genommen gibt es drei Dienste am Wort, die heute noch durchgeführt werden:

1. *Der Dienst des Hirten, der die Herde weidet,* der wiederum verschiedene Dienste in der Ortsgemeinde umfaßt. Das ist der Dienst der geistlichen Vorsteher und Leiter der Gemeinde, der Ältesten.
2. *Der Dienst der Evangelisation,* der sich in der Hauptsache der Ausbreitung des Evangeliums und der Gründung von Gemeinden, sei es daheim, sei es in Übersee, widmet. Es geht hier grundsätzlich um alle Pionierarbeit, gleichgültig ob in der Heimat oder auf dem Missionsfeld.
3. *Der Dienst des Lehrens und der Unterweisung.* Epheser 4,11 zieht keine klare Linie zwischen Lehr- und Hirtenamt. Aber die besondere, ausdrückliche Erwähnung des Lehrers in 1. Korinther 12, 28–29 rechtfertigt die Unterscheidung dieser beiden Dienste. Der Lehrer hat die Aufgabe, im Glauben zu festigen, zu einen, aufzuerbauen und die Gläubigen in der Lehre zu gründen und zu inspizieren. Es handelt sich grundsätzlich um eine Ergänzung des evangelistischen und des Hirtendienstes in der Ortsgemeinde. Der Lehrer spielt eine sehr wesentliche Rolle im Gesamtleben und -dienst der Gemeinde. Es war vor allen Dingen der umherziehende Lehrer, durch den die Gemeinden der ersten Jahrhunderte zusammengeschlossen und dazu angeleitet wurden, den ihnen vom Herrn anvertrauten Auftrag hinauszuführen.

Obwohl wir gerne die Souveränität des Heiligen Geistes anerkennen, der in seinem Wirken den Bedürfnissen und Ansprüchen der jeweiligen Zeit entspricht, scheint es doch so zu sein, daß im allgemeinen der Ruf zum Dienst am Wort sich auf eines der vorhin genannten Gebiete bezieht, für die der Heilige Geist den einzelnen in besonderer Weise ausrüstet. Es scheint schriftgemäßer zu sein, im Rahmen der obigen Aufgabengebiete zu denken, als geographische Grenzen aufzurichten und dann von einem spezifischen Dienst in der Heimat oder auf dem Missionsfeld zu reden. Die Bibel kennt keinerlei derartige geographische Unterscheidungen im Zusammenhang mit dem Ruf zum Dienst am Wort. Gewiß waren sich die Apostel, als der Herr sie berief und zu Aposteln machte, der Tatsache nicht bewußt, daß sie alle auf dem ausländischen Missionsfeld dienen würden. Die Wahl des geographischen Dienstbereiches ist eine Angelegenheit individueller Führung, aber nicht eine Sache des Rufes. Die Bibel unterscheidet nicht zwischen einem Ruf für die Heimat und einem Ruf für das Missionsfeld.

Es wäre sicher weise und würde sich auch als Segen für die Sache Jesu Christi erweisen, wenn Gemeinden und Missionsgesellschaften bei der Auswahl, Bestallung und Arbeitsanweisung der Missionare mehr Sorgfalt auf die oben erwähnten biblischen Richtlinien legten.

Dadurch könnten viele Frustrationen, Enttäuschungen und viel Unzufriedenheit vermieden werden. Das Ergebnis wäre eine größere Effizienz im Dienst sowohl daheim als auch in Übersee. Es bleibt schließlich die Tatsache, daß der Herr jedem sein Werk und seine Lebensaufgabe zuteilt. Diese müssen wir entdecken. Ihr muß man sich dann von ganzem Herzen hingeben. Und wir dürfen dem Heiligen Geist zutrauen, daß er uns dazu ausrüstet. Dafür müssen wir dann eines Tages vor dem Richterstuhl Christi Rechenschaft abgeben.

Dieses Faktum sollte aber auch von den Absolventen der Bibelschulen, Seminare und theologischen Fakultäten berücksichtigt werden. Viel zu viele setzten Gott schon im voraus im Blick auf ihre Bestallung Grenzen, indem sie sich auf gewisse geographische oder kulturelle Gebiete festlegen. Sie wollen Evangelisten, Bibellehrer, Lehrer an Bibelschulen oder Missionsseminaren sein, aber nur in einem klar abgesteckten geographischen und kulturellen Gebiet. Niemals, so sagen sie, „hatten sie einen Ruf“, ihre Heimat zu verlassen und sich jenseits gewisser geographischer und kultureller Grenzen zu begeben. Das ist aber in der Tat eine seltsame Logik, eine ungewöhnliche Interpretation dessen, was der Herr mit uns vorhat. Während Evangelisten benötigt werden, um das Evangelium zu verkündigen, wartet „der berufene“ und qualifizierte Evangelist im Rahmen von fest abgesteckten geographischen und kulturellen Grenzen und beachtet nicht die weit geöffneten Tore und die reifen Erntefelder, nur weil sie in einem anderen geographischen und kulturellen Gebiet liegen. Während auf vielen Missionsfeldern ein erschreckend hoher Bedarf für Bibelschul-, Bibelseminar- und Bibellehrern im allgemeinen besteht, die Männer für den Dienst ausrüsten und die Gemeinden zurüsten, damit sie ihrer Verantwortung nachkommen können, warten die „berufenen“ und qualifizierten Bibellehrer innerhalb der von ihnen festgelegten geographischen und kulturellen Grenzen und sind nicht in der Lage (oder nicht bereit), dieser enormen Not abzuhelfen, weil sie sich nicht innerhalb der von ihnen im voraus gesetzten geographischen und kulturellen Spezifikation befindet. Was für eine Logik und was für eine Theologie ist das? Seltsam in der Tat!

Praktische Implikationen der göttlichen Berufung zum Dienst am Wort

Die praktischen Implikationen des göttlichen Rufs zum Dienst am Worte Gottes greifen weit hinein in das Leben des einzelnen Gläubigen. Eine positive Antwort kann ein scheinbar unbedeutendes Gefäß in ein Gefäß der Herrlichkeit und Ehre verwandeln, das dann zu einem Kanal werden kann, durch den der unermeßliche Reichtum Gottes zu ungezählten und unzählbaren Menschen fließt. Wird durch Nachlässigkeit oder Ungehorsam der Ruf Gottes umgangen, darf man annehmen, daß solch ein Leben geistlich verarmt, ja im geistlichen Zwergwuchs steckenbleibt. Die Konsequenzen sowohl des Gehorsams als auch des Ungehorsams sollten allen Ernstes bedacht und sorgfältig abgewogen werden.

Wir fragen uns: In welchem Zustand muß sich ein Herz befinden, damit es für den Ruf Gottes empfänglich ist? Wie kann man die Berufung Gottes besonders im Blick auf den Missionsdienst erkennen? Wie wird der Ruf Gottes zu einer festen Überzeugung? Wie kann man den Ruf Gottes prüfen? Welche Herausforderung wohnt dem Ruf Gottes inne?

Die Zubereitung des Herzens für den Ruf Gottes

Die Souveränität Gottes schließt die menschliche Bereitschaft nicht aus, noch macht sie eine sorgfältige, von Gebet begleitete Zubereitung des menschlichen Herzens, ein Aufmerken auf Gott unnötig. Der Mensch bleibt dafür verantwortlich, daß er den Ruf Gottes hört. Man vergleiche nur die vielmals wiederkehrende Aufforderung in den Evangelien und in der Offenbarung des Johannes: „Wer Ohren hat zu hören, der höre" (Matth. 11,15; Mark. 4,9; 7,16; Offb. 2,7.11.17.29; 3,6.13.22).

Der Ruf Gottes läßt sich mit einem Telefonanruf vergleichen. Für einen Tauben bedeutet er nichts, ganz gleich, wie klar, wie spezifisch und wie persönlich der Ruf durchkommen mag. Wenn das Ohr verschlossen, die Gedanken beschäftigt und Wille und Absichten eines Menschen ausgebucht sind, befindet er sich jenseits der Hörzone. Der Ruf Gottes wird ihn nie erreichen. Viele Menschen empfinden nie einen Ruf von Gott – nicht etwa weil der Herr sie nicht ruft, sondern ganz einfach, weil sie nicht hörbereit sind. Sie sind unerreichbar.

Wir müssen also unsere Herzen für Gottes Ruf bereiten. Im Blick darauf einige Vorschläge:

1. Achte darauf, daß dein Leib ein lebendiges, geheiligtes Opfer für den Herrn ist (Röm. 12,1–2).
2. Sei gewiß, daß keine bewußte Sünde das geistliche Ohr und das geistliche Auge abstumpft (Eph. 1,18; Kol. 1,9).
3. Sei gewiß, daß du nicht schon im voraus auf persönliche Pläne und Wünsche festgelegt bist (Ps. 25,9).
4. Sieh darauf, daß du täglich und freudig Gott in den kleinen Dingen des Alltags gehorchst. Praktiziere Gehorsam vor Gott und vor Menschen (Luk. 19,17; 1. Sam. 15,22).
5. Sei gewiß, daß du bereit bist, zu gehen und dich überall einsetzen zu lassen (Joh. 7,17).
6. Mache das tägliche Gebet, das tägliche Bibelstudium und die persönliche Stille vor dem Herrn zur Gewohnheit (Jos. 1,8; Ps. 77,12; 119,15.25.45).
7. Mache es zur Gewohnheit, geduldig auf den Herrn zu warten und erwarte von ihm, daß er *jeden* Schritt deines alltäglichen Lebens und Tuns bestimmt (Pred. 3,6; Ps. 23,3).
8. Lies sorgfältig Gottes Wort bezüglich der Pläne, die Gott für das christliche Leben und für die Gemeinde Jesu Christi hat. Laß dich ganz vom Worte Gottes durchdringen (Ps. 119,11.104–105).
9. Orientiere dich und erkenne die großen geistlichen Nöte unserer Zeit. Sei bereit, ihnen zu begegnen. Eigne dir einen weltweiten Blick an und mache dir die Nöte der Welt zu eigen (Joh. 4,35).
10. Verbringe viel Zeit in der Fürbitte für die Sache und den Dienst Christi daheim und in Übersee (Matth. 9, 37–38).
11. Bete regelmäßig und ernstlich darum, daß Gott dir seinen Willen und seinen Ruf definitiv zu erkennen gibt (Ps. 25,4; 27,11; 143,8).
12. Ruhe glaubensvoll in den Verheißungen Gottes und erwarte, daß er dir so begegnet, wie du es bedarfst. Er wird dich seines Willens und seines Rufes gewiß machen (Ps. 37,5.7a; 32,8).

Die Klarheit, Tiefe und Bestimmtheit des Rufes Gottes hängt zum großen Teil von der Beschaffenheit des Herzens, von der Intensität unserer Gemeinschaft mit dem Herrn und dem Grad unserer Bereitschaft ab, den Geboten und Aufgaben des Meisters zu gehorchen.

Die Verwirklichung des göttlichen Rufes unter besonderer Berücksichtigung der Berufung des Missionars

Wenn wir unsere Herzen diesen großen und doch einfachen Grundsätzen gemäß zubereiten, wird uns Gott nicht enttäuschen, denn die Wege eines gottesfürchtigen Menschen werden vom Herrn geordnet.

Die Frage ergibt sich aber, wie der Herr sich seine Diener beruft. Wie werde ich des Rufes Gottes gewiß?

An dieser Stelle, d. h. im Blick auf die Mitteilung und die Klärung der göttlichen Berufung, brechen enorme Differenzen auf. Wir sollten uns allerdings dessen erinnern, daß sich auch nicht zwei Bekehrungen in ihrem psychischen Erleben und in ihrer psychischen Gestaltwerdung genau gleichen. Genausowenig sind zwei Berufungen in ihrem psychischen Erleben und in ihrer psychischen Gestaltwerdung absolut gleich.

Im wesentlichen benutzt Gott wenigstens fünf Wege, um das Herz eines Menschen zu erreichen, um seinen Ruf persönlich und eindrücklich zu gestalten. Der Ruf Gottes mag ergehen:

1. *Durch ein menschliches Instrument.* Ein Beispiel dafür findet sich im Berufungserleben des Paulus, des bekanntesten Apostels und Missionars. Beachten wir doch einmal folgende Schritte, die sich im Werden dieses großen Missionars nachzeichnen lassen:

Bei seiner Bekehrung stellt Paulus zwei Fragen. Zunächst: „Herr, wer bist du?" Damit redet Paulus die Person an, deren Herrlichkeit ihm erschienen war. Der Herr antwortete: „Ich bin Jesus, den du verfolgst." Das war eine klare Antwort. Voll Zittern und Erstaunen stellt Paulus die zweite Frage: „Herr, was willst du, daß ich tun soll?" Es wäre dem Herrn nun ein leichtes gewesen, dem auserwählten Gefäß direkt seine Pläne, seine Ziele und seine Berufung mitzuteilen. Statt dessen sagt der Herr: „Stehe auf und gehe in die Stadt; da wird man dir sagen, was du tun sollst." In der Stadt erschien der Herr dem Ananias und offenbarte ihm die Berufung des Paulus. Und in aller Demut mußte nun Paulus seine Berufung durch ein menschliches Instrument in Empfang nehmen. Daß er diesen Ruf aber vom Herrn empfing, ist von Apostelgeschichte 16, 16–19 her unumstößlich klar, wo er von dem menschlichen Instrument überhaupt nicht redet.

Etwas später finden wir Saulus in Tarsus. Da bricht in Antiochien eine gewisse Notsituation auf; der Herr lenkt die Aufmerksamkeit des Barnabas auf Saulus. Barnabas reist deshalb von Antiochien bis nach Tarsus, um den göttlichen Ruf an Saulus zu übermitteln. Somit mußte Saulus wiederum seinen Ruf durch ein menschliches Instrument in Empfang nehmen. Warum hat Gott nicht direkt zu Saulus dort in Tarsus geredet? Und warum hat er ihn nicht direkt nach Antiochien gesandt? (Vgl. Apg. 11,25–26).

Und wiederum steht vor uns eine Gruppe von fünf Brüdern, die dem Herrn dienen und fasten, und der Heilige Geist redet. Zu wem? Zu den fünf Brüdern. Das ist klar. Er sagt nicht: „Barnabas und Saulus, sondert euch selbst ab oder aus und stellt euch vor die Gemeinde" (vgl. Apg. 13,1–3).

In all diesen Fällen benutzte Gott menschliche Instrumente, um seinen Ruf klar und gewiß zu machen.

So handelt Gott auch in unseren Tagen. Er kann einen Bruder oder eine Schwester, einen Ältesten, Evangelisten, Lehrer, Missionar, ja, eine Missionsgesellschaft benutzen, um seinen Ruf an ein „erwähltes Gefäß" ergehen zu lassen. Diese Methode mag uns demütigen, aber sie ist göttlich und biblisch.

Freilich muß darauf hingewiesen werden, daß nicht jede Andeutung, jede Anfrage oder jede Einladung ein Ruf ist, und der einzelne muß sich des Rufes in der Gegenwart des Herrn gewiß werden.

2. *Gott läßt seinen Ruf durch das Lesen von Gottes Wort und das Überdenken desselben ergehen.* Das Wort Gottes offenbart uns nicht nur die Geschichte von Gottes Handeln in der Vergangenheit, sondern den Willen und Vorsatz Gottes für die Gegenwart. Wenn wir das Wort lesen, machen wir uns mit seinem Willen und seinen Vorsätzen vertraut.

Wenn wir darüber nachdenken, identifizieren wir uns bewußt oder unbewußt mit dem Wort, genauso wie die Nahrung, die wir essen, in unser eigentliches Leben mit eingeht. Auf diese Weise werden unsere Gedanken und unser Leben mit Gottes Wort gesättigt; sie identifizieren sich mit den großen Gedanken Gottes und werden auch danach geprägt und geformt. Es ist deshalb absolut nicht ungewöhnlich, daß jemand „sich berufen weiß", ein Missionar zu werden, ohne daß er auf ein bestimmtes Erleben oder eine bestimmte Schriftstelle hinweisen kann, wodurch Gott seinen Ruf an ihn hätte ergehen lassen. Das Wort Gottes wurde ihm einfach zur lebensbestimmenden Kraft. Man darf es ruhig sagen: Es ist unmöglich, in der Bibel zu leben, ohne daß mit der Zeit das Herz warm und bestimmt für die Weltevangelisation schlägt. Es ist unmöglich, daß der Sinn Christi unser Leben bestimmt und wir nicht der Mission leben.

Niemand sollte sich davon durcheinanderbringen lassen, daß er keinen besonderen „Ruf" erfahren hat. Er kann trotzdem für die Mission bestimmt sein. Schon die Tatsache, daß er sich „freiwillig" für die Mission bereitstellt, deutet darauf hin, daß er den großen, alles überragenden Vorsatz Gottes für unsere Zeit in sich aufgenommen hat. Er ist unbewußt solange innerlich darauf vorbereitet worden, bis er sich schließlich freiwillig bereitstellte. Stellt man sich aber erst einmal zur Verfügung, dann macht Gott seine Berufung auch im Bewußtsein, im Verstand und im Gewissen fest und gewiß, wenn man ihm nur stillhält und auf ihn wartet.

Jemand hat äußerst zutreffend einen Mann, der sich zum Missionsdienst rufen läßt, so charakterisiert:

Ein Sinn – durch den Christus denkt.
Ein Herz – durch das Christus lebt.
Eine Stimme – durch die Christus spricht.
Eine Hand – durch die Christus hilft.

Wir wollen doch nie vergessen, daß wir deshalb bereit sind, weil Christus unbewußt in unserem Sinn wirkt. Wenn wir in aller Geduld vor ihm und auf ihn warten, wird er seinen Ruf persönlich und mit aller Bestimmtheit ergehen lassen, bis wir nicht nur bereit sind zu gehen, sondern bis wir gehen *müssen.*

3. *Gott läßt seinen Ruf durch Missionsberichte und Missionsstudien ergehen.* Nicht gerade wenig Missionare bestätigen die Tatsache, daß beim Hören von Missionsberichten und -nöten, beim Betrachten und Überdenken der Möglichkeiten und des Ergehens auf dem Missionsfeld Gott zu ihnen ganz bestimmt sprach und sie davon überzeugte, daß sie ihr Leben für seinen Dienst auf den Missionsfeldern zur Verfügung stellen müssen. Als sie sich weiter über die Missionsfelder oder gar auf den Missionsfeldern informierten, hat Gott diesen anfänglichen Eindruck bestärkt und befestigt, bis diese Eindrücke zu einer starken und sie motivierenden Überzeugung heranreiften. Nur bewußte Unaufrichtigkeit und willentlicher Widerstand wären in der Lage gewesen, sie davon abzuhalten, auch hinzugehen.

Das beste Beispiel ist William Carey, der Vater der modernen Missionsbewegung. Es ist bekannt, daß Carey Gottes Wort mit allem Fleiß studierte. Er lebte in der Schrift. Man weiß gleichfalls, daß er ein offenes Auge für die Zustände der Welt um sich her hatte, besonders im Blick auf die Ausbreitung des Evangeliums.

Der Schuhflicker mit der Missionskarte an der Wand vor sich ist schon bald zu einer sprichwörtlichen Figur in der Missionskunde geworden. Auf dieser selbstangefertigten Landkarte trug er alle Informationen ein, die er in Reisebeschreibungen, Zeitungen und besonders in den Berichten von Dr. Cooks Erforschung des Südpazifik und den Mitteilungen der Ostindischen Handelskompanie auftreiben konnte. Die sorgfältige Sammlung der Fakten und Zahlen wurde schließlich für den geistlich gesinnten, feinfühligen und in der Schrift bewanderten Carey zu einer solchen Last, die er nicht mehr tragen konnte. Irgend etwas mußte geschehen. Wenn sich niemand für diese Aufgabe fand, dann mußte er sich freiwillig zur Verfügung stellen. Niemals in seinem Leben, auch nicht in den niedrigsten Umständen, hat Carey daran gezweifelt, daß Gott diese Methode, d. h. die Sammlung von Reiseberichten und missionswissenschaftlichen Untersuchungen, dazu benützte, seine Berufung in die Mission an ihn ergehen zu lassen.

Berichte, Fakten, Zahlen, Landkarten sind immer noch eine enorme Macht, und Gott benützt diese Mächte, um seinen Ruf kundwerden zu lassen. Kein Missionar sollte deshalb ermüden, all das zu verkündigen, was „Gott, der mit ihnen war, getan hatte und daß er den Heiden hätte die Tür des Glaubens aufgetan" (Apg. 14,27).

Wir brauchen noch mehr Missionskonferenzen und noch mehr systematische Missionsstudien. Wenn immer sie in gesunder Weise durchgeführt werden, wird ein großer Segen davon ausgehen.

4. *Gott läßt seinen Ruf durch persönliche Krisen ergehen.* Dieser Grundsatz kann unter Hinweis auf verschiedene biblische Gestalten veranschaulicht werden. Wir brauchen nur Moses zu erwähnen und sein Erleben am Berg Horeb. Was ihm dort am brennenden Dornbusch geschehen war, ließ sich aus seinem Leben nie mehr austilgen. Er wußte, daß Gott ihm begegnet war, und daß er ihn gesandt hatte. Alle Umstände, Schwierigkeiten und Widerstände seines Lebens konnten den Eindruck, den er am brennenden Dornbusch empfangen hatte, nicht überdecken.

Der Ruf Jesajas ist ein anderes Beispiel. Jesaja selbst berichtet uns davon. Wer sich mit dem Buch gründlich beschäftigt, wird bald davon überzeugt sein, daß die beiden eindrücklichsten Beschreibungen sich in den Kapiteln 6 und 53 finden. Das letztgenannte ist eine detaillierte Beschreibung des Christus Gottes, des Lammes, das für unsere Sünden geschlachtet wurde; das erste ist das persönliche Zeugnis Jesajas über seinen Ruf und seine Sendung. Es war eine echte Krise für den Propheten in einer Stunde äußerer Verwirrung und Ratlosigkeit.

Unzählige Männer und Frauen mußte Gott erst in eine tiefe Lebenskrise führen, bevor er seinen Ruf in ihr Bewußtsein einprägen konnte und er schließlich eine positive Antwort bekam. Menschen, die sich einem Aufruf, nach vorne zu gehen, um ihr Leben dem Missionsdienst zu weihen, widersetzen, widersetzen sich nur einer Methode Gottes, Methoden, durch die er seinen Ruf an zahllose Menschen ergehen läßt. Eine persönliche Krise ist mehr als emotionale Tief- oder Hochstimmung. Sie kann tatsächlich einen Menschen für den Ruf Gottes zu lebenslangem Dienst aufschließen. Nicht selten muß Gott uns in Krisen hineinführen, muß er uns in ein Chaos hineinwerfen, um unser festgefahrenes Denken, unser festgefahrenes Benehmen und unsere Komplexe zu durchbrechen, die sich eben nicht im Einklang mit seinem Willen und seiner Absicht befinden. Nur nachdem unsere Veranlagung, unsere Gefühle und unsere Persönlichkeit so aufgebrochen sind, sind wir in der Lage, neue Eindrücke und einen göttlichen Ruf zu empfangen. Niemand sollte eine Krise und einen tiefen Einbruch in seinem Leben verachten. Sie sind in der Bibel wohl begründet und sind psychologisch gesehen oft absolut notwendig. Gott benützt sie, um seinen Ruf einer Seele aufzudrücken.

5. *Durch gesundes, logisches Denken.* Wir erwähnen nur noch einen weiteren Weg, den Gott benutzt, um seinen Ruf eindrücklich und klar zu machen. Die folgenden Aussagen und Zeugnisse sind gute Illustrationen dafür.

Von Dr. Robert E. Speer stammt die Aussage, daß eine klare Not auf einem Missionsfeld plus die Fähigkeit, dieser Not zu begegnen, einen „Ruf“ auf dieses Feld darstellen. Nach dieser Aussage ist das Verständnis dessen, was ein Ruf darstellt, äußerst einfach. Gelegenheit plus Fähigkeit gibt Verantwortung. Verantwortung wiederum stellt einen Ruf Gottes dar.[28]

K. T. Studd gebraucht folgende Logik: „Wenn Jesus Christus Gott war und für mich starb, dann kann es für mich kein Opfer geben, das zu groß wäre, als daß ich es nicht für ihn erbringen könnte.“[29]

Gilmour von der Mongolei entwickelte diesen Gedanken: „Auch auf der niedrigsten Ebene normalen Überlegens schien es mir, daß ich zum Missionsdienst berufen bin. Ist denn das Königreich Gottes nicht ein großes Erntefeld? Wenn das so ist, dachte ich, dann ist es doch nur vernünftig, daß ich mir meine Arbeit dort suche, wo es die meiste Arbeit und die wenigsten Arbeiter gibt.“[30]

Keith Falconer schreibt aus Arabien: „Wenn noch weite Kontinente tief von der Nacht und Finsternis umhüllt sind, und wenn noch Hunderte von Millionen die Schrecken des Heidentums und des Islams zu ertragen haben, dann ist es deine Aufgabe, zu beweisen, daß die Umstände, in die Gott dich hineingestellt hat, dazu bestimmt waren, dich vom Missionsfeld wegzuhalten.“[31]

Ich gebe unumschränkt zu, daß ich es absolut nicht schwer finde, diese Gedanken als Gottes Methoden anzusehen. Warum sollte Gott weniger durch unseren Verstand als durch eine Lebenskrise oder eine andere der bisher genannten Methoden reden können? Ganz unbewußt kann er uns für gesundes biblisches Denken zurichten und uns durch logische Überzeugungen auf diesen Weg bringen oder auf jenen. Obwohl das nun eine Methode sein kann, die weniger oft angewandt wird, ist sie doch nicht weniger biblisch.

28 Robert E. Speer, *Kleine Missionsschriften.*
29 K. T. Studd, *Kleine Missionsschriften.*
30 Gilmour, *Kleine Missionsschriften.*
31 Keith Falconer, *Kleine Missionsschriften.*

Ruft Gott uns nicht zu: „Kommt und laßt uns miteinander rechten“? Und Paulus schreibt: „Denn die Liebe Christi dringet uns, da wir dafür halten (nach unserem Urteil), daß, wenn einer für alle gestorben ist, so sind sie alle gestorben. Und er ist darum für alle gestorben, damit die, die da leben, hinfort nicht sich selbst leben, sondern dem, der für sie gestorben und auferstanden ist“ (2. Kor. 5, 14.15). Das kleine Wörtlein „da“ gründet die ganze Aussage auf den ersten Nebensatz: „Denn die Liebe Christi dringet uns.“ Das heißt doch nichts anderes, als daß das Dringen der Liebe Christi genauso im biblischen Denken und Überlegen verankert ist wie in einem biblischen Erleben. Gott kennt doch die psychische Konstitution jedes einzelnen, und er ist so souverän und so weise, daß er sich im Umgang mit dem einzelnen so auf ihn einstellen kann, daß sein Ruf ganz persönlich und eindrücklich empfangen wird.

Der Ruf Gottes wird zur Überzeugung

Obwohl es auch nicht zwei Berufungen gibt, die, was die Details, den psychischen Eindruck und die Form angeht, identisch sind, glaube ich, daß jeder Ruf, der eine positive Antwort in einem zubereiteten Herzen findet, zu den folgenden Überzeugungen führen wird:

1. Ein tiefes Überzeugtsein von der universalen Not nach dem Evangelium.
2. Ein tiefes Überzeugtsein, daß Gott will, daß alle Menschen das Evangelium hören, und daß es vor Gott kein Ansehen der Person gibt.
3. Ein Bewußtsein von dem uns zur Verfügung stehenden Mittel, mit dem wir dieser Not begegnen können – dem Evangelium von Jesus Christus.
4. Ein tiefes Bewußtsein der persönlichen Unangemessenheit, Unfähigkeit und Unwürdigkeit.
5. Ein Erkennen der uns zur Verfügung stehenden Möglichkeiten (Ausbildung), dieser Not zu begegnen, und die Bereitschaft, diese Befähigung zu erwerben (eine Bereitschaft, sich gut zuzurüsten).
6. Eine von Herzen kommende, umfassende Bereitschaft, sich hinzugeben, damit dieser Not begegnet werden kann.
7. Oft stellt sich dabei eine innere Befriedigung, eine wachsende Überzeugung und Festigung, Friede und Ruhe ein.

Vielleicht sind nicht alle Missionare in der Lage, ihren Ruf so im Blick auf alle Komponenten zu analysieren. Der eine wird feststellen, daß in seiner Erfahrung dieses Element, der andere, daß bei ihm jenes Element vorherrschte. Die vorgehende Analyse basiert aber auf Lebensbeschreibungen und Zeugnissen vieler Knechte Gottes, die lange Jahre in großer Treue und mit großem Erfolg für ihren Meister gewirkt haben. Die meisten Missionare haben dieser Analyse innerlich doch zugestimmt. Ich glaube deshalb, daß sich darin summarisch das Wesen eines reifen Rufes Gottes darstellt.

Niemand sollte davoneilen, bevor der Ruf ausgereift ist. Zuviele sind schon im Rennen, nicht notwendigerweise ohne einen Ruf Gottes, aber ohne einen ausgereiften Ruf Gottes. Man tut gut daran, die vielen Hindernisse, die sich einem Missionar bis zur Ausreise entgegenstellen, zu bedenken. Wir empfinden sie entweder als Frustrationen, die uns unglücklich machen und unsere Persönlichkeit ungünstig beeinflussen, oder sehen darin göttliche Gelegenheiten, durch die unser Leben gesättigt, zur Reife geführt und somit bereichert wird. Wenn Christus wirklich der Kapitän unseres Lebens ist, werden wir weitermarschieren. Dann kann uns nichts frustrieren. Es gilt immer darauf zu achten, daß er in unserem Leben auf dem Thron bleibt; dann wird unser Ruf nicht nur innerlich zur Gewißheit werden, sondern sich auch äußerlich verwirklichen.

Dr. Samuel Zwemer hat all die Erkenntnisse großartig zusammengefaßt, die sich durch den Ruf Gottes bei einem Missionar festigen: „Ein effektiver Ruf ist ‘das Werk des Geistes Gottes, durch das er uns von der Sünde und dem Elend der nichtchristlichen Welt überzeugt, unseren Verstand durch die Erkenntnis des Gebotes und der Liebesabsicht Christi, die Menschheit zu retten, erleuchtet und so unseren Willen erneuert, daß wir uns uneingeschränkt für seinen Dienst zur Verfügung stellen, wo immer er uns in seiner Vorausschau hinsenden will‘.“[32]

Die Überprüfung der göttlichen Berufung

Während ich nicht glaube, daß Gott dadurch geehrt wird, daß man in einem fort nach Zeichen fragt oder ununterbrochen „ein Flies“ hinauslegt, um Gott zu testen, gibt es nichtsdestoweniger einige Grundsätze, mittels derer man seines Rufes gewiß werden kann. Diese Grundsätze werden von einem anderen Autor so zusammengefaßt:

1. Stimmt der Ruf mit Gottes allgemeinem Plan überein, wie wir ihn in seinem Wort finden?

[32] Samuel Zwemer, *Into all the World,* S. 202.

2. Lassen sich die Lebensumstände, in denen man sich findet, in Übereinstimmung bringen mit dem, was göttliche Führung zu sein scheint?
3. Bezeugt der Heilige Geist fortgesetzt, daß das der Wille Gottes ist?
4. Fühlt man sich auch dann noch berufen, wenn die Herausforderung des Abenteuerlichen und der Glanz des Heldentums wegfällt? Wäre man bereit zu gehen, wenn man zu einem unbedeutenden Feld berufen wäre? Würde man auch stehenbleiben, stünde man allein und als einziger?
5. Ist man bereit, jeden Preis zu zahlen?
6. Steht man lediglich unter dem „Eindruck“, daß man auf ein gewisses Missionsfeld gehen sollte, oder ist es eine tiefe „Überzeugung“?

Diese Fragen soll und darf man in aller Freiheit benutzen, um den Ruf Gottes in seinem Leben zu testen. Da die Prüfungen in einem Missionarsleben sehr ernst sein können, müssen wir auch in aller Ehrlichkeit und Ernsthaftigkeit unseren Ruf als Missionar testen.

Wir wollen keine Mühe scheuen, unsere Herzen für den Ruf Gottes zuzubereiten, und wir wollen darauf sehen, daß, wenn der Ruf uns erreicht, er in uns eine willige und freudige Antwort findet.

Darüber hinaus sollen wir darauf sehen, daß wir dem Ruf Gottes Zeit geben, in unserem Leben zu reifen; aber er darf nicht veralten und unwirksam werden. So gefährlich es ist, voreilig zu handeln, so gefährlich ist es auch, ihn zurück- und zurück- und zurückzustellen.

Wenn er mich führt,
soll keine Not mich halten.
Mein Hirte ist ja bei mir,
was will mir da schon fehlen?
Seine Weisheit ist wach,
sein Aug' niemals dunkel,
er kennt den Weg, den er führt,
und ich geh mit ihm ohne Wanken.

Anna L. Waring

Die Herausforderung einer Berufung Gottes zum Dienst am Wort

Die Berufung Gottes ist die höchste Ehre, die einem Menschen widerfahren kann, und wird gleichzeitig zur größten Herausforderung seines Lebens. Niemand sollte deshalb einen Ruf Gottes leichtnehmen; er verdient, betend bedacht und sorgfältig bewahrt zu werden.

Der Ruf Gottes sollte uns zutiefst demütigen und zuhöchst ermutigen, bis wir mit Paulus freudig sagen können: „Ich will gerne hingeben und hingegeben werden für eure Seelen" (2. Kor. 12,15).

Der Ruf Gottes – eine Herausforderung zu einem Opferleben

Es ist ein bleibender Grundsatz im Reich Gottes: jeglicher geistliche Dienst ist untrennbar an ein Opferleben gebunden, ja, darin gründet er. Nicht einmal Christus macht eine Ausnahme von diesem göttlichen Prinzip; ja, er lebte sogar ein Leben höchsten Opfers. Wir lesen von ihm, daß er den Reichtum der Ewigkeit auf die Seite legte und arm wurde, damit andere reich würden (2. Kor. 8,9).

Er entledigte sich der göttlichen Herrlichkeit, die er von Ewigkeit her ererbt hatte (Joh. 17,5.24).

Er entäußerte sich der göttlichen Gestalt, die ihm von Ewigkeit her in gleicher Weise wie dem Vater zugehörte (Phil. 2,5–8).

Er opferte seine menschlichen Rechte, seine Ehre, als er vor Kaiphas und schließlich vor Pilatus stand, als man ihn anspuckte, verspottete und schlug (Matth. 26,67–68; 27,27–31; Mark. 14,65; 15,16–20; Luk. 22,63–65; Joh. 18,22; 19,1–3).

Er gab sein Leben als Opfer für die Sünden der Welt am Kreuz von Golgatha, dem Zeichen der Schande und des Verbrechens. Niemand konnte sein Leben je von ihm nehmen. Er gab es freiwillig (Joh. 10, 17–18).

Das Prinzip des Opfers umfaßt somit das ganze Leben und das ganze Wirken des Herrn Christus.

Wie der Herr, so ist auch der Knecht zu einem Opferleben berufen. Das geht ganz klar aus den Worten des Meisters hervor: „Es begab sich aber, daß sie auf dem Wege waren, sprach einer zu ihm: Ich will dir folgen, wo du hingehst. Und Jesus sprach zu ihm: Die Füchse haben Gruben und die Vögel unter dem Himmel haben Nester; aber des Menschen Sohn hat nicht, wo er sein Haupt hinlege" (Luk. 9, 57–58).

„So jemand zu mir kommt und hasset nicht seinen Vater, Mutter, Weib, Kinder, Brüder, Schwestern, auch dazu sein eigen Leben, der kann nicht mein Jünger sein. Und wer nicht sein Kreuz trägt und mir nachfolgt, der kann nicht mein Jünger sein . . . Also auch ein jeglicher unter euch, der nicht absagt allem, was er hat, kann nicht mein Jünger sein" (Luk. 14,26–27.33).

Diese Aussagen werden durch das Zeugnis des Apostels Paulus nur noch unterstrichen: „Und ob ich auch geopfert werde bei dem Opfer und Gottesdienst eures Glaubens, so freue ich mich und freue mich mit euch allen“ (Phil. 2,17).

„Ich habe gelernt, mir genügen zu lassen, wie ich's finde. Ich kann niedrig sein und kann hoch sein; mir ist alles und jedes vertraut. Ich kann beides: satt sein und hungern, beides: übrig haben und Mangel leiden“ (Phil. 4,11–12).

Der Ruf Gottes ist nichts anderes als eine Herausforderung zu einem Opferleben. Einsamkeit, Entbehrungen und Härten, die die physischen Kräfte aufzehren und die körperliche Gesundheit gefährden, sind in dem Ruf Gottes eingeschlossen. Annehmlichkeiten und Bequemlichkeiten, Heimat und Verwandtschaft müssen vor dem Ruf Gottes zweitrangig werden. Der Herr kann sogar das Opfer der Gesundheit und des Lebens fordern. Das ist die Herausforderung, die im Ruf Gottes liegt.

Der Ruf Gottes – eine Herausforderung zum Dienst an der größten Not der Menschheit

Die Nöte dieser Welt sind sehr groß und sehr viele. Während Gott auch nicht einer Not gegenüber gleichgültig ist, hat er es so bestimmt, daß seine Missionare einer ganz bestimmten Not dieser Welt zu dienen haben: der geistlichen Not. Das ist die alles überragende und erstrangige Not, wenn wir so sagen dürfen, die Not aller Nöte, die Ursache und Wurzel aller Nöte. Die Welt ist wirtschaftlich, sozial, politisch und moralisch in einem bejammernswerten Zustand. Das ist aber doch nur das Ergebnis, das alles sind nur Symptome einer allem unterliegenden geistlichen Not.

Der Mensch ist in erster Linie ein geistliches Wesen. Die Tatsache bleibt, daß der Mensch wesensmäßig – ganz gleich, wo in der Welt er sich findet – in erster Linie ein religiöses Geschöpf ist. Ethnologen und Anthropologen geben bereitwillig zu, daß die wirtschaftliche, soziale und moralische Struktur des Menschen religiös bestimmt und vom Glauben durchdrungen ist. Nur im Westen hat die moderne Philosophie versucht, den Menschen zu spalten und ihn im Säkularismus und Materialismus gefangenzulegen. Hier und ausschließlich hier wird die Religion von einigen Extremisten „das Opium für das Volk“ genannt. Dieser Betrug aller Betrügereien empfängt jetzt seinen verdienten Lohn: Zerstörung und Chaos.

Der Missionar, der von Gott berufen ist, muß sich seine göttliche Bestimmung klar und unablässig vor Augen halten. Er ist dazu berufen, der geistlichen Not der Menschheit zu steuern. Es ist die ernsteste und immer lauernde Gefahr, daß er sich davon ablenken läßt, um an den Symptomen zu arbeiten, statt sich der eigentlichen Ursache aller Krankheit zuzuwenden.

Wie schon gesagt, werden die vielfältigen Nöte der Menschheit von mir weder übersehen noch geleugnet, ja, ich wage es nicht einmal, ihnen gleichgültig ins Auge zu schauen. Aber ein Missionar muß lernen, all diese Nöte Gott zu übergeben und sich dessen bewußt zu bleiben, daß er von Gott dazu berufen ist, einer bestimmten Not der Menschheit zu begegnen, der tiefsten Not der menschlichen Seele, der geistlichen Not, die, wenn man ihr nicht begegnet, in alle Ewigkeit fortwähren wird und das ewige Geschick des Menschen bestimmt, sei es zu seinem Wohl und zu seiner Herrlichkeit, sei es zu seinem Wehe.

Das Evangelium Jesu Christi, wie es in der Bibel festgelegt ist, ist das einzige Mittel, das dieser grundlegenden Not gewachsen ist. Der Missionar muß deshalb ohne Nachlassen in der Verkündigung des Evangeliums Gottes fortfahren. Nur so bleibt er dem Ruf Gottes treu und wahr.

Der Ruf Gottes – eine Herausforderung zum Dienst, der höchste Dividende abwirft

Es ist wahr, daß sich einige Pioniermissionsfelder als hart und schwierig erwiesen und daß Missionare lange Zeit arbeiteten, bevor sie sahen, wie sich einige Menschen zu Christus wandten; dennoch bleibt die Tatsache, daß in den meisten Fällen die Missionare innerhalb einer Generation eine Anzahl Gemeinden entstehen und eine große Anzahl Menschen zum Herrn kehren sehen.

Die Mahnung Christi gilt heute wie ehedem: „Die Ernte ist groß, aber wenige sind der Arbeiter" (Matth. 9,37). Und wiederum: „Saget ihr nicht: Es sind noch vier Monate, dann kommt die Ernte? Siehe, ich sage euch: Hebt eure Augen auf und sehet in das Feld, denn es ist weiß zur Ernte" (Joh. 4,35).

Den Arbeiter Gottes erwartet auf den meisten Feldern der Welt eine reife und reiche Ernte. Es gibt genug Berichte und Zeugnisse, die darauf hindeuten, daß wir in der „Zeit der Ernte" leben. Durch Volksbewegungen kommen in Indien weiterhin zahlreiche Menschen in das Reich Gottes hinein, während in Afrika die weit ausgreifenden, alles umformenden Bewegungen weiter zunehmen. Brasilien hat die am schnellsten wachsende christliche Gemeinde der ganzen Welt. Japan und Korea verlangen nach dem Evangelium, während Taiwan eine reiche Ernte abwirft. In Indonesien wenden sich ganze Gruppen dem christlichen Glauben zu. Gott suchende Menschen suchen die Knechte Gottes fast überall in der nichtchristlichen Welt auf. Die Erntezeit ist gekommen, aber der Arbeiter sind wenige.

Der Ruf Gottes ist wahrlich eine Herausforderung zu einem Dienst, der eine reiche Dividende an unsterblichen Seelen abwirft. Wer wird nun diesem Ruf Gottes folgen, wer ist weise? Hier ist Gelegenheit, uns für alle Ewigkeit zu bereichern.

Der Ruf Gottes – eine Herausforderung zum tiefsten Erleben Gottes in unserem Leben

Nie werde ich vergessen, wie ich vor einem jungen, wohlgebildeten und höchst intelligenten Missionar in der australischen Wüste stand und ihm die törichte, freilich nicht ganz ernst gemeinte Frage vorlegte: „Warum verschwenden Sie Ihr kostbares Leben und Ihre Zeit hier in der Wüste unter diesen geringsten aller Wilden? Gibt es keinen respektableren Job für Sie in Australien?“ Tränen traten ihm in die Augen und ein Abglanz der Herrlichkeit legte sich über das Gesicht des jungen Missionars, als er tiefbewegt antwortete: „Hätte ich zwei Leben, hier wollte ich beide zubringen, ja, auch wenn ich *tausend* Leben hätte, hier würde ich sie einsetzen.“

Der Glanz jenes Gesichts und die Überzeugung jener Stimme begleiteten mich und gaben den Worten Christi einen tieferen Sinn als je zuvor: „Siehe, ich bin bei euch alle Tage bis an der Welt Ende.“ „Sie aber gingen aus und predigten an allen Orten. Und der Herr wirkte mit ihnen.“

Es ist meine tiefste Überzeugung, daß der Missionar Gottes nicht nur im Blick auf seinen Ruf und auf seinen Dienst einzigartig dasteht, auch im Blick darauf, wie ihm der Herr in seinem Leben begegnet, gibt es wohl keine Parallele. Sein Leben beinhaltet beides, „die Höhepunkte“ und „die Tiefen“ christlichen Lebens und Dienens. Dabei erfährt er die Gemeinschaft des Herrn in einzigartiger Weise.

Das ist natürlich und recht. Der Herr verlangt von uns kein Opfer, für das er nicht eine Belohnung gibt.

Die Trennung von Freunden, Bekannten und Verwandten wird durch die Nähe des Herrn ausgeglichen. Die Unannehmlichkeiten und Unbequemlichkeiten werden durch den Trost, den Frieden und die Freude, die der Herr mitteilt, wettgemacht. Den moralischen und sozialen Übeln, mit denen er sich ständig konfrontiert sieht, steht die Herrlichkeit und Gegenwart des Herrn gegenüber. Die materiellen und physischen Unannehmlichkeiten werden von geistlichen Reichtümern überstrahlt. Somit wird der Verlust zum Gewinn. Unser Gott ist nicht nur ein gerechter Gott, sondern auch ein gnädiger Herr.

Hier folgt das Zeugnis eines Mannes, der es wissen muß. David Livingstone, dessen Herz in Afrika begraben liegt, hinterläßt uns die folgenden Worte zum Nachdenken:

> „Soweit es mich angeht, höre ich nie auf, mich darüber zu freuen, daß Gott mich zu diesem Dienst bestimmt hat. Die Menschen reden von dem Opfer, das ich hingebe, indem ich mein Leben in Afrika verbringe. Kann man das ein Opfer nennen, wenn man einfach einen kleinen Teil der Schuld zurückzahlt, die man Gott schuldet und die wir doch nie eigentlich zurückzahlen können? Ist das ein Opfer, dessen Lohn in einer höchst befriedigenden Tätigkeit besteht, in dem Bewußtsein, Gutes zu tun, in allem Frieden des Herzens und in der helleuchtenden Hoffnung einer herrlichen Bestimmung in der Ewigkeit?
>
> Weg mit so einem Wort und weg mit so einer Ansicht und weg mit solchen Gedanken! Mit aller Betonung muß gesagt werden, es ist *kein* Opfer. Sagen wir doch lieber, es ist ein Vorrecht. Angst, Krankheit, Leiden oder Gefahren, hier und da mit einem Verzicht auf allgemeine Bequemlichkeiten und Annehmlichkeiten des Lebens, lassen uns zuweilen stillstehen, unseren Geist erzittern und den Mut sinken. Aber das darf nur für einen kurzen Moment sein.
>
> All das ist nichts, verglichen mit der Herrlichkeit, die danach an uns und für uns offenbar werden wird. Ich habe nie ein Opfer gebracht. Davon sollten wir nicht reden, wenn wir an das große Opfer denken, das der gebracht hat, der den Thron seines Vaters im Himmel verließ, um sich für uns hinzugeben.“[33]

Dem fügt David Brainard hinzu: „Ich erkläre jetzt in der Stunde meines Todes, daß ich mein Leben nicht um den Lohn der ganzen Welt willen hätte anders verbringen wollen.“[34]

Der Ruf Gottes wird somit zu der größten Herausforderung, der sich ein Mann je gegenüber sieht. Und obwohl es ein Ruf zu einem Opferleben, zum Verzicht und zum Leiden ist, weiß man, daß der Herr in seiner Belohnung hier und jetzt gerecht ist, wenngleich er den Hauptteil derselben vielleicht bis zu dem Zeitpunkt zurückhalten mag, an dem wir alle vor dem Richterstuhl Christi stehen werden.

[33] David Livingstone, *Kleine Missionsschriften.*
[34] David Brainerd, *Kleine Missionsschriften.*

Gesegnet ist der Mann, der im Glauben und mutig die Herausforderung des Herrn annimmt und der damit die Höhen göttlichen Dienstes, göttlicher Freude und göttlicher Zufriedenheit entdeckt. Ich warte immer noch darauf, daß mir ein Missionar begegnet, dem es leid ist, daß er dem Ruf Gottes folgte und die Herausforderung Gottes annahm.

Biblische Qualifikationen eines Missionars

Seit die christliche Weltmission Ende letzten Jahrhunderts in den Gemeinden eine Neubelebung erfuhr, hat man viel über die rechte Ausrichtung der Mission und über die Zubereitung der Missionare nachgedacht. Gemeinden und Missionsgesellschaften standen der Frage nach den notwendigen Eigenschaften und der rechten Zurüstung der Männer und Frauen, die für die Mission in alle Welt ausgesandt wurden, nie gleichgültig gegenüber. Das gilt in ganz besonderer Weise für die Zeit nach der Missionskonferenz in Edinburgh 1910. Als Ergebnis der damaligen Beratungen wurden besondere Schulen und Kurse eingerichtet, um die Missionare besser auf ihren Dienst zuzurüsten.

Die Entwicklungen und Umstände nach dem Zweiten Weltkrieg zwangen uns, viele unserer Gewohnheiten und viele uns liebgewordene Programme neu zu überdenken und nüchtern zu bewerten. Die Anforderungen und das Wesen unseres Dienstes ist damit nicht in Frage gestellt. Aber die Zurüstung des Personals, die Organisation und die Arbeitsweisen müssen ernstlich untersucht und bewertet werden. Ist unser Dienst noch relevant, wirksam und angemessen? Erreichen wir das Ziel, das Gott in und für unsere Zeit gesteckt hat?

Das sind bohrende Fragen, die ehrliche und gewissenhafte Antworten fordern. Vermehrte Aktivität und weitere Expansion sind an sich noch nicht genug. Numerischer Fortschritt und größere Institutionen sind nicht notwendigerweise ein zuverlässiger Beweis für Effektivität und Erfolg. Im christlichen Glauben geht es in erster Linie um Qualität und nicht um Quantität. Damit wird ein neues Einschätzen der Eigenschaften erforderlich, die von einem Missionar verlangt werden müssen.

Die Qualifikationen und Zurüstung eines Missionars lassen sich nicht einfach messen, standardisieren oder definieren. Letzten Endes ist die Missionsarbeit eine Arbeit, die von Mann zu Mann getan wird, und von den natürlichen Gaben, von der Persönlichkeit und dem

Charakter des Reichsgottesarbeiters hängt oft sehr viel mehr ab, als von seiner rein akademischen Ausbildung. Man darf deshalb nicht davon ausgehen, daß ein Mann, weil er nun einmal ein Missionsseminar oder eine theologische Fakultät besucht hat, auch schon für den Missionsdienst qualifiziert ist. Genausowenig steht fest, daß solch ein Absolvent von vornherein besser ist, als jemand, der nur eine Bibelschule besucht hat oder auf einer niedrigeren Ebene ausgebildet ist.

Auf der anderen Seite muß mit gleicher Bestimmtheit gesagt werden, daß wir uns endlich von dem Gedanken lösen müssen, daß ein Mann oder eine Frau schon allein deshalb erfolgreich sein werden, weil sie einen guten Charakter, ein geistliches Wesen, einen gewissen Eifer und dazu irgendeinen Bibelschulkurs hinter sich gebracht haben. Zur rechten Zurüstung eines Missionars gehört mehr, als was sich auf Papier festhalten läßt. Damit soll nicht geleugnet werden, daß eine akademische Ausbildung, wenn sie von der rechten Art ist, von großem Wert ist; akademische Grade sind in vielen Ländern und für bestimmte Positionen äußerst wichtig.

Im allgemeinen werden die Eigenschaften und die Zurüstung eines Missionskandidaten nach verschiedenen Standarden gemessen und wie folgt dargestellt:

1. Geistliche Qualifikationen
2. Lehrmäßige Qualifikationen
3. Akademische Qualifikationen
4. Körperliche und gesundheitliche Qualifikationen
5. Charakterliche Qualifikationen
6. Qualifikationen im Menschenumgang

Fast jede Missionsgesellschaft hat eine gute und umfassende Zusammenstellung der erforderlichen Qualifikationen, die man auf Anfrage hin gern erhält. Man tut gut daran, diese Anforderungen gründlich zu studieren und sie sorgfältig und ehrlich auf sich anzuwenden, bevor man sich bei einer Missionsgesellschaft bewirbt. Der Kandidat sollte sich nicht mit dem Gedanken zufriedengeben, daß die Missionsgesellschaft sich schon irgendwie dergestalt arrangieren wird, daß für seine Einzigartigkeit und Besonderheit Raum bleibt, denn das bedeutet doch im allgemeinen, daß es sich um irgendwelche verborgenen Exzentrizitäten handelt.

Die Qualifikationslisten sind nicht willkürliche Zusammenstellungen nobler Charaktereigenschaften. Es handelt sich dabei um notwendige Anforderungen, die von der Arbeit her gestellt werden, und die man nicht einfach auf der Seite lassen kann. Schwere Ausfälle, Frustrationen, Trennungen und Spaltungen, die sich sehr oft auf starke persönliche Unabhängigkeit und ins Auge springende Unfähigkeit auf den Missionsfeldern zurückführen lassen, haben viele Gesellschaften wachgerüttelt, so daß sie mit äußerster Gewissenhaftigkeit ganz klare Richtlinien in Anwendung bringen. Beratergremien suchten Mittel und Wege, mit welchen man diesen äußerst ernsten und teuren Enttäuschungen vorbeugen kann. Man hat dabei viel gelernt und ist einen großen Schritt vorangekommen.

Die Qualifikationen und Zurüstung des Missionars werden heute von verschiedenen Faktoren bestimmt:

1. Die Regierung des Landes, in dem der Missionar arbeiten wird.
2. Die Konferenz oder die Gesellschaft, die der Missionar in seinem Dienst vertritt.
3. Der Stand der Kirche in dem Land, in dem der Missionar eingesetzt wird.
4. Die Aufgabe, die er erfüllen und die Stellung, die er ausfüllen soll – sei es im Bereich der Bildung, der Medizin, des Gemeindedienstes, der Evangelisation oder in einem technischen Bereich.

All diese Faktoren spielen eine Rolle und müssen beachtet werden, wenn es darum geht, die Qualifikationen eines Missionars festzulegen.

Unaufgebbare Elemente in der Qualifikation des Missionars

Letzten Endes ist nur der Heilige Geist wirklich in der Lage, uns für den Auftrag des Herrn zu qualifizieren. Gottes Wort erklärt: „Nicht durch Heer oder Kraft, sondern durch meinen Geist, sagt der Herr.“ Das ist eine ernste, aber auch mutmachende Wahrheit, die uns ausfüllen muß. Um im Dienst des Herrn fruchtbar zu sein, müssen wir lernen, „im Geist zu wandeln“.

Die göttliche Begabung und Qualifikation wird allerdings nicht mechanisch mitgeteilt, denn Gott übergeht weder die menschliche Person, noch umgeht er die Gesetzmäßigkeiten, die unser Wesen und Verstand mitbestimmen. Was die rechte Zurüstung angeht, gibt es sowohl eine menschliche als auch eine göttliche Seite. Unsere göttliche Bestimmung wird uns zum Ansporn, daß wir uns nach besten Fähigkeiten für den göttlichen Auftrag und die göttliche Sendung unseres Lebens qualifizieren.

Es gibt aber auch gewisse absolute und unaufgebbare Faktoren, die für jeden Reichsgottesarbeiter gelten, der seinem Herrn und seiner Berufung treu bleiben will. Diese unaufgebbaren Elemente, die im universalen Sinne für jeden Knecht Gottes gelten, sind allerdings geistlicher, nicht professioneller oder akademischer Natur.

In jeder christlichen Arbeit bleibt Christus das oberste Beispiel. Der „ideale Knecht Gottes“ ist unser Standard und Muster. Wir tun wohl daran, uns auch andere Persönlichkeiten vor Augen zu halten, die die Bibel besonders herausstellt. Die Schrift selbst verdeutlicht gewisse unaufgebbare Elemente.

Das erste unaufgebbare Element ist für jeden Reichsgottesarbeiter, daß sein Gewissen zum Frieden gekommen, daß er willentlich, ehrlich und von ganzem Herzen ein wahrer Jünger Jesu Christi geworden und daß er in solcher Jüngerschaft geblieben ist (vgl. die Studie zur Jüngerschaft gemäß dem Missionsbefehl bei Matthäus). Eine unumschränkte Hingabe an Christus ist grundlegend.

Das zweite unaufgebbare Element ist das tiefe und bleibende Bewußtsein, daß man vom Herrn zum Dienst am Wort oder einem damit im Zusammenhang stehenden Dienst als „Helfer“ (1. Kor. 12,28) – d. h. als Arzt, Krankenschwester, Lehrer, Techniker oder Sozialarbeiter berufen ist. Dazu gehört das Bewußtsein, an den Platz geführt zu sein, an dem man seine eigentliche Aufgabe und Arbeit hat.

Ein drittes unaufgebbares Element ist die gewisse Überzeugung, daß der Herr uns eine Botschaft anvertraut hat, die nicht nur relevant und attraktiv, sondern die absolut und endgültig für die Erlangung des Heiles notwendig und für das ewige Geschick des Menschen entscheidend ist. Diese Botschaft ist einzigartig und ausreichend und gründet sich auf die Bibel, kommt von der Bibel und ist Gottes Offenbarung an die Menschheit.

In gleicher Weise muß dem Bewerber ein tiefes Vertrauen eigen sein, daß der Herr ihn durch den Heiligen Geist zu dem ihm anvertrauten Dienst zurüsten wird, indem er ihm die notwendigen geistlichen Gaben mitteilen und es ihm ermöglichen wird, einen echten und wirksamen Dienst zu leisten und seinem Ruf gerecht zu werden (1. Kor. 12,1–11). Unser Verständnis der Geistesgaben ist äußerst bedeutsam für unseren Dienst.

Es ist ebenso wichtig, daß wir dem Heiligen Geist zutrauen, daß er uns die Liebe, die Weisheit, den göttlichen Drang und die göttliche Autorität gibt, die wir brauchen, um die Botschaft an die Menschen heranzubringen, gleich welcher Rasse oder Kultur sie sein mögen. Wir sind beauftragt, die „Wahrheit in Liebe“ ohne Menschenfurcht und Menschengunst weiterzusagen, indem wir weder etwas hinzufügen noch etwas vom Wort Gottes wegnehmen. Gott ist bereit und Gott ist in der Lage, uns so zu befähigen, daß wir seine Botschaft verständlich und attraktiv den Menschen weitergeben können, die einen Heiland brauchen.

Wir trauen uns also selbst nichts zu. Unsere Autorität beruht nicht auf kultureller, akademischer oder ökonomischer Überlegenheit. Wir ruhen in der Überzeugung, daß unsere Botschaft von Gott ist. Es gibt keinen Ersatz dafür; sie ist ohne Parallele und darf nicht durch Addition und Subtraktion modifiziert werden. Sie muß in der Kraft, Weisheit und Vollmacht des Heiligen Geistes weitergegeben werden; er kann uns für diese uns von Gott anvertraute Aufgabe befähigen, ja, er will es tun und wünscht es zu tun. Wir sind nicht dazu ausgesandt, daß wir uns mit der Menschheit zu einer allgemeinen Wahrheitssuche zusammenschließen, sondern wir sollen autoritativ (doch weder stolz noch arrogant) die göttlich offenbarte Wahrheit verkündigen.

Ein viertes unaufgebbares Element ist die Haltung, die Christus selbst charakterisierte, der sich entäußerte, demütigte, keinerlei Ruhm an sich suchte und Knechtsgestalt annahm, gehorsam wurde bis zum Tod, ja, bis zum Tode am Kreuz. „Ob er wohl reich ist, ward er doch arm um euretwillen, auf daß ihr durch seine Armut reich würdet." Wahre Knechtsgestalt war eine seiner unaufgebbaren, grundlegenden Eigenschaften.

Die gleiche Haltung charakterisiert den Apostel Paulus, der „euer Diener um Christi willen wurde" und der schreiben konnte:

> „Denn wiewohl ich frei bin von jedermann, habe ich doch mich selbst jedermann zum Knecht gemacht, auf daß ich ihrer viele gewinne. Den Juden bin ich geworden wie ein Jude, auf daß ich die Juden gewinne. Denen, die unter dem Gesetz sind, bin ich geworden wie einer unter dem Gesetz – wiewohl ich selbst nicht unter dem Gesetz bin –, auf daß ich die, so unter dem Gesetz sind, gewinne. Denen, die ohne Gesetz sind, bin ich wie einer ohne Gesetz geworden – wiewohl ich doch nicht ohne Gesetz bin vor Gott, sondern bin in dem Gesetz Christi –, auf daß ich die, so ohne Gesetz sind, gewinne. Den Schwachen bin ich geworden ein Schwacher, auf daß ich die Schwachen gewinne. Ich bin allen alles geworden, damit ich auf alle Weise etliche rette. Alles tue ich um des Evangeliums willen, auf daß ich seiner teilhaftig werde" (1. Kor. 9,19–23).

Der Missionar muß anpassungsfähig, flexibel und opferbereit sein; bereit, keine Anerkennung zu erhalten, aber jederzeit Anerkennung zu geben; sogar bereit sein, verachtet und erniedrigt zu werden, zu leiden, und doch ständig und ohne zu zögern – ohne Murren und Zweifel – sich mit anderen Leuten und deren Nöten, Fragen und Bedürfnissen zu identifizieren, um Anknüpfungspunkte zu finden. Er muß Mittel und Wege suchen, mit denen er ihnen ihre geistliche Not bewußt machen kann, in der Absicht, sie zu Christus zu führen, bei dem allein das Verlangen ihres Herzens gestillt werden kann, bei dem sie allein Vergebung ihrer Sünden finden, der allein ewiges Leben geben und der allein ihrem Leben einen wahren und erfüllenden Sinn vermitteln kann. Nur die Knechtshaltung kann uns in ein dergestaltetes Verhältnis, in eine solche Identifikation und zu einem derartigen Dienst führen.

Ein fünftes unaufgebbares Element ist die Haltung des Missionars im Blick auf andere, besonders sein Verhältnis zu seinen Mitarbeitern, gleich, ob es sich um andere Missionare oder um einheimische Mitarbeiter handelt. Auch hier bleibt das Beispiel Christi und das Vorbild des Apostels Paulus das Ideal, von dem wir lernen müssen. Keiner von ihnen war in seinem Dienst „ein Einzelgänger". Christus hatte nicht nur eine große Anhängerschaft; er hatte vertrauteste Freunde, Jünger und Mitarbeiter. Seine Jünger waren ständig bei ihm (Apg. 1,21–22). Sie lernten von ihm und unterstützten ihn, arbeiteten mit ihm, beteten mit ihm und für ihn und wurden schließlich seine Apostel.

Paulus hatte auch seine Mitarbeiter. Zweifelsohne war er sich seines einzigartigen Apostolats, seiner apostolischen Sendung, seiner Autorität und seiner Verantwortung bewußt. Dennoch war er mit seinen Begleitern engstens und herzlichst verbunden. Er kannte sie als

Gehilfen (Phil. 4,3; 1. Thess. 3,2; Philem. 24)
Genossen (2. Kor. 8,23)
Mitarbeiter (Röm. 16,3.9.21; Phil. 2,25; Kol. 4,11)
Mitstreiter (Phil. 2,25; Philem. 2)
Mitknechte (Kol. 1,7; 4,7)
Mitgefangene (Röm. 16,7; Kol. 4,10; Philem. 23)

Sie waren seine Partner (2. Kor. 8,23); seine Begleiter (Phil. 2,25); seine Gehilfen (Röm. 16,3.9); seine Mitarbeiter (1. Kor. 3,9). Mit ihnen hat er sich ungehemmt ausgesprochen, mit ihnen reiste er und mit ihnen teilte er alles.

Paulus spricht anerkennend von seinen Mitarbeitern. Man sollte einmal darauf achten, wie der Apostel Timotheus, Epaphras, Epaphroditus, Tychikus und andere charakterisiert. Auch nicht ein Wort der Kritik ist zu hören, obwohl er schmerzlich von der Tatsache getroffen ist, daß einige ihn verlassen und sich der Welt zugewandt (2. Tim. 4,10), während andere im Glauben Schiffbruch erlitten haben (in der Lehre: 1. Tim. 1,19–20; 2. Tim. 2,17–18). Wie selten findet sich solch eine gesunde, achtenswerte Haltung unter den Knechten Gottes. Diese Haltung ist die Frucht des Heiligen Geistes in einer geistlich gesunden Persönlichkeit, wie sie durch ein beständiges Leben im Nachdenken über Gottes Wort und im Gehorsam gegen den Heiligen Geist heranwächst. Es ist die göttliche Kunst, in einem gesunden, erhebenden Verhältnis mit Mitarbeitern und Nachbarn zu leben, besonders in Zeiten und Umständen, in denen Druck und Spannungen besonders groß sind. Auch hier müssen wir lernen, der befähigenden Gnade Gottes zu vertrauen.

Ein sechstes unaufgebbares Element ist die Reinheit und Tiefe der Motivation. Als sündhafte Menschen können unsere Motivationen niemals ganz über unsere menschlichen Unreinheiten hinausreichen. Wir tun wohl daran, diese Tatsache ehrlich zu erkennen und in aller Demut vor dem Herrn zu bekennen. Wir sollten deshalb nie für die absolute Selbstlosigkeit unserer Motivation argumentieren, noch sollten wir auf der absoluten Reinheit unserer Triebe bestehen. Damit würden wir uns nur selbst betrügen, denn sogar der Beste von uns lebt noch in seinem Fleische. Wir sollen aber allen Ernstes bemüht sein, nicht nach dem Fleisch zu leben, sondern täglich um neue Reinigung unserer Motivation durch das Blut des Lammes bitten und lernen, wie man im Heiligen Geist lebt und arbeitet. Es ist schon gut, wenn wir unsere Motivation in aller Offenheit an den Motiven des Apostels Paulus messen, wie sie uns in seinen Briefen begegnen.

Ein siebentes unaufgebbares Element ist die hohe Achtung und tiefe Treue der Gemeinde Christi gegenüber. Es besteht kein Zweifel daran, daß die Gemeinde sowohl als Orts- als auch als Universalgemeinde eine zentrale Stellung im Neuen Testament einnimmt.

Ich habe oben das Verhältnis der Gemeinde zu ihrem Herrn, zur Welt und zum Weltmissionsauftrag dargestellt. Die Bedeutung der Gemeinde läßt sich daraus ohne Schwierigkeiten ablesen. Niemand kann wirklich als Missionar im neutestamentlichen Sinne tätig sein, der nicht der Gemeinde Jesu Christi mit tiefem Ernst verbunden ist. Und genausowenig kann er sich wirklich mit Christus identifizieren, denn Christus ist in erster Linie der Diener seiner Gemeinde. Genauso ist auch der Missionar in erster Linie ein Erbauer und Diener der Gemeinde. Von daher muß die Gemeinde in rechter Perspektive gesehen werden und im Bewußtsein bleiben.

Damit sind einige unaufgebbare Elemente genannt, wie sie dem Reichsgottesarbeiter in der Heimat und in Übersee, in der Kirche und in der Mission eignen sollten. Ein Missionar ist demnach ein Mann mit einer geistlich gesunden Persönlichkeit, die er durch ständiges Leben mit Gottes Wort und Gehorsam gegen den Heiligen Geist entwickelt hat; eine gereifte Persönlichkeit, die gelernt hat, in gesundem Verhältnis mit Mitarbeitern und Mitmenschen zu leben; eine Person mit einer Botschaft von Gott, die sich auf die Bibel gründet und von der Bibel empfangen wird, die Gottes Offenbarung und Wort an die Menschheit ist; eine Person mit den notwendigen Fähigkeiten, Liebe, göttlichem Drang und göttlicher Autorität, um die Botschaft an die Menschheit weiterzureichen.

Hudson Taylor, der große Gottesmann und Missionsführer, stellte die folgende Liste von Eigenschaften für den Missionar zusammen:

1. Ein Gott hingegebenes Leben, das vom Heiligen Geist kontrolliert wird.
2. Ein in Gott ruhendes Vertrauen dafür, daß er alle Bedürfnisse versorgen wird.
3. Einen umgänglichen Sinn und die Bereitschaft, einen niedrigen Platz einzunehmen.
4. Takt im Umgang mit Menschen und Anpassungsfähigkeit an alle Umstände.
5. Eifer im Dienst und Standfestigkeit bei Entmutigungen.
6. Liebe zum Umgang mit Gott und zum Studium seines Wortes.
7. Erfahrung und Segen in der Arbeit des Herrn zu Hause.
8. Einen gesunden Leib und einen beweglichen Geist.

Der Ruf Gottes ist eine ernste und heilige Sache und verlangt unser Bestes. Der Apostel Paulus sagt: „Soviel *an mir ist,* bin ich wohl willens, das Evangelium zu predigen“ (Röm. 1,15). In freier Übersetzung ließe sich wohl sagen: „Ich habe alle mir gegebenen Fähigkeiten mobilisiert und entwickelt und für den einen Zweck eingesetzt, nämlich die Verkündigung des Evangeliums von Jesus Christus.“

Das müssen wir lernen; und das müssen wir tun, um der Herausforderung des Rufes Gottes zu begegnen.

Die Dynamik der Mission

Missionarische Dynamik und der Heilige Geist

Pfingsten ist ein einzigartiges Ereignis in der Geschichte der Menschheit, das in der Religionsgeschichte ohne Parallele dasteht. Keine andere Religion kann auf ein Kreuz deuten (die Versöhnung), auf ein leeres Grab (der Sieg über den Tod) und auf Pfingsten (die Invasion einer göttlichen persönlichen Dynamik in Zeit und Raum).

Pfingsten ist im gewissen Sinn ein einmaliges Ereignis im Rahmen des ganzen Heilsgeschehens. Es ist historisch, indem es sich an einem ganz bestimmten Ort (Jerusalem) und zu einer bestimmten Zeit (dem jüdischen Pfingsttag) abspielte und eine ganz spezifische Gruppe von Menschen betraf (die Jünger oder, was wohl wahrscheinlicher ist, die 120). In diesem Sinne ist es ein einzigartiges historisches Ereignis, das nur eine Parallele in einem ähnlichen historischen Ereignis finden wird, wenn der Heilige Geist über Israel bei seiner Bekehrung ausgegossen werden wird. Dann wird Joel 2,28–32 in all seinen Einzelheiten voll verwirklicht sein.

Pfingsten ist aber nicht nur historisch. Es ist ein historisches Ereignis mit bleibenden dynamischen und existentiellen Folgen. Der Heilige Geist kam nicht nur. Er kam, nachdem ihn der Vater und der Sohn vollmächtig gesandt hatten. Er kam, um zu bleiben und um den Vorsatz des dreieinigen Gottes in dieser Welt zu konkretisieren. Er kam, um das Heil Gottes in Christus Jesus im Leben einzelner Menschen, Familien, Stämme und Völker zu aktualisieren und um das Leben all derer zu dynamisieren, die an Christus glauben und sich im Glauben den Segen, den Gott an die Gabe des Heiligen Geistes gebunden hat, anzueignen. Er kam, um die von Gott zu seinem Dienst Berufenen durch die Mitteilung besonderer Geistesgaben (Charismata) für ihren Auftrag zuzurüsten. Das sind einige der bleibenden existentiellen Konsequenzen von Pfingsten. Daß über die Erfahrung und über das Erleben dieser Realitäten unterschiedliche Interpretationen im Umlauf sind, darf nicht dazu führen, daß man von der Segensrealität als solcher etwas abzieht, oder daß man sich das verdunkeln läßt, was durch den Glauben existentiell erfahren werden muß, damit die Menschen etwas davon profitieren. Pfingsten ist sowohl historisch als auch existentiell bedeutsam.

Pfingsten ist ein Krisisereignis des Heiligen Geistes. Niemand wird je die vollen Implikationen von Pfingsten verstehen, abgesehen vom Heiligen Geist selbst. Was bedeutete es für den Heiligen Geist, daß er als der Paraklet des dreieinigen Gottes in eine feindliche Welt gesandt wurde? Die Bibel übergeht diese Frage stillschweigend. Aus dem Alten Testament und aus den Evangelien läßt sich ersehen, daß es nie eine Zeit gab, in der der Heilige Geist nicht in dieser Welt war. Schon in 1. Mose 1,2 finden wir ihn am Werk und von da an wirkt er im ganzen Universum und in der Geschichte der Menschheit. Er war schon immer die Gegenwart Gottes in dieser Welt. Seine Allgegenwart wird durch das Alte Testament bezeugt (vgl. Ps. 139, 1–12). Er ist in der Tat der Gott, der *hier* ist.

Und doch fängt etwas Neues mit seinem Kommen in diese Welt am Pfingsttage an. Er kam als göttlicher Tröster, als Paraklet. Beachten wir, daß alle Hinweise auf den Heiligen Geist im Zusammenhang mit dieser Aufgabe im Futurum stehen (Joh. 14, 16.26; 15,26; 16.7), genauso wie die ihm geltenden Prophezeiungen im Alten Testament im Futurum stehen (Hes. 11,19–20; 36,6–27; Joel 2,28–32). Der Heilige Geist war vom Anfang der Schöpfung an der ausgehende Geist (1. Mose 1,2). Aber an Pfingsten geschah ein neues Ausgehen, zu dem es kein Vorbild gab. Der Heilige Geist ist seit Pfingsten in neuer Weise, zu der es keine vorauslaufende gleichwertige Parallele gibt, gegenwärtig, um das Werk Gottes zu treiben. Im Rahmen einer gewissen Akzentuierung kann man deshalb wohl vom Zeitalter des Heiligen Geistes sprechen.

Weil das so ist, wird Pfingsten zur Wasserscheide eines neuen Typus der Weltmission. Als der aus sich selbst herausgehende Gott formt der Heilige Geist den Zentripetalismus der Mission um in einen dynamischen und dringlichen Zentrifugalismus.

An die Stelle des „Komm“ tritt das „Geht“, und die Einladung des Priesters vom Altar her wird übertroffen durch den Herold, der von Ort zu Ort eilt und die Menschen zu Gott hinruft. Der stationäre und lokalisierte Tempel wird zum lebendigen und beweglichen Tempel. Der Gottesdienst, an einen Ort und an ein Gebäude gebunden, wird zu einem Gottesdienst im Geist und in der Wahrheit, der weder an einen Ort noch an ein Gebäude gebunden ist. Das hinausgehende Element wird zum wesentlichen Kennzeichen des christlichen Evangeliums und der Gemeinde Christi, die der Tempel des Heiligen Geistes ist.

Der Heilige Geist ist der göttliche Paraklet, eine Bezeichnung, die ihm unser Herr Jesus Christus selbst gegeben hat (Joh. 14,16.26; 15,26; 16,7). Das ist sein Titel, und damit wird sein Amt schon umschrieben. So wie wir Christus als Heiland, Erlöser, Fürsprecher usw. kennen und damit jeweils seine offizielle Funktion herausstellen, so wird der Heilige Geist Paraklet genannt.

Als Paraklet ist er mit dem Geist der Wahrheit (14,16; 15,26) und dem Heiligen Geist identisch (14,26). Somit werden wir nicht im Zweifel darüber gelassen, wer der Heilige Geist wohl ist. Zweimal wird erklärt, daß der Heilige Geist vom Vater gesandt wird (14,16.26), und zweimal wird zugesichert, daß er vom Sohn gesandt wird (15,26; 16,7). Es wird bezeugt, daß er für immer bei uns bleiben wird (14,16), daß er die Jünger an all das erinnern will, „was ich (Christus) euch gesagt habe" (14,26), daß er von Christus zeugen wird (15,26) und daß er die Welt von ihrer Sünde, von der Gerechtigkeit, vom Gericht überzeugen und überführen wird (16,7–8). Sein Dienst ist damit Offenbarung und Inspiration, Unterweisung, Zeugnisgeben und Überzeugen. Das ist gewiß keine erschöpfende Aufzählung der verschiedenen Dienste des Heiligen Geistes, sondern eine Verallgemeinerung seiner hauptsächlichen Stoßrichtung. Dabei handelt es sich um eine dreifache Stoßrichtung: (1) Sein Wirken in bezug auf das Werden des Neuen Testamentes; (2) sein Wirken im Blick auf die Auferbauung, das innere Wachstum und die Bewahrung der Gläubigen in der Gemeinde, und (3) sein Wirken im Blick auf die Welt.

Die unterschiedlichen Übersetzungen zeigen, wie schwer es ist, ein Wort zu finden, das dem griechischen *Paraklet* ganz gerecht wird. Dem ist nicht so, weil es ein besonders mystisches Wort wäre. Der Grund liegt vielmehr darin, daß es ein so „reichhaltiges" Wort ist, ein Wort, das so mit Bedeutungen angefüllt ist und so unterschiedlich gebraucht werden kann. Es gibt auch nicht ein einziges deutsches Wort, das seine ganze Bedeutungsfülle zum Ausdruck bringen würde. Es wird als Tröster übersetzt, als Beistand der Gläubigen, als Helfer, als Rechtsanwalt, Ratgeber, Helfer, Fürsprecher, Anwalt, Kräftiger und Beistand.

Es herrscht Übereinstimmung darüber, daß die buchstäbliche Übersetzung von *Paraklet* wohl „Einer, der herbeigerufen wird" ist – obwohl einige sich für „Einer, der herbeigerufen wird, um zu helfen" einsetzen. Es stellt sich aber die Frage, zu welchem Zweck man jemanden zur Hilfe herbeiruft? Was für Hilfe wird gebraucht?

Nachdem William Barclay beträchtliches Material durchgesprochen hat, kommt er zu dem Schluß, *Parakletos* bedeutet immer, jemanden zur Hilfe herbeirufen, damit er einen Dienst leistet.[1] Er weist darauf hin, daß die Septuaginta das Wort oft im Sinn von „trösten“ und „moralisch unterstützen“ gebraucht, wie man einen Menschen auf den Beinen erhält und ihn davor bewahrt, daß er unter Druck und den Spannungen nicht total zusammenbricht. Er bemerkt ferner, daß es sich im Griechischen um ein Wort aus dem Gerichtsvokabular handelt, das verwandt wird, um einen Advokaten herbeizurufen, einen Ratgeber, der einem Beschuldigten zu seiner Verteidigung beisteht, und daß es ein Wort ist, mit dem man Menschen ermahnt, noble Taten zu vollbringen, hohen Idealen nachzugehen, ja, mit denen man ihnen Mut für die Schlacht macht.

Das sind hohe Gedanken, wie sie sich aus einer Untersuchung über den Wortgebrauch in der allgemeinen Literatur ergeben. Es besteht kein Zweifel daran, daß all diese Sinngehalte in unseren Texten mitschwingen. Aber trotzdem wird damit noch nicht die volle Bedeutung und die Tiefe der Worte Jesu zum Ausdruck gebracht, wie sie im Johannesevangelium festgehalten sind.

J. Oswald Sanders hat auch Gebrauch und Geschichte des Wortes untersucht; er ist zu folgendem Schluß gekommen: „Das lateinische ‘Advokat‘ ist dem griechischen *Paraklet* nahezu äquivalent. Aufgabe und Person des Advokaten werfen manches Licht auf das Werk des Heiligen Geistes. Beide Worte bedeuten schließlich ‘jemanden zur Hilfe herbeirufen‘, besonders gegen einen Ankläger und Richter. Im Altertum hatte der ideale Rechtsanwalt die vierfache Verpflichtung, Vertreter seines Klienten zu sein, dessen Anliegen zu vertreten, dessen Namen zu verteidigen und zu beschützen und dessen Besitz zu verwalten.“[2]

Sanders beschränkt sich wohl zu sehr auf den juristischen Aspekt des Wortes. Dennoch kommt er dem Hauptgebrauch näher. Es ist jetzt schon ersichtlich, daß sich ein enormer Reichtum geistlicher Wahrheiten in dem einen Wort „Paraklet“ Ausdruck verschafft.

Am Ende seiner Analyse stellt Sanders die interessante Frage: „Aber wessen Rechtsbeistand und wessen Advokat ist der Heilige Geist?“ Darauf gibt er eine Antwort, die den Leser genauso überraschen wird, wie sie mich entsetzte, als ich sie das erste Mal las:

[1] William Barclay, *More New Testament Words* (New York: Harper, 1958), S. 128–134.
[2] J. Oswald Sanders, *The Holy Spirit of Promise* (London: Marshall, Morgan and Scott, 1954), S. 13.

„Einige werden davon überrascht sein zu hören, daß der Heilige Geist nicht unser, sondern Christi Advokat ist. Er selbst sagt ja ‘einen *anderen Tröster*‘ und impliziert damit, daß er der eine *Paraklet* war und der Heilige Geist der andere. ‘Und ob jemand sündigt‘, sagt Johannes, ‘so haben wir einen Fürsprecher *(Paraklet)* bei dem Vater, Jesus Christus, der gerecht ist‘ (1. Joh. 2,1). Der Sohn ist unser Advokat, unser Paraklet oder Fürsprecher beim Vater im Himmel, aber der Geist ist der Advokat des Sohnes auf Erden. Sein Amt ist es, Christus zu vertreten, sich seiner Sache anzunehmen, seinen Namen zu verteidigen und die Interessen seines Reiches auf Erden zu vertreten, ein Amt, das er mit allem Eifer und allem Einsatz ausfüllt. Andererseits sollte nicht vergessen werden, daß der Geist gesandt wurde, um für uns all das auf Erden zu sein, was Christus sein würde, wäre er *in persona* gegenwärtig. Christus kam in der Person seines Geistes und ist uns dauernd zur Seite, uns zu stärken und zu helfen.“[3]

Diese Interpretation Sanders findet meine volle Sympathie und Zustimmung. Die Tatsache, daß das Evangelium und das Werk des Herrn der Gemeinde „übergeben“ sind, stimmt nur bis zu einem gewissen Maße. Letzten Endes beruht ja alles auf Gott. Gott, der Vater, entwarf den Heilsplan und machte sich ihn zum Vorsatz. Gott, der Sohn, erwirkte das Heil und sicherte damit den Heilsplan. Gott, der Heilige Geist, führt den Heilsplan hinaus und bringt das Heil zur Anwendung. Hier ist der Ursprung dieses vollkommenen Planes, das Fundament, das ihn vollkommen sicherstellt, und die Kraft, die ihn vollkommen hinausführt. Der Mensch dagegen ist Gottes moralisch zurechnungsfähiger, intelligenter und verantwortlicher Mitarbeiter und Gehilfe. Der Mensch ist mehr als nur ein Instrument und Werkzeug. Er ist ein Agent, der sich bewußt, willentlich und freiwillig mit Gott in der Ausführung des großen Heilsdramas hier auf Erden zusammenschließt. Paulus spricht von sich selbst als einem Sklaven. Aber er ist weder ein Sklave, noch einer, der unfreiwillig zum Dienst herangezogen wurde. Er ist ein Gesandter, ein Apostel Jesu Christi durch den Willen Gottes. Er spricht von sich selbst als dem, der in seinem Leben das erstattet, was an den Trübsalen Christi noch mangelt (Kol. 1,24 – freie Übersetzung) – vielleicht sogar als Mitarbeiter Gottes (1. Kor. 3,9 – die Exegese ist sich hier nicht ganz sicher). Wenn Christus zu Petrus sagt „. . . ich will dir des Himmelreichs Schlüssel geben . . . “ (Matth. 16,19), dann sprechen diese Worte vielleicht mehr von einer „Investitur“, als wir bereit sind anzunehmen und zuzugeben. Die Worte, die in ähnlichem Sinn später an alle Jün-

3 A.a.O., S. 13.

ger ergehen (Joh. 20,23) und vorher auch an die Jünger und die Gemeinde ergingen (Matth. 18,16–19), greifen vielleicht tiefer, als wir gemeinhin zu denken geneigt sind.

Der menschliche Anteil an der Ausführung des Heilsplans auf tiefster Ebene ist zweifelsohne echt. Den Menschen werden allerernsteste Verantwortlichkeiten und Obligationen auferlegt. Der Mensch steht unter dem Mandat Gottes. Der göttliche Paraklet allerdings ist der Heilige Geist. Letzten Endes und im tiefsten Grunde obliegt die Ausführung, Verwaltung und Verwirklichung des göttlichen Heilsplans der Autorität, Macht und Weisheit des Heiligen Geistes. So sieht es die Heilige Schrift in ihrer ganzen Breite. Besonders leuchtet das in der Apostelgeschichte auf und wird auch von den Aposteln durchaus anerkannt. Sie hielten sich nicht für die Initiatoren, die eigentlich Ausführenden oder die Verwalter der Weltevangelisation oder der Weltmission. Stattdessen erkannten sie sich als Tempel des Heiligen Geistes, als königliches Priestertum, als die für den göttlichen Parakleten Handelnden, der in ihnen Wohnung genommen hatte, um Gottes Heilsplan auszuführen.

Pfingsten und Mission

Ohne daß wir die Bedeutung und die Wichtigkeit von Pfingsten bis ins letzte ausziehen können, läßt sich sagen, daß das eigentliche Pfingstereignis die Schaffung eines „Leibes" oder eines „Tempels" des Heiligen Geistes zur Aktualisierung des Heilsplanes ist.

Dem Heiligen Geist eignet eine einzigartige doppelte mystisch-realistische Relation. Er steht in einem einzigartigen Verhältnis zu dem geschriebenen Worte Gottes. Wir werden zwar durch den Heiligen Geist wiedergeboren, und doch werden wir auch durch Gottes Wort wiedergeboren; wir werden geheiligt durch den Heiligen Geist und werden doch geheiligt durch Gottes Wort. Ohne den Heiligen Geist gibt es keine Wiedergeburt und keine Wiedergeburt geschieht ohne Gottes Wort. Daran muß mit aller Zähigkeit festgehalten werden und man muß es wieder und wieder betonen in einer Zeit, in der die mystischen Bewegungen sich überall in der Welt durchzusetzen versuchen. Der Heilige Geist steht darüber hinaus in einem ganz besonderen Verhältnis zu den Gläubigen. Er vermittelt ihnen die Wiedergeburt, tauft sie, wohnt in ihnen, versiegelt sie, erfüllt sie, befähigt sie und benutzt die Gläubigen, um seine Sache hinauszuführen.

Der einzelne Gläubige und die Gemeinde in ihrer Gesamtheit werden zum Tempel des Heiligen Geistes (1. Kor. 3,16; 2. Kor. 6,16;

Eph. 2,21–22). Auf Erden residiert er in den einzelnen Gläubigen und in der Gemeinde Jesu Christi. Somit ist die Gemeinde die Wohnung Gottes durch den Geist (Eph. 2,22). Dieser Tempel, der gleichzeitig der Leib Christi ist, dient in dieser Welt durch den Heiligen Geist einem ganz besonderen Zweck. „Wir sind sein Werk, geschaffen in Christus Jesus zu guten Werken, welche Gott zuvor bereitet hat, daß wir darin wandeln sollen" (Eph. 2,10).

Pfingsten hatte also einen ganz besonderen Zweck. Mit lebendigen Steinen wurde ein neuer Tempel gebaut; eine neue Priesterschaft wurde geweiht; eine neue Schöpfung entstand; ein neuer Mensch wurde geboren, der zur Verleiblichung und als Agent des Heiligen Geistes dienen sollte, damit der göttliche Heilsplan für unsere Zeit sich aktualisierte.

Durch diese neue Schöpfung sollte der Heilige Geist die Vorsätze Gottes ausführen und vollenden. Obwohl die Gemeinde eine Vielfalt von Diensten und Aufgaben hat, darf sie nicht gerade den geringsten Teil ihrer Kräfte und Fähigkeiten der Weltevangelisation widmen, weil der Heilige Geist der Geist des Zeugnisses ist, der die Welt straft und der die Welt überführt.

Wie der Heilige Geist über die Mission wacht, läßt sich am besten an der Apostelgeschichte zeigen. Hier wird sofort sichtbar, daß die frühe Gemeinde dem Heiligen Geist nicht nur als Residenz diente, sondern daß er ihr Präsident war. Ist das der Fall, dann gibt es einen kräftigen, umfassenden, horizontalen Vorstoß in der Weltevangelisation.

In der Apostelgeschichte sehen wir den Heiligen Geist als Initiator, Motivator, Superintendent der Weltmission. Jede wesentliche Ausdehnung geht auf eine göttliche Initiative zurück und ist göttlich inspiriert. Der Heilige Geist ist der oberste Stratege. Am Pfingsttage machte er die Botschaft universal verständlich, indem er die Apostel befähigte, in all den verschiedenen Sprachen zu reden, die bei dieser Gelegenheit in Jerusalem vertreten waren.

1. Der Heilige Geist initiierte den „Sprung über die religiösen Grenzen" und sandte Philippus nach Samarien, Petrus zu Kornelius, die Heiligen aus Zypern und Kyrene nach Antiochien und Paulus und Barnabas in die Weite des Missionsfeldes. Der Heilige Geist erwählte sich ganz klar seine einzigartigen Boten, die das Evangelium Gottes weiterzutragen hatten. Er bestätigte die Wahl der Zwölf am Pfingsttage und an den folgenden Tagen, und er erwählte sein „auserwähltes Gefäß" für einen spezifischen Dienst und für die Auslegung und Interpretation des Evangeliums.

2. Der Heilige Geist rüstete seine Diener in außerordentlicher Weise

mit großer Kraft und Kühnheit aus, die Botschaft Gottes zur Zeit und zur Unzeit zu verkündigen.

3. Der Heilige Geist stärkte seine Diener, so daß sie inmitten großer Hindernisse ärgster Opposition und brutaler Verfolgung aushielten. Er hielt sie auch in ihrem Martyrium aufrecht.

4. Der Heilige Geist führte seine Diener ganz speziell in Gegenden und zu Menschen, an denen sie einen besonderen Dienst hatten, während er ihnen verbot, andere Felder zu betreten.

5. Der Heilige Geist hat seine Diener gnädig geführt, wenn es darum ging, ernste Spannungen und Probleme zu lösen.

6. Der Heilige Geist mobilisierte den ganzen Leib des Herrn Jesus Christus für die große Aufgabe der Evangelisation und hat in die Gemeinde den Grundsatz des allgemeinen Priestertums und der gegenseitigen Auferbauung hineingelegt – Lebens- und Dienstprinzipien, die nur mit gravierenden Folgen für die Welt und ernstesten Gefahren für die Gemeinde vernachlässigt werden können.

7. Der Heilige Geist hat die wesentlichen Mittel vorgeschrieben, durch die das Evangelium rund um die Welt gehen muß und durch die Gemeinden als lebendige Zeugen des Christus, der am Kreuz von Golgatha starb und sich siegreich vom Grab erhob, in die Welt hineingeboren werden. Zu diesen Mitteln gehört die Verkündigung des Evangeliums, das kräftige und dynamische Zeugnis der Heiligen in ihrem persönlichen Leben betreffs der Bedeutung des Evangeliums, das unaufhörliche Gebet der Gemeinde, das Opfer der Heiligen und ihre Bereitschaft, für das Evangelium Jesu Christi zu leiden, und schließlich die Erwartung göttlicher Interventionen und kraftvoller Manifestationen Gottes.

8. Der Heilige Geist hat in seiner Gnade den Aufbau der Gemeinden geleitet und hat für die jungen Kirchen vorgesorgt, indem er die Apostel inspirierte, eine umfangreiche, bleibende Literatur vorzubereiten, die die Gemeinden in ihrem Auftrag anleitet. Er hat darauf gesehen, daß die Botschaft des Evangeliums, die christliche Lebensweise, apostolische Grundsätze und wegweisende Ämter bis zum heutigen Tag bewahrt wurden, damit dadurch der Vorsatz Gottes hinausgeführt wird.

Als der göttliche Paraklet ist der Heilige Geist bis heute seiner Verantwortung für den göttlichen Heilsplan treugeblieben. Inmitten aller Ratlosigkeit und Verwirrung finden wir hier unseren Ruhepunkt. In der Hinausführung seines Auftrags wird er, ja kann er nicht versagen. Seine Fülle und sein Wohlgefallen lassen sich allerdings nur in Zusammenarbeit mit und in demütiger Unterwerfung unter seinen Willen und Vorsatz erfahren. In seiner Fülle finden wir die Dynamik der Weltmission.

Die missionarische Dynamik und das Evangelium Gottes

Oben wurde auf die mystisch-realistische Beziehung hingewiesen, die zwischen dem Heiligen Geist und dem Worte Gottes besteht. Daran muß festgehalten werden. Auf der einen Seite werden wir dadurch vor einem vagen subjektiven Mystizismus bewahrt, auf der andern Seite vor einer trockenen, lebenslosen Orthodoxie, die zwar noch am Buchstaben hängt, der aber das dem Wort innewohnende Leben fehlt.

Nachdem wir den Heiligen Geist betrachtet haben, ist es natürlich, daß wir uns dem Worte Gottes und in Besonderheit dem Evangelium Gottes als der in der Mission wirksamen Gotteskraft zuwenden.

Man braucht ein stilles Herz und einen disziplinierten Sinn, um in aller Sorgfalt auf Gottes Wort zu hören und die Stimme Gottes in rechter Weise zu erkennen. Das Evangelium Gottes ist nicht menschliches Denken über Gott oder menschliches Wort an Gott, es ist Gottes Gabe an die Menschen in Christus Jesus, seinem einzig geborenen Sohn. In ihm wendet sich Gott in Liebe und Freundlichkeit an den Menschen. In ihm bietet Gott dem Menschen seine absolute, umfassende Wiederherstellung und Erneuerung an, die ewige Herrlichkeit der Himmel, Leben in der Gemeinschaft mit Gott für allezeit.

Wir wenden unsere Aufmerksamkeit deshalb nun dem Evangelium Gottes zu, wie es für uns in Jesus Christus erworben und in dem geschriebenen Worte Gottes offenbart ist.

Das Evangelium Gottes

Das Evangelium Gottes ist der eigentliche Gegenstand der neutestamentlichen Offenbarung. Es ist Gottes endgültige Botschaft an die Menschheit.

Das Evangelium als göttliche Verpflichtung und Vertrauensgabe. Die Worte *übergeben, verpflichten* und *Verpflichtung* nehmen einen hohen Platz im paulinischen Vokabular in allen seinen Briefen ein. Paulus wußte sich dem Herrn gegenüber verpflichtet. Er war sich dessen bewußt, daß er ein Sklave Jesu Christi ist. Der Apostel spricht von sich selbst als dem Gefangenen Jesu Christi für die Nationen (Eph. 3,1). Das galt sowohl im äußeren Sinn, als auch bezüglich des Vorsatzes für sein Leben.

Damit aber ist die tiefste Ebene des Wortes *Verpflichtung* noch nicht erreicht. Der Apostel wußte um eine Verpflichtung, die Gott eingegangen war. Er war sich bewußt, daß das herrliche Evangelium des großen Gottes ihm zur Bewahrung übergeben worden war (1. Tim. 1,11; Tit. 1,3; 1. Thess. 2,4; vgl. Röm. 1,1–7; Gal. 1,11–12; 2,7). Paulus war zum Haushalter über Gottes Geheimnisse gemacht worden (1. Kor. 4,1; 9,17). In dieser Verpflichtung liegt die Autorität, die Größe und Dringlichkeit seines Apostolates.

Der Inhalt dieser göttlichen Gabe ist „frohe Botschaft" oder „Evangelium". Es ist eine Botschaft, nicht eine Institution, nicht eine Organisation – nicht einmal eine dynamische Bewegung. Es ist die Botschaft, die als „gute Nachricht" bekannt ist. Das müssen wir uns vergegenwärtigen, und nun müssen wir genau und im Einklang mit der Bibel definieren. Was genau ist das Evangelium, die Botschaft, die uns anvertraut ist?

Das Evangelium Gottes. Während ich C. H. Dodd in seiner Analyse der apostolischen Verkündigung nicht folgen kann, gebe ich gerne zu, daß wir ihm für die Herausarbeitung eines wesentlichen Grundsatzes der neutestamentlichen Forschung und der Verkündigung Dank schulden.[4] Er hat die Tatsache herausgestellt, daß wir im Neuen Testament eine grundlegende Botschaft, das Kerygma, und einen auf diesem Fundament aufbauenden Rahmen, die Didache, finden. Man wird freilich die Trennungslinie nicht so scharf ziehen können und wollen, wie Dodd es vorschlägt. Dennoch scheint der Grundsatz einer strukturellen Zweiheit innerhalb einer funktionellen Einheit im Neuen Testament gegeben zu sein. Es gibt eine grundlegende Verkündigung, eine Botschaft, die Paulus in einzigartiger Weise „das Evangelium", das „Evangelium Gottes" oder „mein Evangelium" nennt. Das ist die gute Nachricht Gottes für den modernen Menschen, die Botschaft der Evangelisation, die Botschaft, die unter allen Völkern zum Zweck der Evangelisation der Menschheit verkündigt werden muß. Die wesentlichen Elemente dieser uns übergebenen Botschaft werden an verschiedenen Stellen des Neuen Testaments dargelegt. Das grundsätzliche Charakteristikum ist eine „Person" und eben nicht eine Idee, nicht ein persönliches Ideal, kein gedankliches und kein ethisches System. Die christliche Verkündigung hat ihren Mittelpunkt in einer Person – dem Herrn Jesus Christus. So verkündigten die Apostel Christus als den Herrn. In dieser Verkündigung ist der christliche Glaube einzigartig. Der Hinduismus verkündigt einen vierfachen Pfad; dem Shintoismus geht es in erster Linie um den *Weg* der Götter; der Buddhismus verkündigt den *Weg* der Ältesten mit seinem *achtfachen* Pfad; der Taoismus lehrt

[4] C. H. Dodd, *The Apostolic Preaching and Its Development* (New York: Harper, 1949).

den *Weg* des Himmels; der Islam lehrt die *fünf* Pfeiler als Weg zum Heil. Im Gegensatz zu den Wegen verkündigt das Christentum eine Person. Im Gegensatz zu einem Weg der Pflichten und Praktiken lädt das Evangelium Menschen zu einem Leben ein, das eine Beziehung darstellt. *Das Verhältnis von Person zu Person liegt im Zentrum des christlichen Glaubens.*

Das Evangelium Christi. In Übereinstimmung mit dem oben aufgestellten Grundsatz bietet Christus in seiner Botschaft nicht ein Gedankensystem, sondern sich selbst dar. Dem großen „Ich bin" im Johannesevangelium steht nichts Vergleichbares in den Weltreligionen gegenüber. Kein Religionsgründer hat sich jemals so vollkommen in das Zentrum seiner Botschaft und Bewegung gestellt wie Christus. Niemand hat je gesagt: „Ich bin das Licht der Welt . . . ", „Ich bin die Tür . . . ", „Ich bin der Weg, die Wahrheit und das Leben; niemand kommt zum Vater, denn durch mich . . . ", „Ich bin die Auferstehung und das Leben. Wer an mich glaubt, wird leben, ob er gleich stürbe." Das sind erstaunliche – fast unglaubliche – Ansprüche. Aber der Mensch Jesus Christus hat sie gestellt. In seinem Anspruch und seiner Darstellung ist er absolut christozentrisch. Kein Sterblicher hat jemals gesagt: „Ich und der Vater sind eins . . ., der Vater ist in mir und ich in ihm . . ., wer mich sieht, der sieht den Vater . . ., mir ist gegeben alle Gewalt (Autorität) im Himmel und auf Erden . . ., denn der Vater richtet niemand; sondern alles Gericht hat er dem Sohn gegeben, damit sie alle den Sohn ehren, wie sie den Vater ehren" (Joh. 8,12; 10,9; 14,6; 11,25; 10,30.38; 14,9; Matth. 28,18; Joh. 5,22–23).

Dieser Personzentrismus setzt sich bei den Aposteln fort. So erklärt Petrus: „In keinem andern ist das Heil, ist auch kein anderer *Name* unter dem Himmel den Menschen gegeben, darin wir sollen selig werden" (Apg. 4,12). Paulus stimmt darin ein und verkündigt: „Durch ihn aber seid ihr in Christus Jesus, welcher uns gemacht ist von Gott zur Weisheit, zur Gerechtigkeit, zur Heiligung und zur Erlösung" (1. Kor. 1,30). Jesus ist mehr als die Summe aller griechischen Philosophie und Kultur (Weisheit), allen römischen Rechts und aller römischen Rechtssprechung (Gerechtigkeit), aller jüdischen Religiosität und Gesetzlichkeit (Heiligung) und aller Heilsmysterien (Erlösung).

In ihm liegen „verborgen . . . alle Schätze der Weisheit und der Erkenntnis . . ., denn in ihm wohnt die ganze Fülle (das *pleroma)* der Gottheit leibhaftig." Deshalb habt ihr in ihm die Fülle (Kol. 2,3.9–10). Darin besteht wenigstens zum Teil die Christozentrizität des Heils und des Neuen Testaments.

Zu Recht oder zu Unrecht – und wir glauben zu Recht – stellen die Schreiber des Neuen Testamentes eine Person, die Person, die als der Herr Jesus Christus bekannt ist, in das Zentrum alles Heils. Er ist der Höhepunkt und er ist die Mitte des Heils. Er erwarb es; er vermittelt es; er bringt es in uns zur Fülle. Deshalb lädt er ein: „Kommet her zu mir alle, die ihr mühselig und beladen seid; ich will euch erquicken“ (Matth. 11,28). Das Evangelium des Neuen Testaments hat seine Quelle, seinen Inhalt, seine Bedeutung und Herrlichkeit in einer Person, dem Herrn Jesus Christus. Es erklärt auch apodiktisch, daß es ohne ihn kein Heil gibt (Joh. 3,36; 14,6; Apg. 4,12; 1. Joh. 5,11–12). Christus selbst ist unser Leben, unser Friede, unsere Hoffnung.

Der Christus, der das Evangelium ist

Die Person, die im Zentrum des christlichen Evangeliums steht, ist in schönster Weise in den Evangeliumsberichten porträtiert und klar definiert und wird in der Apostelgeschichte und den Briefen näher ausgelegt und dargestellt. Sie ist nicht nur existentiell erfahrbar, sie ist vor allem schriftgemäß. Sie wird durch das Wort vermittelt, begegnet im Wort.

Es ist hier nicht meine Absicht, eine biblische Christologie als solche darzustellen und zu verteidigen. Vier Akzente müssen aber gesetzt werden, damit die Bedeutung und Tiefe des christlichen Evangeliums verstanden wird. Jesus Christus, der das Zentrum und das Herz der christlichen Verkündigung ist, wird in der biblischen Offenbarung als Gott hingestellt. Er ist niemand anders als der ewige Gott, der als der Sohn Gottes bezeichnet wird, um seine offizielle Position innerhalb der Gottheit und sein metaphysisches (nicht physisches) Verhältnis zum Vater und zum Heiligen Geist anzuzeigen. Das ganze Johannesevangelium und der Hauptteil des Kolosserbriefes sind der Darstellung und der Verteidigung der ewigen unbeschränkten und unabgeleiteten Gottheit Christi gewidmet. Paulus gibt dem Gottesbegriff Ausdruck, indem er Christus als Herrn bezeichnet oder von dem Herrn Jesus Christus spricht. Alle, die der Bibel glauben, ehren ihn als Gott und beten ihn als Gott an.

Dem diametral entgegen steht die Lehre von der Inkarnation Christi, bei der es um die Tatsache geht, daß in Christus Gott ein wahrer Mensch wurde. Überall im Neuen Testament wird seine Menschheit vorausgesetzt und/oder daran festgehalten. Er ist der Menschensohn und der Mensch Christus Jesus. Die biblische Heilslehre verlangt beide Aspekte, die Gottheit und die Menschheit Christi Jesu. Nur der Gott-Mensch kann uns retten.

Somit sind Gottheit und Menschheit in einer Person vereint. Demütig, aber bestimmt bekennen wir mit Paulus: „Und kündlich groß ist das gottselige Geheimnis: Gott ist offenbart im Fleisch und Gott war in Christus und versöhnte die Welt mit ihm selber“ (1. Tim. 3,16; 2. Kor. 5,19). Während wir die Tiefe des Geheimnisses nicht ausloten können, glauben und verkündigen wir es.

Aber das Neue Testament bleibt hier nicht stehen. Es fügt dem Geheimnis der göttlichen Inkarnation das Ereignis von Kreuz und Auferstehung hinzu. In Wirklichkeit geschah die Inkarnation nur zum Zweck des Kreuz- und Auferstehungsereignisses. Christus erklärt ausdrücklich: „Des Menschen Sohn ist nicht gekommen, daß er sich dienen lasse, sondern daß er diene und gebe sein Leben zu einer Erlösung für viele“ (Mark. 10,45). Und wiederum: „Also ist geschrieben, daß Christus mußte leiden und auferstehen von den Toten am dritten Tage“ (Luk. 24,46).

Paulus ist sowohl der größte Ausleger als auch der hervorstechendste Verkündiger des Evangeliums. Kurz und bündig erklärt er: „Ich erinnere euch aber, liebe Brüder, an das Evangelium, das ich euch verkündigt habe, welches ihr auch angenommen habt, in welchem ihr steht, durch welches ihr auch selig werdet, wenn ihrs festgehalten habt, in welcher Gestalt ichs euch verkündigt habe; es wäre denn, daß ihr umsonst gläubig geworden wäret. Denn ich habe euch zuvörderst gegeben, was ich auch empfangen habe: Daß Christus gestorben ist für unsere Sünden nach der Schrift; und daß er begraben ist, und daß er auferstanden ist am dritten Tage nach der Schrift“ (1. Kor. 15,1–4). Schon früher, und in diesem Brief wiederum, erklärt er: „Denn ich hielt nicht dafür, daß ich etwas wüßte unter euch als allein Jesus Christus, den Gekreuzigten“ (1. Kor. 2,2). Und ein weiteres wichtiges Summarium dieser Epistel: „Ich . . . habe den Grund gelegt . . ., einen anderen Grund kann niemand legen außer dem, der gelegt ist, welcher ist Jesus Christus“ (1. Kor. 3,10–11).

Eine ähnliche und nah verwandte Botschaft bieten Römer 1,1–6 und Philipper 2,5–11. An beiden Stellen sind die Inkarnation und das Kreuz- und Auferstehungsereignis zentral.

Das Gottheit-Menschheitsmysterium und das Kreuz-Auferstehungsereignis sind die Zentralbotschaft des Neuen Testaments: sie gehören untrennbar zum Evangelium Gottes, dem Evangelium von unserem Heil.

Diese Botschaft begegnet nicht nur als historisches Ereignis, ganz gleich, wie herrlich sie als solches sein mag. Paulus betont, daß sich alles „nach der Schrift" abspielte, d. h. im Einklang mit der Offenbarung, die den ewigen Liebesvorsatz Gottes entfaltet. Paulus erklärt weiter, daß das Kreuz-Auferstehungsereignis um unserer Sünden willen stattfand. Es war zielgerichtet, schaffte Erlösung, geschah stellvertretend, reicht aus, ist endgültig, vollkommen und von ewiger Bedeutung. Aus Gnaden hat Gott um unsertwillen entscheidend eingegriffen und hat mit der Sünde, der damit verbundenen Schuld, dem Schmutz und ihrer Macht ein für allemal wirkungsvoll aufgeräumt. „Ein für allemal" ist in großen Buchstaben über dieses Geheimnis geschrieben. Niemals wieder wird das Lamm Gottes der Sünde wegen oder von Sünderhänden geschlachtet werden. Durch das Opfer des Leibes Christi sind wir ein für allemal geheiligt. Das Evangelium schließt deshalb das Gnadenangebot Gottes zur Vergebung der Sünden ein: es ist möglich gemacht, weil Christus „um unserer Sünden willen hingegeben und um unserer Rechtfertigung willen auferweckt ist" (Röm. 4,25). Die Predigt der Sündenvergebung gehörte mit zur grundlegenden christlichen Verkündigung. Das stimmt vollkommen mit den Worten Christi bei der Aussendung der Jünger überein, wo er feststellt, „daß gepredigt werden muß in seinem Namen Buße zur Vergebung der Sünden unter allen Völkern" (Luk. 24,47). Ähnlich schreibt Paulus: „In ihm haben wir die Erlösung durch sein Blut, die Vergebung der Sünden, nach dem Reichtum seiner Gnade" (Eph. 1,7, vgl. Kol. 1,14).

Die Vergebung der Sünden ist allerdings organisch mit Buße und Glauben oder Glauben und Buße verbunden. Wir wagen es deshalb nicht, die Predigt der Buße und des Glaubens zu vernachlässigen. Sie ist Teil des Evangeliums. Buße und Glauben sind zwei außerordentlich wichtige Relationsbegriffe. Sie bestimmen einerseits die Relation des Menschen zur Sünde, d. h. seine Haltung zu ihr und seine Trennung von ihr, und andererseits seine Aneignung des Heils und seine Hingabe an Christus. Es braucht nicht darüber debattiert zu werden, ob die Buße dem Glauben vorausgeht oder umgekehrt. Im Neuen Testament ist das eine Betonungsfrage der Verkündigung und nicht eine Frage der Chronologie oder gar der theologischen Logik.

Wenden wir uns noch einmal der klassischen Darstellung des Evangeliums bei Paulus in 1. Korinther 15,1–4 zu, dann stellen wir fest, daß Paulus sowohl die subjektiven als auch die objektiven Aspekte herausstellt. In den Versen 1, 2 und 3 spricht er vom Annehmen des

Evangeliums – der subjektive Zug –, der objektive Zug hingegen kommt vor allen Dingen in den Versen 3 und 4 zum Tragen. Beide Seiten müssen in der Predigt in Erscheinung treten.

Es ist von größter Wichtigkeit, daß in unserer Verkündigung der objektive/subjektive Aspekt des Evangeliums vom Heil durchgehalten wird. Hier findet sich ein anderer einzigartiger Zug der christlichen Botschaft. Die ethischen Religionen betonen hauptsächlich die subjektive Seite, während Islam und heutiges Judentum das Schwergewicht auf den objektiven Zug ihrer Religion legen. Wird aber der christliche Glaube recht verstanden und richtig dargeboten, dann wird der objektive und der subjektive Aspekt beieinandergehalten, ohne daß man die beiden vermischt oder verwischt, einen der beiden verringert oder vernachlässigt. Man muß immer daran denken, daß eine Überbetonung des Objektiven auf Kosten des Subjektiven in die tote Orthodoxie, eine Überbetonung des Subjektiven auf Kosten des Objektiven in einen vagen, undefinierbaren Mystizismus hineinführt. Eine Balance zwischen den beiden führt nicht zu einem Synergismus, sondern ist evangelisch biblischer Glaube.

In dem guten Buch *Christianity Rightly So Called* widmet der Autor, Samuel G. Craig, ein langes Kapitel diesem wichtigen Gesichtspunkt des christlichen Glaubens.[5] Es ist eine höchst hilfreiche Diskussion über die richtige Gewichtsverteilung in der Predigt des Evangeliums. Die Verkündigung der göttlichen souveränen Gnade und die menschliche moralische Verantwortung werden überall in der Schrift absolut im Gleichgewicht gehalten. Dieses Gleichgewicht muß auch bei uns durchgehalten werden, wenn wir wahrhaftig evangelisch und effektiv arbeiten wollen.

Das Evangelium Gottes – Definition und Aufriß

Im Licht der oben dargelegten biblischen Tatsachen können wir nun das Evangelium wie folgt definieren und aufreißen: Das Evangelium befaßt sich in erster Linie mit einer Person, dem Herrn Jesus Christus, und mit dem Verhältnis des Menschen zu ihm.

Diese Person begegnet uns in dem Gottheit-Menschheitsmysterium und in dem Kreuz-Auferstehungsereignis. Das sind vier Dimensionen seiner Person, ohne die Christus nicht mehr der Retter der Menschheit sein kann. Das ist der objektive Aspekt des Evangeliums.

5 Samuel G. Craig, *Christianity Rightly So Called* (Philadelphia: Presbyterian and Reformed, 1946), S. 137–166.

Um Jesus Christus als Heiland zu erfahren, muß der Mensch durch Buße und im Glauben mit ihm in Verbindung treten, und er muß sich die Vergebung der Sünden aneignen, die durch den stellvertretenden Opfertod und die siegreiche Auferstehung Jesu Christi möglich geworden ist. Nur wenn ein Mensch durch einen lebendigen, persönlichen Glauben mit Christus verbunden wird, wird der potentielle Heiland zum aktuellen Heiland. Nur so kommt der Mensch vom geistlichen Tod zum ewigen Leben, wird er von der Macht der Finsternis in das Reich seines lieben Sohnes versetzt. Nur so wird er ein Kind Gottes und ein Glied der göttlichen Familie. Andernfalls bleibt der Mensch unter dem Zorn Gottes, bleibt er den Verheißungen Gottes in Christus Jesus fremd und bleibt er ein unversöhnter Feind Gottes (Joh. 1,12; 3,36; 5,24; Kol. 1,13; Eph. 2,12.19; 2. Kor. 5,20).

Deshalb verkündigen wir Christus Jesus als den Herrn, den Gott-Menschen, gekreuzigt und auferstanden. Und wir predigen die Vergebung der Sünden, die der ganzen Menschheit durch Buße über ihre Sünde und Glauben an Christus Jesus zur Verfügung steht.

Gottheit-Menschheits-Geheimnis

Versöhnung und Erhebung zur Sohnschaft

Tod-Auferstehungs-Ereignis

Das Evangelium Gottes

Das Evangelium Jesu Christi

Das Evangelium von unserem Heil

Von Gott

In Christo

Durch den Geist

Aus Gnaden

Glaube-Buße-Verhältnis

Abb. 6 Das Evangelium

Das ist das Evangelium, „die gute Nachricht“ Gottes an den Menschen. Das Evangelium wird in dynamischen Termini so beschrieben:

„Das Evangelium ist die Kraft Gottes zum Heil“ (Röm. 1,16)
„Das Evangelium ist die Gnade Gottes“ (Apg. 20,24)
„Das Evangelium ist unser Heil“ (Eph. 1,13)
„Das Evangelium ist Friede“ (Eph. 6,15)
„Das Evangelium ist ewig“ (Offb. 14,6)

Aus unserer Definition und aus unserem Aufriß des Evangeliums ergeben sich verschiedene Fakten, die wir nochmals unterstreichen müssen:

Erstens, das Evangelium ist seinem Ursprung und Inhalt nach göttlich. Es ist in dem Gott verankert, der Liebe ist. Es hat seinen Ursprung im Herzen Gottes. Das Evangelium ist in der Tat die Liebe Gottes, wie sie in ihrer Fülle und Herrlichkeit zum Segen und zum Heil der Menschheit überfließt. Zweimal erklärt die Bibel: „Gott ist Liebe“ (1. Joh. 4,8.16). Höhe und Tiefe dieser Aussage lassen sich kaum ausloten, und es ist schwer, sie angemessen zu definieren; dennoch muß man es versuchen. So schreibt Edgar Mullins:

> „Die Liebe läßt sich als der sich selbst mitteilende Zug des göttlichen Wesens definieren, der Gott dazu führt, das beste für seine Geschöpfe zu suchen, aber sie auch in vollkommenster Weise zu besitzen. Die Liebe in ihrer höchsten Form ist ein Verhältnis zwischen intelligenten, moralischen und freien Wesen. Gottes Liebe zu den Menschen zielt darauf hin, die Liebe des Menschen zu Gott zu erwecken. In ihrer endgültigen Form bedeutet die Liebe zwischen Gott und den Menschen ihre vollkommene und uneingeschränkte Selbsthingabe aneinander und die vollkommene Besitznahme voneinander.“[6]

Die vollkommene Liebe Gottes tritt uns im Erlösungswerk Christi in zweifacher Weise entgegen: (1) In ihrer Fähigkeit, Opfer zu bringen. (Wir lesen: „Also hat Gott die Welt geliebt, daß er seinen eingeborenen Sohn *gab*; . . . Gott aber *erweist* seine Liebe gegen uns; . . . Sehet, welch eine Liebe hat uns der Vater *erzeigt*, . . . “. Liebe und Opfer lassen sich nicht voneinander trennen.) (2) Im Maß der Liebe, wie es in der Größe der Opfer erscheint: Er gab seinen einzigen Sohn.

Das ist in der Tat Liebe! Das ist ausgegossene Liebe! Das ist erwiesene Liebe! Wo immer das Evangelium verkündigt wird, wird die Liebe Gottes erhöht. Das Evangelium und der Gott, der Liebe ist, können nicht voneinander getrennt werden. Der Letzte zeugt das Erste und das Erste verherrlicht den Letzten.

[6] Edgar Mullins, *The Christian Religion in Its Doctrinal Expression*, S. 236.

Wie das Evangelium durch die Liebe des Vaters gezeugt wird, gibt es Liebe und zeugt wiederum Liebe. So lieben wir ihn, weil er uns zuerst geliebt hat.

Auf der anderen Seite kann das Evangelium seinen göttlichen Charakter nur dann echt und völlig entfalten, wenn es in Liebe verkündigt wird und wenn die Verkündigung durch echte und opferbereite Liebe motiviert ist.

Zweitens, das Evangelium in seiner Besonderheit. Die Bibel kennt kein Heil außer Jesus Christus dem Herrn, dem Geheimnis seiner Gottheit und Menschheit und dem Ereignis von Kreuz und Auferstehung. Jesus Christus wird insonderheit als der einzige Heiland der Menschheit vorgestellt, dem in den Augen Gottes und im Erleben der Menschen niemand gleicht und dem niemand als Rivale gegenübertreten kann. Die universale Heilstheorie des *logos* ist eine außerbiblische Erfindung, die dem Menschen genehm ist: eine theologische Akkommodation, die ihren Grund nicht in der Offenbarung, sondern in der Ratio hat. Gute Intentionen geben noch nicht notwendigerweise auch gesunde theologische Voraussetzungen ab. Die Bibel kennt keinen „Alternativheiland".

Und genausowenig lehrt die Bibel ein *Kulturchristentum* (Ritschl), wie es weithin die westliche Ideologie und Missiologie bestimmt hat. Sicher hat das Kulturchristentum viele Menschen dazu motiviert, alle Kräfte einzusetzen, um das „Reich Gottes aufzurichten", oder „die Königsherrschaft Jesu Christi zu bauen". Sowohl die Liberalen als auch die Evangelikalen waren von dieser Philosophie entzückt. Man hat die westliche Zivilisation praktisch mit einer christlichen Kultur gleichgesetzt, ja sogar mit dem christlichen Evangelium. Man hat es für selbstverständlich gehalten, daß mit der Ausbreitung des Evangeliums und seiner Verwurzelung in den verschiedenen Teilen der Erde die Welt auch mehr und mehr westlich (christlich) werden würde. Diese Philosophie fand ihren besonderen Ausdruck im Postmillenialismus, d. h. der Vorstellung, daß die Welt sich zu einem Paradies – dem Tausendjährigen Reich – *entwickeln* würde. Die Erfahrungen des letzten halben Jahrhunderts haben diese Gedanken zutiefst erschüttert und in Mißkredit gebracht. Aber einige Elemente davon haben überlebt, genauso wie nach einer Atomexplosion eine gewisse Strahlung weiterwirkt.

Das „soziale Evangelium" (Social Gospel) darf nicht mit dem Kulturchristentum verwechselt werden. Während die äußeren Ziele der beiden Philosophien verwandt sind, haben sie doch verschiedenen Ursprung und verschiedene Wurzeln.

Wir müssen deshalb einige der wesentlichsten Unterschiede zwischen Evangelium und überliefertem christlichen Glauben einerseits und christlichen Institutionen und Bekenntnissen andererseits, zwischen Evangelium und damit verbundenem kulturellen Gewand, zwischen Evangelium und westlicher Mentalität näher betrachten.

Der überkonfessionelle Charakter des Evangeliums. Das Evangelium von Jesus Christus darf nicht mit dem historisch überlieferten Christentum oder mit dem Christentum als kirchlicher Institution verwechselt werden. Wir dürfen es auch nicht mit den alten ökumenischen Bekenntnissen, mit den neueren Glaubensbekenntnissen der verschiedenen Denominationen, mit gewissen theologischen Systemen oder mit gewissen Schulen christlichen Denkens identifizieren. Diese alle sind nichts anderes als das Resultat menschlicher Deduktionen. Ihre Formulierungen sind immer nur relativ. Sie sind von gewissen Gegebenheiten und unmittelbaren Umständen sehr beeinflußt und zeichnen sich durch Zugeständnisse an die Umgebung aus, in die das Evangelium hineingepflanzt wurde und in der es heranwuchs. In jeder Umgebung wurden gewisse menschliche Ambitionen und Spekulationen hinzugefügt. Anhäufungen von theologischen, philosophischen und kulturellen Faktoren haben oft das Evangelium vernebelt und führten zu groben Verzerrungen der göttlichen Botschaft. Ernste Fehler haben sich eingeschlichen und das Evangelium verwässert oder seine göttliche Natur und seinen Zweck überlagert. Institutionen suchten das Evangelium zu institutionalisieren, es in kanonischen Gesetzen zu kodifizieren, es in schön formulierten Bekenntnissen und Dogmata einzuschließen oder es in schöne Einrichtungen einzurahmen. Das übernatürliche Wesen des Evangeliums ließ sich aber auch nicht in den grandiosesten Gewändern zähmen, seien sie von Jerusalem, von Rom, von London oder von sonst irgendwoher. Als die Kraft und die Weisheit Gottes ist das Evangelium zu groß und zu herrlich, um kodifiziert, eingerahmt oder hübsch verpackt zu werden. Seine göttliche Natur hat sich immer wieder durchgesetzt. Seine große befreiende Kraft durchbrach alle von Menschen errichteten Grenzen, und es lebte seinen vollen göttlichen Charakter gemäß der biblischen Offenbarung aus.

Der überkulturelle Charakter des Evangeliums. Das Evangelium ist kein rein historisches Phänomen. Obwohl es sich im Bereich der Geschichte abspielt, ist es, wie schon gesagt, nicht Geschichte. Darüber hinaus behaupte ich, daß das Evangelium auch kein ethnisches Produkt ist. Es wirkt zwar innerhalb der Kultur, ist aber kein Kulturprodukt. Obwohl es in der Kultur beheimatet ist, steht es doch jenseits der Kultur. Es formt die Kultur, bringt Kultur hervor und be-

und verurteilt sie zu gleicher Zeit. Es ist sowohl für als auch gegen die Kultur. Das Evangelium ist überkulturell, weil es seinem Ursprung, seinem Wesen, seinem Zweck, seinem Ziel und seiner Bestimmung nach übernatürlich ist. Kirchliche und christliche Gemeinschaften sind als Gemeinschaften menschliche Institutionen. Sie mögen u. U. das Gewand sein, mit dem sich das Evangelium kleidet, aber sie gehören nicht zum Wesen des Evangeliums. Deshalb können wir nicht dran interessiert sein, kirchliche, theologische oder religiöse Formen oder Muster zu exportieren, ganz gleichgültig, ob sie okzidental, orientalisch, lateinisch oder afrikanisch sind. Wir sind beauftragt, das Evangelium unseres Herrn Jesus Christus zu verkündigen, das über die Kulturen und über ein gewisses Land hinausragt. Die richtende, heilende und bereichernde überkulturelle Botschaft, die die Kraft und Weisheit Gottes in sich trägt, wird jeder Kultur, die Jesus Christus als Heiland und Herrn anerkennt, eine neue Dimension hinzufügen.

Damit ich nicht mißverstanden werde, sei hinzugefügt, daß keine Kultur, in die Christus eingeht, je ungestört bleibt. Seine Gegenwart ist schon in sich selbst eine göttliche Transformation. Er ist die Kraft Gottes. Er ist Weisheit, Gerechtigkeit, Heiligung und Erlösung. Christus wird kein Verhältnis und keine Kultur unberührt lassen. Während er nicht alles gutheißen und heiligen wird, wird er auch nicht alles zerstören. Er macht alles *neu.*

Der verstorbene Dr. Kenneth Latourette hat der Christenheit einen großen Dienst damit getan, daß er in den sieben Bänden seines Werkes *Expansion of Christianity* darauf hingewiesen hat, daß das Evangelium in jeder Gesellschaft und jeder Kultur, die es erfaßte, einen gewaltigen Eindruck hinterlassen hat, aber daß das Evangelium nirgends so vollkommen triumphierte, daß die Kultur nicht wiederum ihren Abdruck auf dem Evangelium hinterlassen hätte. Es geht immer um eine Gegenseitigkeit niedrigen oder höheren Grades. Deshalb sind wir immer gefordert, zu den ursprünglichen Quellen des Evangeliums Jesu Christi zurückzugehen, um das wahre Wesen und die Bedeutung des Evangeliums zu verstehen. Das Neue Testament bleibt unsere unfehlbare und nie versagende Autorität und unser Führer in allen Fragen der Lehre sowie in allen Grundsätzen des Glaubens, des Lebens und des Dienstes.

Marshall McLuhan sagt zu Recht: „Wenn das Evangelium Teil seiner Umgebung wird, dann verliert es das innere Gesicht, das es als umformende Kraft braucht. Dieses innere Gesicht ist die Resonanz, die zwischen einer kleinen Minorität und dem großen umfangreichen dunklen Grund zum Schwingen kommt. Wenn jener größere Grund seine Proportionen verliert, dann wird die Kirche, indem sie selbst zum Grund wird, ein Untier. Wenn je der größere Grund erscheint, dann hat man das Biest."[7]

Das Evangelium und die westliche Mentalität. Die christliche Position, ihre Akzentuierung und das Bestehen auf der Einzigartigkeit und Einmaligkeit des christlichen Evangeliums wurden fälschlicherweise der westlichen Mentalität und einem religiösen Imperialismus zugeschrieben. Derartige Anschuldigungen resultierten allerdings aus einer unwissenschaftlichen und unhistorischen Perspektive. Historisch gesehen wurzelt diese Mentalität in der Bibel und hat ihren Ursprung in Palästina. Der christliche Glaube ist als historisches Phänomen eine nichtwestliche Religion, eine der mehr als zehn lebenden Weltreligionen, die auf asiatischem Boden entstanden. Niemand ist dogmatischer bezüglich der Einzigartigkeit, der Endgültigkeit, der Absolutheit, der Inklusivität und der Exklusivität des christlichen Evangeliums als Jesus Christus selbst und mit ihm die ursprünglichen Apostel, besonders Paulus und der Autor des Hebräerbriefes. Hier wird Christus in all seiner Größe, Schönheit und Fülle als der Herr, Heiland und Hohepriester dargestellt, zu dem es keinerlei Parallele gibt und dem niemand gleicht.

Wir beanspruchen nicht, daß dieses Evangelium unsere Erfindung, unsere Entdeckung oder unser Produkt sei. Die Größe und Einzigartigkeit des Evangeliums ist nicht unser Verdienst. Es ist nicht westlichen Ursprungs und gehört uns nicht. Sein Ursprung und seine Quelle ist der Gott der ganzen Menschheit. Es ist Gottes Gabe an alle Menschen. Somit gehört es Gott und wird zum Besitz all derer, die es im Glauben erfassen und sich zu eigen machen. Niemand kann sich vor Gott rühmen oder sich auf seine Stellung oder geistlichen Besitz etwas einbilden. In aller Demut glauben wir allerdings dem Evangelium und verkünden es freudig und kühn, rufen alle Menschen auf, Gott zu glauben und das Heil in Christus zu ergreifen. Wir exportieren keine Religion. Wir sind Herolde des Evangeliums Christi und glauben, daß es kein Heil und keine Erlösung außerhalb von Jesus Christus, unserem Herrn, gibt.

Drittens, das Evangelium ist auf ein Verhältnis ausgerichtet. Aus unserer Definition des Evangeliums ergibt sich weiterhin, daß das *Heil, wie es in Christus erworben ist, sich nur in dem lebendigen und persönlichen Verhältnis der Buße und des Glaubens an Christus Jesus aktualisiert.* Nur so wird ein Mensch neu geboren und zu einem Glied

[7] Herbert Marshall McLuhan, so zitiert von Janet Rohler, „McLuhan on Religion“, in *Christianity Today,* 13. Feb. 1970, S. 34.

im Haushalt Gottes. Mit aller Klarheit wird gesagt, daß „so viele ihn aufnahmen, denen gab er die Macht, Gottes Kinder zu werden" (Joh. 1,12). Ähnliche Aussagen ließen sich in großer Zahl nebeneinanderreihen. Die Lehre vom Glauben nimmt eine prominente Stelle in der Schrift ein. Sie läßt sich nicht vom Heil trennen.

Die Bibel kennt kein Heil außer Christus und keine Heilserfahrung ohne das persönliche Verhältnis der Buße und des Glaubens an ihn. Die Betonung, die dem Glauben als vertrauensvolle Zuwendung und Hingabe des Menschen an Gott und in der Heilsaneignung zukommt, zieht sich ungebrochen durch die ganze Schrift hindurch. Die Bibel erklärt: „Aber ohne Glauben ist's unmöglich, Gott zu gefallen; denn wer zu Gott kommen will, der muß glauben, daß er sei, und denen, die ihn suchen, ein Vergelter sein werde" (Hebr. 11,6). Weder ohne Christus noch ohne Glauben läßt sich das Heil in wahrem biblischen und geistlichen Sinne erlangen. Das Heil Gottes ist unveränderlich an eine Person (Jesus Christus, dem Gott-Menschen, der gekreuzigt und auferstanden ist) und an ein persönliches Verhältnis zu dieser Person (Buße-Glaube) gebunden.

Eine einfache Formel drückt das als dynamisches Verhältnis negativ so aus: Ohne Christus – kein Heil; ohne Buße und Glauben – kein Heil. Niemals weicht die Bibel von dieser Ordnung und von diesem Prinzip ab.

Das Evangelium Gottes in der Auseinandersetzung

„Das Evangelium in der Auseinandersetzung" (Perry) – so sieht es heute aus. Die christliche Position wurde als religiöser Imperialismus und theologische Bigotterie verschrien, ja, man hat auch noch ganz andere Namen dafür gefunden. Gleichgültig, was für Namen man verwandte – die Fakten wurden damit bis jetzt noch nicht geändert, und keine Wahrheit wurde anders gemacht. Christus beansprucht für sich in seiner Art und in seinem Wesen absolute Einzigartigkeit. Er ist anders als alle anderen und überragt alle. Seine Größe ist nicht nur quantitativ und relativ: es besteht auch ein absoluter Unterschied. Das christliche Evangelium ist einzigartig, abgesondert, vollkommen, ausreichend und endgültig. Auf der einen Seite ist es ein „Nichtmixer" (Hammer) und andererseits ist es der Richter aller Religionen. Vor uns steht *„Die unvermeidliche Wahl"* (Soper); *„Jesus im Vergleich"* (Braden) zwingt mich zu wählen.

Christus ist die Scheidelinie. Ob die ethnischen Religionen der Welt Wahrheit enthalten und Schönheit in sich bergen, ist nicht die

Frage. Unpersönliche Wahrheit wird durch die Sündhaftigkeit der Menschen in sich selbst kraftlos gemacht. Eine Wiederherstellung der Persönlichkeit, deren Gesundheit und deren Umformung gibt es nur im Rahmen eines Verhältnisses von Person zu Person. Der Mensch bedarf geistlicher, sozialer und ethischer Heilung. Er braucht Ganzheit. Abstrakte Wahrheit bringt das nicht zustande. Ein Sünder kann einem anderen Sünder nicht zurechthelfen, genausowenig wie ein Ertrinkender einen anderen Ertrinkenden retten kann. Christus, der große Arzt Gottes, der Gott-Mensch, triumphierte über den Tod und brachte Leben und Unsterblichkeit ans Licht, kann Menschen retten und sie wiederherstellen. Die Frage ist deshalb nicht die Frage nach Wahrheit und Schönheit, wie sie in der vergleichenden Religionswissenschaft gestellt wird. Wir fragen, ob Christus in dem Geheimnis seines Gott-Menschseins und in dem Ereignis seines Sterbens und Auferstehens gegenwärtig ist. Keine Religion, nicht einmal das Christentum als Religion ohne Christus, kann Sünden vergeben oder Leben vermitteln. Religion kann nicht die Erfüllung des Lebens bringen noch den Menschen von seiner gegenwärtigen Schuld, vom Schmutz und von der Macht der Sünde, vom Gericht und der zukünftigen Verdammung retten. Nur Christus kann das vollbringen. Als Religion ist das Christentum kein Konkurrent zu anderen Religionen. Christus ist als Heiland, Herr und Gott der Rivale aller anderen Götter, gleich wer und wo sie sein mögen. Er ist der einzige Heiland und Herr, der im Heil und im Gericht regiert.

In seinem herrlichen kleinen Büchlein *Die Einzigartigkeit Jesu Christi* stellt Max Warren es so dar:

1. Die Einzigartigkeit Jesu Christi als Offenbarung des Wesens Gottes.
2. Die Einzigartigkeit Jesu Christi als Offenbarung des Menschen, wie er als Mensch sein sollte.
3. Die Einzigartigkeit Jesu Christi als Offenbarung dessen, was der Mensch jetzt ist, nämlich etwas ganz anderes, was er sein sollte.
4. Die Einzigartigkeit Jesu Christi als Offenbarung des Vertrauens Gottes zum Menschen.[8]

Das ist wunderbar. Aber diese Aufstellung ist unvollkommen und erreicht nicht die Fülle der biblischen Verkündigung. Wir müssen deshalb weiter hinzufügen:

5. Jesus Christus, einzigartig in seiner Herrschaft. Er ist der Herr aller Herren und der König aller Könige.

[8] Max Warren, *The Uniqueness of Jesus Christ* (London: Highway Press, 1969), S. 2.

6. Jesus Christus, einzigartig in seinem Heilandswerk. Er ist der vollkommene Heiland und Erlöser, der Heiland der Menschheit und des einzelnen in der Totalität seines Wesens und in der Totalität seiner Beziehungen. Er macht den Menschen *heil.*
7. Jesus Christus, einzigartig in seiner Erhöhung. Er sitzt zur Rechten Gottes, hat Anteil am Thron des Vaters (Offb. 3,21).

Gottes Wort versichert uns, daß sich „vor ihm beugen sollen aller derer Knie, die im Himmel und auf Erden und unter der Erde sind" (Phil. 2,10). Mit diesen Worten wird „die Gute Nachricht Gottes" „schlechte Nachricht" für alle rivalisierenden Religionen und Götter mit ihren Anbetern. Damit wird uns die Aufgabe auferlegt, Christus so zu erhöhen, daß alle Menschen, gleich wo sie sind, ihn jetzt in seiner Schöne, Fülle, Heilandskraft und Gnade erkennen können. Wir müssen dies, soweit es uns menschlich möglich ist, jetzt tun, ohne uns dabei von menschlichen Traditionen, kulturellen Anhängseln und einer gewissen Kirchlichkeit hemmen oder einschränken zu lassen. Die Welt muß Christus sehen und nicht uns in unserem Institutionalismus und in unserer Kultur.

Das Evangelium und die nichtchristlichen Religionen

Die Schlacht läuft. Für viele ist sie schon beinahe vorüber, weil sie sich unterworfen haben. Die ernste Auseinandersetzung und die anstrengende Suche nach einer biblischen und/oder christlichen Antwort auf die Frage nach einem adäquaten, gerechten und zufriedenstellenden Verhältnis zwischen dem Evangelium Gottes und den ethnischen Religionen der Menschheit währt schon lange. Männer wie Ram Mohun Roy, Sir Sarepalli Radhakrishnan, Mohandas Karamchand Gandhi, Masaharu Anesaki, Daisetz Teitaro Suzuki, Maulavi Saiyid Amir Ali, Mauliv Mohammed Ali – um nur einige zu nennen – haben tapfer und logisch gekämpft, um die Gleichwertigkeit, wenn nicht Überlegenheit ihrer Religion gegenüber der christlichen Tradition zu behaupten. Es darf wahrlich nicht gesagt werden, daß diese Männer den christlichen Glauben nicht gekannt hätten; sie kannten seine Geschichte, seine Dogmen und seine Ansprüche. Aber sie hatten sich in ihren eigenen Stellungen nur zu gut eingegraben.

Ich darf mich an dieser Stelle nicht an eine ausgedehnte Diskussion über diesen äußerst komplizierten und dringlichen Gegenstand einlassen, denn das erfordert ein eigenes Buch. Ich glaube auch nicht, daß hier der Platz ist, die verschiedenen Antworten und Philosophien darzulegen und zu besprechen, die sich um diesen Gegenstand entwickelt haben und die zu Zeiten recht angriffsfreudig geworden sind. Einige haben sogar versucht, sich der Missionswissenschaft aufzudrängen und sie in ihre Gewalt zu bekommen.

Einige Standpunkte seien hier erwähnt: Die „radikale Verdrängungstheorie“ vieler Ultrakonservativer; die „Erfüllungstheorie“ von J. N. Farquhar, H. H. Farmer und anderen Nachfolgern des Liberalismus; diese Sicht hat auch viele Evangelikale gefangengenommen; die Theorie der „Diskontinuität“ im Rahmen der dialektischen Theologie, wie sie am kräftigsten und umfassendsten von Hendrik Kraemer und seiner Schule vertreten wurde; die „logos“-Philosophie von Justin dem Märtyrer, mit viel Geschick von A. C. Bouquet und seinen Nachfolgern vertreten; die „heilsgeschichtliche“ Theorie – die Methode eines universalen religionsgeschichtlichen Bewußtseins von Ernst Benz; die neueren Schriften von E. C. Dewick, Edmund Perry, Stephen Neill; die ultra-naturalistische „Rekonzeptions“-Theorie eines William Hocking und die ihr verwandten Schriften von Arnold Toynbee; das „Gerechtigkeitskonzept“ von Paul Tillich und das Neueste, die „Dialog“-Methode, die heute die Vorstellungen, Gedanken und Gefühle zahlreicher philosophischer Theologen in Beschlag genommen hat, nicht aber zu den praktischen Missionaren durchdringt. Die letzteren stehen dem Geschehen zu nahe und sind zu tief in den eigentlichen Kampf hineingenommen, als daß sie sich diese Sicht zu eigen machen könnten.

Die genannten Theorien weisen zwei radikale Schwächen auf. Erstens sind sie zutiefst philosophisch und nicht theologisch. Sie erinnern mich mehr an das Evangelium der Renaissance als an das Evangelium der Reformation, das uns im 16. Jahrhundert in einem Kampf um das bloße Überleben gegeben wurde. Es geht bei ihnen allen um Begegnungen von Mensch zu Mensch und nicht um die Begegnung zwischen Gott und Mensch. Sicher gibt es dabei noble Ausnahmen, aber im allgemeinen ist das die Linie. An zweiter Stelle leiden sie alle an biblischer und exegetischer Blutlosigkeit. Das kann zwar nicht von den Schriften E. C. Dewicks und Stephen Neills gesagt werden, aber den anderen Darstellungen und Auseinandersetzungen fehlt jeglicher tiefgehender exegetischer Charakter. Das läßt sich aus den Konferenzberichten von Jerusalem und Madras ohne Schwierigkeiten herauslesen. Die zahllosen anderen Schriften dieser Debatte liefern den Beweis dafür. „Was sagt die Schrift?“ – diese Frage findet sich nicht in ihren Büchern. Karl Hartenstein und einige andere stellen wiederum noble Ausnahmen dar.

Eine biblische Missionstheologie interessiert zuvörderst die Stellung der Bibel zu den nichtoffenbarten und ethnischen Religionen –

Religionen, die ihren Ursprung nicht in der in der Bibel sich niedergeschlagenen Offenbarung Gottes haben.

Es soll gleich zu Anfang deutlich gemacht werden, daß wir für Meinungsverschiedenheiten über den Sinn und für unterschiedliche Auslegungen einzelner Stellen Raum lassen. Liebe, Toleranz und die Erleuchtung des Heiligen Geistes muß uns in diesem Falle leiten, damit wir unseren Standpunkt in diesen äußerst delikaten Fragen finden. Wir müssen aber im Rahmen der Bibel bleiben. Keineswegs dürfen wir es wagen, über die Schrift hinauszugehen; aber wir dürfen es auch nicht wagen, den vollen Rahmen der uns dort begegnenden Information nicht auszuschöpfen. Aufrichtigkeit, Offenheit und Demut sind nötig, um zu entdecken, was Gott über die Religionen der Menschheit zu sagen hat. Dabei sollte man immer bedenken, daß jedermann seinen Glauben schätzt und ihn für heilig hält. Mir will scheinen, daß die folgende Liste in etwa eine Zusammenfassung der biblischen Gedanken, Sentimente und Verdikte enthält.

1. Die Bibel anerkennt durchaus die Existenz nichtbiblischer Religionen und betrachtet sie als wirksame Kräfte in der Menschheitsgeschichte. Es sei nur auf die unzähligen Hinweise auf Götzen, Bilder und Götter im Alten und Neuen Testament und auf deren Einfluß auf die Menschen verwiesen.

2. Die Bibel akzeptiert die Tatsache, daß der Mensch unheilbar ein zutiefst religiöses Wesen ist, ein Wesen, zum Bilde Gottes geschaffen. Die Bibel setzt die Religion voraus und erklärt ihren „Ursprung“ nicht besonders. Die Religion erscheint auf den ersten Seiten der Schrift als Gemeinschaft zwischen Gott und Mensch im Garten Eden – Gott spricht mit dem Menschen, stellt den Menschen unter ein Mandat und erwartet von ihm Gehorsam. Es war eine Religion der Beziehungen, der Gemeinschaft und der Zusammenarbeit, die Gott und den Menschen in Gesinnung, Zweck und Arbeit vereinigte. Vor den Toren Edens finden wir Religion als Ritual und als Praxis. Diese Elemente waren aufgrund eines Befehls Gottes hinzugekommen, denn Abel brachte sein Opfer im Glauben dar (Hebr. 11,4), und „der Glaube kommt vom Hören, das Hören aber durch das Wort Gottes“ (Röm. 10,17 – freie Übersetzung).

Vor den Toren Edens fließt die Religion wie ein breiter Strom innerhalb der menschlichen Kultur dahin. Die Religion bietet die grundlegenden Motive, die integrierenden Kräfte, Wegweisung und Sinn (oder Mangel desselben) für das Leben und die Geschichte.

3. Die Bibel schweigt über den Ursprung der Religionen als organisierte Institutionen mit Beamtentum und festgelegten Formen. Sie schweigt auch über den „Ursprung“ der Götzen und des Götzen-

dienstes. Die zahllosen Hinweise auf außerbiblische Praktiken (Young zählt in seiner Konkordanz 127 Hinweise auf) bezeugen deren Herrschaft und Verteilung, ihre unterschiedlichen Formen und Praktiken. Sie ist eine großartige und gefährliche Kraft innerhalb der Gesamtbewegung der Menschheit geworden.

4. Die Bibel schreibt den nichtbiblischen Religionen nirgendwo wahre geistliche Werte zu, Werte, die es zu erhalten oder zu assimilieren gelte, um den biblischen Glauben zu bereichern oder zu vervollkommnen. In den zahllosen Hinweisen auf Götzen- oder andere Anbetungssysteme findet sich auch nicht eine positive Aussage. Tatsächlich führen die Namen und die Charakteristika, die den Götzen und Bildern zugeschrieben werden, zu dem gerade entgegengesetzten Schluß.

In seinem Werk *Synonyms of the Old Testament* trägt Girdlestone die folgende Information zusammen:

> „Das eine Wort 'Götze' übersetzt zwölf verschiedene hebräische Worte. Einige von ihnen weisen darauf hin, daß ein Götze eine nichtige Sache ist; andere stellen den Schrecken heraus, der sich über den Anbeter falscher Götter legt, oder die Aversion, mit der der lebendige und wahre Gott sie betrachtet, andere wiederum beschreiben die Gestalt der Götzen, das Material, aus dem sie hergestellt sind, oder die Stellung, die sie einnehmen."[9]

Beschreibende Worte wie Ungerechtigkeit, Eitelkeit, Nichtigkeit, Schrecken, Greuel, Last, Betrübnis, Furcht und Grund zum Zittern charakterisieren Götzen und Götzendienst. Nicht ein einziges Kompliment über den „ästhetischen" oder religiösen Wert der Götzen findet sich in der Bibel. Und genausowenig wird Götzenanbetung jemals als indirekte Anbetung des wahren Gottes, der als wesensmäßige und lebendige Realität „hinter" allem Götzendienst stehe, akzeptiert.

Die Bibel weiß nichts von einer derartigen Verwirrung. Es ist in der Tat so, daß Paulus einen solchen Gottesdienst eher mit den Dämonen als mit dem lebendigen Gott in Beziehung bringt (1. Kor. 10,19–21). Er stellt ernstlich die Frage: „Was hat der Tempel Gottes gemein mit den Götzen?" (2. Kor. 6,16). Die Antwort ist einfach: Sie haben nichts gemein. Dazu verbindet auch Offenbarung 9,20 Götzendienst und Dämonenanbetung miteinander. Solche Vorwürfe und dererlei Haltungen lassen sich mit der modernen Mentalität nur schwer vereinen, die sich durch Kompromißdenken und Toleranzansprüche auszeichnet. Die scharfen Kanten, die Gottesdienst und Götzendienst trennen, sind ausgefranst.

9 R. B. Girdlestone, *Synonyms of the Old Testament* (Grand Rapids: Eerdmans, 1953), S. 303.

5. Die Bibel verlangt definitiv die Anbetung Gottes als dem allein wahren Gott (2. Mose 20,3–5). Sollte man etwa einwenden, dieses Gebot gelte Israel, dann müßte man sich auch damit abfinden, daß die ganze moralische Struktur des Alten Testamentes, die sich auf dem Fundament des ethischen Monotheismus aufbaut, auch nur auf Israel anwendbar ist. Sie sollte demzufolge auch nicht den Verhaltens- oder Urteilsmaßstab für die umgebenden Völker abgeben. So sehen es allerdings die alttestamentlichen Propheten nicht. Ihre Donnerstimmen erheben sich in gleicher Weise gegen Israel und die Völker. Sie kennen kein doppeltes Maß.

Es läßt sich aus der Bibel zweifelsfrei herauslesen, daß sowohl das Alte als auch das Neue Testament alle anderen Gottesdienstformen als falsch ansehen, daß alle anderen „Götter" rivalisierende Götzen sind und daß jeder Götzendienst sündig ist und schadet. Sie sind vor Gott ein Greuel und ein Schrecken, eine Betrübnis für die Menschheit.

6. Die Bibel atmet den Geist der Exklusivität, der Intoleranz, der Feindschaft und der Verdammung gegen alle Formen des Götzendienstes und der Anbetung von anderen Göttern außer Jahwe-Elohim, den Gott und Vater unseres Herrn Jesus Christus. Die Bibel unterstützt nicht die Philosophie einer friedlichen Koexistenz in der gottesdienstlichen Sphäre. Die Zerstörung der Götzen und die Ausrottung des Götzendienstes aus Israel findet Gottes Zustimmung, und das, obwohl die Bibel nicht zu einem direkten Krieg gegen den Götzendienst außerhalb Israel aufruft. Dem Volk Gottes wird in der Bibel kein gewaltsames Vorgehen gegen den Götzendienst aufgetragen. Aber die Botschaften der Propheten und der Apostel lassen keinen Kompromiß zu und verkündigen das Verdammungsurteil über dieses Übel aller Übel, das Übel, das die Wurzel und der Stamm zu sein scheint, von dem alle weiteren Äste des Bösen ihre Nahrung beziehen. Weil das nun einmal so ist, ist die endgültige Bestimmung aller Götzenanbeter in dem „Pfuhl, der mit Feuer und Schwefel brennt" – der zweite Tod, wo sie sich neben den feigen Verleugnern, den ungläubigen Frevlern, den Totschlägern und Unzüchtigen, den Zauberern und allen Lügnern finden (Offb. 21,8). Ähnlich warnt Paulus die Gläubigen zu Korinth, daß Götzendiener das Reich Gottes nicht ererben werden (1. Kor. 6,9–10). Der Ernst der Bibel kann nicht überbetont werden.

7. Die Bibel verurteilt alle Versuche religiösen Synkretismusses als „geistlichen Ehebruch" und als gottlose Abtrünnigkeit. Schwerste Gerichte ergehen über Israel für alle Versuche einer religiösen Synthese und des Abfalls. Die Haltung Gottes manifestiert sich mit

höchster Dramatik auf dem Berge Karmel, wo er physisch und buchstäblich zwischen synkretistischem Götzendienst und der Anbetung des wahren Gottes richtete.

8. Für die Bibel sind der gegenwärtige religiöse Status der Menschheit, die gegenwärtige Form und die Praktiken der nicht offenbarten Religionen eine Perversion und eine Degeneration der ursprünglichen Offenbarung Gottes. Die gegenwärtige Situation läßt sich auf die menschliche Sündhaftigkeit zurückführen, die bewußte willentliche Unterdrückung der Wahrheit, die böswillige Intervention Satans und Gottes Gericht über Menschen, die die Sünde lieben und denen die Finsternis lieber ist als das Licht.

9. Für die Bibel sind die nicht offenbarten Religionen Teil des Weltsystems, das Gott antagonistisch gegenübersteht, das von bösen Kräften gebunden ist, den Menschen gefangennimmt und ausraubt. In der Bibel findet sich eben kein Hinweis darauf, daß die Religionen eine Vorbereitung auf Christus sind und daß Christus ihre Erfüllung ist, daß das Christentum in einem organischen Verhältnis zu ihnen steht und sich auf sie aufbauen soll. Die Bibel schließt Kontaktpunkte im religiösen Bewußtsein zwischen den Institutionen und im Ausdrucksvermögen des Menschen nicht aus. Das Gericht der Bibel ergeht ja auch nicht gegen den aufrichtigen und ernsten Gott- und Wahrheitssucher. Den hat es immer gegeben; den gibt es heute, und den wird es immer geben. Er stellt ein besonderes Kapitel in der Religions- und Heilsgeschichte dar und muß besonders abgehandelt werden. Die Bibel richtet ihre Angriffe gegen die Systeme und gegen die Systembauer.

Die vorgetragene These läßt sich sehr wohl durch die theologische Geschichtsinterpretation des Apostels Paulus stützen, die er in Römer 1,18–25 vorträgt. Sie ist nichts anderes als ein kurzes geoffenbartes theologisches Diktum zu dem historischen Bericht in Genesis 1–11, der den Zeitabschnitt der Offenbarung Gottes an die ganze Menschheit abdeckt. Es ist überraschend, wieviel Theologie in diesen 11 Kapiteln eingebettet ist. Gott hat sich in der Tat der ganzen Menschheit mitgeteilt – nicht nur in der Schöpfung, sondern auch in seiner Offenbarung. Dem biblischen Denken unterliegt eine Kontinuitäts-Diskontinuitäts-Philosophie der Offenbarung. Ursprünglich wandte sich Gott an alle Menschen. Aber in der Torheit ihres eigenen Herzens „verwandelten (sie) die Herrlichkeit des unvergänglichen Gottes in ein Bild gleich dem eines vergänglichen Menschen und der Vögel und der vierfüßigen und der kriechenden Tiere“. Ja, „sie haben die Wahrheit Gottes verwandelt ... in Lüge und haben geehrt und gedient dem Geschöpf, statt dem Schöpfer, der gelobt ist in Ewigkeit“.

Die Menschheit begann mit dem Monotheismus. Mit dem Fall setzte eine Degeneration ein, die alle Lebensgebiete einschließlich der Religion der Menschheit erfaßte. Aus dem einen Gott wurden viele Götter. Des Menschen einzige Treue wurde zu vielen Anhänglichkeiten, sein Herz und Sinn wurden zerteilt und zogen ihn in jedwede Richtung. Der Mensch verlor seinen Gott, seinen Weg, seine Richtung, seinen Sinn und sein Ziel. Verlorenheit wurde sein Zustand und seine Erfahrung. Auf keinem anderen Gebiet zeigte sich die Verlorenheit mehr als auf dem der religiösen Bindungen.

Auf dem Gebiet der Religion versuchen die Evolutionshypothesen den jahrtausendelangen Aufstieg des Menschen von einem vagen Ahnen um ein „anderes Sein" bis zur Höhe des ethischen Monotheismus zu erklären. Ich muß in aller Aufrichtigkeit sagen, daß ich viele Jahre nach den Grundlagen dieser Hypothesen gesucht habe. Religionsgeschichte, Anthropologie und Ethnologie liefern keine Hinweise. Mir bleibt nichts weiter als Vermutungen, Ahnungen, Meinungen und Theorien, die sich auf wankende und unbewiesene Prämissen gründen. Das wenigste, was sich sagen läßt, ist, daß diese Theorie der Abkömmling einer naturalistischen Akkommodation ist. Sie gründet sich jedenfalls weder auf verifizierte Tatsachen noch auf Offenbarung.

Vor einer simplizistischen Interpretation der äußeren Phänomena und der Nomenklatur der Religion müssen wir uns hüten. In Genesis 1–11 findet sich kein Bericht davon, daß diese in Fertigform vom Himmel herab den Menschen übergeben worden wäre. Es scheint mir vernünftiger und schriftgemäßer, anzunehmen, daß die äußeren Praktiken, Institutionen und Phänomena Teil der gesamtkulturellen Entwicklung der Menschheit sind. Von allem Anfang an gibt es eine Unterscheidung zwischen der wesentlichen offenbarten Botschaft und der äußeren kulturellen Einkleidung der Religion. Das mag vielleicht nicht im gleichen Maße auf die Religion Israels zutreffen, die in ihrer Totalität den Stempel (direkter, verfeinerter) Offenbarung trägt. Aber in allen Religionssystemen gibt es *pneumena* und Phänomena.

10. Die Bibel sagt die endliche und umfassende Vernichtung aller anderen religiösen Gedankensysteme und der Anbetung aller anderen Götter voraus und sieht am Ende den höchsten und vollkommenen Triumph der Anbetung und des Gottesdienstes Jahwe-Elohims, des Vaters unseres Herrn Jesus Christus. Es scheint sich um eine Zeit zu handeln, wenn er als der alleinige Herr des Universums akzeptiert und geehrt wird.

Kühn sprechen die Propheten davon, daß „die Erde wird voll werden von Erkenntnis der Ehre des Herrn, wie Wasser das Meer bedeckt" (Hab. 2,14). An anderer Stelle hören wir: „Er soll herrschen von einem Meer bis ans andere, und von dem Strom bis an die Enden der Erde" (Ps. 72,8). Alle Völker werden ihm zum Erbe gegeben und der Welt Enden zum Eigentum (Ps. 2,8). An anderer Stelle schaut der Prophet: „Und der Herr wird König sein über alle Lande. Zu der Zeit wird der Herr der einzige sein und sein Name der einzige ... Und alle, die übriggeblieben sind von allen Völkern ... werden jährlich heraufkommen, um anzubeten den König, unseren Herrn Zebaoth" (Sach. 14,9.16). Eine ähnliche Vision sieht Jesaja in Kapitel 60,1–9.

Die vollste, klarste und lebhafteste Darstellung der universalen Anbetung des einen wahren Gottes gibt Johannes im Buch der Offenbarung. Mehr als ein ganzes Kapitel ist diesem Bild gewidmet. Die Nationen sieht man im Licht Gottes wandeln, wie sie den wahren lebendigen Gott um des Lammes willen anbeten, das ein um das andere Mal erwähnt wird (Offb. 21,1–22,6).

Keine andere Weltreligion zeichnet ein Bild solch vollkommenen Triumphes und absoluten Sieges. Hier verwirklicht sich in der Tat der Triumph der Hoffnung.

Somit endet das Buch, das mit dem absoluten Monotheismus anfing, auch mit dem absoluten Monotheismus. Am Anfang Gott und am Ende Gott. Er ist Alpha und Omega, Anfang und Ende. Der auferstandene Christus wird seine Sache zum Sieg führen, bis „er das Reich Gott, dem Vater, überantworten wird, wenn er vernichtet haben wird alle Herrschaft, alle Obrigkeit und Gewalt ... Wenn aber alles ihm untertan sein wird, alsdann wird auch der Sohn selbst untertan sein dem, der ihm alles untergetan hat, auf daß Gott sei alles in allem" (1. Kor. 15,24.28). „Denn von ihm und durch ihn und zu ihm sind alle Dinge. Ihm sei Ehre in Ewigkeit! Amen" (Röm. 11,36).

11. Die Bibel besteht auf ihrer eigenen Inklusivität, Exklusivität, Andersartigkeit und Einzigartigkeit – und nicht nur auf ihrer Überlegenheit und Endgültigkeit. Die beiden letzten Begriffe werden in der gegenwärtigen zwischenreligiösen Diskussion mehr geschätzt, da sie immer noch einer gewissen Relativität Raum geben. Es kann sein, daß ein Produkt einem anderen überlegen ist, obwohl es von gleicher Art ist; es kann endgültig sein, kann dabei aber innerhalb einer Serie von Entwicklungen stehen. Wenn man deshalb vom christlichen Glauben im Rahmen der Überlegenheit und der Endgültigkeit spricht, räumt man immer noch die Möglichkeit einer gewissen organischen Verwandtschaft ein. Das will die Bibel allerdings gerade nicht zu-

billigen, außer daß sie den christlichen Glauben historisch, organisch und offenbarungsmäßig mit dem Alten Testament verbindet. Der christliche Glaube beansprucht, die Erfüllung des letzteren zu sein.

Die Bibel läßt anderen religiösen Systemen keinerlei Raum, so, als seien sie irgendwie verwandt, oder als seien sie legitime Ersatzstücke oder Vorläufer des christlichen Glaubens. Sie verbindet sich einfach in keiner Weise mit außerbiblischen Religionssystemen und billigt ihnen keinerlei Raum zu.

12. Die Bibel beansprucht für sich selbst Unvergleichlichkeit und schließt allen „Religionsvergleich" aus. Sie beansprucht für sich einzigartige Qualität, totale Autorität und ein endgültiges Werturteil; sie schließt alle fremden Elemente (Synkretismus) aus und schließt alle Offenbarung und Wahrheit in sich. Darüber gibt es nichts zu verhandeln. Sie konfrontiert den Menschen mit einer unumgänglichen Wahl. Sie macht Leben und Tod, Himmel und Hölle, ewiges Leben und ewigen Schmerz, ewige Gemeinschaft mit Gott und ewige Trennung von Gott strikt von der menschlichen Wahl abhängig.

Solch eine Wahl wird einem nicht willkürlich aufgedrängt. Sie wird vernünftig und verständlich dargestellt. Gott handelt mit dem Menschen immer als mit einem moralischen, vernünftigen und verantwortlichen Wesen. Der Mensch macht sein eigenes Geschick.

Die Bibel bietet dem Menschen das vollkommenste und umfassendste philosophische System an, soweit es um eine vernünftige Welt- und Lebensanschauung geht. Zu gleicher Zeit gibt sie der Geschichte Sinn, Richtung und Bestimmung.

Die Bibel ist der sichere Führer zu einem gesunden und stabilen Familienleben. Ihre Weisungen leiten den Menschen an zu einer gesunden Persönlichkeitsentwicklung. Gleichzeitig fördert sie heilsame und gesunde soziale, wirtschaftliche, rassische, nationale und internationale und klassenmäßige Beziehungen.

Die Bibel bietet sich als ein gesundes, in sich logisches Lehrsystem dar, das nicht irrational ist und das dem temporären und physischen Wohl des Menschen nicht entgegensteht.

Die Bibel bietet dem Menschen, was er am dringendsten braucht und wonach er sich am meisten sehnt, nämlich Vergebung und Befreiung von Sünde, eine neue Motivation, eine neue sinnvolle Lebensrichtung, Frieden, Freude, Kraft, Gewißheit, Sicherheit und ewiges Leben in der Gegenwart und Gemeinschaft mit Gott, dem Vater unseres Herrn Jesus Christus. Und das alles gibt sie aus freier Gnade und in ganzer Fülle um deswillen, was Gott für den Menschen in Christus Jesus getan hat und was er nun durch das Wirken des Heiligen Geistes realisiert.

So ruft uns Gott aufs neue zu: „Mit wem wollt ihr mich also vergleichen, dem ich gleich sei? spricht der Heilige“ (Jes. 40,25).

Die Verkündigung des Evangeliums Gottes – eine dringende Notwendigkeit

Ich habe wohlüberlegt das Wort *dringende Notwendigkeit* im Blick auf die Verkündigung des Evangeliums verwandt und es dem Wort „Dringlichkeit“ vorgezogen, denn das letztere ist ein relativer Ausdruck, während das erstere eine Krise impliziert.

Wir alle kennen Notlagen. Notlandungen sind uns bekannt. Eine Notlandung führt entweder zu einer Landung oder zu einem Unglück mit all dem Schrecken und den traurigen Folgen. Notlagen kommen über uns, man sehnt sie nicht herbei; sie fordern aber unsere Stärke und unseren Erfindungsreichtum heraus. Es geht jedesmal um Tod oder Leben. Wenn die Sirene die Stille einer Nacht durchbricht, wenn Flammen aus einem Dach oder aus Fenstern hervorzüngeln, wenn die Feuerwehr fieberhaft Leitern ausfährt und die Männer in Rauch und Flammen hinaufeilen, dabei ihr eigenes Wohl und Leben riskieren, um andere zu retten, deren Stimmen man hört, dann wissen wir, daß es um eine Notlage geht, die dem Menschen das Letzte und Äußerste abverlangt. Notlagen sind äußerste Krisen.

Aber keine Not läßt sich mit der Notwendigkeit der Evangeliumsverkündigung vergleichen. Hier geht es nicht nur um die Alternative Tod oder Leben, sondern um geistliches, ewiges Wohl oder ewige Trennung, Verzweiflung und Tod. Hier ist wirklich eine Notsituation. Man muß einmal nüchtern darüber nachdenken, um wenigstens zum Teil die zwingende Notlage zu erfassen, in die uns Gegenwart und Besitz des Evangeliums hineinstellen. Es handelt sich um eine Dringlichkeitssituation von unendlicher Bedeutung, die ewige Herrlichkeit oder ewiges Elend Zahlloser umschließt.

Die dringende Notwendigkeit der Evangeliumsverkündigung begegnet uns in der Bibel auf verschiedene Weise. Davon sollen zwei erwähnt werden:

1. *Die dringende Notwendigkeit ergibt sich aus den klaren Aussagen des Wortes.* Der Herr selbst bleibt uns Vorbild für Leben und Dienst. Schon allein seine Gegenwart in dieser Welt spricht von einer Notlage. Das Geheimnis der Fleischwerdung geschah nicht, um uns ein besonderes Mysterium darzubieten. Dahinter stand ein göttliches „Muß“, das die Erlösung der Welt erforderte, ganz gleich aus welchen Gründen sich dieses Erfordernis ergab. Das Kreuz ist nicht ein Schauspiel.

Es ist eine göttliche Notwendigkeit, eine Forderung, die sich aus dem eigentlichen Wesen Gottes ergibt. Es läßt den Charakter und das Herz Gottes aufleuchten und demonstriert die Grauenhaftigkeit und Schrecklichkeit der Sünde. Ein göttliches *Muß* ist über das Kreuz geschrieben.

Das gleiche gilt für die Mühe und für die Tränen. Die Gebete und die Verkündigung Christi sind ein wesentlicher Teil dieses *Muß*. Er selbst sagt uns: „Ich muß wirken die Werke des, der mich gesandt hat, solange es Tag ist; es kommt die Nacht, da niemand wirken kann" (Joh. 9,4). Ein andermal fragt er: „Saget ihr nicht: es sind noch vier Monate, dann kommt die Ernte? Siehe, ich sage euch: Hebt eure Augen auf und seht in das Feld, denn es ist weiß zur Ernte" (Joh. 4,35). Ähnliche Worte begegnen uns andernorts: „Die Ernte ist groß, aber wenige sind der Arbeiter. Darum bittet den Herrn der Ernte, daß er Arbeiter in seine Ernte sende" (Matth. 9,37–38).

Was nun die Dringlichkeit betrifft, sollten wir F. D. Coggins hören:

> „Markus stellt insonderheit die Tatsache heraus, daß der Predigtdienst Jesu anfing, 'nachdem Johannes ins Gefängnis gelegt war' (1,14). Hier läßt sich eine besondere Dringlichkeitsnote heraushören. Das Werk muß fortgeführt werden. Keine vom Staat verübte Tyrannei darf die Verkündigung der Botschaft Gottes unterbrechen. Wenn der eine die Fackel niederlegen muß, nimmt sie ein anderer auf.
>
> Diese Dringlichkeitsnote begegnet immer und immer wieder im Dienst unseres Herrn. Sie findet ihren Ausdruck in dem Wort 'muß' (z. B. Luk. 2,49; Mark. 8,31), das sehr oft eine göttliche Notwendigkeit impliziert. Es ist besonders häufig im Johannesevangelium zu finden. Sir Edwyn Hoskyns sagt, daß im vierten Evangelium das Verb müssen (es ist notwendig, daß; es sei denn) normalerweise eine göttliche Forderung andeutet (3,7.14.30; 4,20.24; 9,4; 10,16; 12,34; 20,9) (*The Fourth Gospel* S. 252).
>
> Wir begegnen dieser Notwendigkeit gleich im ersten Kapitel bei Markus. Jesus ist für längere Zeit in der Ratskammer Gottes gewesen (V. 35). Seine Freunde suchen und finden ihn und erzählen ihm von der wartenden Menge (V. 36,37). Seine Antwort ist, daß er und sie in die nächsten Städte weitergehen müssen, 'daß ich daselbst auch predige; denn dazu bin ich gekommen' (V. 38). Dem letzten Satz eignet fast ein johanneischer Ton. Sicher geht es hier um mehr als um lediglich geographische Hinweise. Lukas (4,43) interpretiert es so: 'Denn dazu bin ich gesandt.' Wir dürfen in der Tat glauben, daß diese Worte uns einen Blick hinein in das tiefe, persönliche Sendungsverständnis unseres Herrn geben. Er

war ein Mann, der sich von einem dringenden von Gott ergangenen Ruf zur Verkündigung in Beschlag genommen wußte."[10]

Der Imperativ des Missionsbefehls unterstreicht diesen Punkt und bringt diesen Akzent noch besser zum Tragen. Die klaren Aussagen des Wortes lassen dem gehorsamen Nachfolger Christi keine Wahl. Es gibt ein göttliches *Muß*, das sich aufs neue und tiefer als bisher auf das christliche Gewissen legen muß. Die Worte des Herrn lassen schließlich keinen Zweifel daran: „Das Evangelium *muß* zuvor verkündigt werden allen Völkern" (Mark. 13,10). Die Evangelisation der Welt steht vor uns, und uns gilt der Ruf: „Handelt, bis ich komme." Der Christ lebt im *Jetzt* der Evangelisation und der Erwartung.

Die beste Illustration dazu ist wohl der Apostel Paulus selbst, der herausragendste Apostel der Völker. Er ermahnt die Korinther: „Wir ermahnen euch, daß ihr nicht die Gnade Gottes vergeblich empfanget. Denn er spricht: Ich habe dich in der angenehmen Zeit erhört und habe dir am Tage des Heils geholfen. Siehe, jetzt ist die angenehme Zeit, siehe, jetzt ist der Tag des Heils!" (2. Kor. 6,1–2).

Jetzt und *Heute* sind besonders betonte Worte des Neuen Testaments, die die Sprache der Dringlichkeit, der dringenden Notwendigkeit reden. Sie drängen zum Handeln, ohne zu zögern. Eine Studie des Lebens des Apostels Paulus aus seinen Briefen führt zu dem Schluß, daß Paulus wenigstens in einem dreifachen *Jetzt* lebte. Während sich diese drei *Jetzt* in einer gewissen Spannung befanden, führten sie doch nicht zu einem Widerspruch in seinem Denken. Es waren das *Jetzt* der Weltevangelisation, das *Jetzt* des Heils und der Errettung und das *Jetzt* der Erwartung der Wiederkunft des Herrn. Diese theologischen Spannungen erwiesen sich als äußerst kreative Kräfte in seinem Leben; es waren die dynamischen Kräfte seiner missionarischen Arbeit.

Ob es nun die Dringlichkeit des Missionsbefehls, die kommende Nacht, in der niemand arbeiten kann, das große und weite Erntefeld, die reife Ernte, der dahinfliehende Tag des Heils, die unmittelbar bevorstehende Wiederkunft des Herrn, die Ungewißheit des Lebens oder die schnell sich schließenden Türen sind, es geht jedesmal um das göttliche *Muß*, ein Muß, das vom göttlichen Standpunkt aus gesehen eine dringende Notwendigkeit schafft. Weder unsere Intensität noch unser Zögern verringern die Dringlichkeit der Sache. Wir müssen laufen, solange die Sonne heiß ist (W. H. Fuller). Wir müssen die Zeit auskaufen, denn es ist böse Zeit (Eph. 5,16). Ein Hinauszögern würde zu einer Katastrophe führen und wäre tödlich.

[10] F. D. Coggins, *The Ministry of the Word* (London: Canterbury, 1945), S. 62–63.

2. *Die Notlage ergibt sich aus dem Zustand der Menschen.* Es gibt blinde, betrogene Träumer, die uns immer wieder sagen, daß die Menschen in ihrem Zustand und in ihrer Religion vollkommen glücklich seien und daß es grausam und falsch sei, sie zu stören und zu verwirren, indem man ihnen eine andere Religion bringt. Seltsamerweise werden dererlei Argumente nicht gegen den Import von Coca-Cola, Singer-Nähmaschinen, alkoholischen Getränken, Tabak und andere Übel der westlichen oder östlichen Welt vorgebracht.

So sieht die Bibel den Menschen außerhalb des Evangeliums nicht. Er ist eben nicht ein vollkommen glückliches Geschöpf. Die Verlorenheit des Menschen ohne Christus wird viel klarer empfunden, als man es möglicherweise beschreiben kann. Der Mensch wird mit der Ewigkeit in seiner Seele geboren. Er ist für Gott geschaffen und kann nicht Zufriedenheit und Frieden finden, bis er Gott findet. Sein Leben kennt weder Sinn noch Bestimmung, noch Frieden, noch Hoffnung. Während er Gott fürchtet, verlangt er nach ihm, ja sein Herz schreit nach ihm. Während er versucht, sich vor Gott zu verstecken und ihm zu entkommen, sucht er ihn und sehnt sich nach seiner Gegenwart, Fürsorge und Gemeinschaft. Er will Gott nicht, und doch zittert er davor, ohne ihn zu sein. Er ist der Mensch im Widerspruch. Das Gefühl der Einsamkeit, des Verlassenseins, der Angst, der Schuld, des Schreckens, der Leere, der Verlorenheit, der Unsicherheit und der Sinnlosigkeit – sie alle sind als lebendige Wirklichkeit im Herzen und Sinn des Menschen ohne Christus.

Douglas Webster sagt: „Heute gibt es zwei grundlegende Ängste: Das Verlangen nach Sicherheit und das Verlangen nach Sinn.“[11] Der Mensch empfindet sich nicht nur als ein Gefangener der Sünde und des Aberglaubens, sondern er empfindet sich als ein Wesen, das unter dem Zorn Gottes, unter dem kommenden Gericht steht. Das ist seine natürliche Existenz. Wer von uns wird jemals die Tiefe und die Bedeutung dessen ausloten, was Paulus gemeint hat, wenn er sagte: „Darum gedenket daran, daß ihr, die ihr vormals nach dem Fleisch Heiden gewesen seid . . ., daß ihr zu jener Zeit waret ohne Christus, ausgeschlossen vom Bürgerrecht in Israel und fremd den Testamenten der Verheißung; daher ihr keine Hoffnung hattet und waret ohne Gott in der Welt“ (Eph. 2,11–12). Ohne Christus ist die Welt leer, ohne geistliche Realität und ohne geistlichen Wert, denn Christus ist die Summe aller geistlichen Wirklichkeit. Er ist das Leben – völliges und ewiges Leben. In ihm sind Leben und Sterblichkeit. Er ist unser Friede, unsere Freude, unsere Hoffnung. In ihm sind verborgen alle

[11] Douglas Webster, *Unchanging Mission – Biblical and Contemporary*, S. 26.

Schätze der Weisheit und der Erkenntnis. Er ist unsere Weisheit, Gerechtigkeit, Heiligung und Erlösung. Ohne ihn gibt es nur Desintegration, Zerfall, Verzweiflung und Tod, ewigen Tod.

Die Situation läßt sich nicht dadurch bessern, daß man den Menschen Religion, viel Religion anbietet. Die Welt ist bis oben hin mit Religion gefüllt, aber Religion ist kraftlos und kann den Menschen nicht aus seiner jämmerlichen Existenz erretten. Die Religion ist letztlich ein *Nein* zu dem Menschen in seinem sündigen Zustand. Bewußt oder unbewußt schreit der Mensch aus: „Ich elender Mensch! Wer wird mich erlösen von dem Leibe dieses Todes?" Darauf gibt es nur eine Antwort: „Ich danke Gott durch Jesus Christus, unsren Herrn!" (Röm. 7,24–25).

Es kann ja sein, daß es hie und da Menschen gelingt, sich in einen Zustand religiöser Gefühllosigkeit zu versetzen, indem sie sich einer Überdosis religiöser Ideen und Praktiken aussetzen. Diese Gefühllosigkeit wird dann als Frieden und Vorgeschmack des Nirwanas mißverstanden. Das wird allerdings die Ausnahme sein. Für die meisten Menschen ist Religion eine aufreibende Suche, die niemals zum Ziel führt, niemals zur Ruhe, zum Frieden mit Gott gereicht. In den ethnischen Religionen gibt es eben keine Einladung wie die auf den Lippen Christi, der sagt: „Kommet her zu mir alle, die ihr mühselig und beladen seid, ich will euch erquicken (als freies und gnädiges Geschenk)" (Matth. 11,28). Und daneben muß man die herrliche Botschaft stellen, die viele Jahrhunderte vor der Einladung Christi erklang: „Wohlan, alle, die ihr durstig seid, kommt her zum Wasser! Und die ihr kein Geld habt, kommt her, kauft und eßt! Kommt her und kauft ohne Geld und umsonst Wein und Milch!" (Jes. 55,1). Das ist herrliche „Musik" inmitten der Mißklänge religiöser Werke, Verdienste und Lohngedanken.

Die Unangemessenheit der nichtoffenbarten Religion ist in der Schrift anerkannte Tatsache, und für den Bibelgläubigen und geistlich Erweckten ist sie ohne weiteres greifbar. Es scheint überflüssig zu sein, diesen Punkt noch weiter zu untermauern. Die Tatsachen der Geschichte und die Zeugnisse von Millionen unterstreichen nur die überzeugenden Aussagen der Bibel und des Heiligen Geistes.

Der geistliche Jammerzustand des Menschen schafft eine Notlage, die eine sofortige Verkündigung des Evangeliums unter allen Völkern und für jede Kreatur erforderlich macht. Das ist unsere Berufung, unser Befehl, unsere Begründung, unsere Autorität und unsere Dringlichkeit. Zusammengenommen ergibt sich eine überwältigende Notlage.

Der Glaube an ein Leben nach dem Tode ist so allgemein verbreitet und im Wesen des Menschen so tief verwurzelt, daß diese Tatsache nur von wenigen in Frage gestellt wird. Aber über die Art und Weise des Weiterlebens nach dem Tod gibt es die unterschiedlichsten Ansichten. Die Bibel setzt ein Weiterleben nach dem Tod voraus und schildert dieses Sein mit eindrücklichen Bildern. Dem *Inhalt* nach spricht sie von der Existenz nach dem Sterben entweder als vom ewigen Leben oder vom ewigen Tod. Was die *Lokalität* angeht, hält sie uns entweder den Himmel oder die Hölle vor Augen, die Stadt Gottes oder den Feuersee. *Im Rahmen der Beziehungen* spricht die Bibel einerseits von der Gegenwart Christi und andererseits von der Strafe mit ewiger Trennung von der Gegenwart des Herrn. Was das *persönliche Erleben* angeht, wird das Leben nach dem Tode entweder als ein Eingehen in die Freude und Herrlichkeit des Herrn dargestellt oder als ein Bleiben unter dem Zorn Gottes. Die Bibel stellt die Zukunft des Menschen ganz klar als Kontrast dar.

Es spielt keine Rolle, ob die Bibel bildliche Ausdrücke, Symbole oder Gleichnisformen benutzt, um diese ewigen Wahrheiten und Realitäten darzustellen. Es bleibt die Tatsache, daß hinter diesen Bildern eine Wirklichkeit liegt, die zu tief ist, um von dem bloßen menschlichen Verstand begriffen, und die zu schwierig ist, um in ausschließlich menschlicher Sprache dargestellt zu werden. Ewige Realitäten gehen immer über die menschlichen Sprach- und Vorstellungsmöglichkeiten hinaus. Gleichgültig, wie wir interpretieren, wir kommen nicht von der Gewißheit verschiedener Offenbarungstatsachen los:

1. *Es wird einen Unterschied im ewigen Zustand menschlicher Existenz geben.* Einige werden den Himmel ererben mit aller seiner Herrlichkeit, Freude und Lebensfülle in der Gegenwart Gottes, während andere die Hölle mit all ihren Schrecken und der Trennung von Gott erfahren werden.

Den Unterschied illustriert am besten die Geschichte, die unser Herr in Lukas 16,19–31 erzählt. Ob dieser Teil der Geschichte als wirkliches Ereignis oder als Gleichnis verstanden wird, tut nichts zur Sache. Die Tatsache eines Unterschieds und viele andere Wahrheiten sind ganz klar herausgestellt. Lazarus und der reiche Mann befinden sich an verschiedenen Orten und in unterschiedlichem Zustand. Beide sind sich ihres Zustandes bewußt, und für beide besteht keine Aussicht auf Änderung. Der eine ist gesegnet, während der andere Schmerzen und Qual ausgesetzt ist.

Der gleiche Grundsatz der Unterschiedlichkeit tritt in Matthäus 25,31–46 zutage. Die, die durch das Gericht hindurchgegangen sind, werden an unterschiedliche Orte verwiesen und existieren dort unter unterschiedlichen Bedingungen. Beide Gruppen sind sich dessen bewußt und keine der Gruppen hat irgendeine Aussicht auf Änderung ihres Zustandes.

Dogmatisch wird diese Unterschiedlichkeit in Offenbarung 20,11–15 und 21,1–22,6 gelehrt. Die Unerlösten werden an einen Platz gewiesen, der Feuersee genannt und als zweiter Tod umschrieben ist. Tod bedeutet somit nicht Auslöschung, denn sonst könnte es keinen „zweiten Tod" geben. Es bestehen keine Aussichten auf Änderung und es gibt auch keine Hoffnung auf irgendeine Bewährung oder Besserung. Die Erlösten finden ihren Wohnort im neuen Jerusalem auf der neuen Erde (Offb. 21,1–27) und im Paradies (22,1–6). Hier sind sie in der Gegenwart des Lammes, des Thrones Gottes. So ist die unmißverständliche Lehre Gottes betreffs der Unterschiedlichkeit des ewigen Zustandes des Menschen.

Als ich den unterschiedlichen ewigen Zustand des Menschen nach dem Zweiten Weltkrieg mit einem Kriegsheimkehrer besprach, klagte er zu Recht über die Brutalität des Krieges und erging sich schließlich in selten gehörte bittere Anschuldigungen gegen Hitler und was er „seine Bande" nannte. Das war für mich eine Gelegenheit. Vorher hatte er mit großer Heftigkeit einen unterschiedlichen ewigen Zustand verneint und sich darauf versteift, daß alle ohne Unterschied in den Himmel kommen werden. Darauf bemerkte ich: „Sie werden gut daran tun, ihre Einstellung betreffs Hitler und 'seiner Bande' zu ändern, nachdem sie doch so darauf bestanden haben, daß alle einst am gleichen Ort sein werden. Was würden sie tun, wenn der erste, den sie im Himmel treffen werden, Hitler sein würde?" „Oh!" rief er, „das darf nie der Fall sein!"
„Aber wo soll er sonst sein?"
„In die Hölle mit ihm", war die bittere Antwort des Soldaten.
„Aber nach ihrer Meinung gibt es doch keine Hölle."
„Für *solche* Leute muß es eine geben", war die betonte Antwort meines Freundes.

Ja, es *muß* eine geben. Sogar der verdunkeltste Sinn und das abgestumpfteste Gewissen verlangen nach einem Unterschied.

Die Bibel beschreibt den ewigen Zustand der Verlorenen mit den Bildern „ewiges Feuer" (Matth. 25,41); „äußerste Finsternis" (Matth. 8,12); „Qual" (Offb. 14,10–11); „ewige Pein" (Matth. 25,46); „Zorn Gottes" (Röm. 2,5; Joh. 3,36); „zweiter Tod" (Offb. 21,8) und „das ewige Verderben, fern von dem Angesicht des Herrn"

(2. Thess. 1,9). Derlei Aussagen kann man nicht leichthin auf die Seite stellen; sie reden von schrecklichen Wirklichkeiten, ganz gleich, was nun das exakte Wesen solcher Realitäten sein mag. Der Mensch tut wohl daran, die Warnungen des Herrn zu Herzen zu nehmen.

2. *Der Zustand nach dem Tode ist festgelegt und bleibt ewig.* Die obigen Stellen genügen an sich, diese Tatsache zu illustrieren und zu belegen, obwohl sich noch viele andere Stellen hinzufügen ließen. Dennoch bleibt auch das bestehen: „Hören sie Mose und die Propheten nicht, so werden sie auch nicht glauben, wenn jemand von den Toten aufstünde“ (Luk. 16,31). Menschen, die sich durch die obigen Stellen nicht überführen lassen, lassen sich überhaupt nicht überzeugen, ganz gleichgültig, wieviel Bibelstellen zitiert werden. Sie haben sich nun einmal so festgelegt, daß das einfach nicht sein kann und sein darf. Ihre philosophische Theologie und ihre Metaphysik verlangen eine Antwort, die eher mit ihrem Verstand konform geht, als mit der Offenbarung. Die Argumente, die sie vorbringen, sind äußerst ausführlich. Aber die Bibel kennt keinerlei Probezeit nach dem Tod. Der Tod legt die Bestimmung·fest und setzt die Unterschiede. Eine Rückkehr oder eine Änderung ist weder verheißen noch in Aussicht gestellt. Das ist eine ernüchternde, eine provokative Tatsache.

Wer aus „ewig“ „Äonen“ oder „Zeitalter lang“ macht, liest nicht die ganze Bibel. Es gibt zu viele Stellen, wo ewig einfach endlos bedeutet. Das kann man nicht abkürzen.

Die Bibel kennt weder die Hoffnung auf Vernichtung noch die Aussicht auf eine zukünftige Wiederherstellung. Das sind außerbiblische Theorien, die das Gewissen beruhigen sollen und der Vernunft angeglichen sind. Die Offenbarung spricht eine andere Sprache.

3. *Nach der Offenbarung ist Christus die einzige Tür, die in die Gegenwart Gottes führt, der einzige Weg zum Leben, der einzige Name, in dem der Menschheit das Heil angeboten wird.* Das habe ich vorher schon dargelegt.

Die Exklusivität und die Inklusivität, die in Christus gegeben ist, scheint sich mit modernen Vorstellungen nicht vereinigen zu lassen, die mehr im Rahmen von Relationen und Ergänzung denken. Exklusivität ist als Enge verschrien. Man nennt sie religiöse theologische Bigotterie, die nur einer primitiven Mentalität und einem vorwissenschaftlichen Denken entspringen kann. Da es uns nun keineswegs angenehm ist, so eingestuft zu werden, schweigen wir lieber über dieses Thema, das uns aber in der Lehre Christi so lebendig entgegentritt. Wir ignorieren die Tatsache, daß die ewige Verlorenheit des Menschen das Zentrum der Lehre von der Versöhnung ausmacht. Heißt es nicht: „Also hat Gott die Welt geliebt, daß er seinen eingeborenen Sohn gab, auf daß alle, die an ihn glauben, nicht verloren werden, sondern das ewige Leben haben“ (Joh. 3,16). Eine moderne Version dieses Verses läse sich etwa so: „Also hat Gott die Welt geliebt, daß er einen gewissen Juden inspiriert hat zu lehren, daß sich viel darüber sagen ließe, daß man sich lieben sollte“ (Coggan). Das Neue Testament trägt jedoch die Last einer auf ewig verlorengehenden Menschheit mit sich. Deshalb: „Des Menschen Sohn ist nicht gekommen, daß er sich dienen lasse, sondern daß er diene und gebe sein Leben als ein Lösegeld für viele“ – ein Lösegeld, um viele zu befreien (Mark. 10,45). *Sühne* ist eine mächtige Sache, die sich nicht ignorieren läßt. *Erlösung* steht im Mittelpunkt des Neuen Testamentes. *Heil* ist ein kostbares Produkt, das Gott in Christus gegeben hat. *Versöhnung* setzt Feindschaft gegen Gott als Aktualität voraus und konfrontiert uns mit der Realität eines gerechten Zornes Gottes.

Auch diese Worte sprechen von Wirklichkeit, die sich nicht einfach übergehen lassen. Sie deuten auf den ernsten Zustand des Menschen hin, dessen Sünde den Akt Gottes in Christus notwendig machte. Verlorenheit, ewige Trennung vom Angesicht Gottes und das Leiden und der Schmerz im „Feuersee“ stehen hinter dem Gnadenakt Gottes in Christus.

Gott will nicht, daß irgend jemand verlorengeht. Er will, „daß allen Menschen geholfen werde und sie zur Erkenntnis der Wahrheit kommen“. Das ist herrlich! Dabei muß man aber bedenken: „Es ist *ein* Gott und *ein* Mittler zwischen Gott und den Menschen, nämlich der Mensch Christus Jesus, der sich selbst gegeben hat für alle zur Erlösung, daß solches zu seiner Zeit gepredigt würde.“ Zu diesem Auftrag war Paulus als Prediger und Apostel bestellt, als Lehrer der Heiden im Glauben und in der Wahrheit (1. Tim. 2,4–7).

Der Zustand des Menschen ist ernst, sowohl für diese Zeit als auch für die Ewigkeit. Gott hat in Christus gehandelt, um einen Mittler zwischen sich und die Menschen zu stellen. Durch den Glauben können jetzt Menschen aus allen Nationen über Christus in die ewige Lebensgemeinschaft mit Gott eintreten. Das ist Heil und Rettung.

Das Evangelium Gottes und die neue Allversöhnung

Die neue Allversöhnung ist so verderblich, so unbiblisch und unchristlich wie die alte Allversöhnung, auch wenn sie von anderen Voraussetzungen ausgeht. Sie ist eine der ernstesten, verderblichsten Feinde des Evangeliums Gottes und zerschneidet den Nerv der Mission wirksamer als alle anderen Faktoren zusammen. Die Bibel kennt kein universales Heil. Mit realisitischen Worten und mit eindrücklichen Symbolen schildert sie den Zustand der verlorenen Seelen, die den ewigen Zorn und das Gericht Gottes erleiden, die sie sich selbst zugezogen haben. Ein universales Heil klingt dem natürlichen Menschen angenehm. Es scheint die logische Folge von der potentiellen Allgenügsamkeit und Endgültigkeit des Todes Christi zu sein und dem Reichtum der Gnade des Herrn innezuwohnen. Aber wenn es um ewige geistliche Wahrheiten geht, dürfen wir uns menschlichem Urteil und menschlicher Logik nicht anvertrauen. Wir müssen auf die Offenbarung bauen, denn hier ist unsere Autorität und hier ist unser sicheres Fundament.

Es gibt ausführliche Abhandlungen über das Evangelium und die Mission, die Allversöhnung und universales Heil als Hoffnung oder Gewißheit entweder implizieren oder klar zum Ausdruck bringen. Diese Irrlehre ist irgendwie unbeachtet eingedrungen und hat sich tief in den Wurzeln christlichen Denkens verfangen. Heute handelt es sich mehr um eine Voraussetzung der Theologie, als um eine Theorie, über die es noch zu reden gäbe. Sie verdichtet sich schnell zu einer Atmosphäre, die das Gesamtleben der Kirchen durchdringt.

Die neue Allversöhnung ist zu einem Teil des Gottesbegriffes der modernen Theologie geworden. Man sagt, daß Gott seinen Vorsatz nicht nur innerhalb der Geschichte hinausführt, sondern mit der Gesamtheit der Geschichte. Die Sendung Gottes involviert die Totalität des Kosmosses und sichert den kompletten und allumfassenden Sieg Gottes. Somit ist es undenkbar, daß Gottes Vorsatz nicht zuletzt vollkommen in der totalen Erlösung des Kosmos triumphieren sollte. Das Heil der ganzen Menschheit ist in der Missio Dei (der Mission Gottes) für die Welt beschlossen. Eine grandiose Schau! Ist sie wahr? Wer garantiert mir das?

„Sie“ ist im Christusverständnis eingeschlossen. Christus starb, um die ganze Menschheit zu erlösen. In ihm wurde ein totales Heil erworben. Der Sieg und die Herrlichkeit Christi machen somit die Errettung aller Menschen notwendig. Sollte er das, was er erlöst hat, verlieren? Wäre sein Sieg vollkommen, wenn er nicht zu einem totalen Heil führen würde? Wäre er je mit weniger zufrieden?

„Sie“ wird in das Erwählungsverständnis hineingelesen. Gott hat die ganze Menschheit zum Heil in Christus erwählt. Christus kam und identifizierte sich mit der ganzen Menschheit. So folgt es logisch, daß alle Menschen errettet werden, weil alle in Christus sind. (Hier besteht eine tiefe Verwirrung über die Identifizierung Christi mit der

Menschheit zum Erwerb des Heils und der Identifizierung des Gläubigen mit Christus zur Aneignung des Heils).

„Sie“ findet sich im Gnadenverständnis. Das Heil kommt aus Gnaden und die Gnade rettet den Menschen von all seiner Sünde. Und so argumentiert man, daß die Gnade schließlich den Menschen auch von der Sünde seines Unglaubens retten wird. Die Gnade wird triumphieren.

Bei all diesen Voraussetzungen stößt man wenigstens auf ein vierfaches Problem:

1. Sie beschränken sich von vorneherein auf einen Teil der Offenbarung Gottes, wie sie in der Schrift gegeben ist. Somit haben sie eine unvollständige und eine falsche Sicht der Bibel zur Grundlage.
2. Sie gründen sich auf logische Folgerungen aus Teilwahrheiten und nicht auf eine richtige und umfassende Studie der Gesamtwahrheit Gottes, und sie vernachlässigen vollkommen die vielen „Spannungen“ und „Polaritäten“ in der Schrift. So verfälschen sie die wahre Bedeutung Gottes, Christi, der Erwählung und des Gnadenverständnisses, wie sie in der Bibel offenbart sind.
3. Sie widersprechen sich und zerstören sich selbst. Um eine grandiose Struktur auf ein grandioses Gedankensystem aufzubauen, zerstören sie die ebenso große grandiose Tatsache der moralischen Größe und Verantwortung des Menschen.
4. Sie verneinen den subjektiven Teil des Grundsatzes der Objektivität und Subjektivität des Evangeliums Gottes. Das Verhältnis von Buße und Glaube, das den Menschen im Blick auf die Sünde bzw. den Heiland bestimmen muß, wird ignoriert. Während sie die Größe der Tat Gottes in Christus hervorheben, übersehen sie den Grundsatz der Buße und des Glaubens und machen den Menschen zu einem neutralen und an der Heilsaneignung nicht bewußt beteiligten Wesen. Dem Urteil und dem Wort der Schrift hält das nicht stand.

Deshalb muß ich diesen Umgang mit der Bibel verwerfen und damit auch die daraus abgeleitete Heilslehre. In Wirklichkeit zerstört diese Theorie die Größe, die sie aufzubauen sucht.

Der Mensch verläßt sich mehr auf seine eigenen Vorstellungen, seine eigene Logik und seine eigenen Folgerungen, statt dem Wort Gottes zu glauben und zu gehorchen. Er baut sein Haus auf Sand, der weder dem Regen des Gerichtes Gottes noch dem Sturm des Zornes Gottes standhält.

Die neue Allversöhnung und die evangelikale Mentalität. Man muß einfach der Tatsache ins Gesicht sehen, daß die Lehre einer allumfassenden Errettung eine Atmosphäre erzeugt, in der die Mission schwierig wird. Irgendwie berührt sie die ganze Bewegung und Dynamik des christlichen Glaubens, zerfrißt die Grundlagen, saugt die Lebenskraft auf, lenkt die Kräfte ab und schwächt den Nerv der Mission. Wie tief dieser Krebs sich sogar schon in die evangelikale Mentalität hineingefressen hat, zeigt eine Umfrage, die tausende von jungen Menschen erfaßte, von denen die überwiegende Mehrheit sich ihrer christlichen Überzeugung nach als orthodox betrachtet. Die meisten behaupteten, die Bibel sei auch in ihren Einzelaussagen wahr. Aber nur ein Drittel glaubten allen Ernstes an die Verlorenheit der Menschen, ohne daß sie das Evangelium Jesu Christi empfangen und sich mit ihm persönlich im Glauben und in Hingabe verbinden. Meine eigenen Studien bestätigen die obigen Ergebnisse.

Das ist die Gefahr für die moderne Mission. Hier liegt der Grund dafür, daß die Verkündigung des Evangeliums nicht einmal unter der evangelikalen Jugend relevant zu sein scheint. Das ist der Grund dafür, daß soziale Aktionen dringender und angebrachter erscheinen. Die neue Allversöhnung hat einen Hauptnerv des Missionsunternehmens zersägt. Die Dringlichkeit des Imperativs wurde modifiziert, ja die ganze Motivation gelähmt und die Hauptenergien wurden in andere Kanäle der Gemeinden umgeleitet. Die Mission, die Errettung der Menschen von ihren Sünden, von der ewigen Trennung von Gott, erregen das christliche Gewissen nicht mehr und erfassen nicht mehr die Motive, so daß es zu einem erstrangigen und kräftigen Handeln käme. Sogar die christlichen Gemeinden brauchen ein *korrigiertes Gottesverständnis,* ein *biblisches Gottesverständnis* anstelle eines philosophischen oder sentimentalen Gottesverständnisses.

Es bleibt die eine Tatsache, daß das Gottesverständnis eines Menschen sein alles bestimmendes Konzept wird. Niemand hat das besser gesagt als Robert E. Speer: „Im Wesen und im Charakter Gottes findet sich der tiefste Grund der Mission. Wir können uns Gott nicht anders denken als so, daß der Missionsgedanke zur Notwendigkeit wird.“[12] Die Klarheit, die Tiefe und der Reichtum des Gottesverständnisses im Bewußtsein des Menschen und der Gemeinde manifestiert sich am vollsten in ihrer Anteilnahme an und ihrem Beitrag zu der Weltevangelisation, der erstrangigen *Missio Dei.*

Die grundsätzliche Frage bleibt: „Was dünkt euch um Gott? Was dünkt euch um Christus? Was dünkt euch um die Verlorenheit des Menschen?“

Ich halte hartnäckig daran fest, daß niemand ernsthaft am biblischen Gottesverständnis, Christusverständnis, Evangeliumsverständnis und am Verständnis der Verlorenheit des Menschen festhalten

[12] Robert E. Speer, *Missionary Principles and Practices,* S. 34–35.

kann, ohne dabei in seinem Denken und in seinem Leben eine Krise zu durchlaufen. Diese Spannungen werden selbst wiederum zu einem Notstand führen, der einen aufrichtigen und geistlich gesinnten Menschen zu drastischer Aktion treiben wird.

Die missionarische Dynamik und das Gebet

Die Bibel ist ein Bericht übernatürlicher Manifestationen, Interventionen, Aktivitäten. Viele biblische Ereignisse sind eine direkte Antwort auf Gebet. „Es ist beachtlich, daß es in der Bibel unter Ausschluß der Psalmen 657 definitive Anweisungen zum Gebet gibt und daß es 454 definitive festgehaltene Antworten gibt.“[13] Das Gebet ist ein prominenter Gegenstand der Bibel und eine äußerst bedeutsame Übung des Glaubens der Heiligen und der Gemeinde.

> „Arbeit, unterstützt durch Gebet, ist im allgemeinen die Praxis, wenn nicht sogar das Ideal der Gemeinde. Wenn die Welt gewonnen werden soll, muß diese Ordnung umgekehrt werden und die Gemeinde muß lernen, sich auf das Gebet zu verlassen, das durch die Arbeit unterstützt wird. Christliche Arbeit, die denkt und plant, hin- und hereilt und schafft, aber zu beten vergißt, ist ein äußerst jämmerliches Schauspiel ...
> Es ist wichtig zu wissen, daß Gebet viel mehr ist als eine subjektive geistliche Übung ... Das Gebet ist eine Kraft, die objektive Ergebnisse erzielt. Es führt tatsächlich dazu, daß Dinge geschehen, die anders nicht geschehen würden. Das biblische Gebetsverständnis geht dahin, daß es eine effektiv wirksame Kraft ist.“[14]

„Äußerst effektiv (dynamisch) ist das Ergebnis des Gebetes eines Gerechten“ (Jak. 5,16 – freie Übersetzung). Das ist von größter Wichtigkeit. Von der Bibel her läßt sich das reichlich dokumentieren und von der Geschichte her im höchsten Maße illustrieren.

Das Buch Esra führt uns viele Jahrhunderte zurück und berichtet über die wunderbaren Erfahrungen, die Israel und Juda, das Gottesvolk des Alten Testamentes, gemacht haben.

Um der Sünde und des Versagens des Volkes willen war es den Nationen der Welt zum Gericht übergeben worden. Nebukadnezar hatte Jerusalem erobert und die Stadt und den Tempel zerstört. Den Reichtum des Volkes und die führenden Männer waren nach

[13] Edward S. Woods, *Modern Discipleship* (New York: Association Press, o. J.), S. 92.
[14] E. S. Woods, a.a.O., S. 89.

Babylon in die Gefangenschaft geführt worden. Obwohl das Einleben in Babylon schwer gewesen war (Ps. 137), hatten sich die Leute schließlich eingewöhnt und es ging ihnen gut.

Dann kam die Zeit, daß Babylon selbst besiegt und die Meder und Perser die dominierende Macht wurden. Hier beginnt die Geschichte Esras.

Kyrus war König von Persien. Im Traum sprach der Herr zu ihm und gab ihm den Auftrag, das Haus Gottes in Jerusalem zu bauen. Kyrus war vorbildlich. Als Antwort forderte er die Juden auf, in ihre Heimat zurückzukehren und das Haus des Herrn, des Gottes Israels, zu bauen. Darüber hinaus machte er finanzielle Arrangements, um die Mittel bereitzustellen, damit die Arbeit auch ausgeführt werden könnte (Esra 1,1–4.7–8; 3,7; 6,4.8).

Zu gleicher Zeit wehte der Geist des Herrn unter dem Volk Juda in der Gefangenschaft, und eine Armee Freiwilliger fanden sich bereit, nach Palästina zurückzukehren und die ihnen anbefohlene Aufgabe anzugreifen (Esra 1,5; 2,64–67). In ihrem Unternehmen wurden sie durch die Gaben und den Beistand derer gestärkt, die zurückblieben (Esra 1,6; 2,68–70). So gab es eine offene Tür, die Bereitschaft der Regierung, eine Schar Freiwilliger zum Bau, die Unterstützung des Volkes und die notwendigen Mittel, alles für die Sache des Herrn. Obwohl der Aufbau des Tempels nicht ohne Schwierigkeiten voranging, wurde das Werk schließlich hinausgeführt.

Die Entscheidung des Kyrus ist unterschiedlich ausgelegt worden. Man war der Meinung, daß er in Ägypten einen potentiellen Rivalen sah, und daß er als guter Politiker in Juda einen freundlichen, ihm wohlgesinnten Pufferstaat aufbauen wollte. Man hat gleichzeitig darauf hingewiesen, daß Kyrus eine menschlichere Behandlung der Bevölkerung der unterworfenen Staaten einführte und daß er deshalb den Gefangenen die Rückkehr in ihre Heimat freistellte.

Es soll nicht ausgeschlossen werden, daß derlei Motive mit im Spiel waren. Aber der Autor der Heiligen Schrift schaut hinter den Vorhang menschlicher Gefühle und menschlicher Gedanken und sieht das Wirken des Heiligen Geistes und das Handeln Gottes (Esra 1,1.5). Gott war gegenwärtig und Gott war am Werk. In Einklang mit Jesajas Prophezeiungen wurde Kyros zum Knecht des Herrn (Jes. 44,28; 45,1). Nach der Voraussage Jeremias war die Zeit für den Wiederaufbau des Tempels gekommen (Jer. 25,12–13). So hat Gott in die Geschichte eingegriffen, und er fügte es so, daß das geschah, was zur Erfüllung der Prophetie und zur Hinausführung seines Vorsatzes notwendig war.

Wir könnten hier aufhören und Gott für seine Treue preisen und würden damit nicht fehl gehen. Gott *ist* treu und er *steht* zu seinen Verheißungen. Er erfüllt seine Prophezeiungen. Sein Plan und sein Programm werden von ihm garantiert, und seine Vorsätze sind gewiß.

Aber der biblische Bericht sieht es nicht so. Das Geheimnis des gnädigen Eingreifens Gottes in die Geschichte wird noch einen Schritt weiter zurückgeführt.

In Babylon lebte ein älterer frommer Mann, der uns nicht unbekannt ist. Sein Name ist Daniel. Obwohl er seiner Ausbildung und seinem Beruf nach in erster Linie Politiker ist, ist er noch darüber hinaus ein Mann Gottes, den der Herr sehr lieb hat. Seine Augen waren vielleicht schon trübe – nicht sein Blick. Wie tief er am Geschick seines Volkes Anteil nahm, läßt sich gar nicht ermessen. Wie sehr ihm dessen Wohlergehen am Herzen lag, läßt sich kaum in Worte fassen. Sein Glaube an die Propheten Gottes ist absolut. Seine Zuversicht in die Treue Gottes kennt kein Wanken. Seine Erfahrungen mit Gebetserhörungen erlauben ihm keinerlei Zweifel an Gott und seinem Vorsatz, seine Sache und sein Volk.

Auf das Gebet Daniels hin war die mächtige und gnädige Hand Gottes bewegt worden, die den Geist des Kyrus berührt und die Herzen des gefangenen Volkes angeregt hatte. Das Geheimnis der Geschichte erschließt sich in Daniel 9 und 10. Hier berichtet dieser merkwürdige Mann: „Ich, Daniel, achtete in den Büchern auf die Zahl der Jahre, von denen der Herr geredet hatte zum Propheten Jeremia, daß nämlich Jerusalem 70 Jahre wüst liegen sollte. Und ich kehrte mich zu Gott, dem Herrn, um zu beten und zu flehen unter Fasten und in Sack und Asche. Ich betete aber zu dem Herrn, meinem Gott." Dann folgt eines der zutiefst zu Herzen gehenden Gebete der Bibel.

Ähnliches wird im Kapitel 10 berichtet.

Die Chronologie der Kapitel, die Daten und Namen lassen sich ohne ernste Schwierigkeiten mit dem Bericht bei Esra und dem Verlauf der Geschichte zusammenbringen. Wir stehen vor der Tatsache, daß Daniel betete und daß Gott in Antwort auf sein Gebet in die Geschichte eingriff und sie so lenkte, daß sein Wille und sein Vorsatz zum Ziel kamen.

Hier ist der Schlüssel für das häufige, mächtige und überraschende Eingreifen Gottes in die Geschichte. Irgend jemand betete und Gott antwortete. Es könnte wirklich so sein: „Wenn auch nur ein Mann da wäre, der wirklich glauben würde, die Geschichte der Welt würde anders verlaufen."

Es ist aber leider so, daß der Unglaube zu oft unseren Blick verhüllt und uns auf dem Weg zum Höchsten und Größten lähmt. Im Leben unseres Herrn war es nicht so. „Wenn wir an das Gebet denken, denken wir in der Regel instinktiv an seine Grenzen; der Sinn Christi hingegen schien sich immer mit seinen Möglichkeiten zu befassen."[15]

Im Leben und in der Lehre unseres Herrn hat das Gebet einen äußerst bedeutenden Platz eingenommen. Er ist in der Tat *der Mann des Gebetes* (J. H. Strong). Und wir werden zum Gebet ermahnt – ohne nachzulassen (Luk. 18,1–8), im Glauben (Matth. 21,21–22), in seinem Namen (Joh. 14,14; 16,23), mit allem Ernst (Matth. 15,21–28), mit Fasten (Mark. 9,29; Apg. 13,2–3; 14,23), zum Gebet, das ins einzelne geht (Matth. 20,32–33), nach seinem Willen (1. Joh. 5,14), um Arbeiter in die Ernte (Matth. 9,37–38), und gemeinsam (Matth. 18,19).

Das Gebet in der Apostelgeschichte

Die Bedeutung des Gebets tritt besonders in der Apostelgeschichte hervor. Während man dieses Buch wohl mit dem Titel „Taten des Heiligen Geistes" überschreiben würde, könnte man es mit gleichem Recht das Buch des mächtigen Gebetes nennen.

Die Datierung von Pfingsten im Rahmen der Heilsgeschichte darf nicht geringgeschätzt werden. Nach dem Kalender Gottes im Alten Testament war es inhaltlich und zeitlich im voraus festgelegt. Während Pfingsten also nicht durch Gebet herbeigeführt wird, ereignet es sich doch im Rahmen einer Gebetshaltung. Zehn Tage lang hatten die Jünger in aller Treue in Jerusalem gewartet, um für ihre weltweite Aufgabe zugerüstet zu werden. Beachten wir, daß Pfingsten nicht zum Gebetsersatz wird. Pfingsten intensiviert das Gebet. Während also von göttlicher Seite her die Dinge nach dem Heiligen Geist geschehen, spielt von menschlicher Sicht her das Gebet die Hauptrolle. Die Jünger waren sich dessen tief bewußt. Als deshalb ihr Terminkalender übervoll wurde und sie in Gefahr waren, daß die Termine mit ihrem hauptsächlichen Dienst in Konflikt gerieten, riefen sie die Menge zusammen und setzten Diakone ein, damit sie selbst anhalten konnten „am Gebet und am Amt des Wortes" (Apg. 6,1–4).

Das Gebet gab den Zeugen nicht nur die Kühnheit, es gab ihnen auch die Kraft zum Leiden. Es bewirkte Wunder, und es brachte die

[15] J. H. Oldham, Quelle unbekannt.

ersten Missionare hervor, wie in Apostelgeschichte 13,1–4 berichtet ist. Das Gebet wird in der Apostelgeschichte zum unterirdischen Kanal, durch den sich die geistliche Dynamik ergießt. Schon allein, daß es mehr als dreißigmal in diesem Buch erwähnt wird, ist Hinweis genug auf seine Dominanz im praktischen Leben und in der Theologie, im Denken und Leben der frühen Kirche.

Das Gebet im Dienst des Apostels Paulus

Die missionarische Bedeutung und Dynamik des Gebetes lassen sich am besten von Paulus her illustrieren. „Derhalben beuge ich meine Knie vor dem Vater, der der rechte Vater ist über alles, was da Kinder heißt im Himmel und auf Erden“ (Eph. 3,14) – das ist typisch für Paulus. „Neben dem Psalter gibt es keinen Abschnitt in der Bibel, der solch einen Gebetsreichtum, solch eine Tiefe der Anbetung, solche Höhe der Danksagung und solch eine Weite der Fürbitte aufweist, wie die Briefe des Apostels Paulus.“[16]

Paulus betete für sich selbst, für die Brüder und besonders für die Gemeinden. Es besteht kein Zweifel daran, daß es neben der Unterweisung vor allen Dingen das Gebet des Paulus war, das die charaktervollen und tiefgründigen Christen hervorbrachte, von denen wir im Neuen Testament lesen. Der Umfang seiner Fürsorge für die Gemeinden läßt sich aus seinen Gebetsanliegen ersehen. Er betete um Liebe (1. Thess. 3,12–13), um Heiligung (1. Thess. 5,23), um Gottes Wohlgefallen (2. Thess. 1,11–12), um Trost (2. Thess. 2,16), um Liebe und Geduld (2. Thess. 3,5), um gemeinsame Vollkommenheit (2. Kor. 13,7–9), um Einheit (Röm. 15,5–6), um Hoffnung (Röm. 15,13), um Erkenntnis des Willens Gottes (Kol. 1,9–14), um volle Gewißheit der Erkenntnis (Kol. 2,1–3), um die kommende Herrlichkeit (Phil. 1,15–21), um das Innewohnen der Dreieinigkeit (Eph. 3,14–21), um Erhaltung bis zum Ende (Phil. 1,9–11) (nach Zwemer). So arbeitet der große Apostel im Gebet für die Gemeinden, die seiner Fürsorge unterstehen.

Paulus war sich jedoch bewußt, wie sehr auch er selbst das Gebet brauchte, ja, wie sehr er vom Gebet der Heiligen abhing. So bittet er demütig und ohne Aufhören um die Gebete der Gemeinden. „Brüder, betet für uns“ war sein Ruf und seine Bitte. Das Gebet für unsere Missionare kann durch Anlehnung an die verschiedenen Hinweise und die Bitten bei Paulus nur profitieren. Nachfolgend einige der

[16] Samuel Zwemer, *Into All the World*, S. 164.

Hauptstellen: Römer 15,30–32; 2. Korinther 1,10–11; Epheser 6,18–20; Philipper 1,19; Kolosser 4,2–4; 1. Thessalonicher 5,25; 2. Thessalonicher 3,1–3; Philemon 22.

Diese Bitten decken ein weites Gebiet ab. Die Gemeinden sollen um göttliche Befreiung beten, um die gute Aufnahme des Dienstes des Paulus, um göttliche Führung, um Mut, das Geheimnis des Evangeliums weiterzusagen, um offene Türen, das Evangelium zu predigen, um freien Lauf für das Wort des Herrn. Irgendwie scheint es Paulus nie für notwendig erachtet zu haben, um Finanzen zu beten. Und genausowenig hat er je an die Gemeinden um mehr Missionare appelliert. Sein sich Abplagen und seine Gebete brachten solch gegründete Christen hervor, die wiederum all das bereitstellten, was für die Ausbreitung des Evangeliums und dem Wachstum der Gemeinden erforderlich war.

Das Gebet und die moderne Mission

Das Gebet blieb das Rettungsseil der Mission. Die moderne Missionsbewegung läßt sich auf eine Neubelebung des Gebets zurückführen.

Die Reformation gab der Kirche die missionarische Botschaft, aber sie gab der Kirche nicht den missionarischen Weitblick. Sie hat auch keine missionarische Dynamik hervorgebracht. Die missionarische Schau und die missionarische Dynamik wurde im Pietismus geboren. Philipp Jakob Spener (1635–1705), August Hermann Francke (1663–1727), Nikolaus Ludwig Graf von Zinzendorf (1700–1760) und die Herrnhuter Brüder wurden die wahren Pioniere der modernen Mission; die Bewegung war zutiefst im Gebet verwurzelt.

Von Herrnhut her wurden die Führer des Methodismus beeinflußt, und das Ergebnis war eine Neubelebung des Gebets für die nichtchristliche Welt.

1723 veröffentlichte Robert Millar, ein presbyterianischer Pfarrer in Schottland, eine kleine Schrift, in der er dringend zum Gebet aufrief, da es das erste bekannte Mittel zur Bekehrung der Heidenwelt sei.

1744 zirkulierte ein Aufruf, sich zum Gebet für die Errettung der nichtchristlichen Welt zu vereinen. Im Jahre 1746 wurde eine Denkschrift nach Boston gesandt, die alle Christen Nordamerikas aufforderte, sieben Jahre lang eine Gebetsverabredung einzuhalten.

Im Jahre 1747 antwortete Jonathan Edwards aus Northhampton darauf, indem er an alle Gläubigen einen Aufruf zur Fürbitte für die Ausbreitung des Evangeliums ergehen ließ. 37 Jahre später wurde diese erregende Schrift in den Kirchen Englands durch John Sutliffe in der Northhamptonshire-Vereinigung, einer Versammlung baptistischer Pfarrer, eingeführt. Nachdem die Botschaft verlesen worden war, beantragte er, daß alle Baptistenkirchen und baptistischen Pfarrer den ersten Montag jeden Monats für das gemeinsame Fürbittegebet für die nichtchristliche Welt reservieren sollten. Der Antrag wurde angenommen und Pfarrer John Ryland von Northhampton stellte einen Plan auf, mittels dessen er die Kirchen zu regelmäßigem und ernstem Fürbittegebet für eine Welt in Finsternis und Sünde herausforderte.

Die unvermeidliche Konsequenz dieser Gebetsversammlungen war die Organisation der baptistischen Missionsgesellschaft, die den Namen trug: „Die besondere baptistische Missionsgesellschaft für die Ausbreitung des Evangeliums unter den Heiden".* Sie wurde 1792 in Kettering, England, gegründet.

In rascher Folge formten sich weitere Missionsgesellschaften in Großbritannien und auf dem Kontinent.

Samuel J. Mills und seine vier Kameraden von Williams College und die von ihnen veranstaltete Heustockgebetsversammlung** werden zu dem Anfang, aus dem die amerikanische Heidenmission hervorwächst. Die fünf Studenten suchten vor einem Gewitterschauer unter einem Heustock Unterschlupf, beteten und besprachen die geistliche Finsternis der Völkerscharen ohne Christus. Sie debattierten über die Möglichkeit einer Verwirklichung des Missionsauftrages und über die Folgen, die das für ihr Leben haben würde. Mills schlug vor, daß sie sich für die Sendung des Evangeliums in die nichtchristliche Welt bereitstellten. So seine unsterblichen Worte: „Wir können es tun, wenn wir wollen." Sie wurden zum Charakteristikum für einen Großteil der amerikanischen Mission. Auf diese Worte hin knieten sie nieder, beteten und gingen still, dessen bewußt, daß eine Krisenstunde für die Geschichte der Mission geschlagen hatte, eine Stunde, von der her Tausende gesunder, begabter amerikanischer Männer und Frauen in den Dienst der Weltevangelisation gezogen würden.

* „The Particular Baptist Missionary Society for Propagating the Gospel among the Heathen".

** „Haystack Prayer Meeting".

Das Gebet ist in der Tat eine Dynamik und wirkt, wenn es im Namen Jesu Christi und im Heiligen Geist ausgeübt wird.

Die christliche Mission ist ein übernatürliches Unternehmen. Nur übernatürliche Quellen können sie aufrechterhalten und ihr die Dynamik verleihen. Der Kontakt mit dem Göttlichen ist unumgänglich. Das Gebet ist nicht eine Option. Es gehört zur Operation und ist entscheidend.

Die Missionsgeschichte birgt in sich eine überwältigende Zahl von Hinweisen auf göttliche Interventionen und gnadenreiche Manifestationen zugunsten der Sache der Mission. Die Geschichte all der Gebete, die in dieses Unternehmen investiert wurden, und die göttlichen Antworten darauf wird diesseits der Ewigkeit niemals nachgezeichnet werden. Nur im Blitz des göttlichen Lichtes werden wir die Fülle der göttlichen Herrlichkeit, der göttlichen Treue und der göttlichen Manifestationen erkennen. Zu unserer großen Überraschung werden die meisten dieser Manifestationen eine direkte Antwort auf irgendein Gebet sein. Irgend jemand betete und Gott handelte.

Hier ist das Geheimnis der göttlichen Dynamik. Hier ist die Herausforderung an die menschliche Hilflosigkeit. Hier ist der Schlüssel, der menschliche Beschränkungen in göttliche Grenzenlosigkeit umwandelt. Hier ist die Gemeinde auf der Anklagebank vor Gott und der Welt. Hier ist die Gemeinde entweder benommen von ihrem Bankrott oder erfüllt mit Wunder und Kraft. Gebet ist der Schlüssel, der die göttlichen Kraft- und Versorgungsquellen erschließt.

> „Ich ermahne euch aber, liebe Brüder, durch unseren Herrn Jesus Christus und durch die Liebe des Geistes, daß ihr mir helfet kämpfen mit Beten für mich zu Gott, damit ich errettet werde vor den Ungläubigen in Judäa und mein Dienst, den ich für Jerusalem tue, angenehm werde den Heiligen, auf daß ich mit Freuden zu euch komme durch den Willen Gottes und mich mit euch erquicke.
> Der Gott aber des Friedens sei mit euch allen! Amen." (Röm. 15,30–33).

Zusammenfassung und Schlußfolgerungen

Im Rahmen der Zusammenfassung und der Schlußfolgerungen möchte ich die Aufmerksamkeit des Lesers noch einmal auf die Vorrangigkeit und die Durchgängigkeit hinweisen, die der Mission in der Bibel zukommt. Gott ist ein Gott der Mission. Er will die Mission. Er befiehlt die Mission. Er verlangt die Mission. Er macht die Mission durch seinen Sohn möglich. Er verwirklicht die Mission durch die Sendung des Heiligen Geistes. Biblisches Christentum und Mission sind organisch miteinander verbunden. Deshalb findet die christliche Mission ihre Autorität, ihre Motivation und ihren Zweck im Wesen des christlichen Glaubens, wie er in der Bibel offenbart ist mit dem ihm eigenen Verständnis von Gott als dem Vater, Christus als Heiland und Herr, dem Heiligen Geist als dem Fürsprecher und den Menschen als zum Bilde Gottes für die Gemeinschaft mit Gott und zur Ehre Gottes geschaffen.

Das Wesen des christlichen Glaubens

Der christliche Glaube ist nach der Bibel nicht in erster Linie eine allumfassende Philosophie, ein höherer Lebensweg, ein besserer ethischer Kodex oder ein wunderschönes theologisches System. Sicher ist er all das und doch unendlich mehr. Er ist die Anbetung einer Person. Er ist der Weg mit Gott. Er ist die Identifizierung mit Christus im Leben und in der Bestimmung. Der christliche Glaube ist objektiv die Offenbarung Gottes in Christus, wie sie die Bibel berichtet, und subjektiv durch den Glauben und durch das gnädige Wirken des Heiligen Geistes das Erleben Jesu Christi als Herr in seinem Leben, in seinem Sterben und in seiner Auferstehung. Auf dieses anfängliche Erleben hin wird der Heilige Geist dem Gläubigen ständig innewohnen und Christus seiner Seele wirklich machen, seine Persönlichkeit fortschreitend in das Bild des Heilandes umformen und den Gläubigen mit dem Zweck und Vorsatz Gottes identifizieren.

Der christliche Glaube läßt sich niemals von Christus, dem ewigen Sohn Gottes, dem historischen Menschensohn und dem gegenwärtigen verherrlichten Herrn, dem Mittler und Hohepriester zur rechten Hand des Thrones Gottes, loslösen. Christus ist der eigentliche Inhalt des christlichen Glaubens. Griffith Thomas hat deshalb recht, wenn er sagt: der christliche Glaube ist Christus.

Die unvergleichliche Religion

Die Endgültigkeit, Absolutheit, Fülle, Angemessenheit, Inklusivität und Exklusivität Christi hebt den christlichen Glauben aus allen Religionssystemen der Welt heraus zu einer Einmaligkeit empor, die alle vergleichenden religionswissenschaftlichen Studien relativiert. Der christliche Glaube steht „als die unvergleichliche Religion der Welt“ vor uns, wobei Christus als der allumfassende und allgenügsame Heiland und Herr für all die wirklich wird, die an ihn glauben. Als solcher ist Christus in seiner Person und in seinem Werk der absolute, autoritative Grund und das effektive Motiv der christlichen Mission. Er selbst macht die christliche Mission erstrangig, macht sie zu einem Imperativ.

Das größte Argument für die Mission ist nicht irgendein Wort Christi. Es ist Christus selbst, was er offenbart und was er bedeutet. Die Worte Christi schufen keine neuen Pflichten. Sie offenbarten ewige Pflichten, deren Grund vor allen Worten im Wesen der Dinge und in den Tatsachen des Lebens gegeben sind.

Die Mission ist inhärent im Wesen des christlichen Glaubens

Es ist äußerst wichtig, die Tatsache zu erfassen, daß die christliche Mission aus einer rechten Interpretation des und einem richtigen Verhältnis zum biblischen Glauben herauswächst und nicht aus gewissen Geboten oder Befehlen, die die Bibel berichtet. Ich bin zutiefst mit Robert E. Speer einig, der in *Missionary Principles and Practices* schreibt:

> „Der letzte Befehl Christi wird oft als erstrangiges und folgerichtiges Argument für die Mission vorgetragen. Das letzte Gebot, das uns von seinen Lippen zukommt, muß dem tiefsten Wunsch seines Herzens entsprochen haben. Aber das Werk der Mission ist nicht in erster Linie unsere Pflicht, weil es der Wunsch seines Herzens ist. Er bat seine Gemeinde, die Welt zu evangelisieren,

weil er sie evangelisiert haben wollte, und er wollte sie evangelisiert haben, weil er wußte, daß sie evangelisiert werden mußte. Unsere Pflicht in dieser Sache wird nicht in erster Linie durch sein Gebot bestimmt, sondern durch die Fakten und die Konditionen des Lebens, die ihm unterliegen. Auch dann, wenn Jesus die Missionspflicht der Gemeinde nicht im Missionsbefehl zusammengefaßt hätte, wären wir verpflichtet, die Welt aufgrund des wesentlichen Charakters des christlichen Glaubens und seiner Sendung in die Welt zu evangelisieren."[1]

Das letzte Wort, das Speer nach reicher Erfahrung und sorgfältigen Studien in dieser Sache zu sagen hatte, findet sich in *Christianity and the Nations:*

„Der tiefste Grund für das Missionsunternehmen findet sich im Wesen und Charakter Gottes selbst. Wir können von Gott gar nicht anders denken, als so, daß es den Missionsgedanken notwendig macht."[2]

Dieselbe Einstellung findet sich bei Phillips Brooks; er wird von Speer im gleichen Buch zitiert:

„Es ist meine ernsteste und tiefste Überzeugung, daß der christliche Glaube für mich durch und durch unwirklich und unbedeutend ist, ohne Kraft für ein einziges Leben und ungeeignet, überzeugend als wahr dargestellt zu werden, es sei denn, der christliche Glaube führt dahin, daß man Christus in der ganzen Welt bekanntmacht."[3]

Dr. James S. Stewart denkt ähnlich. Nachdem er die verschiedenen Missionsmotive untersucht hat, kommt er zu dem Schluß:

„Somit bleiben vier Worte – Befehl, Mitleid, Gemeinschaft, Kontinuität –, jedes von ihnen stellte in einer gewissen Periode des Lebens der Kirche ein wesentliches Element des Missionsunternehmens dar. Aber keines von ihnen, auch nicht alle zusammengenommen, können das grundlegende Argument abgeben. Keines von ihnen reicht in den tiefsten Grund der ganzen Sache hinab. Letzten Endes bleibt nur ein Grund für die Mission, und das ist *Christus.* Er ist das einzige Motiv. Gottes Gegenwart in ihm ist der einzig ausreichende Grund.

Es ist eine Tatsache, daß der Glaube in die Mission und der Glaube in Christus zusammen stehen und zusammen fallen. Wer sagt: 'Ich glaube, daß Gott die Welt so liebte, daß er in Christus alles, was er hatte, dahingab, ja, daß er sich selbst dahingab', und wer diese Worte nicht nur leichthin in konventionellem Sinne spricht, sondern im Geist und in der Wahrheit, für den bedeutet

[1] Speer, *Missionary Principles and Practices,* S. 9.
[2] Speer, *Christianity and the Nations,* S. 8.
[3] Phillips Brooks, zitiert bei Speer, *Christianity and the Nations,* S. 20.

es, daß er sich unwiderruflich verpflichtet, die Selbsthingabe zum bestimmenden Prinzip seines Lebens zu machen – und das ist der eigentliche Inhalt der Mission. Um es anders zu sagen: Die Sorge um die Weltevangelisation ist nicht irgend etwas, das man seinem persönlichen Glauben nach außen hin umhängen kann, das man nehmen kann, aber auch bleiben lassen kann; vielmehr ist es unausrottbar im Charakter Gottes verwurzelt, der zu uns in Christus Jesus gekommen ist. Somit kann die Mission Spezialität derer sein, die eine besondere Veranlagung haben. Sie ist das wesentliche Zeichen des Christseins. Christus annehmen heißt, sich unter die Flagge der Mission stellen. Es ist einfach unmöglich, im paulinischen Sinn „in Christus" zu sein und nicht an der Sendung Christi in dieser Welt teilzuhaben. Hier ist in der Tat der sicherste Test dafür, ob wir wahrlich verstanden haben, was Christus durch sein Leben, Sterben und seine Auferstehung getan hat, oder ob wir bis jetzt kaum angefangen haben, das Evangelium, das er brachte, zu verstehen. James Denney hörte einst einen ausgezeichneten Missionar sagen: 'Es gibt Leute, die nicht an die Mission glauben. Sie haben gar kein Recht, an die Mission zu glauben: Sie glauben ja nicht an Christus.' Dieser treffende Kommentar ist eine heilsame Erinnerung daran, daß ein missionarischer Blick die direkte unvermeidliche Folge der Heilserkenntnis Jesu ist. Der einzige Grund für das Missionsunternehmen ist Christus."[4]

Die Mission gehört zum eigentlichen Wesen des christlichen Glaubens und ist ein wahres Produkt unseres persönlichen Glaubens, wenn er im rechten Verhältnis zu einem vom Heiligen Geist erleuchteten Verständnis des biblischen Christentums steht. Solche Aussagen bedeuten noch nicht, daß die Mission nicht gelehrt werden braucht, daß man sie in den Kirchen nicht zu pflegen braucht und daß sie spontan und automatisch heranwächst. Nichts ist im Glauben spontan. Alles muß kultiviert und gepflegt werden. Aber es bedeutet, daß da, wo der ganze Ratschluß Gottes gelehrt, geglaubt und befolgt wird, man die Mission nicht mehr als Nebensache ansehen kann, der man sich widmen kann oder nicht. Sie hört auf, eine Option, ein Wahlfach zu sein. Sie wird nicht nur *eine* Aufgabe einer Gemeinde sein, segensreich und lobenswert; sie wird *das* Werk der Kirche werden, absolut wichtig für die Gemeinde, um ihren christlichen Charakter und Zweck zu erhalten. Sie wird erstrangig werden. Sie wird in der Zielsetzung, in der Tätigkeit der Gemeinde dominieren und alle Kräfte werden darauf hin abgerichtet werden, diese Aufgabe hinauszuführen.

4 James S. Stewart, *Thine Is the Kingdom* (Edinburgh: St. Andrew Press, 1956), S. 14–15.

Vernachlässigung der Mission resultiert in Selbstverarmung

Die Armut und die Not unserer heutigen Gemeinden wird mit den Worten von Dr. George Robson gut erfaßt:

> „Zur Zeit ist das Leben vieler Gemeinden wegen ihres selbstsüchtigen Wesens steril. Die weltweite Pflicht der Gemeinde hat man auf den zweiten Platz verwiesen, und die Folge ist, daß der Gemeinde in dem Maße Effizienz abgeht, wie sie das ihr aufgetragene Hauptwerk vernachlässigt. Was wir benötigen, ist, daß alle Aufgaben so geordnet werden, daß sie dem weltweiten Auftrag dienen und darin ihren Höhepunkt finden."[5]

Wenn die Mission richtig in Christus verankert und vom Heiligen Geist motiviert ist, ist sie der Gemeinde nicht mehr länger eine drükkend schwere Pflicht. Vielmehr wird sie zum Ausfluß des Lebens der Gemeinde. Aus einer gesetzlichen Pflicht wird eine Frucht des Geistes, die einem lebendigen Verhältnis mit Christus entspringt.

> „Der Geist des christlichen Glaubens ist höher als die Gesetzlichkeit und es ist der Geist der Gesetzlichkeit, wenn man ein Tun verlangt, dessen zugrundeliegende Prinzipien weder gesehen noch gefühlt werden. Die Menschen, die das Werk Gottes in der Welt getrieben haben, sind Menschen, in denen der Geist Gottes am Werke war, und die Gottes Werk auch dann getan hätten, wenn es keine ausdrücklichen Gebote gegeben hätte, die das Werk so umrissen hätten, wie Gott es wollte. So ist es auch im christlichen Leben. Wir sind nicht in erster Linie aufgerufen, das Verhalten Christi nachzuahmen, sondern uns seinen Sinn anzueignen, von dem, es kann gar nicht anders sein, das angemessene Verhalten sich ergeben wird."[6]

Eine Gemeinde, die die Vorrangigkeit der Mission nicht erkennt, bringt sich selbst um die innerste Gemeinschaft mit ihrem Herrn, versäumt es, sich mit dem vorrangigen Zweck Gottes zu identifizieren, raubt ihren Gliedern das tiefste Erleben des Heiligen Geistes und enthält der Welt die größten Segnungen vor, die der Herr in seiner Gnade bereitet hat. Sie hört auf, wahrlich christlich zu sein.

5 George Robson nach einem Zitat bei Archibald McLean in *The Primacy of the Missionary and Other Addresses* (St. Louis: Chr. Brd. of Pubns., 1921), S. 109.

6 Speer, *Missionary Principles and Practices*, S. 10.

Die Mission als ein Ausdruck des biblischen Idealismus

Die obige Zusammenfassung der Vorrangigkeit der Mission, wie sie sich aus dem inneren Leben der Gemeinde ergibt, wird durch das Leben Christi, das Beispiel der Apostel und das Erleben der frühen Christenheit bestätigt. Hier ist die Mission in der Fülle des biblischen Ideals dargestellt. Im vollsten, absoluten Sinn ist sie der allesverzehrende Vorsatz Gottes im Leben, in den Worten und im Werk Christi. Sie ist die alles absorbierende Leidenschaft der Apostel Jesu Christi, und sie ist das alles durchdringende Anliegen und die Sendung des Heiligen Geistes, wie sie umfassend im Buch der Apostelgeschichte dargestellt ist, wo der Heilige Geist in die Lage versetzt war, sich frei zu entfalten, und wo seinem Wirken nichts entgegenstand.

Die Vorrangigkeit der Mission findet sich in großen Buchstaben überall in der Bibel geschrieben. Alle Apostel widmeten sich der Mission, und nur das Schwert konnte ihnen den Weg zu den entferntesten Enden der Erde verbauen. Die tiefste Leidenschaft des Apostels Paulus war es, „das Evangelium zu predigen, wo Christi Name nicht bekannt war", und „... den Heiden zu verkündigen den unausforschlichen Reichtum Christi und ans Licht zu bringen, wie Gott seinen geheimen Ratschluß ausführt ... und vermahnen alle Menschen und lehren alle Menschen mit aller Weisheit, auf daß wir einen jeglichen Menschen darstellen vollkommen in Christus; daran ich auch arbeite und ringe in der Wirkung des, der in mir kräftig wirkt" (Röm. 15,20; Eph. 3,8.9; Kol. 1,28–29).

Paulus wurde von einem brennenden Eifer für die christliche Universalität verzehrt, die den Griechen seltsam, den Römern packend, den Juden alarmierend und einigen Christen verwirrend erschien. Sein höchstes Lob gilt den Kirchen, von deren Glauben man in aller Welt spricht, und von denen aus das Wort des Herrn erschollen ist (Röm. 1,8; 1. Thess. 1,8).

Alle Bücher des Neuen Testaments erwuchsen aus den Bedürfnissen der Missionsgemeinden. Das Neue Testament schließt in schönster Weise mit dem Bild eines kompletten vollkommenen Triumphes der Mission. Keine Kirche kann sich von der Mission scheiden und ihren wahren neutestamentlichen Charakter und die „apostolische Sukzession" bewahren, bzw. Mission auf den zweiten Platz verweisen und ihre geistliche Vitalität erhalten.

Um eine starke und dauerhafte Motivation für die Mission zu schaffen, sehen wir uns deshalb vor die enorme Aufgabe gestellt, klar herauszustellen, was das Wesentliche am christlichen Glauben ist, ein einfühlendes Verständnis des Vorsatzes Gottes sicherzustellen, eine tiefe Wertschätzung Christi durch das persönliche Erleben der Realität Christi zu kultivieren und angemessene Wege für einen kontinuierlichen Ausdruck dieser Wertschätzung zu bereiten. Das ist in der Tat eine sehr große Aufgabe, aber es ist auch eine Aufgabe, für die es sich zu beten und zu arbeiten lohnt. Man mag sich fragen, was geschehen würde, wenn die Mission in unseren Gemeindeprogrammen auf den ersten Platz gestellt würde, wie es die Schrift lehrt. Wir hören dazu Archibald McLean:

„Ich will euch sagen, was geschehen wird ... Die Kraft Christi wird in solchem Maße ausgelöst werden, wie wir es nie zuvor in unserem Land gesehen haben, und an allen Ecken und Enden werden die Menschen in unserem Land sich an unsere Kleider hängen und uns bitten, ihnen zu sagen, wo unser Geheimnis liegt. Worauf Christus wartet, ist der Tag, an dem Männer und Frauen – viele oder wenige, reich oder arm, jung oder alt – noch einmal auf seinen großen Befehl hören und ihr Leben in absolutem und uneingeschränktem Gehorsam zu seinen Füßen niederlegen werden. Wenn das geschehen ist, wird sich die Gemeinde in der Heimat einer solchen Blüte erfreuen, wie sie es nie zuvor gekannt hat.“[7]

Das ist kein Wunschdenken. Es gibt heute genug Kirchen, die bezeugen, daß der Segen des Herrn wunderbar auf den Gemeinden ruht, die der Mission in ihrem Programm den ersten Platz einräumen. Ein wunderbares Wachstum ließ sich feststellen, Schulden wurden abgetragen und eine geistliche Erquickung in bisher unbekannter Weise stellte sich ein. Gott ist niemandes Schuldner. Die Gemeinde, die die Sache Gottes zu ihrer Sache macht, wird bald entdecken, daß Gott in ihrer Mitte ist, um ihre Anliegen zu seiner Sache zu machen. In der Tat, „sie aber gingen aus und predigten an allen Orten. Und der Herr wirkte mit ihnen und bekräftigte das Wort durch die mitfolgenden Zeichen“ (Mark. 16,20). Das kann auch heute unsere Erfahrung werden. Aber wir müssen „ausgehen“.

[7] McLean, a.a.O., S. 30–31.

Stichwort- und Namenregister

In Auswahl

Bibelstellenregister